中国名水志丛书

黄浦江志

《黄浦江志》编纂委员会 著

商務印書館
创于1897 The Commercial Press

图书在版编目（CIP）数据

黄浦江志 /《黄浦江志》编纂委员会著. —北京：商务印书馆，2023
（中国名水志丛书）
ISBN 978－7－100－23003－2

Ⅰ. ①黄…　Ⅱ. ①黄…　Ⅲ. ①黄浦江—地理志
Ⅳ. ①K928. 42

中国国家版本馆 CIP 数据核字（2023）第175901号

审图号：沪S〔2023〕116号

黄浦江志
《黄浦江志》编纂委员会 著

商 务 印 书 馆 出 版
（北京王府井大街36号　邮政编码 100710）
商 务 印 书 馆 发 行
上海雅昌艺术印刷有限公司印刷
ISBN　978－7－100－23003－2

2023年11月第1版　　开本 787×1092　1/16
2023年11月第1次印刷　印张 26¾　插页 12
定价：398.00元

《中国名水志丛书》编纂指导委员会

《黄浦江志》编纂委员会

《黄浦江志》编纂委员会办公室

主　任：魏梓兴　彭基辉　朱慧峰

副主任：欧阳田军　牟振宇

《黄浦江志》主编和编辑

主　编：牟振宇　欧阳田军

编　辑（以姓名笔画排序）：

万英伶　付钰鋆　朱　青　任　钰　刘懿锋　孙致远　李　磊

李东鹏　张　榕　张　蝶　陈　晔　姚大勇　顾施嘉　倪周晶

《黄浦江志》大纲暨第一篇、第三篇评议会专家名单

组　长：张晓虹

专家成员（以姓名笔画排序）：

马远东　马学强　王　健　王永鑑　叶　斌　汪松年　赵敏华

黄晓明

《黄浦江志》暨《影像志》评议会专家名单

组　长：张晓虹

专家成员（以姓名笔画排序）：

马学强　王永鑑　李云鹏　周　波　黄安靖　黄晓明　谭徐明

《黄浦江志》暨《影像志》审定会专家名单

组　长： 张晓虹

专家成员（以姓名笔画排序）：

马远东　马学强　王永鑑　王依群　周　波　黄安靖　谭徐明

《黄浦江志》暨《影像志》验收单位和人员

验收单位： 上海市水务局

验收人员（以姓名笔画排序）：

马学强　叶　斌　刘曙光　牟振宇　吴志强　汪　珉　沈小榆
张晓虹　欧阳田军　周　波　赵　明　黄晓明　鲍静静　谭徐明

业务编辑： 李　磊　李东鹏　张　蝶　顾施嘉

名水志资料收集和供稿人员（以姓名笔画排序）

丁佳荣　丁崇冰　万陆林　王　宏　王　佳　王　健　王　淼
王　婷　王飞麟　王永鹏　王旭强　王佐仕　王松美　王洁琼
王铁中　王维维　王棣海　王鹏飞　尤　珍　毛小曼　方　芳
叶　君　邓　武　卢智灵　帅　威　史存敏　冬　琳　冯元祥
冯亦珉　圣　缘　曲　晨　吕　勇　朱　博　朱冬冬　朱志兵
朱晨玉　朱筱萌　乔延军　庄尔康　刘　波　刘水芹　刘迎雪
刘素芳　刘潇潇　刘默尧　牟　娟　孙　杰　孙建中　严　艳

严德华　李　军　李　纲　李　欣　李　波　李　康　李　琪
李卫慧　李东玮　李丽艳　李洪珍　李珍明　李俊前　宋聚懿
杨　杨　杨立新　杨幼军　杨军益　杨秀丽　杨焕敏　杨慧玲
肖　遥　肖春燕　吴　桢　吴月光　吴伟峰　吴建平　吴泽民
邱俊杰　何金林　何敏杰　闵晶瑶　余　力　余　璐　沈　洪
沈思睿　沈彦卿　张　林　张　洁　张　鹏　张　静　张宁腾
张玉时　张燕伶　陆晓路　陆熠峰　陆薇薇　陈　青　陈　新
陈佳依　陈武清　陈思勤　陈彭年　陈巍巍　邵益民　邵檬菲
武世刚　茅伯科　练成圳子　易文利　卑志钢　郎泽东　金哲峰
金巍良　周　凡　周　琦　周海霞　郑　逸　郑　鎏　赵　冰
赵　杰　赵　灵　查道明　钟　翀　钟　婷　姜岚岚　娄蓉媛
洪　涛　宣紫怡　姚晨佳　夏　彬　顾赵福　顾洪祥　顾晓明
顾钰蓉　顾斌斌　徐卫星　徐建国　徐珊珊　翁潇琳　高雪祥
郭　静　唐英杰　唐晓薇　陶建军　陶康华　黄　浩　黄　婧
黄大宏　黄数敏　龚成刚　彭佳斌　彭玲渊　葛堃维　蒋国强
董　漪　董伟毅　傅　晓　傅　斌　靳　斌　裘晓燕　雷金虎
谭　畅　蔡丰明　蔡丽华　潘超雷　潘瑶仪　戴嘉旻　魏燕山

摄影人员名单（以姓名笔画排序）

邓文剑　吕　薇　刘亚涛　刘秀国　孙剑刚　李永刚　吴伟民
张海峰　郑宪章　周　雯　种　楠　顾弘炜　郭长耀　徐　滨
梁　伟　董文俊　虞建波　褚华勇

上海市遥感影像地图（2020年）（上海市遥感办提供）

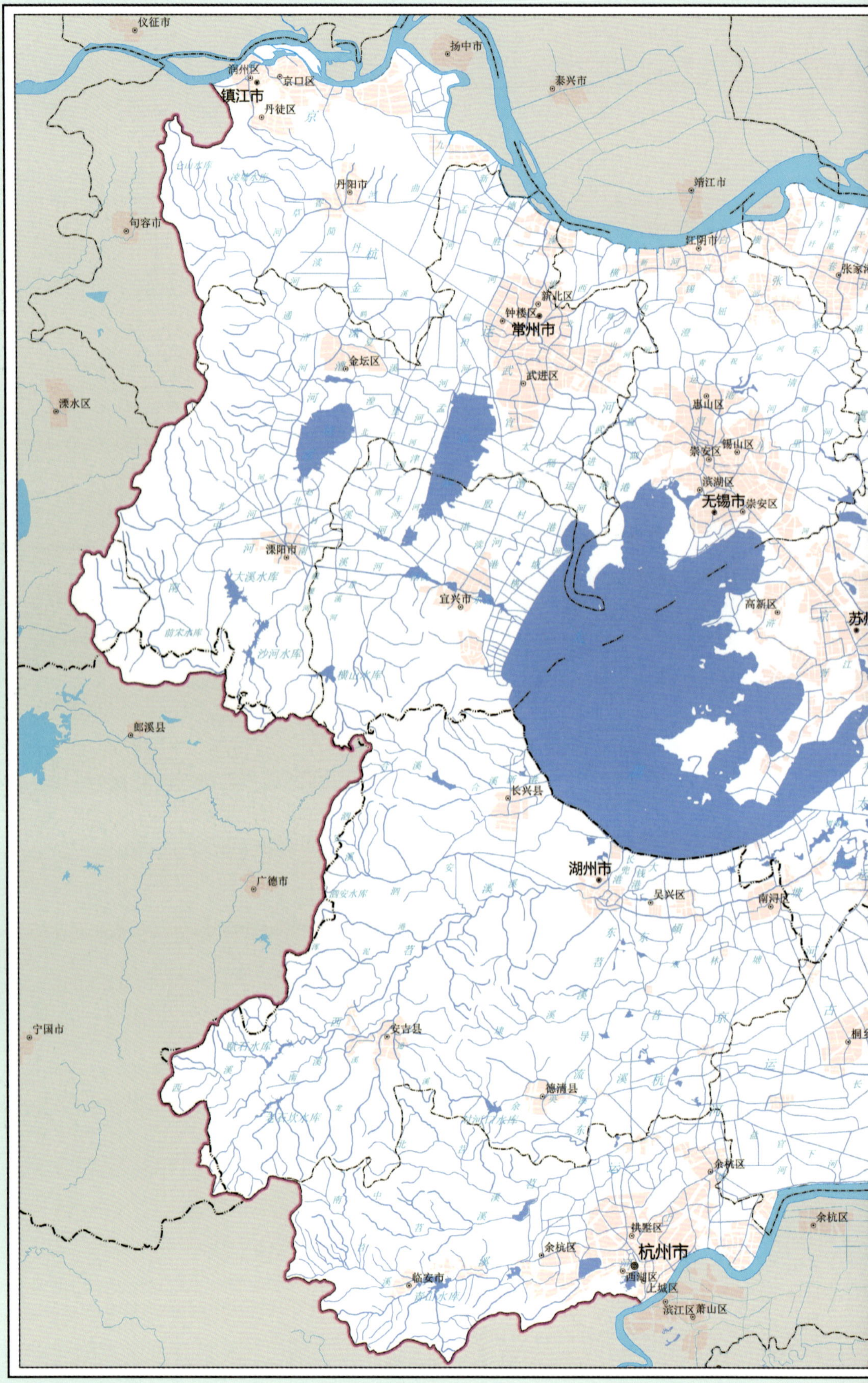

太湖流域水系图（2021年）（中华地图学社绘制）

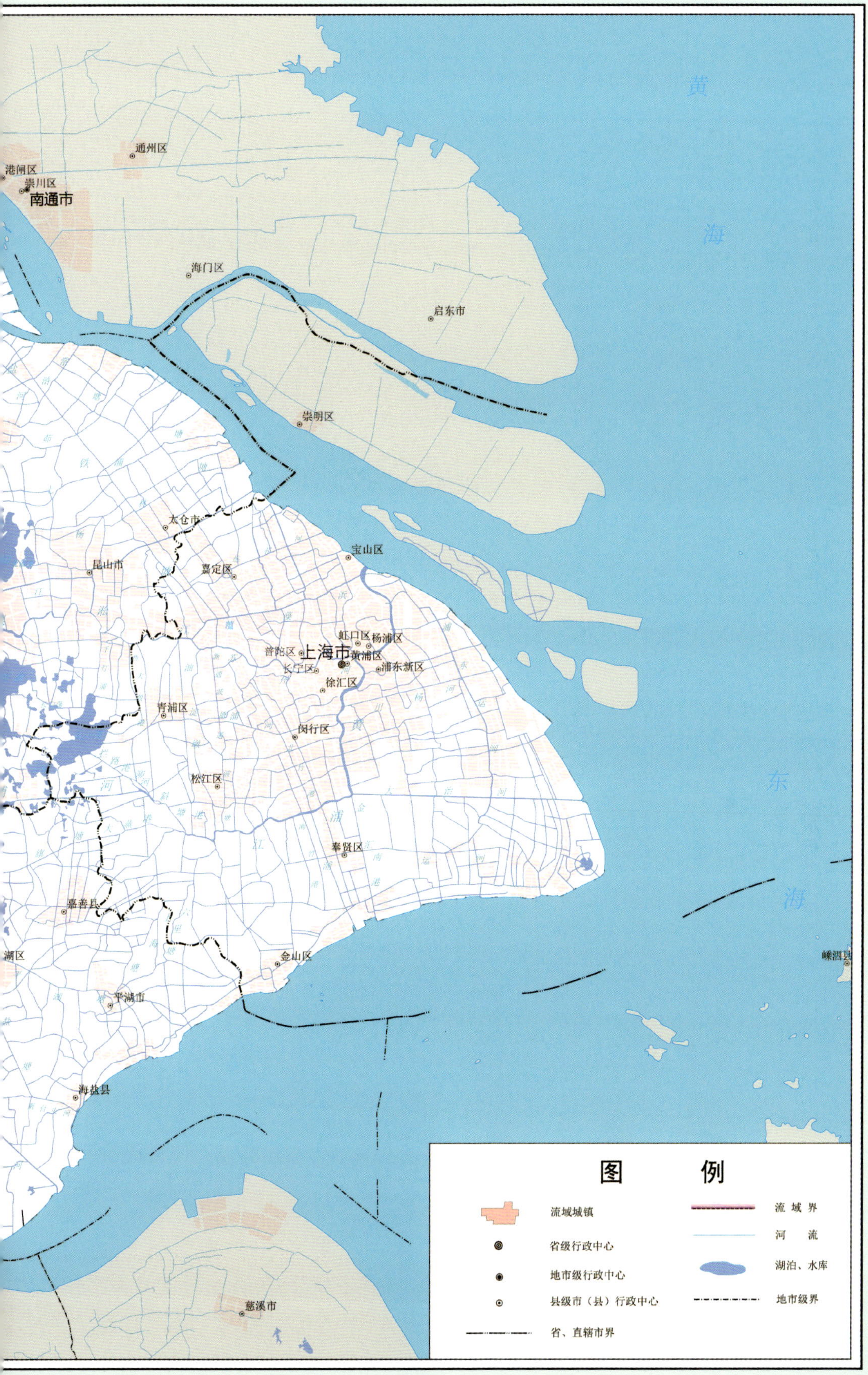
黄
海
东
海
南通市
港闸区
崇川区
通州区
海门区
启东市
崇明区
太仓市
昆山市
嘉定区
宝山区
上海市
虹口区
杨浦区
普陀区
黄浦区
长宁区
浦东新区
徐汇区
青浦区
闵行区
松江区
奉贤区
嘉善县
金山区
湖区
平湖市
海盐县
嵊泗县
慈溪市
图例
流域城镇
省级行政中心
地市级行政中心
县级市（县）行政中心
省、直辖市界
流域界
河流
湖泊、水库
地市级界

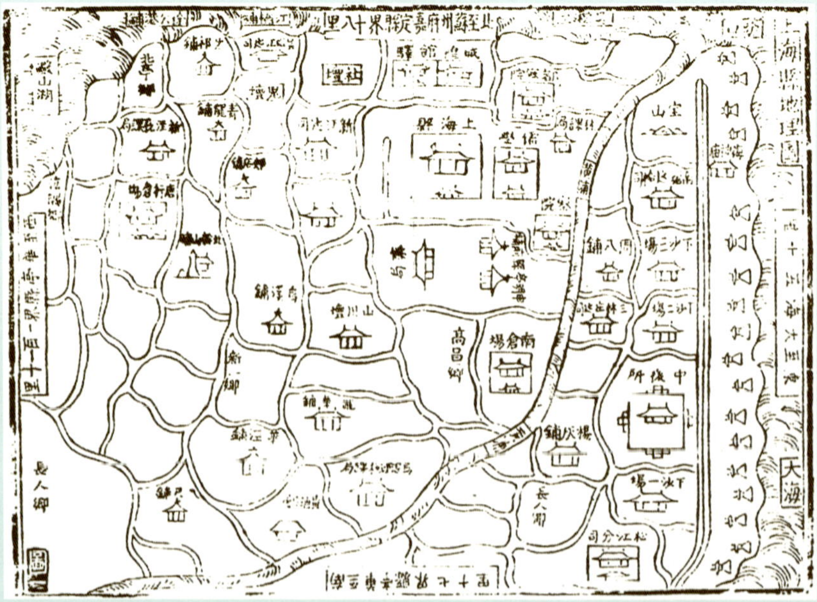

弘治年间（1488—1505）黄浦江（弘治《上海志》卷首《上海县地理图》）

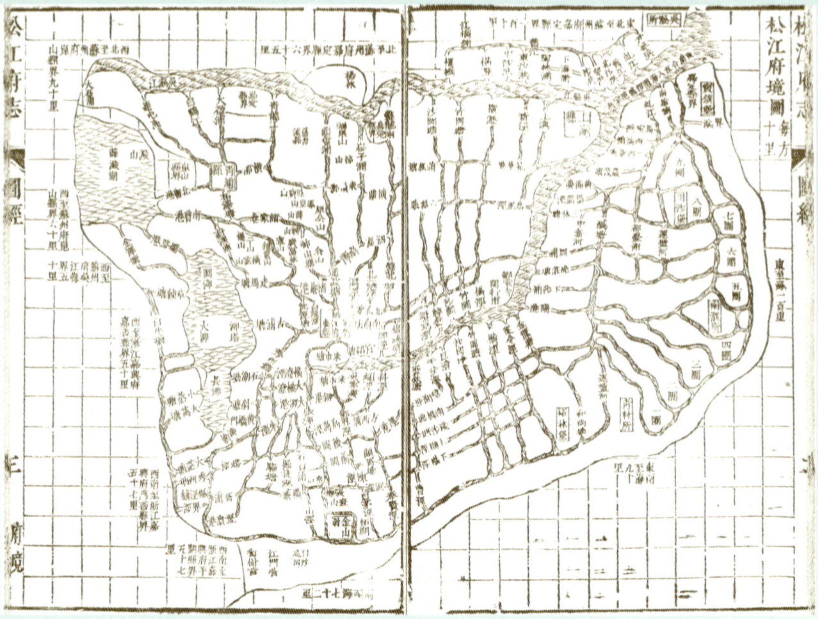

康熙二年（1663）黄浦江（康熙《松江府志》卷首《松江府境图》）

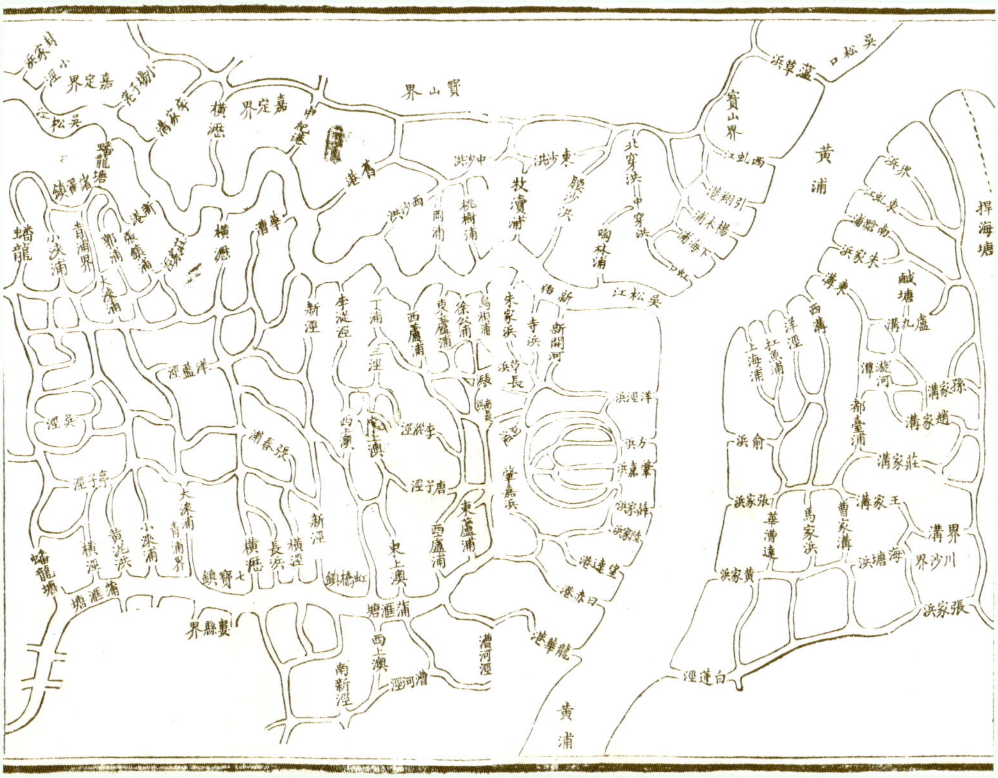

同治十一年（1872）黄浦江（自吴淞口至龙华港）

（同治《上海县志》卷首《上海县北境水道图》）

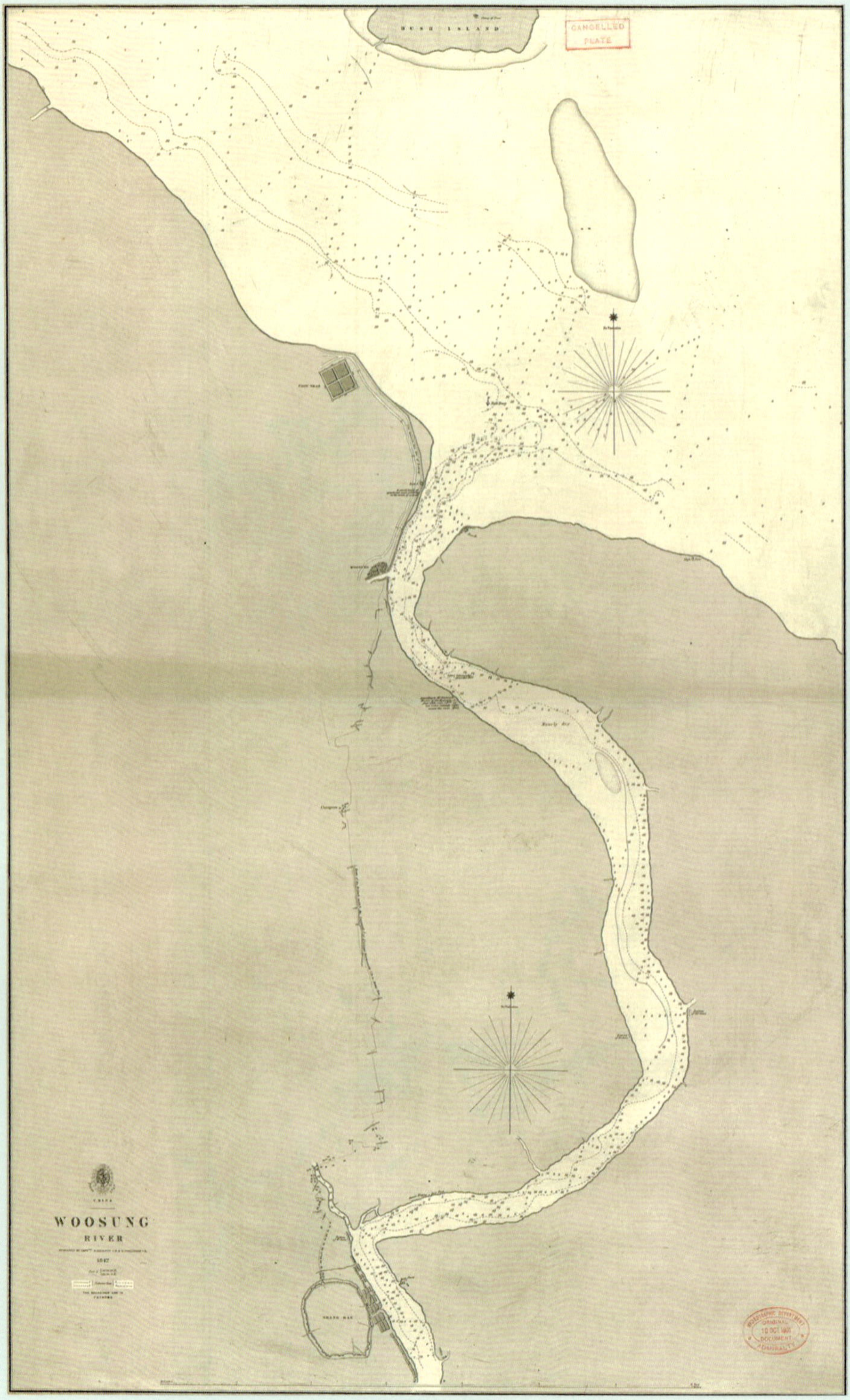

道光二十二年（1842）黄浦江实测地图（英国国家图书馆藏）

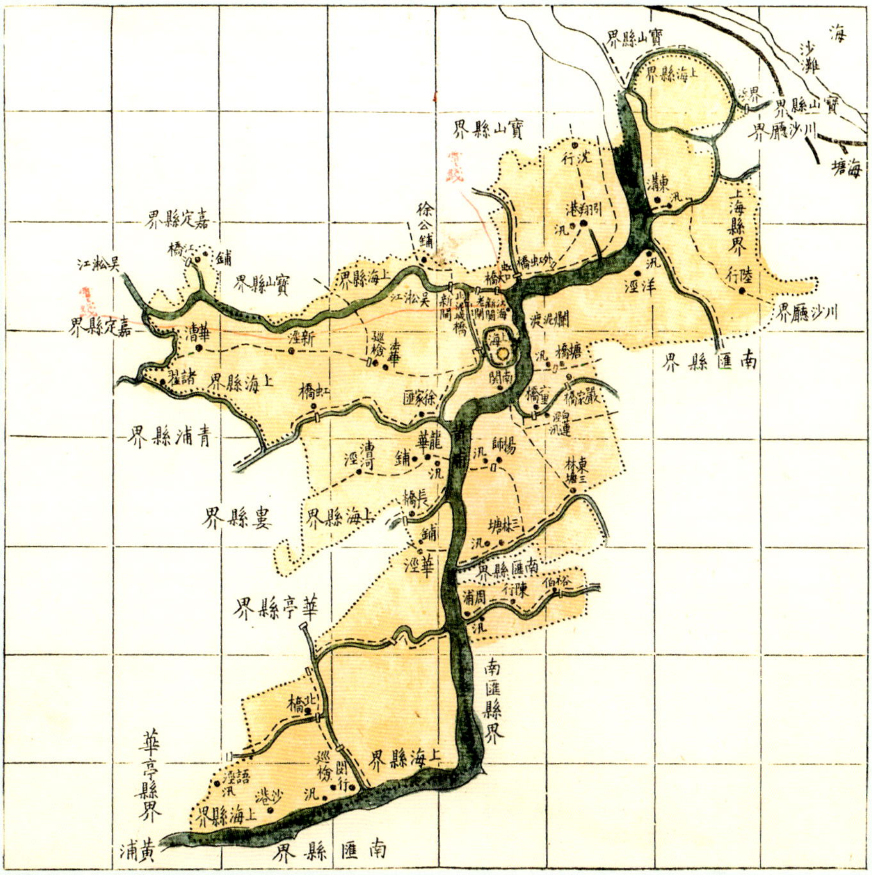

光绪二十一年（1895）黄浦江（《江苏全省舆图·上海县图》）

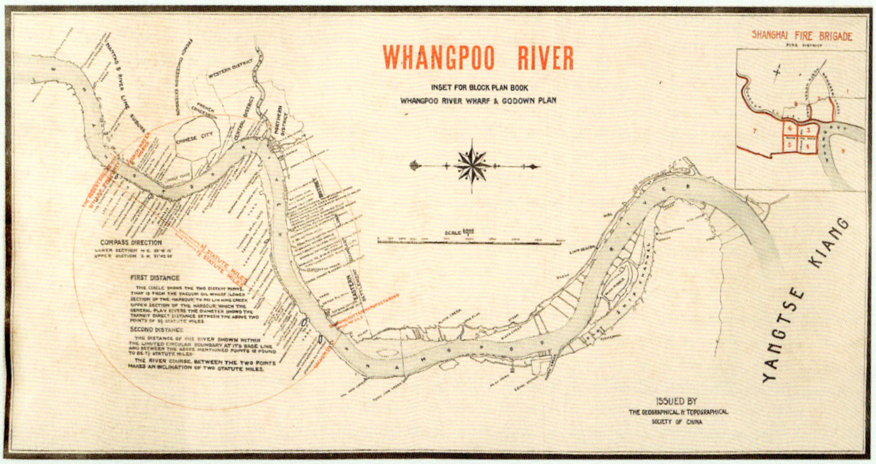

黄浦江（1921年）（《WHANG-POO RIVER WHARF & GODWN BLOCK BOOK》）

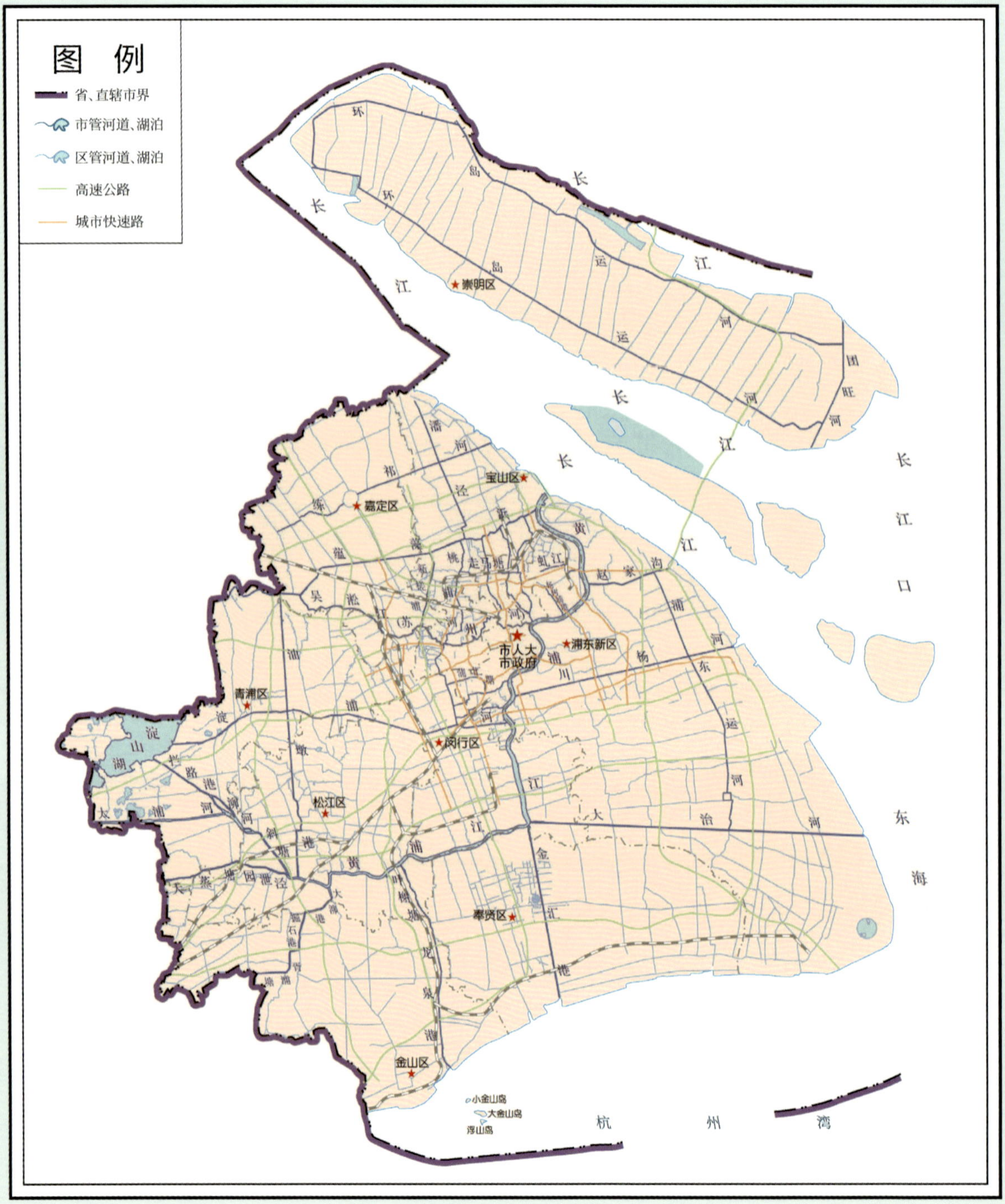

上海市域水系分布图（2021年）（中华地图学社绘制）

上海市政区简图（2022年）[上海市地理信息公共服务平台，http://shanghai.tianditu.gov.cn/map/views/standardMap.html（2022-11-18）]

太湖——黄浦江主水源之一（孙剑刚2021年7月1日摄）

淀山湖——黄浦江主水源之一（郑宪章2019年10月24日摄）

黄浦江干流起点——浦江之首（郑宪章2019年10月24日摄）

“浦江第一湾”——黄浦汇、金汇港、大治河交汇处（郑宪章2021年10月4日摄）

徐汇滨江（徐滨2017年6月4日摄）

世博园区（种楠2010年1月21日摄）

外滩（郑宪章2010年7月19日摄）

外滩、陆家嘴鸟瞰图（种楠2016年7月8日摄）

苏州河河口段鸟瞰图（徐滨2016年9月17日摄）

虹口滨江（游艇停泊处）（种楠2022年10月22日摄）

杨浦滨江（种楠2022年10月25日摄）

浦东滨江（原民生码头）（虞建波2018年12月6日摄）

张华浜集装箱码头（董文俊1990年摄）

黄浦江在吴淞口与长江交汇后入海（张海峰2022年9月30日摄）

总　序

20世纪80年代第一次出现全国编纂江河水利志的热潮。中国地方志从来不乏水利专志、专卷，各级地方志更是多设水利的专篇，但是系统修江河水利志还是历史上的第一次。此后40年，七大江河的江河志、各地的水利志、水利工程志相继出版，有的近年还完成续志。地方志"存史、资政、教化"的功能在近年的水利事业发展中的作用逐渐发挥出来。江河水利志在当代水利规划、建设和水利管理中成为不可或缺的资料基础，当然江河水利志的属性决定它的主要受益者是从事水利的管理者、研究者。2018年中国地方志指导委员会发起"中国名水文化工程计划"，名水志便是此计划达成的目标，其初衷旨在全面、客观、系统地记述中国名江大川的历史与现状，保护江河、保护水资源、保护历史文化遗产，彰显地方、时代特色，为推进生态文明建设，建设美丽中国，传承发展中华优秀传统文化、生态文化，实现人与自然和谐发展提供历史经验和现实借鉴。

城市化的进程加剧水资源短缺，以及洪水、干旱与水污染的灾害威胁。与此同时，人们对美好环境产生更多向往，对可持续水资源开发和保护持续关注，促进水利文明和文化与现代水利事业的日益融合。总之，水利行业内外，学界和公众逐渐感受到"水"的热度，"水"也从不同领域多个方面，以多种形式走近公众，今天认知"水"和关心"水"已经成为普遍的文化自觉。名水志的编纂纳入新一轮修志工作之中，实在是恰逢其时。新时期水利事业的发展，是建立在可持续治水理念基础上的。水利工程规划和建设说到底是决策者和设计者的文化表达，其认同也反映出社会各界与水利从业者的文化融合程度。水利与社会如何达成最大的共识，无论是水的管理者，还是水的受益者，都有必要走近江河，了解江河及其开发利用的历史，了解江河与社会千丝万缕的联系。名水志突破江河水利志以工程和技术为核心的固有范畴，更多地着笔江河的自然、社会、历史文化，达成水利与社会、水利与文化的相互交融与贯通。

在2021年水利部办公厅组织的首次名水志编纂申报中，全国有107部名水志上报选题，其中17部入选第一批出版计划。必须指出的是，此前长达数十年江河水利志的编修工作为今天名水志的编纂打下了良好基础。这个基础其一是具有良好专业与文化素养的修志队伍，其二是此前留下和近年积累的资料基础。名水志是既具专业性、资料性，更有可读性的志书。期待在既有江河水利志的工作基础上，编纂者进一步发掘资料，展宽领域，凿通江河与自然、社会，水利现代与历史，成就出更多更精彩的名水志。

所谓名水，或形胜或文化，往往一水兼备形胜与文化。形胜者，江河的天生禀赋。如玉树三江源，北负昆仑，南依唐古拉，可可西里居其西，境内雪峰并列如阵，这是大自然的奇迹。文化者，水利工程对河流的造就。如都江堰，重塑成都平原的河流；昆明湖及长河对北京城市河湖水系的造就。凡有大江大河流经之处，便是经济繁盛、人文荟萃之地，也是水利工程建设和管理的重要区域。著名者，珠江之于广州、黄浦江之于上海、海河之于天津，皆水贯于城，文脉系于水。古往今来无数见证历史的水利事件或水利工程，赋予江河湖泊超越时空的魅力。江河之间，水利工程的运用和管理之中，逐渐生发、孕育出的文化，沁润于时代长河中且无处不在。

名水志，可谓水利专家修志而又跳出行业范畴，从河流的自然、人文更多视角，更为开阔的广度为江河立传，为水利立言。名水志具有志书的功能，保持横排纵述、纪事述史的特点。但是，相较传统志书，体例又有所不同。名水志各专业门类、知识点相对独立，又相互贯通，既便于使用者查阅，也利于全面系统地了解。名水志或以水，或以水利工程成志。“水”者，江河、湖泊；而以水利工程成志者，因其特有的历史文化地位，且水利效益的可持续性而入选。名水志究其实质，简而概之是为江河存史。细究，则各志有自己的精彩与独到。大凡如山川地理，水文特质，地文和人文景观，水资源开发与保护，水工程维护与用水管理，河长湖长制之属必在记载之列。至于水利与社会、文化，水利与国家公园，水利与自然保护区，以及水利遗产、区域水文化之属，则是因其所有，当记则详记。总之有鲜明的地域特点才是上乘。

水利的可持续发展、水资源环境和水利遗产保护的驱动力来自文化。名水志作为有百科全书功能的志书，不仅是存史的宝库，也是给人以思考、以启迪的江河通鉴。无论何人如果从中读懂江河，不行跬步而求得好山好水；若至于实地见江河奔流、碧水蓝天而知其所以然。这样名水志，江河幸甚、读者幸甚。是以为序。

谭徐明

2022年12月

（谭徐明：中国水利学会水利史与水利遗产专业委员会会长）

序（一）

“治天下者以史为鉴，治郡国者以志为鉴”，编修地方志，是中华民族自古以来的优良传统，地方志是中国传统史学文化的支柱。《黄浦江志》《黄浦江影像志》作为“中国名水志丛书”及其配套的影像志中的一种，图文并茂出版面世，这是上海水文化建设的一大盛事喜事，也是上海精神文明建设的重要成果，益于当今、惠及后代，值得庆贺！

上海因水而生，依水而兴。绚丽多彩的黄浦江，是上海的“母亲河”，数百年来孕育海纳百川、追求卓越、开明睿智、大气谦和的城市精神，见证上海的崛起、发展和繁荣，必将继续推动上海向具有世界影响力的社会主义现代化国际大都市迈进。治水必知水，编纂《黄浦江志》正是对黄浦江历史追本溯源，寻找其兴衰起伏的轨迹，对于存史、资政、教化，推动上海城市新一轮发展有着十分重要的意义。

“看似寻常最奇崛，成如容易却艰辛。”在此，我代表上海市水务局向所有关心、指导《黄浦江志》编纂工作的领导、专家和参与搜集资料、撰稿、拍摄、编纂、评议、审稿的修志工作人员致以热烈的祝贺和诚挚的感谢。

光阴荏苒，沧桑流变。我们相信，经过一代又一代人长期不懈的努力，兴利除弊，黄浦江必将为上海的兴旺发达做出更大贡献。《黄浦江志》的出版，让我们在新时代一起回首昨日的辉煌，直面明天的挑战，任重而道远。本书的出版，一定会在上海治水事业的新发展中发挥它预期的作用，上海的治水事业也定会在新的历史起点上，续写更新更灿烂的篇章。

史家明

2022年11月

（史家明：上海市水务局局长、党组书记）

序（二）

作为人类生存环境中的最大的两个自然流动要素，风和水在中国传统文化中受到特殊的关注。虽然大量的流动规律及其原因不能完全被科学地论证和证实，但传统社会中对于这两大自然流动要素给予大量的关注，并基于这两大要素解释人类社会衰亡和兴旺的原因。

从城市诞生至今，水被不断证明是城市生存发展的基本要素。凡是顺应水的流动规律布局形态设计的城市，其基本供水和城市安全将得到双向保障，更容易发展兴旺。

黄浦江作为上海的“母亲河”，既给工农业生产和城市生活提供丰沛水源，又为交通运输、水上游览带来便利，同时兼有社会文化功能，缔造上海城市的成长历史，推动上海发展成为国际大都市。

我作为2010年上海世博会园区总规划师，与黄浦江更有一段渊源。世博会园区5.28平方千米布局在黄浦江两岸，以黄浦江为中心带动两岸城市空间的重新整合，使滨江特色和浦东浦西的呼应有机统一。我们应用黄浦江的潮汐规律，引导黄浦江水流经生态净化沟渠，进入世博园区，提供绿化喷灌，得到净化的水又流归黄浦江，使自然的江水流经城市后不是受到污染，而是越来越干净。世博会园区内的滨江绿地在世博会后被保留，成为市民可漫步其间的亲水绿地。

欣闻“中国名水志丛书”之一，由上海市水务局牵头主编的《黄浦江志》出版问世。其内容涵盖黄浦江水环境、自然景观、人文景观、水利工程、航运与港区、两岸经济、水环境治理与两岸开发、民情风俗与历史人文等方面，详尽地反映黄浦江的历史概貌，记载人民利用黄浦江带来的资源优势、治理黄浦江、开发黄浦江岸的珍贵史料和宝贵经验，对我国其他河流的治理也具有借鉴意义。附录中的黄浦江歌、诗、词使本书更具人文情怀。

这是上海有史以来首部名水志，其涵盖的内容、编撰工作的组织形式都可为同类水志、地方志的典范；其可靠的历史数据将服务于黄浦江流域的城市学、历史学、政治学、经济学、人类学、地理学、城乡规划学等相关领域的学术研究、理论创新和科学普及。

特为序，贺《黄浦江志》出版。

2023年4月

（吴志强：中国工程院、德国工程科学院、瑞典皇家工程科学院院士，

2010年上海世博会园区总规划师）

序（三）

上海的历史，本就是一部江河与城市相互纠葛交织的历史。在上海城市早期发展中，青龙江，也就是今天的吴淞江/苏州河，成就了上海第一个国际性港口城市——青龙镇。然而，南宋中叶以后受海平面抬升的影响，吴淞江河道逐渐淤塞，青龙镇的海上贸易则为其下游的上海镇所取代。明永乐元年（1403）户部尚书夏原吉主持对吴淞江水系进行工程改造，将吴淞江支流黄浦江改为直流入海，成为太湖地区的主要泄水道，吴淞江则变身为其支流。江浦地位的逆转，不仅改变元明之际吴淞江河道淤浅造成下游地区“田畴时被浸没”的状况，而且直接导致位于黄浦江左岸的上海县城凭借黄浦江航运条件脱颖而出，逐渐发展成为中国近海贸易中心。清乾隆年间（1736—1796），上海县城已颇具都市气象：“凡远货贸迁，皆由吴淞口进泊黄浦，城东门外舳舻相衔，帆樯比栉，不减仪征、汉口。”嘉庆年间（1796—1820）更上层楼，有“江海之通津，东南之都会”之誉。显然，黄浦江之于上海，犹如珠江之于广州、长江之于武汉、南京，是上海城市起步的根基，这也是列强在用坚船利炮打败闭关锁国的清政府后，将上海列为第一批开埠城市的缘由。

开埠后，上海依托黄浦江优越的航运条件和富庶的长江中下游腹地，通过江海联运将中国经济纳入到世界经济体系中，从而迅速崛起为远东第一大都市。直至今天，上海的城市经济始终执中国经济之牛耳，正得益于其“跨江近海”的优越地理位置。

因黄浦江与上海城市发展息息相关，黄浦江已然成为上海的城市名片，成为上海编著名水志的当然首选。从编纂人员的选择，到体例的确定，上海市水务局高标准、严要求。《黄浦江志》的主编人员是长期从事上海历史地理研究的专家，在悉心收集资料的基础上，经过精心的文献整理、编排体例和文字撰稿，高质量地完成《黄浦江志》的编撰工作。在市水务局的组织下，又通过多次评议、审阅不断完善文稿，最终呈现在读者面前的是这样一部厚重而扎实的志书。尤值得称赞的是，这部志书不仅通过文字对黄浦江发展的自然过程和人文特点描摹细说，而且利用影像让读者能够快速而直观地了解黄浦江的发展历史及其与上海城市之间的相互关系，正符合当下图文并茂的时代特色。

今天的上海已成为世界第一大贸易港口城市，黄浦江始终如影随形、相辅相成：它孕育明清时期上海城市的发展，它促进开埠以后中国近代工业在上海的起步，它成就改革开放后上海的重获生机。相信黄浦江在未来上海城市发展中，仍然能肩负重任，不断创造新的辉煌。

张晓虹

2022年11月

（张晓虹：复旦大学中国历史地理研究所所长、教授）

凡 例

一、《黄浦江志》为“中国名水志丛书”之一，全面、系统、客观地记述有确切史料记载起至2021年底黄浦江流域（聚焦于上海地区）自然、人文、经济、社会变迁的历史。

二、本志采用百科全书体例，分类、目、条目三个层次，采用述、记、志、传、图、照、表、录等几种体裁，横排门类，纵述史实。

三、本志断限上起宋代，下至2021年。为保证事件的完整性，个别重大事件适当下延。

四、本志记载的空间范围为黄浦江水系流域，包含干支流流域内的陆河水系流域，以介绍干流为主。黄浦江滨岸范围，以滨江的1～2千米为准，个别重要的内容，略有超出。

五、本志收录内容包括自然环境、水文水系、地文景观、自然景观、水利与防汛、航运与港区、跨江交通、沿江经济、水保护与两岸开发、民俗风情与人文景观等，以体现黄浦江特色内容为主。

六、各类组织、机构和河流等专有名称使用全称，并括注规范简称，第二次出现时采用简称，如“水利部太湖流域管理局”简称“太湖局”。机构和地名，沿用当时称谓。

七、本志度量单位遵从不同时期的习惯，如里、千米，斤、公斤，亩、万亩等单位。农历时间一律用汉字表达，如三月初九、七月十二日。

八、本志纪年，1912年之前，采用历史纪年，后括注公元纪年，1912年及之后采用公元纪年。

目　录

Contents

大事记

南　宋

乾道七年（1171）

秀州知府丘崈水利条奏称：“（华亭）县东北有俞塘、黄浦塘、蟠龙塘通接吴松大江，皆泄里河水涝。”黄浦塘，在华亭县东北，南北流向，大致是今黄浦江闸港至龙华一段。此系目前所知“黄浦”之名的最早记载。

淳祐十年（1250）

高子凤为西林（今三林塘）南积善寺撰写的碑记云：“西林去邑不十里，东越黄浦，又东而汇北……所谓江浦之聚也。”

元

至元十四年（1277）

在上海镇设市舶司，时王楠任上海市舶司提控，定双抽单抽之制。

至元十五年（1278）

华亭府改称松江府。

至元二十八年（1291）

上海县设立，隶松江府。

大德十年（1306）

都水庸田使麻合马嘉议浚吴淞江方略云，“太湖水不能宣泄于吴淞江，并淀山湖水迂回宛转从新泾和上海浦返注于江达海”。

泰定元年（1324）

松江府诸河淤塞，此时，乌泥泾东注入黄浦，为宣泄太湖诸水的一条主河道。

明

永乐元年（1403）

浙西发大水，灾及松江、苏州、嘉兴等6府。户部尚书夏原吉授命赶赴苏松治水，他采纳本地人叶宗行建议，拓宽范家浜以通大黄浦，以大黄浦—范家浜—南跄浦，组成新的河道，即今黄浦江。

天顺二年（1458）

巡抚南都御史崔恭浚吴淞江东段河道，自昆山夏驾浦，迄嘉定庄家泾。又浚六磊塘、乌泥泾、沙竹冈诸水，通流入浦。民受其惠，称曹家沟为都台浦（今咸塘港）。

弘治年间（1488—1505）

吴淞江，在潭子湾以下改走宋家浜（在今苏州河外白渡桥段）一线，在今苏州河与黄浦江交汇处入黄浦江。

嘉靖元年（1522）

巡抚李充嗣主持疏浚吴淞江，西起夏驾浦，东至嘉定龙王庙旧江口（今黄渡东）止。

隆庆三年（1569）

十二月，应天巡抚海瑞巡历上海县，考察吴淞江，令上海知县开浚测量、施工。次年正月，令松江府同知率上海、嘉定等县知县分理。

崇祯二年（1629）

巡抚曹文衡檄同知钱永澄，修筑黄浦塘岸2000余丈。

清

顺治九年（1652）

御史秦世祯檄华亭知县刘成龙，浚六磊塘紫冈、沙冈、竹冈、蒲汇塘等河道。

康熙十年（1671）

江宁巡抚马祜主持疏浚吴淞江诸河，本年十二月兴工，十一年（1672）三月竣工，计吴淞江及新泾口等处，共11851丈。又于康熙十一年（1672）吴淞江入黄浦口前（今福建路桥附近）建宋家桥闸一座，此闸于康熙二十九年（1690）毁坏。

康熙二十四年（1685）

开放海禁，于华亭县漴阙设江海关，为全国四大海关之一。后移驻黄浦江西岸上海县城宝带门内。

雍正十年（1732）

在黄浦江下游，筑“衣周塘”，自西岸胡巷桥（蕰藻浜河口）至虬江，修筑江堤2912丈，分为景、行、惟、贤、克、念、作、圣、德、建、名、立12段。乾隆十三年（1748），筑土塘自虬江起至胡巷口南岸止，长3290余丈。1918年，该土塘被筑成军工路，高程为吴淞零点以上6.1米，可抵御潮汛侵袭。

乾隆十八年（1753）

在黄浦江西岸，筑淞浦西北岸土塘，同治九年（1870）又被筑成杨树浦路。

乾隆二十九年（1764）

在黄浦江东岸，筑淞浦东南岸土塘。

道光十二年（1832）

五月二十二日（6月20日），英国人林赛为总管，与德籍传教士郭士立，乘坐东印度公司“阿美士德号”（Amherst）鸦片船抵达上海港，在黄浦江上停驻19天，考察上海的商业贸易情况、军事防备力量以及港口、航运、交通等情况，并趁机测量黄浦江航道，日后绘制长江口海图。

道光二十二年（1842）

五月十二日（6月11日），“复仇女神号”（Nemesis）的船长霍尔（Hall）乘小艇强行闯入吴淞口测量水道。19日，“复仇女神号”带领四艘汽船，拖带四艘战舰占领上海。

5月20日，开莱特（Henry Kellett）由上海出发，乘汽船继续向黄浦江上游探查，寻找继续前往苏州的水道。当到达青浦泖港时因河道变窄浅而以失败结束。吴淞战争期间，英国海道局水文员开莱特和哥林森（Richard Collinson）测量黄浦江。1842年出版实测黄浦江地图。

七月二十四日（8月29日），《南京条约》签订，上海定为五个通商口岸之一。

道光二十三年（1843）

九月二十六日（11月17日），上海正式开埠。江海关署在洋泾浜北设立盘验所，负责对洋船征税。道光二十六年（1846），撤盘验收，建新关于城北浦岸。

道光二十五年（1845）

英国人率先在外滩沿江建起两座驳船码头，一座供英国船舶驳运装卸使用，一座专供海关验货用。这是最早出现在上海的外商码头。

道光二十六年（1846）

九至十月间，英领事阿礼国（R. Alcock）发布通告，公布《上海港埠章程》。章程规定：上海港埠“靠海一边之界址，划定在朝西方向之宝山角与朝西南方向之吴淞口右岸炮台这两点之间构成一直线之内。装卸货物之商船锚地即在江海关外之江面上，从吴淞口起伸展至洋泾浜为止”。

道光二十七年（1847）

二月初六（3月22日），上海道公布《上海港船只锚地章程》，其中规定在黄浦江东岸必须一直保留一条通道，以便各国船只可以自由通行。

咸丰二年（1852）

外商船员在黄浦江举行首次赛船会（划船比赛）。

咸丰五年（1855）

上海道宣布：上海港港界之下限为宝山嘴至对岸炮台一线，上限为上海县城北端之江岸。

咸丰七年（1857）

在今汉口路外滩建成庙宇式江海关关署大楼。

咸丰九年（1859）

江海关颁布《黄浦江河泊章程》，规定洋船停泊区的上限自洋泾浜北岸（今延安东路）扩展到天后宫（今十六铺附近），下限自苏州河南岸扩至虹口新船坞。

同治元年（1862）

二月二十七日（3月27日），美商旗昌轮船公司（Shanghai Steam Navigation Co.）在上海成立，同年在十六铺建造金利源码头。

同治四年（1865）

八月（9月），李鸿章禀报朝廷成立江南机器制造总局。1867年从虹口租界迁至高昌庙。

是年，上海江海新关，在殷行乡张华浜沿浦滩设理船厅，建造码头，借以稽查轮船之出入。

是年，位于法租界外滩的法国轮船公司码头建成，全长1649.11英尺（约503米）。

同治七年（1868）

上海道颁布《上海港引水分章》，共22条。

同治九年（1870）

工部局对黄浦江及附近河湖进行水源水质调查，发现采集12处水样均优于同期英国泰晤士河水，属可饮用的淡水。

同治十年（1871）

春，港务司的威基谒（S. A. Viguier）实施一次专业的黄浦江水文调查，发现最近几年位于黄浦江下游的高桥沙增长迅速从一个江心洲发展成一个较大的岛屿。

同治十一年（1872）

十二月十九日（1873年1月17日），轮船招商局在上海成立，并购置上海、天津码头、栈房。至此，招商局已拥有招商北栈、中栈、南栈、华栈和杨家渡栈五座码头。

同治十二年（1873）

江海关颁布《上海口理船厅章程》，规定上海港洋船停泊区界限为东门外小河口起至英国兵船厂（今浦东其昌栈）止。

同治十四年（1875）

七月十八日（8月6日），受上海总商会以及上海各国领事邀请，荷兰工程师艾雪（G. A. Escher）和奈格（J. D. Rijke）来沪，对黄浦江实施为期两周的水文调查。他们返回日本后，撰写《关于吴淞内沙报告》，1876年2月完成。在该报告中，提出疏浚轮船航道和开挖帆船航道两种方案，后一种方案成为1905年黄浦江疏浚计划的雏形。

光绪五年（1879）

十月十七日（11月30日），英国商人麦克利沃特（A. McLeod）等人筹组上海自来水股份有限公司。光绪七年（1881）七月动工，至光绪九年（1883）五月竣工。五月初十（6月29日）举行开幕典礼，时任北洋通商大臣的李鸿章开启进水闸门，引黄浦江水进厂。该厂于同年六月二十九日（8月1日）正式对外供水，生产规模为日供水量150万加仑（6818立方米）。

光绪八年（1882）

清政府向英国购买一艘“安定号”挖泥船，翌年春开始疏浚黄浦江吴淞内外沙。

光绪二十年（1894）

上海海关巡工司毕士璧（Bisbee）在《吴淞内沙》中介绍黄浦江近几十年的历史变迁以及吴淞内沙1872—1893年间季节性变化规律。

光绪二十三年（1897）

奈格第二次来华，在《上海以下的黄浦江的报告》中，重提整治黄浦江“甲”“乙”两个方案。十二月（1898年1月10日），奈格写给上海总商会的《从上海向下游的黄浦江》附有1897年5月3日设计的“A”和1897年6月设计的“B”的说明。

光绪二十五年（1899）

十二月，上海引水委员会和上海引水公会相继成立。

光绪二十六年（1900）

上海港洋船停泊界再度扩展，自南码头（陆家浜）起，至洋泾港止。

光绪二十七年（1901）

七月二十五日（9月7日），清政府签订《辛丑条约》，其中第十一款第二目规定设立修治黄浦河道局。

光绪三十一年（1905）

九月二十七日（10月25日），改订修治黄浦河道条款，规定三个月内设黄浦河道机构。

十二月初一（12月26日），上海道台道袁树勋奉命组建浚浦工程总局，局署设在九江路1号。

是年，江南制造局造船部门独立，称江南船坞。1953年更名为江南造船厂，1996年改为江南（集团）造船有限责任公司，为中国建造的历史上最悠久的大型造船企业之一。

光绪三十二年（1906）

年初，清政府调任辜鸿铭（名汤生）为浚浦工程总局会办，兼任江海关道、江海关税务司的帮办，常驻局署经理全局事宜。

四月二十六日（6月17日），清政府首聘荷兰人奈格为浚浦工程总局总工程师，负责整治黄浦江航道。

是年，首次划定黄浦江“导治线”（Normal Line，亦称“浚浦线”），由吴淞口至江南制造局（今江南造船厂），全长31千米。

光绪三十三年（1907）

八月初十（9月17日），黄浦江吴淞口左导堤工程开工。该工程曾于1906年12月由新中机械造船厂承包打桩、钻探，继由荷兰利济公司承包施工。

是年，在爱多亚路（今延安东路）口建成外滩气象台（属徐家汇天文台），用顶柱风向仪在高杆上悬挂各种标记，由徐家汇天文台将气象消息预报黄浦江往来船只。

光绪三十四年（1908）

英商上海电气公司（Shanghai Electric Company）新中央电站在杨树浦沈家滩购地39亩筹建“江边电站”（即杨树浦发电厂），很快发展为当时远东第一大电厂之一。

宣统元年（1909）

八月初二（9月15日），高桥沙新航道（原帆船航道），水深达5.58米，设置航标就绪，即日起正式通航。

宣统二年（1910）

三月（4月），在吴淞口右岸筑一道顺坝，引导潮流冲刷吴淞外沙。

十月（11月），浚浦工程总局总工程师司奈格，合同期满回国。瑞典人海德生（H. V. Heidenstam）继任总工程师。

十一月（12月），撤销浚浦工程总局，另设临时机构善后养工局。

中华民国

1912年

1月，在吴淞口设立自记验潮站，又在黄浦公园（原名外滩公园）设立自记水位站；1914年又在建源码头（原名汉冶萍），1916年在米市渡（松江余来庙）、淀山湖、关王庙等处设立自记验潮站。

4月，新定《办理浚浦局章程》，重设开浚黄浦江工程总局，并成立浚浦局顾问团，由驻沪外国领馆指派代表5人、中国商会指派代表1人组成。

5月，海德生总工程师制订的1912—1921年《黄浦江继续治理计划》开始施行，黄浦江疏浚治理目标是航道水深达到7.3米。

1913年

5月10日，江海关发布新的《上海理船厅章程》，共47款，规定上海港洋船停泊区界限为：自江南制造局船坞起，至美孚煤油公司码头（今东沟）止。

是年，浚浦局开始对黄浦江高桥段、周家嘴至虬江段、制造局路段、汇山码头段进行疏浚整治，建堤筑坝，为期十年。

1914年

5月，浚浦局设立水理科，开始黄浦江、长江口水文测验记录。

是年，首次在黄浦江取样检验河水含沙量，流量测量达300多次，测得的结果于1916年和1917年分别发表黄浦江水文第一号和第二号报告。

是年，开始在黄浦江江南制造局下游至吴淞口进行定期标准断面测量。

1916年

浚浦局开始筹资建造500立方米/小时链斗式挖泥船“海龙一号”、1200立方米/小时吹泥船“海鲸号”及拖轮、泥驳等辅助船，组建上海港第一支疏浚队，改变过去向国外租船或由外商承包进行河道整治的方式。

1919年

3月至翌年12月，中国留法勤工俭学学生共计20批1600人从黄浦江码头乘船前往法国，后来在他们中间涌现一批中国共产党的杰出人物：周恩来、邓小平、聂荣臻、蔡和森、向警予、蔡畅等。

1920年

浚浦局开挖泖河下游古浦塘口处淤积段。

1921年

4月19日，海德生编写1922—1931年黄浦江疏浚规划，其主要目标是达到吴淞外沙通航船舶吃水28～30英尺的要求。

7月，日本明治制糖株式会社在黄浦江滨江杨树浦路1504号开办明华糖厂。1950年1月改名为上海化工厂，是上海化工系统中最早的国营工厂之一。

10月，浚浦局邀请中、英、美、德、荷、日等国专家代表，在沪召开技术顾问委员会会议，研讨上海港口和航道治理问题。

是年，上海第一家污水处理厂——北区污水处理厂建成投产。

是年，浚浦局在海关吴淞基准标石300米处设“张华浜基点”，作为吴淞零点起始点。1954年因地面下沉，上海市放弃该基点，改用“佘山基点”。

1922年

在黄浦江岸建成上海最早的水陆两用机场——龙华飞行港（今龙华机场）。龙华机场是中国民航发源地之一，也是中国运营时间较长的机场之一。

1924年

上海最早的信号台——陆家嘴信号台建成，高25米。

1927年

6月，浚浦局自行设计建造的定海路桥开工，12月建成通车。该桥连接周家嘴岛（今复兴岛），主桥长30.5米，两端引桥为27.5米和35.5米，设计净空9.14米，桥下可通行小轮船。

12月，位于中山东一路13号的江海关大楼（今上海海关大楼）落成。大楼占地5700多平方米，总建筑面积32600多平方米；总高度79米，其中主楼高度36米，钟楼高度43米。翌年2月，浚浦局总部从九江路1号迁至中山东一路13号江海关大楼并沿用至今。

是年，浚浦局以白银40万两向国民党政府买下周家嘴官有滩地，开始在虬江口至周家嘴间大片浅滩处围堤吹填，历时10年，填筑成周家嘴岛。吹填成陆面积1700余亩。

1928年

海德生辞职，由查得利（H. Chatley）博士继任浚浦局总工程师。

1930年

3月26日，上海港界扩展至从张家塘起至吴淞口止，长达22英里（35.40千米）。

1931年

1月，苏州河河口陆家嘴深潭抛石、抛泥填底工程动工。至1934年年底，潭底由-28.3米填高至-18.3米。

2月，上海市工务局委托浚浦局调配小型挖泥船，疏浚苏州河河口的外白渡桥至北新泾的虞姬墩，历时5年整。

8月27日，上海遭台风高潮侵袭，黄浦公园站最高潮位达4.94米，增高1.42米，为建站以来最高纪录。市区南市一带水深及腰，沿海海塘多处出险。

1933年

9月1日、17日，上海连遭两次台风侵袭，暴雨、海溢，黄浦江吴淞口出现有记录以来的最高潮位5.47米（9月18日）。

1935年

7月，浚浦局在德国雪高船厂订造的大型自航耙吸式挖泥船“建设号”建成来沪，该轮造价15.18万英镑，吸泥量12000立方米/小时。

1936年

3月，长733.3英尺、阔97.8英尺、总吨位42348吨、吃水30英尺的“不列颠皇后号”开到上海，创当时黄浦江上行驶轮船吨位历史之最。

1937年

5月，上海浚浦局总工程师查得利离职，总工程师助理薛卓斌（中国人）继任。

7月，抗日战争全面爆发，国民政府在沪机关撤离，浚浦局首席局长宋子良也撤离上海，令薛卓斌留沪维持上海浚浦局局务。长江口、黄浦江、苏州河等处疏浚工程全部停工。上海地区水文测站工作中断，仅黄浦公园站维持水位记录。

8月，淞沪战争爆发，国民政府为抵抗日军的进攻，在黄浦江沉船10艘（18642吨）堵塞航道。

1938年

浚浦局向德国订造的大型自航耙吸式挖泥船“复兴号”建成，后因第二次世界大战爆发而下落不明。

1941年

9月29日，日本海军征用“建设号”挖泥船赴日本门司港。1946年7月，日本归还浚浦局“建设号”挖泥船，但已损坏严重。

1945年

8月16日，抗日战争胜利后，国民政府交通部派京沪区交通接收委员李孤帆接管上海航政事务。

9月9日，美国海军第七舰队司令金凯德率领38艘舰船抵上海港，随后驻沪美军司令威雅特宣布上海港于9月15日开放。

1947年

7月4日，周家嘴岛正式改名为复兴岛。

1949年

5月27日，上海解放。

中华人民共和国

1949年

12月17日，上海市人民政府公布《上海市人民政府管理岸线暂行办法》。

1950年

1月21日，苏联专家茹可夫、巴雪维奇由中央人民政府交通部副部长季方陪同，来上海帮助港、航单位开展工作。

8月，浚浦局改称上海区港务局工程处，主要职责不变。1956年6月改为上海河道工程局，1964年9月更名为上海航道局。

1951年

11月5日，上海市政府公布上海港埠区域：黄浦江自吴淞口起至闵行止，苏州河自黄浦江边起至蟠龙港止，蕰藻浜自黄浦江边起至陈家行止。

11月29日，上海区港务局将码头仓库按地域划为上港一区（辖浦东杨家渡、张家浜老白渡码头）、上港二区（辖浦东华栈、新汇山码头）、上港三区（辖黄浦、汇山码头），形成局区两级管理。

1952年

11月17日，经中央人民政府交通部批准，《上海区港务管理局管理上海港岸线暂行原则》公布，明确规定上海港黄浦江两岸岸线由港务管理局管理。上海市人民政府

1949年12月17日公布的《上海市人民政府管理岸线暂行办法》同时废止。

是年，上海区港务局制定黄浦江鳗鲤嘴至闵行的浚浦线。

1953年

1月13日，上海解放后制定的第一个《上海港港章》公布。

1955年

3月4日，朱德元帅乘“港申”轮视察黄浦江。

11月5日，毛泽东主席乘“港申”轮首次视察黄浦江，自黄浦码头登船，航行到日辉港返航，至外虹桥码头上岸。

1956年

3—4月，上海市城市规划设计院在洋泾浜、高桥港、白莲泾、龙华港、蒲汇塘、法华港等6条黄浦江支流设潮位站，并进行流量测验。

是年，开始在黄浦江两岸修建砖砌防汛墙，在驳岸顶加筑简陋的水泥墙和土堤，总计约50千米。

1957年

7月8日，毛泽东主席第二次乘“港申”轮视察黄浦江，在十六铺码头登船，航行到上钢三厂附近返航，至海军扬子江码头上岸。

1958年

11月，太浦河工程开工。第一次施工1959年5月结束，完成土方1205万立方米；该河控制工程太浦河闸同时开工，1959年10月建成。

是年，上海河道工程局首次开展上海解放后黄浦江自吴淞口至闵行60千米河道三角布测。

1959年

12月8日，水电部批复同意《江苏省太湖地区水利工程规划要点》，开挖太浦河、望虞河，建太湖控制线，拓浚沿江各河并建闸控制。

1962年

1月6日，上海河道工程局将“海航号”“港浮号”“利翔号”“东测4号”等船舶组成上海港航标船队。

1963年

1月15日，上海市城建局按照抗御历史最高潮位4.94米（1933年黄浦公园站实测水位）的标准（“六三标准”），第一次提出“黄浦江、苏州河两岸防汛构筑物的统一高程”规定，规定黄浦公园防汛墙顶高程最低要求为4.94米，新建加高为5.2米。

是年，黄浦江历史上首次发生连续多日的黑臭现象，影响6个水厂的原水水质，前后延续22天。

1964年

12月，国务院总理周恩来视察上海港区。

1965年

6月，黄浦江第一条隧道打浦路隧道动工，1971年6月建成通车。

1969年

4月5日，黄浦江吴淞站出现历史实测最低潮位-0.25米。

12月，市防汛指挥部对黄浦江下游地段，按照不低于吴淞站历史最高潮位5.72米的标准，补充颁发“黄浦江下游及吴淞地区支流河口防汛高程”的规定。

1970年

11月23日，由上海市水文地质大队采用人工回灌自来水办法首次成功实现控制城市地面下沉。

1974年

4月，黄浦江上第一座大桥——松浦大桥开工，1976年6月29日建成通车。

8月18—22日，受13号台风影响，上海普降中到大雨，黄浦江苏州河河口20日高潮位达到4.98米，超过黄浦公园站1913年以来60年的最高纪录。

11月，市防汛指挥部提出新的防洪标准，相应黄浦公园站防御水位5.3米，吴淞站6.1米。经市政府批准，要求沿江河防汛墙按新标准确定的构筑物统一高程加高加固。

是年年底，上海市农业局筹建蕰藻浜吴淞水文站。于1975年建成。

1975年

6月，开始对黄浦江干流及其主要支流进行水质和地质调查，于1976年10月结束。

8月28日，交通部批准重建上海市黄浦公园水文站。

1976年

12月，上海、嘉定、宝山、松江、金山、青浦6县共14万人参加黄浦江重要支流——淀浦河开挖工程，1977年8月淀浦河全线竣工通水。

1977年

4月，上海最大的人工河——大治河破土动工，1978年11月全线开挖，1979年1月31日竣工，全长38.03千米，可通航300吨级船队，为黄浦江纳潮泄洪、灌溉良田、水上运输发挥重大作用。

12月，大治河西闸水利枢纽工程开工，1979年11月竣工。1993年大治河东闸修复开通，具有纳潮、排水、治涝、冲污与通航功能。

1978年

9月26日，上海开通中国大陆第一条国际集装箱班轮航线——上海至澳大利亚航线。

11月，川杨河整治工程开工。1980年1月15日竣工，全长28.60千米，沟通33条南北向支流，可通航100吨级船队。

1979年

3月15日，上远公司“柳林海”轮首航美国西雅图港，恢复中断30年的中（国）美（国）海上航运。

3月18日，中美建交后美国第一艘来华船只——“利莱克斯”轮驶抵沪。

11月1日，上海—香港集装箱定期班轮航线正式通航。

1980年

1月7日，停航30余年的上海至香港直达客货班轮复航，“上海”轮首航香港。

是年，十六铺客运站一期工程动工改建。1982年1月7日竣工投产，极大地改善水上客运条件和十六铺地区的环境面貌。

1981年

2月10日，上海开通中国—美国西海岸集装箱班轮航线。

6月4—11日，市水文总站根据黄浦江污染治理小组的要求，会同上海市环境保护局、上海航道局、上海市自来水公司首次对黄浦江进行水文水质同步调查。

8月31日—9月2日，上海遭受14号强台风和特大潮汛袭击。9月1日凌晨，长江口和黄浦江下游22个水位站创1913年有记录以来最高值，黄浦公园站水位达5.22米。

1982年

8月，水利部、交通部和市政府在宝山钢铁总厂联合召开“上海水利座谈会”，就长江口整治和黄浦江综合治理等问题进行研讨。市水利局提出在黄浦江苏州河河口建闸、确保上海防汛安全等设想。

8月29日，国家科委同意将《黄浦江污染综合防治规划研究》列为国家“六五”重点科技攻关项目。1987年获环境保护科学技术进步奖一等奖。

1983年

1月，由市水利局牵头组成上海市防洪水位研究课题协作组，次年6月完成《黄浦江潮位分析》报告，并经水利水电部水利水电规划设计总院审查批准。

8月，长江口及太湖流域综合治理领导小组提出《关于上海市区近期防洪水位标准的意见》报请水电部审批。该报告提出上海市区防汛水位标准近期可提高到千年一遇标准，即按黄浦公园站5.86米、吴淞站6.27米的潮位标准进行防洪设施设计和施工。10月获得水利部批准。

1984年

12月29日，上海市政府召开庆祝上海港年货物吞吐量突破1亿吨大会，交通部部长钱永昌、上海市市长汪道涵出席。

是年，黄浦江对江渡客运量30068万人次，首次突破年渡客3亿人次。

1985年

2月27日，黄浦江上游引水一期工程开工，引水量230万立方米/日，投资4.96亿元。12月30日全面建成投产，430万人受益。1991年4月12日，黄浦江上游引水浦东支线工程竣工通水，浦东30万居民受益。

6月22日，上海市委书记芮杏文、市长江泽民视察上海港张华浜集装箱装卸公司、军工路集装箱装卸公司和煤炭装卸公司，并乘船考察黄浦江沿岸码头。

7月5日，台湾地区货船“东方统帅”轮靠泊上海港，此为1949年以后抵黄浦江的第一艘台湾货轮。

1986年

春季，上海市水利工程设计研究院提出《苏州河河口挡潮闸闸址选择和桥闸结合可行性研究报告》，建议闸址选在吴淞路，闸孔宽60米，桥闸结合，此方案被上海市政府批准。

10月3日，国务院批准《上海市黄浦江及支流208千米防汛墙加高加固工程计划任务书》。

10月15日，英国女王伊丽莎白二世乘“大不列颠”皇家邮轮停靠在黄浦江外虹桥码头，伊丽莎白女王在邮轮上举行答谢宴会，中国国家主席李先念应邀出席宴会，出席宴会的还有外交部部长吴学谦、上海市市长江泽民。

1987年

4月8日，瑞典首相卡尔松乘“友好号”游轮视察黄浦江。

7月8日，关港作业区工程开工。1990年11月完工，12月21日通过验收，建成万吨级海轮泊位8个、挖入式港池1座。

8月29日，上海市政府颁发《上海市黄浦江上游水源保护条例实施细则》，自9月1日起实施。

12月10日，陆家嘴轮渡站因大雾封江，导致轮渡站滞留人员过多，开航后发生人流踩踏事故，造成66死22伤的重大安全事故。

1988年

9月12日，台湾地区客船“昌瑞”轮从基隆港经日本那霸驶抵上海港，系1949年后进入上海港的第一艘台湾客轮。

10月27日，吴淞路闸桥工程开工，水利部部长杨振怀、上海市市长朱镕基出席开工仪式。

同月，“黄浦江干支流防汛墙加高加固工程（208工程）”开工，2001年5月竣工。

12月15日，南浦大桥动工兴建，1991年6月20日大桥贯通，11月19日工程竣工，12月1日正式通车。南浦大桥是上海市区第一座跨越黄浦江的大桥。

是年，黄浦江干流年内出现黑臭天数为229天，浦东水厂所在江段，污染指数达22.5（≥5为严重污染），出现历年最严重的污染情况。

1989年

10月13日，加纳共和国总理奥斌乘船视察黄浦江。

12月15日，上海市政府发布《上海市区防汛墙加固工程建设管理办法》，于1990年1月1日起实施。

是年，黄浦公园站汛期出现超警戒水位4.55米17次，为1949年以来最多（历年平均2.45次）。

1990年

4月7日，国务院总理李鹏乘“友好”轮视察黄浦江。4月18日，李鹏总理在上海宣布中共中央、国务院关于开发开放浦东的重大决定。

6月24日—7月2日，市水文总站和市环境监测中心对黄浦江干支流22个断面水文水质进行8昼夜同步施测，了解黄浦江水文、潮汐及污染源排放对水质的影响情况。

7—8月，高温少雨。黄浦江干流污水不断上溯约80千米，闵行水厂连续黑臭达30天，为1958年建厂以来所未见。在上海市政府的关心下，经国家防汛抗旱总指挥部同意，并得到苏浙两省支持，8月3—17日从长江苏南沿线引水约6亿立方米。

是年，市水文总站新建黄浦江松浦大桥水文站，包括400米跨河缆道工程，岛式自记台、气象观测场、办公室及化验楼等，历时4年完成，8月投入试运转，连续测流一个月，测得该月平均径流量为67.7立方米/秒。

1991年

4月，在黄浦江苏州河河口建成国内第一座闸桥结合、净孔60米的悬挂式挡潮闸。水利部部长杨振怀、上海市市长黄菊参加竣工仪式。

5月1日，杨浦大桥开工兴建，1993年9月15日建成，是继南浦大桥之后建成的黄浦江第二座斜拉索公路桥，为当时世界主跨径最大的斜拉桥。

7月23日，中共中央政治局常委、书记处书记乔石视察上海太浦河。

10月21日，外滩防汛墙外移工程开工。该工程沿黄浦江自黄浦公园至新开河，全长1356米的岸线分别外移6～43米，1993年12月25日全线竣工。

10月30日，上海市召开太浦河施工动员大会，上海市委书记吴邦国、市长黄菊出席。太浦河全长57.4千米，上海境内长15.47千米。12月1日，太浦河上海段工程全线开工；至22日，160万立方米土方的筑堤工程完成。1995年12月27日全线竣工。

11月19日，中央政治局常委、书记处书记李瑞环乘“上海”轮视察黄浦江。

1992年

2月8日，国家主席杨尚昆、中央军委主席邓小平乘“友好”轮视察黄浦江。

2月10日，外滩综合改造工程开工，12月25日竣工。二期工程1993年竣工。外滩防汛墙一、二期工程按新标准建设，市区208千米防汛墙一半以上达到新防御标准。

1993年

完成合流污水治理一期工程的主管道工程，并开始截流污水，使苏州河、黄浦江水质得到改善。

1994年

5月1日，468米的亚洲第一高塔上海东方明珠广播电视塔诞生。翌年5月1日正式启用。

同月，黄浦江干流闵行—三角渡防洪工程开工，2003年11月主体工程建成，2008年11月工程完工。

1995年

4月19日，国务院总理李鹏、国务委员李铁映乘“友好”轮视察黄浦江。

5月20日，中共中央总书记、国家主席、中央军委主席江泽民乘“友好”轮视察黄浦江。

5月30日，太浦河练塘南北套闸竣工验收。

12月17日，中央政治局常委、国务院副总理朱镕基乘“友好”轮视察黄浦江。

1996年

1月16日、28日，国务院总理李鹏在沪先后两次主持专题会议，研究上海国际航运中心建设，国家有关部委，江苏、浙江、上海两省一市负责人出席，上海国际航运中心建设正式启动。

3月19日，上海市政府第四次常务会议通过《上海市黄浦江防汛墙保护办法》，自1996年5月1日起实施。

12月21日，“丰顺”轮由厦门港驶抵黄浦江，这是国内正式开通的首条内贸国际标准集装箱水路运输航线。

1997年

3月25日，黄浦江干流闵行—三角渡防洪工程三期工程开工，同年7月8日竣工。

6月5日，上海市污水治理二期工程举行奠基仪式。1999年12月25日主体工程通水，工程总服务面积272平方千米，总服务人口355万，有利于改善黄浦江水质和城市环境。

7月7日，太湖流域综合治理工作会议在上海举行。宣布上海今后三年内将全面实施太湖流域治理三大骨干工程：拦路港工程、红旗塘工程、黄浦江上游干流防洪工程。

8月18—19日，受9711号台风影响，上海遭遇台风、高潮、暴雨“三碰头”，杭州湾、长江口、黄浦江沿线潮位均超历史纪录。黄浦公园站最高潮位达5.72米，创1913年来最高纪录，造成海塘受损、防汛墙决口、堤防漫溢、农田受灾，市领导黄菊、徐匡迪到苏州河闸管所督察防汛工作。

12月19日，黄浦江上游引水二期工程建成投产，供水能力达540万立方米/日。与此同时，建成临江水厂、闵行三水厂、大场水厂，全市新增自来水供应能力80万立方米/日。至此，上海总供水能力达到680万立方米/日。

1998年

8月28日，位于黄浦江陆家嘴的金茂大厦落成，高420.5米，主体建筑地上88层、地下3层，为当时中国最高大楼。

10月，市防汛墙加高加固二期工程开工，2001年5月竣工。

1999年

1月22日，国家计委批准《太湖流域黄浦江干流闵行—三角渡防洪工程可行性研究报告》。

11月3日，德国总理施罗德乘“友好”轮游览黄浦江。

同月，黄浦江上游“扩大拦路港，疏浚泖河、斜塘工程”开工。2003年12月主体工程建成，2007年7月基本完工。

12月28日，外环隧道开工建设，2003年6月21日建成通车，这是上海外环线北段穿越黄浦江的交通咽喉，建成时规模为亚洲第一。

2000年

12月26日，太浦河泵站工程动工兴建，为太湖流域综合治理工程中最大单体项目。2003年7月2日，泵站机组试运行并通过验收。

2001年

1月，叶榭塘水利枢纽工程开工，2003年10月竣工。

3月24日，黄浦江干流段新增防洪工程在奉贤举行开工典礼，副市长韩正宣布工程开工。2005年5月全面建成。

2002年

1月10日，上海市委书记黄菊视察黄浦江，宣布黄浦江两岸综合开发正式启动。同日，上海市黄浦江两岸开发工作领导小组、上海市黄浦江两岸开发工作领导小组办公室（以下简称“市浦江办”）和上海市黄浦江两岸开发建设投资（集团）有限公司宣告成立。

2月18日，中共中央总书记江泽民听取黄浦江两岸综合开发的情况汇报，欣然题词“让黄浦江焕发青春”。

5月22日，上海市人民政府印发《关于进一步加强黄浦江两岸规划和土地管理的通知》，明确黄浦江两岸规划控制范围。

6月14日，上海市黄浦江两岸开发工作领导小组第一次会议召开，会议提出黄浦江两岸综合开发要处理好规划与建设、当前与长远、市与区、政府与市场、局部与全局的关系，突出重点，有序开发。

9月6日，黄浦江干流闵行—三角渡防洪工程堤顶道路工程通过验收。

是年，“黄浦江干流新增防洪工程（110工程）”开工。

2003年

4月，苏州河河口水闸工程开工，2005年12月竣工。2006年8月，苏州河河口新水闸投入运行。

4月30日，上海市政府颁布《上海市黄浦江两岸开发建设管理办法》，6月1日起实施。

8月5日，黄浦江上游准水源保护区吴泾电厂六期码头水域发生特大油污染事故，市水务局快速启动应急预案，全力保护取水口安全。

9月12日，市水务局发布《上海市黄浦江防汛墙维修养护技术和管理暂行规定》《上海市黄浦江防汛墙安全鉴定暂行办法》《上海市黄浦江防汛墙养护达标考评暂行办法》等规范性文件。

12月3日，上海市污水治理三期工程正式动工。

12月31日，黄浦江上游干流段防洪工程基本建成。

2004年

1月3日，上海港国际客运中心项目开工建设，标志北外滩地区步入功能转换阶段。

同月，交通部决定将黄浦江航道（海港段）管理权下放给上海市管理。翌年3月9日，上海航道局与市港口局举行黄浦江航道管理职能及有关资料交接仪式。

2月26日，上海市市长韩正视察黄浦江两岸综合开发工作，提出黄浦江两岸综合开发要做到优化功能和环境，加快立法进度和规划落实。

6月19日，上海市质量技术监督局颁布《黄浦江两岸滨江公共环境建设标准》，标志着沿江公共环境建设进入标准化管理新阶段。

12月2日，有140多年历史的十六铺客运码头被拆除，新建十六铺水上旅游公共码头。2005年7月16日，十六铺旅游中心（筹）启用仪式举行，标志着十六铺公共游船码头开始试运行。

2005年

9月22日，苏州河河口液压卧倒式翻板闸门水闸投入试运行，使苏州河防洪标准达到千年一遇，并兼具调水、调节水位等功能，可有效改善苏州河及其支流水环境。

是年，上海港完成货物吞吐量44317万吨，首次成为世界第一大货运港，当年进出上海港的国际航行船舶突破3万艘次。

2006年

7月2日，意大利“爱兰歌娜号”邮轮首航仪式在国际客运中心码头举行，这是第一艘以上海为母港的国际知名邮轮。

8月16日，市浦江办与宝山区政府合作，由申江集团与宝山区国资投资公司共同组建上海吴淞口开发有限公司，沿江宝山区段开发工作进入新阶段。

11月2日，《黄浦江高潮位预警图形符号》成为上海市地方标准，于2007年1月1日实施。

11月9日，上海自来水科技馆在杨树浦水厂举行揭牌仪式。

12月6日，上海市政府举行滨江公共绿地建成段开放仪式，宣布东昌滨江绿地、北外滩滨江绿地高阳段正式向公众开放。

2007年

7月，世界第二大邮轮集团皇家加勒比邮轮公司驻上海办事处开业。至此，嘉年华邮轮、皇家加勒比邮轮、丽星邮轮世界三大邮轮集团均在上海设立办事处。

8月23日，上海市浦江办与上海市政府研究室共同召开专题座谈会，沿江各区浦江办参加，探讨“市区联手、以区为主”的黄浦江两岸开发机制。

9月19日，十六铺地区综合改造一期工程举行开工签约仪式，标志着上海市级水上旅游中心建设正式启动。

11月7日，苏州河综合整治三期暨防汛墙改造工程举行开工仪式。2011年竣工。

2008年

10月23日，首届亚洲邮轮大会在上海港国际客运中心召开。

11月29日，位于上海市陆家嘴金融贸易区银城中路501号的上海中心大厦开工，2016年3月12日竣工，是上海市的一座巨型高层地标式摩天大楼，建成时为中国第一高楼、世界第二高楼。

12月30日，迎世博黄浦江沿岸环境综合整治动员大会召开，会议明确黄浦江沿岸环境综合整治的有关项目及责任单位。

2009年

5月26日，黄浦江两岸综合开发暨徐汇段银企合作签约仪式举行。徐汇滨江地区土地前期基础性开发和公共环境建设获得两家银行首期总额为99亿元的长期贷款。

6月1日—9月30日，防汛防台工作保障城市正常运行，汛期经受台风“莫拉克”外围影响和8次天文大潮汛、3次暴雨/大暴雨、7次局部暴雨、1次局部特大暴雨考验。黄浦江上游米市渡潮位38次超警戒线。

6月25日，上海市委书记俞正声、市长韩正视察上海港国际客运中心。

10月13日，上海市市长韩正，副市长杨雄等领导沿黄浦江实地察看环境综合整治情况，肯定整治工作取得的成绩。

12月25日，上海市市长韩正出席世博中心竣工仪式，实地察看黄浦江两岸相关世博配套项目建设情况。

2010年

3月28日，外滩滨水区改造工程竣工，正式对外开放。市委书记俞正声出席竣工仪式并宣布外滩综合改造工程竣工，市委副书记、市长韩正致辞。

5月1日，以“城市，让生活更美好”为主题的中国2010年上海世博会正式开幕，中共中央总书记、国家主席、中央军委主席胡锦涛出席开幕式并宣布中国2010年上海世博会开幕。至当年10月31日闭幕，在184天里，上海世博会共接待中外观众7300多万人次，创历届世博会参观人数之最。

6月13日，在M2码头举行“上海世博会水上交通接待500万人次仪式”。

7月15日，黄浦江游览公共航班首航仪式在“玫瑰公主号”游船上举行，标志着浦江游览行业在新十六铺北区码头试行的航班轮值机制正式启动。

9月6日，上海市水务局印发《上海市黄浦江和苏州河堤防设施管理规定》，自2011年2月1日实施。

11月20日，启动江济太调水。太浦河泵站按100～150立方米/秒流量向下游调水。市水务局组织实施黄浦江下游就地取水期间调水方案，保障青草沙水系统切换期间黄浦江临时取水口水质稳定。

是年，黄浦江游览客运量再创新高，达440万人次。

2011年

3月1日，上海市人民政府印发的《上海市饮用水水源保护条例》施行，《上海市黄浦江上游水源保护条例》同时废止。

5月1日，黄浦江徐汇段的徐汇滨江公共区域正式开放，沿江而建的龙腾大道同时通车。

12月6日，上海港首个具备汽车滚装和集装箱运输两大主题功能的综合性港区——外高桥港区六期码头建成开港。上海外贸集装箱船舶全部由黄浦江沿线码头移至外高桥港区和洋山港区。

2012年

6月11日，黄浦江米市渡轮渡停运改建。

2013年

3月上旬至26日，黄浦江及上游水域发生死猪漂浮事件。3月8日，“松江发布”以《突发事件》为题发布相关内容。10—26日，市政府逐日发布饮用水水质和死猪打捞情况。至26日15时，市水域漂浮死猪清理打捞工作基本完成，共打捞死猪11143只，其中80%为猪仔。受影响地区取水口原水指标未现异常，出厂水符合饮用水卫生标准，上海市场未发现销售不合格生猪产品。

7月11日，上海市政府召开黄浦江上游水域水质安全、水面环境整洁联席会议第一次会议。

10月12日，上海市政府批复同意《黄浦江上游水源地规划》。

2014年

8月5日，黄浦江两岸开发工作领导小组第九次会议召开，上海市市长杨雄出席会议并讲话，强调黄浦江两岸开发必须坚持还江于民，沿岸线的滨江区域必须是公共空间，也必须贯通。

9月30日，黄浦江上游水源地管线暨闵奉支线工程正式开工。

12月31日23时35分，正值跨年夜活动，因很多游客市民在外滩迎接新年，在陈毅广场东南角通往黄浦江观景平台的人行通道阶梯处底部有人失衡跌倒，由此引发多人摔倒、叠压，致使拥挤踩踏事故发生，造成36人死亡，49人受伤。

2015年

3月22日，黄浦江上游水源地原水工程全面开工。

2016年

9月10日，黄浦江底最大直径隧道——长江路隧道建成试通车。

9月28日，日晖港人行桥开放式运行，黄浦、徐汇沿江公共空间的"断点"被顺利打通。

9月30日，上海市规土局正式发布《黄浦江两岸公共空间贯通概念方案》。根据方案，这次公共空间贯通范围为杨浦大桥至徐浦大桥两岸45千米岸线，面积约500公顷。方案通过"开放的江岸"等六大理念，把黄浦江两岸打造成为市民和游客体验上海特色、品味历史文化、欣赏风貌景观、感受城市气息的标志性空间场所，实现还江于民。

11月4日，黄浦江两岸公共开放空间贯通工程徐汇段沿江市属企业单位腾地在徐汇滨江龙美术馆（西岸馆）集中签约。

11月10日，"全球水岸对话"在徐汇滨江成功举办。会议以"城市的更新与文化创新"为主题，通过主题演讲、交互式讨论、圆桌对话等形式展开与纽约滨水地区、伦敦南岸、巴黎左岸、旧金山湾区、波士顿港区等国际对标城市港湾的对话交流。

11月30日，上海市政府印发《黄浦江两岸地区发展"十三五"规划》。

12月21日，上海第十七条穿越黄浦江的越江隧道、"十三五"期间上海重大市政工程之一——江浦路越江隧道开工。

12月29日，黄浦江上游水源地工程（金泽水库原水工程）通水。上海四大饮用水水源地建设完工，河道分散取水时代终结。

2017年

3月28日，市浦江办印发《黄浦江两岸地区公共空间建设设计导则》。

4月24日，黄浦江上最后一艘浮吊"皖含山工133"正式撤离上海，历时4个月的黄浦江上游浮吊整治工作圆满结束。

7月27日，市浦江办印发《关于加强黄浦江两岸滨江公共空间综合管理工作的指导意见》。

12月31日，徐汇滨江4.5千米龙水南路—徐浦大桥段、浦东滨江7千米川杨河—塘桥段建成贯通。至此，杨浦大桥—徐浦大桥，黄浦江两岸45千米核心区岸线公共空间贯通开放。

2018年

1月1日，2018年上海城市业余联赛启动。市旅游局首次推出5条滨江微旅行主题线路，包括工业历程、文艺风情、摩登岁月、邂逅西岸、现代风貌，覆盖黄浦江沿岸贯通开放的杨浦、虹口、黄浦、徐汇和浦东等5个区。

5月12日，黄浦江深度游览航线复航。每逢双休日11时30分从十六铺码头出发，至吴淞口掉头返回。

9月18日，市浦江办印发《黄浦江两岸地区公共空间建设三年行动计划（2018—2020年）》，对两岸地区公共空间进行整体谋划，并聚焦“提升品质”和“拓展空间”两条主线，在推进项目建设、打造文化品牌、管理精细化方面持续用力，使滨江公共空间建设朝着整体品质更高、不同区域更加平衡的方向发展。

2019年

1月14日，市政府印发《关于提升黄浦江、苏州河沿岸地区规划建设工作指导意见》的通知。1月27日，市长应勇在《2019年上海市政府工作报告》中明确提出，实施“一江一河”沿岸建设规划，基本完成黄浦江45千米岸线的景观灯光提升改造，加快苏州河两岸公共空间贯通。

5月，经上海市旅游资源开发质量评定委员会评定，浦江郊野公园获批国家4A级旅游景区，是闵行区继锦江乐园、召稼楼古镇后的第三个国家4A级旅游景区，也是全市首个成为国家4A级旅游景区的郊野公园。

7月，上海市“一江一河”工作领导小组正式成立，标志着以黄浦江、苏州河两岸为重点的城市滨水区开发工作进入新的阶段。

9月4日，江苏、浙江、安徽、上海三省一市人大代表调研团到黄浦江上游金泽水源地，实地调研长三角发展示范区水环境协同治理工作情况。

9月23日，黄浦江两岸景观照明提升工程虹口段（二期）项目竣工，并整体亮灯。

9月30日—10月6日，国庆光影秀在黄浦江两岸（外滩、陆家嘴）上演，主题为“浦江追梦，光耀中华”。

11月2日，习近平总书记考察杨浦滨江，提出“人民城市人民建，人民城市为人民”重要理念。

11月5日，上海在黄浦江两岸（外滩、陆家嘴）举办迎第二届中国国际进口博览会开幕光影秀，分“活力上海”“锦绣中华”“欢乐共享”三个篇章。

12月28日，郊环隧道建成通车。郊环隧道主线西起富锦路，东至浦东外环线，是黄浦江底建成的第十六条公路隧道。

是年年底，苏州河全年新增约12千米贯通岸线，累积贯通岸线达到近36千米，占全部岸线的85%。

2020年

1月1日，中共中央政治局委员、上海市委书记李强先后来到黄浦江浦东滨江段、苏州河黄浦段和长宁段，实地调研“一江一河”两岸公共空间贯通提升工作。

9月24—26日，首届全球高级别金融科技大会——“外滩大会”以“科技让未来更普惠”为主题，在上海世博园区举行。聚集全球500余名经济学家、企业家、技术人员等，共同探讨区块链、物联网、人工智能等前沿技术在金融、经济、商业、环境等领域的应用和创新。

9月25日，占地面积约1560公顷的“上海杨浦生活秀带”，范围为平凉路沿线及其以南、军工路沿线及其以东的黄浦江杨浦滨江区域，入选国家文物局公布的首批国家文物保护利用示范区创建名单。

10月16—18日，第五届上海国际诗歌节在徐汇区黄浦江滨江举办，由市作协、徐汇区委宣传部主办。

10月21日，吴淞江工程（上海段）新川沙河段开工，吴淞江工程进入全面实施阶段。吴淞江工程是国务院明确的172项重大水利工程项目之一，也是《长江三角洲区域一体化发展规划纲要》《太湖流域防洪规划》确定的流域治理骨干工程和省际重大水利项目。

10月28日，第十三座黄浦江越江大桥——闵浦三桥建成通车。

是年年底，苏州河两岸岸线实现42千米基本贯通。

2021年

7月25日，受第6号台风“烟花”和天文大潮影响，黄浦江米市渡测站最高水位达4.79米，超过2013年历史最高水位（4.61米）。黄浦公园站水位达到最高潮位5.49米，市防汛信息中心发布上海首个高潮位红色预警信号。

7月30日，市政府关于印发《上海市“一江一河”发展“十四五”规划》的通知。

12月7日，中国施工企业管理协会发布《关于表彰2020—2021年度国家优质工程奖的决定》，其中“黄浦江上游水源地工程”获国家优质工程奖。

12月21日，黄浦江徐汇滨江水利风景区入选第十九批国家水利风景区名单。

概　述

黄浦江，发源于上海市青浦区淀山湖、太湖和杭嘉湖平原水网区，接纳太湖诸水以及杭嘉湖来水，干流流经上海市松江、闵行、奉贤、徐汇、黄浦、浦东、虹口、杨浦、宝山等9个区后，从吴淞口汇入长江，是上海陆域水系的最大干河，也是长江入海前最后一条大支流，为太湖流域主要泄水河道。黄浦江上游有斜塘、圆泄泾、大泖港三大源流，干流段自三角渡至吴淞口，长89.91千米，宽214 ～ 1091米，河道面积40.98平方千米。黄浦江水系在上海市境内集水面积达5193平方千米，占全市总面积的81.9%。黄浦江是一条集港口、航运、供水、灌溉、引水、排水、旅游、城市景观于一体的多功能综合性河道。作为世界上著名的优良河流，黄浦江既是大自然造就的自然之子，也是人类遵循河流规律、因势利导治理的成功范例。

一

黄浦江，相传是春申君黄歇所凿，故黄浦江又名“黄歇浦”“春申浦”“申江”。唐代以前，太湖又称“震泽”，有多条下泄通海的河道，其中最主要的是东江、娄江和松江，史称“三江既入，震泽底定”。其中东江为最南面的一条大河，上游为白蚬湖群，中游为淀泖湖群，下游则分散成许多分支，主要包括海盐澉浦、平湖芦沥浦和金山小官浦等河流。至唐代，古东江和娄江已完全湮塞。

宋代之前，“黄浦”尚不见文献记载。“黄浦”之称最初见于《宋会要·食货第八》中的记载，南宋乾道七年（1171）丘崈道：“（华亭）县东北又有北俞塘、黄浦塘、蟠龙塘通接吴松大江。”根据当时上海地区水系“横塘纵浦”的分布规律，“黄浦塘”（今黄浦江龙华至闸港一段）是一条南北走向的河流。

在南宋中后期，黄浦塘日渐成长，“昔有东江一道与吴淞江南北分泄，后东江废而海塘为障，黄浦遂成巨浸，惊涛蔽天、弥漫百里”，由闸港向北流入上海浦后，最终汇入吴淞江。元代，吴淞江下游淤浅更加严重，这为黄浦壮大创造自然条件。元水利专家任仁发所著《水利集》中有“黄浦口”之称，即指黄浦进入吴淞江的交汇口，说明黄浦已东并上海浦，成为吴淞江的南岸大浦。元大德年间（1297—1307），“浦面阔尽一矢力”，表明那时的黄浦已是一条较宽的河流，为其后来发展为上海第一大江奠定了基础。

明永乐元年（1403），江南发生大水，松苏六府受灾严重，户部尚书夏原吉奉命前往治水。经实地考察，夏原吉采用松江府生员叶宗行“掣淞入浏、分水入浦”的建议，开掘范家浜，使其上接大黄浦，下达南跄浦（今吴淞口）。于是，黄浦江总汇太湖、淀泖及杭嘉之水，浩浩荡荡，径达东海，水患遂解。黄浦江逐步取代吴淞江，成为太湖流域的最大干河。明弘治年间（1488—1505），吴淞江主道改道宋家港直入黄浦江，形成今上海“一江一河”的水网格局。

唐宋时期，位于吴淞江畔的青龙镇为“海商辐辏之所”，兴盛一时；后因海岸线东移，吴淞江下游淤浅，河道变窄，海船进出不便而泊在上海浦畔（今十六铺一带）。这里人口繁衍，渐渐发展为聚落。宋熙宁十年（1077）设上海务。南宋末年，因青龙镇人烟浩穰、海舶辐辏，又置市舶提举司及榷货场，为华亭东北一巨镇。到明代，黄浦江水系形成，推动上海江海漕运的快速发展。以上海沙船业为中心，开辟多条沿海沿江航线。清康熙二十六年（1687）在上海县城设立江海关，上海成为全国四大口岸之一。到清乾隆、嘉庆年间，上海港成为国内大港和漕粮运输中心，“凡远近贸迁皆由吴淞口进泊黄浦”，史称“江海之通津东南之都会”。黄浦江航运业的发展，促进上海棉纺织业的繁盛。明清时期，松江府为全国重要的棉纺织业中心，享有“衣被天下”的称号。

二

清道光二十年（1840），中英第一次鸦片战争爆发。道光二十二年（1842），英国侵略者以大小船只百余艘、陆军万余人，全力进攻吴淞要塞。镇守吴淞口、时年67岁的江南提督陈化成与英国侵略军奋力抗战，最后英勇牺牲，以身殉国。上海沦陷后，清廷被迫与英国签订丧权辱国的《南京条约》。根据这一条约，上海成为五个对外通商口岸之一。道光二十三年（1843），上海正式开埠。在以后十年时间里，上海发展迅猛，不仅超越广州，成为全国最大的贸易港口城市，而且被纳入世界港口体系，逐渐成为国际大港。国际航线也不断增多，进一步推动上海贸易的发展。

同治八年（1869），苏伊士运河通航，欧亚航线距离缩短，进入上海港的外国轮船骤增，载重吨位也不断提高。然而，受长江口潮汐影响，黄浦江下游河道多处淤浅，形成吴淞内沙、外沙等多处浅滩，成为大吨位轮船进出港的屏障，亦影响了西方列强在华经济利益。因航道水深不足，进港货轮先要在吴淞口外锚泊，卸下部分货物到驳船，再乘潮驶入黄浦江，既增加航运成本，又制约了上海港发展。19世纪70年代，驻沪外国使团邀请国际著名的治河专家（奈格、艾雪等）组织多次黄浦江水文调查，并以此为依据要求清廷疏浚黄浦江。清廷出于国防安全的考虑，多次予以婉拒。光绪八年（1882），清廷迫于内外压力，在英国购买“安定号”自航链斗式挖泥船，于翌年在吴淞内外沙航道挖泥，这是中国首次采用挖泥船疏浚航道。

光绪二十七年（1901），西方列强迫使清廷签订丧权辱国的《辛丑条约》，其附则中加入“修治黄浦河道局”条款。后来清廷与外国列强进行多次交涉。光绪三十一年（1905），清廷外务部提出“独认全费，改归自办”的意见，为外国使团接受。同年10月，上海道台袁树勋遵清廷之命，知照江海关税务司称：“本道遵于十二月初一（12月26日）开设浚浦工程总局，会同奉派各员遵章分别办理。”

浚浦工程总局（以下简称“浚浦局”）成立翌年7月，聘荷兰人奈格为首任总工程师，负责实施黄浦江治理工程。1910年底奈格离任后，浚浦局又于1911年聘瑞典人海德生为总工程师。海德生继承奈格整治方案的原则，先后制订并实施《黄浦江继续治理规划》，持续进行航道治理。1928年，英国人查得利接任浚浦局总工程师，继续推进航道疏浚工程。至1937年抗日战争全面爆发前，黄浦江自吴淞口至江南制造局30多千米的海港范围航道，在低潮位下航道水深保持8米左右，万吨级货轮可乘潮进出港。

黄浦江航道整治工程，为上海创造了成为国际优良港的条件，使上海迅速发展为国际航运枢纽港之一。至20世纪30年代，全球各大航运公司均在上海设立分公司或办事处，从上海往返于国内外的航线多达100条以上。据1931年《中国贸易报告》披露，当年进入上海港的轮船总吨位达2100万吨，名列中国第一、世界第七。

优良河道不仅带来上海航运兴盛，而且推动滨江各行业发展。从19世纪60年代起，近代工业在黄浦江岸应运而生，诞生中国第一座发电厂——杨树浦发电厂、中国第一座自来水厂——杨树浦水厂，以及中国最大的造船厂——江南造船厂。杨树浦，成为近代中国最大的工业基地和上海现代市政的源头。徐汇滨江诞生近代中国规模最大、设施最完备的民用机场——龙华机场。该机场是中国民航的发源地之一，亦为当时东亚最大的国际机场之一。到20世纪30年代末，上海工业总产值约占全国一半，成为全国名副其实的工业中心城市。

三

中华人民共和国成立后，百废待兴。上海作为中国工业基础较好的中心城市，在积极支援内地新兴城市建设的同时，面临着建设完整现代工业体系、实现国家工业化的重任。1959年，《关于上海城市总体规划的初步意见》明确提出上海城市职能是“中国的重要工业基础和财政支柱”。1963年又提出建设“先进的工业和科学技术基地”的目标。上海城市功能就是成为中国最重要的工业基地和财政收入地区。

在这一目标的指导下，历史上依江而建的各类企业，在社会主义制度下得到巩固与发展，成为上海乃至全国支柱性产业，众多产品及老字号品牌举国闻名。同时，沿江还建起吴泾、桃浦、高桥、吴淞等4个化工区以及数十家化工企业，产业规模及品种居全国前列。新中国第一座卫星城——闵行诞生，上海汽轮机厂、上海电机厂、上海锅炉厂、上海重型机器厂“四大金刚”云集于此，中国自主制造的第一台1.2万吨水压机在这里诞生，被称为新中国“新四大发明”之二的“人工胰岛素”与“复方蒿甲醚”在黄浦江诞生并走向世界。上海为新中国工业的发展做出重要贡献。

20世纪50年代，为保障港口生产和滨江工业发展的需要，上海河道局用3年时间，恢复航道扫测、清障和疏浚工作，使黄浦江通航水深有所改善。此后重点是疏浚航道浅段和码头水域。1966年，上海港货物吞吐量达到3697.2万吨，位居中国大陆港口首位。1973年，国务院总理周恩来做出“三年改变港口面貌”重要指示，同年起，交通部加大对上海航道建设的投入力度。同期新建、改建一批码头，码头数量和泊位等级快速提升。至1978年末拥有泊位99个，其中万吨级泊位50个，全港货物吞吐量达到7954万吨。

为加强黄浦江沿江防汛安全工作，保障上海城市安全，从1956年起，黄浦江两岸筑建砖砌防汛墙和驳岸顶加筑水泥墙，提高防汛等级标准，至1959年完成50多千米防汛墙建设，墙顶高程4.80米，护岸层面高程3.50米。1962年起实施第二轮黄浦江及支流防汛工程，墙顶高程升至5.30米；1974年进行第三轮防汛墙建设，墙顶高程升至5.80米，使上海经济建设和人民生活有了安全保障。

四

1978年12月中共十一届三中全会召开，中国进入改革开放和现代化建设的新时期。根据上海城市发展战略，上海港在20世纪80—90年代，开展以建设集装箱码头、改造老码头和港区外移为重点的结构调整。新建关港、朱家门、宝山、罗泾、外高桥等新港区，港口布局重心由黄浦江沿岸转向长江口南岸，黄浦江内一些老港区码头，先后进行土地置换和综合开发。到20世纪90年代末，包括黄浦江港区在内的全港完成货物吞吐量1.86亿吨，名列中国首位。

由于历史原因和产业分布的局限，黄浦江两岸发展极不平衡。浦西与浦东的城乡差别明显，制约着上海现代化发展的进程。同时，黄浦江水环境污染日趋严重，1983年，黄浦江黑臭天数达到116天。在黄浦江两岸，大量的工业仓储与老旧住宅犬牙交错。到20世纪末，黄浦江城市中心段仍有40%的江岸被码头、仓库、工厂占据。1990年4月和1996年1月，国务院总理李鹏先后在上海代表党中央宣布开发开放浦东和建设上海国际航运中心的重大决定，对于推动上海全面发展、促进长三角地区经济腾飞，具有重大而深远的意义。上海市根据党中央决策部署，以浦东开发为龙头，提出上海成为国际经济、金融、贸易、航运“四个中心”的建设目标。先期以建设陆家嘴金融贸易区、金桥出口加工区和张江科技园区为重点，积极引进国内外资金、技术和人才，推动浦东发展。尤其是陆家嘴金融贸易区和金桥出口加工区，濒临或临近黄浦江，其开发后形成的辐射效应，对于促进浦东发展、提升上海的城市能级产生重要影响。

推动浦东开发，越江交通先行。1991年，市区首座跨越黄浦江的大桥——南浦大桥建成，此后杨浦、奉浦、徐浦、卢浦、闵浦等13座大桥陆续建成。从黄浦江下游到上游，先后建成延安东路、外环越江、复兴东路、人民路等19条隧道，极大地方便了黄浦江两岸的交通。过江时间从早年乘轮渡的两三个小时，缩短到六七分钟，从根本上改善两岸交通，推动浦东开发向纵深发展。

为承泄上游太湖洪水，1991年6月26日开启太浦闸，炸开红旗塘坝、钱盛荡坝，疏通分洪引洪的出路。同年，国务院做出《关于进一步治理淮河和太湖的决定》，先后实施太浦河工程、黄浦江市区208千米防汛墙工程、黄浦江上游干流段工程，构建起沿线千里江堤，以及黄浦江沿线250座支流河口水闸、1628座穿堤闸门、1190多座潮闸门等黄浦江堤防安全工程。

黄浦江作为一个载体，不仅承载着自然生态功能、经济价值功能，而且还包含人民群众亲水功能。把黄浦江两岸空间还给人民，成为黄浦江治理的新目标。2002年1月10日，黄浦江两岸综合开发正式启动，黄浦江两岸由生产性岸线向公共开放空间转型。至2010年，黄浦江两岸从徐浦大桥到杨浦大桥滨岸，开发建设初现成效，当年举办的上海世博会，就是黄浦江两岸空间转型的重要实践和展示。曾经布满工厂、仓库、码头的工业地带转化为公共开放空间，外滩、陆家嘴等滨江护岸建设摆脱单纯注重防汛安全的传统思维，打造成优质公共空间。

2011—2015年，即“十二五”时期，黄浦江两岸规划范围扩展为吴淞口到闵浦二桥之间的黄浦江两岸，两侧岸线长度约119千米，规划控制面积约144平方千米。黄浦江两岸地区发展步入功能开发与基础开发并重的新阶段。2016年11月30日，上海市政府印发《黄浦江两岸地区发展“十三五”规划》，努力将黄浦江两岸地区建设成为示范引领整个城市发展，实现生活、生产、生态空间高度统一的世界一流滨水区域。2017年12月31日，黄浦江两岸核心段45千米滨江公共空间全面贯通开放，标志着黄浦江两岸开发进入新阶段。2019年7月，上海市“一江一河”工作领导小组正式成立，标志着以黄浦江、苏州河两岸为重点的城市滨水区开发工作进入新的阶段。2019年11月2日，习近平总书记考察黄浦江杨浦滨岸时，提出“人民城市人民建，人民城市为人民”重要理念，赋予新时代上海建设“人民城市”的崭新内涵。2020年底，苏州河两岸岸线实现42千米基本贯通，为“一江一河”两岸开发取得的重要阶段性成果。

经过“十三五”期间统筹规划和重点建设，“一江一河”开发建设成效显著。“十四五”时期是上海加快建设具有世界影响力的社会主义现代化国际大都市的关键五年，更是深入贯彻“人民城市人民建，人民城市为人民”理念，谱写“一江一河”开发建设新篇章的重要时期。2021年7月30日，上海市政府印发《上海市“一江一河”发展“十四五”规划》，在指导思想上坚持以发展为要、人民为本、生态为基、文化为魂的发展理念，按照聚焦重点板块、突出核心功能、提升空间品质、加强整体统筹四大策略，提出以高品质公共空间为引领，推动深度开发，优化功能布局，培育核心产业，打造城市地标，建设人民共建、共享、共治的世界级滨水区的指导思想。黄浦江两岸正在向世界级滨岸空间大步迈进。

“母亲河，黄浦江。你每天托起崭新的太阳，你圆了多少奋斗者的梦想，你承载理想，扬帆起航……”这是编纂者自创的一首歌曲，深情诉说着上海依水而生、以港兴城、以贸兴市，江、港、城相伴而行、相互促进的故事。如今，古老的“母亲河”波光粼粼漾漾，不舍昼夜，泽润万物，正焕发蓬勃青春，为人民带来更多的获得感和幸福感，必将为上海建成具有世界影响力的社会主义现代化国际大都市书写更加壮美瑰丽的新篇章。

Overview

Originating from the water network that includes Dianshan Lake in Qingpu District, Shanghai, Taihu Lake and Hangjiahu Plain, the Huangpu River takes in the water from Taihu Lake and Hangjiahu Lake, flows through the 9 districts of Shanghai, i.e. Songjiang, Minhang, Fengxian, Xuhui, Huangpu, Pudong, Hongkou, Yangpu and Baoshan Districts, and converges with the Yangtze River at Wusongkou. It is the largest trunk river in the inland water system of Shanghai, the largest tributary of the Yangtze River before the estuary of the latter, and also the main water-receiving river in the Taihu Lake Basin. The upper reach of the Huangpu River has three water sources including Xietang River, Yuanxiejing River and Damaogang River. Its trunk stream, from Sanjiaodu to Wusongkou, is 89.91km long and 214–1091m wide, and the river area is 40.98km^2. The catchment area of the Huangpu River water system in Shanghai is 5193km^2, which is 81.9% of the total area of Shanghai. The Huangpu River possesses diverse functions including port, shipping, water supply, irrigation, water diversion, water discharge, tourism and urban landscape. As a well-known river in the world, the Huangpu River is the creation of nature and also a great example of the river improvement achieved by the humankind under the natural rules.

I

According to the legend, the Huangpu River was dug under the command of Huang Xie the Lord of Chunshen, so it was also named "Huangxie River", "Chunshen River" or "Shen River". Before the Tang Dynasty, Taihu Lake was called "Zhenze Lake" and there were several rivers that received its water and linked it to the sea. The main rivers were Dongjiang River, Loujiang River and Songjiang River, so there was the saying "the three rivers stabilize the Zhenze Lake". The Dongjiang River was the southernmost one. Its upper reach passed through the Baixian Lakes and the middle reach passed through the Dianmao Lakes. Its lower reach divided into many tributaries including the Haiyangan River, Pinghululi River and Jinshanxiaoguan River. By the Tang Dynasty, the ancient Dongjiang River and Loujiang River had disappeared.

The word "Huangpu" was never seen in any written record before the Song Dynasty. The earliest appearance of the word "Huangpu" was seen in *Song Huiyao · Treatise on Economy · Part VIII*: 7th year of Qiandao Era of the Southern Song Dynasty (1171), Qiu Chong said: Beiyutang River, Huangputang River and Panlongtang River in the northeast of Huating County connect to Wusong River. Back then, the rivers in east-west direction were called "Tang" and the ones in north-south direction were called "Pu" in Shanghai, so "Huangputang River" was in north-south direction (the part of today's Huangpu River from Longhua to Zhagang).

In the middle and later periods of the Southern Song Dynasty, the Huangputang River gradually grew bigger, as the record says, "Dongjiang River and Wusong River used to carry water in north-south direction. Later, Dongjiang River disappeared and the seawall became a barrier, so massive floods formed in Huangputang River inundated huge areas". The river started from Zhagang, flowed northward to the Shanghaipu River and eventually converged into the Wusong River. During the Yuan Dynasty, siltation in the lower reach of Wusong worsened, which provided the physical conditions for growth of the Huangpu River. The *Book on Water Conservancy* written by Ren Renfa, a water conservancy expert of the Yuan Dynasty, mentions the name "Huangpukou", i.e. the convergence point of the Huangpu River and the Wusong River. This indicates that by that time, the Huangpu River had converged with the Shanghaipu River to the east and become a major tributary of the Wusong River. During the Dade Era of the Yuan Dynasty (1297–1307), the "river width was equivalent to the flying distance of an arrow". This indicates that the Huangpu River was already a wide river by then, and that is why it became the largest river of Shanghai later.

During the Yongle Era of the Ming Dynasty (1403), a major flood hit the Jiangnan Region, and the six prefectures including Suzhou and Songjiang were severely impacted. Xia Yuanji, Minister of the Ministry of Revenue, was ordered to control the flood. After a field survey, Xia Yuanji adopted the suggestion of Ye Zongxing, a student from Songjiang Prefecture, who suggested "divert water from the Songjiang River to Liuhe

River and diver water to Huangpu". Fanjiabang was dug open, so the Huangpu River was connected to the Dahuangpu River in the upstream area and to the Nancangpu River in the downstream area. From then, the Huangpu River carried the water from Taihu Lake, Dianmao Lake and Hangjia Lake and became a large river that flowed to the East Sea. The threat of flood was eliminated. Gradually superseding the Wusong River, the Huangpu River became the largest trunk river in the Taihu Lake Basin. During the Hongzhi Era of the Ming Dynasty (1488–1505), the main watercourse of the Wusong River changed its route, so this river flowed to Songjiagang and converged into the Huangpu River. Hence came the two-river water system of Shanghai today.

During the Tang and Song dynasties, the Qinglong Town beside the Wusong River was a "hub of maritime commerce" that was quite prosperous. Later, due to the coastline shifting eastward, the lower reach of the Wusong River was choked with silt and became too narrow and inaccessible for seagoing vessels, so the vessels had to be berthed at Shanghaipu River (today's Shiliupu River). The berthing area became populated and gradually developed into a settlement. In the 10th year of the Xining Era of the Northern Song Dynasty (1077), Shanghai Wine Administration was instated. In the last years of the Southern Song Dynasty, the Bureau for Foreign Shipping and marketplace were instated in Qinglong Town, which had become a densely populated hub of maritime commerce, and it was a huge town in the northeast of Huating County. During the Ming Dynasty, the Huangpu River came into being, which contributed to rapid development of the water transportation industry of Shanghai. Centered around the large junk service industry, several river and coastal shipping routes were developed. In the 26th year of the Kangxi Era of the Qing Dynasty (1687), the Jianghai Customs House was instated in the Shanghai County, making Shanghai one of the four major ports of China. During the Qianlong and Jiaqing eras of the Qing Dynasty, Shanghai became a major domestic port and the central hub of water transportation industry, where "the merchants all reached Huangpu via Wusongkou". The town was reputed as "port of all rivers and seas and central city of Southeast China". Development of the shipping industry along the Huangpu River contributed to prosperity of the cotton textile industry of Shanghai. During the Ming and Qing dynasties, Songjiang Prefecture was a major hub of cotton textile industry in China, and it "produced clothes for the world".

II

In the 20th year of the Daoguang Era of Qing Dynasty (1840), the First Opium War broke out. In the 22nd year of the Daoguang Era (1842), the British invaders assembled an army of over ten thousand soldiers, who came by over a hundred vessels and invaded the Wusong Fortress. Chen Huacheng, the Jiangnan Prefect, who was 67 years old, led the garrison of Wusongkou to fight the British invaders. He eventually died in the battle. After the fall of Shanghai, the Qing government signed the *Treaty of Nanjing* with Britain under humiliating terms. In accordance with that treaty, Shanghai became one of the five ports opened to foreign trade. In the 23rd year of the Daoguang Era (1843), the Shanghai Port was officially opened to foreign trade. In the next decade, Shanghai experienced rapid development, exceeded Guangzhou to become the largest trade port city of China, and also became an international major port in the worldwide port system. More and more international shipping routes reached Shanghai, which further boosted the trade industry of Shanghai.

In the 8th year of the Tongzhi Era (1869), the Suez Canal was opened to navigation, so the Europe-Asia shipping route shortened. The number of foreign vessels entering the Shanghai Port increased sharply and the dead weight tonnage also kept increasing. However, due to the tides at the Yangtze River Estuary, many parts of the lower reach of the Huangpu River were silted, and several shallows formed including Neisha and Waisha of Wusong, which denied access of large-tonnage vessels. This also impacted the economic interests of the western powers in China. Due to inadequate depth of the waterway, the inbound vessels had to be anchored outside Wusongkou. The offloaded cargo was then carried by the barges that traveled in the Huangpu River. This increased the shipping cost and hindered development of Shanghai Port. In the 1870s, the foreign missions in Shanghai invited internationally prestigious flood control experts (J. D. Rijke and C. Escher et al.) and hydrologists to conduct several hydrologic surveys in the Huangpu River. On that basis, they requested the Qing government to dredge the Huangpu River. Due to national security concerns, the Qing government declined such request several times. In the 8th year of the Guangxu Era (1882), under the pressure of the foreign powers, the Qing government purchased the "Anding" self-propelled bucket dredger from Britain. In the next year, this vessel started dredging at Neisha and Waisha of Wusong. This was the first time a dredger was deployed to clear a waterway in China.

In the 27th year of the Guangxu Era (1901), the western powers forced the Qing government to sign the *Peace Protocol of 1901* under humiliating terms. The *Protocol* contained a supplementary provision regarding "Huangpu River Improvement Bureau". Later, the Qing government negotiated with the foreign powers several times. In the 31st year of the Guangxu Era (1905), the Ministry of Foreign Affairs of the Qing government offered a proposition that was accepted by the foreign missions. In the October that year, Yuan Shuxun, the mayor of Shanghai, communicated the order of the Qing government to the customs and taxation authorities: "I hereby instated the Junpu Engineering Bureau on December 26, and the officials will respectively execute their orders."

In July 1906, one year after the Junpu Engineering Bureau (hereinafter referred to as "Junpu Bureau") was instated, the Dutch man Rijke was hired as the first Chief Engineer of the bureau and was in charge of improvement of the Huangpu River. After Rijke left office in 1910, Junpu Bureau hired the Swedish Heidenstam as the Chief Engineer in 1911. Heidenstam continued using the improvement solution of Rijke, and formulated and implemented the *Plan for Continued Improvement of the Huangpu River* to continue on the waterway improvement. In the 20th year of the Republic of China (1931), the British Chadley took over the duty as the Chief Engineer of Junpu Bureau, to continue the waterway improvement. By the time the War of Resistance Against Japan broke out in the 26th year of the Republic of China (1937), the 30km of waterway in the Huangpu River from Wusongkou to Jiangnan Manufacturing Bureau (today's Jiangnan Shipyard) had about 8m water depth during low tide level, and 10,000-ton cargo vessel could even reach the ports by using the tide.

The waterway improvement in the Huangpu River provided the favorable conditions for Shanghai to create an international port and helped the Shanghai Port become one of the pivotal ports for international shipping. In the 1930s, the major shipping companies in the world founded branch companies or business offices in Shanghai, and there were more than 100 international or domestic shipping routes reaching Shanghai. According to the *China Trade Report* of 1931, the gross tonnage of the vessels that entered the Shanghai Port was 21,000,000t, allowing the Shanghai Port to rank the first place in China and the 7th place in the world in this regard.

The improved river led to prosperity of the shipping industry of Shanghai and also boosted the other industries along the river. In the 1860s, the modern industry emerged along the Huangpu River. The first power plant of China (Yangshupu Power Plant), the first water works of China (Yangshupu Water Works) and the largest shipyard of China (Jiangnan Shipyard) were all built beside the Huangpu River. Yangshupu became the largest industrial base in modern China and it is the cradle of the modern Shanghai metropolis. The riverside area in Xuhui District was the birthplace of the Longhua Airport, the largest and best equipped civil airport in modern China. This airport was one of the birthplaces of the civil aviation industry of China and was also the largest international airport in East Asia. By the end of 1930s, the total industrial output value of China accounted for half of that of China, and Shanghai was literally the industrial center of China.

III

After founding of the People's Republic of China, many things waited to be done. Shanghai, one of the cities with the best industrial resources in China, needed to support development of the inland emerging cities, and was also tasked to develop a complete modern industrial system and accomplish industrialization of China. In 1959, the *Preliminary Opinions on Urban Master Planning of Shanghai* explicitly stated that the function of Shanghai was "a key industrial base and financial pillar of China". In 1963, there came the new objective of developing an "advanced industrial and technological base". Shanghai was meant to function as the most important industrial base and fiscal revenue contributor of China.

To fulfill this objective, various enterprises were established along the river and they have developed in the socialist system. They have developed into the pillar industries of Shanghai and even China, and many products and time-honored brands are household names. Besides, chemical industry was developed in the 4 riverside areas including Wujing, Taopu, Gaoqiao and Wusong and dozens of chemical enterprises emerged there. Their scale and varieties of products ranked high in the country. Minhang District, the first satellite town of the People's Republic of China, emerged. Shanghai Steam Turbine Factory, Shanghai Electrical Machinery Factory, Shanghai Boiler Factory and Shanghai Heavy Machinery Factory were all built here. The first 12,000t hydraulic press independently developed by China was manufactured here. "Artificial insulin" and "coartem", two of China's "New Four Inventions", were created here and were marketed in the world. Shanghai made important contribution to the industrial development of China.

To support operation of the ports and development of the riverside industry, the Shanghai River Bureau spent 3 years conducting waterway survey, clearing and dredging in the 1950s, which improved the navigable depth in the Huangpu River. After that, the priority was to dredge the shallow segments of the waterway and the water areas near the terminals. In 1966, the cargo throughput of the Shanghai Port was 36,972,000t, allowing the port to rank the first place in the Chinese mainland. In 1973, Zhou Enlai, Premier of the State Council, gave the instruction to "reshape the port in three years". Since that year, the Ministry of Communications increased the input into waterway development of Shanghai. In that period, a number of terminals were built or rebuilt, the number of terminals and class of berths were both quickly improved. By the end of 1978, the port had 99 berths, 50 of them being 10,000t berths, and the cargo throughput of the port was 79,540,000t.

To strengthen flood protection along the Huangpu River and protect safety of Shanghai, flood control brick walls and revetment top concrete walls were built on both banks of the Huangpu River from 1956, to raise the flood control standard. By 1959, over 50km of flood control walls had been built, with wall crest elevation of 4.80m and revetment elevation of 3.50m. The second flood protection project along the Huangpu River and its tributaries was implemented from 1962, which increased the wall crest elevation to 5.3m. In 1974, the third flood protection project was implemented, which increased the wall crest elevation to 5.8m. This afforded greater safety protection for the economic development and livelihood of Shanghai.

IV

After the 3rd Plenary Session of the 11th Central Committee of CPC in December 1978, China ushered in the new era of reform, opening up and modernization. In line with the urban development strategy of Shanghai, the Shanghai Port implemented the structural adjustment in the 1980s–1990s, which prioritized construction of container terminals, renovation of old terminals and outward relocation of the port area. New port areas were built at Guangang, Zhujiamen, Baoshan, Luojing and Waigaoqiao. The focus of the port system shifted from the Huangpu River to the south bank at the Yangtze River Estuary. Some of the old port areas and terminals along the Huangpu River experienced land replacement and comprehensive development. By the end of the 1990s, the ports including the ones in the Huangpu River port area had accomplished cargo throughput of 186,000,000t, ranking the first place in China.

Due to historical reasons and the limitations of industrial distribution, the areas on the two banks of the Huangpu River were very unbalanced in their development. There was noticeable difference between urban and rural areas in Puxi and Pudong areas, which constrained modernization of Shanghai. In addition, the water environment pollution in the Huangpu River kept deteriorating. In 1983, the Huangpu River experienced 116 days of black and odorous water. On both banks of the Huangpu River, there were numerous industrial warehouses and old residences in irregular layout. By the end of the 20th century, 40% of the river bank in the urban area along the Huangpu River was still occupied by wharves, warehouses and factories. In April 1990 and January 1996, Li Peng, Premier of the State Council, on behalf of the Central Committee of CPC, announced in Shanghai the decision to open and develop Pudong and build the Shanghai international shipping center. This had profound significance in boosting comprehensive development of Shanghai and facilitating economic boom of the Yangtze River Delta. In accordance with the strategic decision of the Central Committee of CPC, Shanghai established the goal of developing the “four centers”, i.e. international economic center, financial center, trade center and shipping center, with Pudong being on the front. In the early stage, the priority was to develop the Lujiazui Finance and Trade Center, Jinqiao Export Processing Zone and Zhangjiang science park, and to bring in domestic and foreign investment, technologies and human resources to boost the development of Pudong. The Lujiazui Finance and Trade Center and Jinqiao Export Processing Zone, in particular, are beside or near the Huangpu River, and their development has played an important part in facilitating Pudong’s development and enhancing the urban function of Shanghai.

To develop Pudong, the cross-river traffic link must be created first. In 1991, Nanpu Bridge, the first bridge crossing the Huangpu River in Shanghai, was completed. After that, 13 bridges were successively completed, including the Yangpu, Fengpu, Xupu, Lupu and Minpu bridges. From the upper reach to the lower reach of the Huangpu River, 19 tunnels were built, including Waihuan Cross-river Tunnel, Yanan East Road Tunnel, Renmin Road Tunnel and Fuxing East Road Tunnel. This made the traffic between the two banks much faster. A ferry used to take two or three hours to cross the river, but now the cross-river traffic is only six or seven minutes. This has fundamentally improved the traffic between the two banks, and pushed Pudong's development into further areas.

In order to receive and discharge the flood from the Taihu Lake, the Taipu Gate was opened and the Hongqitang Dam and Qianshengtang Dam were blasted on June 26, 1991, to open the channels for flood diversion. In that year, the State Council promulgated the *Decision to Continue Improvement of Taihu Lake*. The Taipu River Project, 208km Urban Flood Control Wall along the Huangpu River and the flood control project in the trunk stream of the upper reach of the Huangpu River were implemented. The long embankment built along the river and the 250 sluices at the tributaries and estuaries of the Huangpu River, 1628 through-dike sluices and 1190 tide locks constituted the dike protection system along the Huangpu River.

As a carrier, the Huangpu River carries the ecological function and economic function, and also provides people with proximity to water. Returning the space on both banks of the Huangpu River to the people was the new objective of river improvement. On January 10, 2002, comprehensive development of both banks of the Huangpu River officially commenced. The function of the spaces on both banks of the Huangpu River shifted from productive space to public open space. By 2010, development of the segment of the Huangpu River from Xupu Bridge to Yangpu Bridge brought preliminary results. The Shanghai World Expo held in that year was a means to practice and exhibit transformation of the spaces on both banks of the Huangpu River. The industrial areas that used to be full of factories, warehouses and wharves were converted into public open space. In addition to traditional river-side flood protection function, the Bund and Lujiazui were given other functions and converted into high-quality public space.

In 2011–2015, i.e. the "12th Five-year Plan" period, the planned development scope of the Huangpu River expanded to both banks of the segment from Wusongkou Bridge to Minpu Bridge, the banks were about 119km long and the planned control area was about 144km^2. Development of both banks of the Huangpu River entered into the new stage that emphasizes both functional development and basic development. On November 30, 2016, Shanghai Municipal People's Government promulgated the *13th Five-Year Plan for Development of the Two Banks of the Huangpu River*, which stated that efforts will be made to develop both banks of the Huangpu River into a world-class waterfront area that functions as a role model of urban development and intensively integrates the life space, production space and ecological space. On December 31, 2017, the 45km riverside public space, which was the core segment of the Huangpu River, was fully opened. This signified a new era of development of both banks of the Huangpu River. In July 2019, the “River and Creek” Program leading group was officially instated, marking a new era of the riverside area development of the Huangpu River and Suzhou Creek. In November 2019, during his visit at the bank of the Huangpu River in Yangpu District, General Secretary Xi Jinping stated the principle that “cities should be built by the people and for the people”, which redefined the “people’s city” development endeavor of Shanghai in the new era. By the end of 2020, the 42km of banks of Suzhou Creek were largely linked, which came as an important achievement of the “River and Creek” development program.

Thanks to the strategic plans and key efforts during the 13th Five-Year Plan, the “River and Creek” program has rendered remarkable results. The five-year period of the 14th Five-Year Plan is the key period during which Shanghai accelerates its pace to become a socialist modern international metropolis with global influence and also the key period during which Shanghai intensively executes the principle that “cities should be built by the people and for the people” and starts a new chapter of the “River and Creek” development program. On July 30, 2021, Shanghai Municipal People’s Government promulgated *the 14th Five-Year Plan for “River and Creek” Development of Shanghai*, which stated the development principle of “development as the priority, people foremost, ecology as the foundation and culture as the carrier”. Under the four major strategies including focusing on the key areas, highlighting the core functions, improving space quality and intensifying overall planning, the guiding philosophy focused on creating high-quality public space was proposed, to promote further development, optimize the functional layout, foster the core industries, create city landmarks and create a world-class waterfront area co-built, shared and co-governed by the people. The space on both banks of the Huangpu River is now on its way to becoming a world-class waterfront area.

“Mother Huangpu River. You bring a new sun every day, you let generations of people fulfill their dreams and guide their journey…”. This is a song written by the author. It is meant to tell you the true story of Shanghai, a city that emerged beside a river and that prospered because of port and trade. Today, the mother river is still fulfilling its economic and ecological functions, exhibiting its vitality, and giving the people the sense of gain and blessedness. This river will definitely play a greater role in Shanghai becoming a socialist, modern international metropolis with global influence.

黄浦江水环境

黄浦江地处以太湖为中心的碟形洼地东缘，属长江三角洲冲积平原。地势平坦、地质岩层稳定，以海相、浅海相沉积岩为主，总体呈现由东向西低微倾斜的趋势。黄浦江地处水资源丰富的太湖流域，水系发达，河网交织，湖荡星罗棋布。河网密度为每平方千米6～7千米，是全国水面积比重较大、河网密度较高的地区。黄浦江属于亚热带季风气候区，四季分明，气候温暖湿润，雨量充沛；受西太平洋副热带高压影响，台风、梅雨、寒潮季节性规律发生。黄浦江流域土壤肥沃，生物多样。黄浦江起源于古“三江”中的东江水系，宋代开始发育，至明永乐年间（1403—1424）夏原吉治水后，最终形成上起淀山湖，下至吴淞口的大江。到明中叶，黄浦江逐渐取代吴淞江成为太湖下游最大泄水通道。黄浦江两岸支流众多，包括苏州江、蕰藻浜、大治河、淀浦河、油墩港、川杨河、金汇港、龙华港、虹口港、杨树浦港等主要支流。黄浦江具有航运、锚泊、供水、灌溉、排涝、游览等多种功能。

自然地理

地形地貌

黄浦江地处地势平坦的太湖流域，平均海拔4米左右。陆地总体上呈现由东向西低微倾斜的特征。以冈身为界，冈身以西为湖沼平原区，分为湖沼洼地、湖滨平原和潟湖—湖积平原三种类型，以淀山湖一带的淀泖洼地最低，海拔2～3米。冈身以东的黄浦江中下游地区，主要是东部滨海平原区。根据成陆年代，分为古滨海平原、老滨海平原、早滨海平原、中滨海平原和新滨海平原五种类型。其中泗泾、亭林、金卫一线以东的黄浦江两岸地区为碟缘高地，海拔4米左右；浦东钦公塘以东地区为滨海平原，海拔4～5米。

距今7000年前后，今黄浦江流域绝大部分地区湮没在海中，仅西部为滨海湖沼低地。距今7000～3000年前，长江三角洲南翼在潮流和波浪共同作用下，自江苏常熟福山一带，以南东方向形成近于平行的密集贝壳沙带，延伸至今上海漕泾、柘林一带海边。在上海，吴淞江以北地区自西向东有浅冈、沙冈、外冈、青冈、东冈5条贝壳沙带和沙带，吴淞江以南地区自西向东有沙冈、紫冈、竹冈、横泾冈4条贝壳沙带。这些不同时期形成的冈身，共同构成的狭长高爽地带，被通称为"冈身地带"，是今黄浦江流域平原地貌形成过程中一个独特的地貌单元。史前文化遗址，如马家浜文化、崧泽文化、良渚文化以及马桥文化，均分布在冈身地带及其以西地区，为上海文明的起源地。

距今3000～1700年前，今浦东花木、北蔡、周浦、下沙、航头一线形成北、北西方向断续沙带，与今宝山盛桥、月浦沙带构成一条平行于西部冈身的古海岸线，冈身以东至下沙沙带间的中部地区已成陆。距今1700～1000年前，下沙沙带以东至今里护塘故址之间的浦东中部、黄浦江以西地区已成陆。距今500年前后，浦东海岸线为南向分叉状的东、西沙带。西沙带北起白龙港，向南经军民至马厂；东沙带自白龙港向南经中港至泥城。吴及海塘至西沙带成陆于距今1000～600年前，西沙带以东滨海地区，为近600年发育形成的浦东。西部青浦、松江、金山湖沼平原地区，在吴淞江南北贝壳沙带形成时已基本成陆。

气候

黄浦江流域属于亚热带海洋性季风气候区，四季分明，日照充分，雨量丰沛。春秋较短，冬夏较长，夏季湿热多雨，冬季湿冷少雪。据气象部门统计资料显示，1949—2020年上海年均气温呈明显上升趋势，1978—2010年年均气温每10年上升0.8℃。极端最高气温40℃，出现在2009年和2010年。极端最低气温-8℃，出现在1991年。2011—2020年年均气温17.4℃。其中2020年，上海地区气温显著偏高，是1961年以来第二暖年；日照时数显著偏少，为1961年以来第三少。

受季风气候与副热带高压影响，黄浦江流域降水量较大。每年10月—次年4月为少雨季节，5—9月则为多雨季节。每年6月中下旬至7月初，为连续降水的梅雨期。1949—2020年年均降雨量1223.6毫米，其中1991—2020年年均降雨量呈增长态势。2011—2020年年均降雨量1395.13毫米，创历史新高。2020年，全市年均降水量（全市11个气象观测站平均）1586.5毫米，比常年年均偏多34.3%。各区年降水量

1423.1～1769.7毫米，金山地区降水量最多，青浦地区降水量最少。与常年相比，各地区降水量偏多25.8%～49.8%。汛期（6—9月）全市平均降水量1040.9毫米，比常年同期偏多70%，比上年同期偏多13%。

表1　1949—2020年上海市气候情况表

年份	年均气温（℃）	年均日照时数（时）	年均降雨量（毫米）
1949—1960	15.68	1965	1263.79
1961—1970	15.67	2092	1039.34
1971—1980	15.66	1964	1114.23
1981—1990	16.02	1875	1184.14
1991—2000	16.89	1761	1280.83
2001—2010	17.81	1633	1290.61
2011—2020	17.40	1635	1395.13

（资料来源：1. 上海市统计局、国家统计局上海调查总队编:《光辉七十载：1949～2019上海历史统计资料汇编》，中国统计出版社，2019年；2.《上海年鉴（2020年）》）

黄浦江流域冬季盛行偏北风，夏季盛行偏南风，年均风速3.1米/秒。平均每年受到2.6次热带气旋影响，常伴有大风、暴雨。上海陆域常年年均雾日43.3天，高于长江口与杭州湾北岸地区。近年来随着气候变暖，年均雾日减至32天。10—12月秋冬时节雾日较多，占全年总雾日37%；3—5月春季也易起雾，占全年总雾日29%；7—9月夏季是雾日最少季节。

土壤植被

黄浦江流域为滨海地貌类型，大部分地区表层覆盖由砾石、粗砂、细砂和黏土组成的较为深厚的疏松沉淀物。疏松沉淀物埋藏深度由上海向西至南京、向西南至杭州湾地区逐渐变浅。约在新生代时期，受江河湖泊共同作用，黄浦江流域沉积过程逐渐开始。距今3万～1.5万年，气温上升，处在湖泊环境下的上海地区堆积褐黄色亚黏土与暗绿色黏土层。距今1.3万～1万年，上海地区逐渐成陆，堆积的暗绿色黏土层脱水形成硬土，成为上海开发建设重要承力基础。黄浦江上下游土壤构成与河床稳定性差别较大，上游由稳定性高的黏土性和黏结性土壤构成，下游受到河流冲刷，河床由稳定性较差的冲积土和泥沙构成。黄浦江流域的土壤经过长时间耕耘开发，变为成熟的农业土壤。

黄浦江流域自然植被稀少，类型较单一，群落结构简单，组成种类单纯。针叶林，常绿阔叶林，落叶、常绿阔叶混交林，落叶阔叶林，主要分布在松江佘山等低山残丘，以及大、小金山岛。滨海盐生植被分布于沿江入海口、沿海大堤内外两侧含盐量较高地区。沼生植被分布于宝山、崇明、浦东及杭州湾北岸滩涂，淀山湖周围淀泖沿岸。水生植被分布于湖泊、河流、池塘、稻田及长江口、杭州湾近岸等大面积水域。乡土植物约有500种，外来植物约有350种。

洪涝水情

黄浦江地处中国季风气候区，易受台风、暴雨、天文大潮等造成的洪涝灾害影响。季节性暴雨汛期，主要发生在连续多雨的梅雨期与热带风暴盛行的季节。梅雨期的降雨历时长，但强度较低，据统计，上海地区常年平均梅雨量为243.1毫米。若梅雨期加长，降雨量增加，易产生洪涝灾害。1991年全市平均梅雨量为474.4毫米，1999年全市平均梅雨量高达815.4毫米，梅雨期长达43天，且有8天持续性暴雨，造成严重洪涝灾害。2019年又遭遇较长梅雨期，共33天，较常年偏多10天；全市平均梅雨量为366.4毫米，较常年偏多近七成。市区梅雨量（512.8毫米）、梅雨期长度、梅雨期暴雨日数（4天）、单日（6月30日）最大雨量（140.9毫米）均为1999年之后最高。

上海容易受到热带风暴潮（中心最高风力达到12级以上便形成台风）的影响。据统计，上海地区主要经历的台风，皆伴有200毫米以上特大暴雨，台风所带来的强降水还导致黄浦江严重的高潮位。每年6月中旬—7月上旬以及8月下旬—9月上旬为热带风暴潮高发期。热带风暴潮的特点是历时短、强度大，若与天文大潮相遇，容易产生严重汛情。台风、暴雨、天文大潮和上游洪水等灾害，时常相伴而生。当以上两种或两种以上灾害同时发生，就会导致更为严重的灾情，造成巨大的人员伤亡与经济损失。根据上海气象站降水数据，2007—2016年上海全市共有172个暴雨日，暴雨日数呈东北—西南向的带状分布，由中心城区向西北和东南方向递减，且东南沿海地区的暴雨日数明显多于西北内陆地区。其中，2013年10月6—8日“菲特”台风带来的特大暴雨导致上海严重内涝，交通瘫痪，9.7万人受灾，直接经济损失9300余万元。2013年以后，局部暴雨、大片暴雨、全区暴雨及总暴雨频数呈现逐年增加趋势，8月暴雨最多，6月和7月次之，且7月暴雨呈现波动上升趋势。2018年登陆上海的台风有3个，分别为1810号“安比”（7月22日登陆崇明）、1812号“云雀”（8月3日登陆金山）和1818号“温比亚”（8月17日登陆浦东），上海成为当年首个30天内有3个台风登陆的城市，也创1949年以来历史之最。2021年7月24日，上海受到2106号台风“烟花”外围影响，全市严阵以待并提前做好相关防御应对工作：转移人口36.2万，未出现人员伤亡情况；1797艘船只进港避风，并集结2026支抢险队伍，保障上海人民生命财产安全。

表2　1949—2021年上海主要洪潮灾害的死伤和经济损失简况

<table>
<tr><th>时间</th><th>地点</th><th>死亡人数</th><th>受伤人数</th><th>灾情</th></tr>
<tr><td rowspan="2">1949年7月24—27日</td><td>郊区</td><td>1580</td><td>160</td><td rowspan="2">4906号台风引发的潮灾，沿海海塘多处溃决，南汇等县溃堤达数万米。据有关资料统计，全市死亡人数1600余人，十余万人无家可归，倒塌房屋63200间，遭淹农田208.3万亩，损失粮食11651万千克，棉花22900担，经济损失严重</td></tr>
<tr><td>市中心区</td><td>34</td><td>95</td></tr>
<tr><td rowspan="2">1956年7月31日—8月3日</td><td>郊区</td><td>8</td><td>346</td><td rowspan="2">5612号台风引起的洪灾，黄浦公园站最高潮位4.08米，因台风增水1.6米，为历史最大增水值。市区房屋倒塌4000余间，部分塌坏28000余间，伤亡353人；郊区倒塌房屋7260间，损坏16773间，伤亡354人，受淹农田28万亩</td></tr>
<tr><td>市中心区</td><td>12</td><td>341</td></tr>
<tr><td rowspan="2">1962年8月1—2日</td><td>郊区</td><td>32</td><td>63</td><td rowspan="2">6207号台风引发的潮灾，黄浦公园站8月2日潮位4.62米，黄浦江、苏州河等市区堤岸决口46处，两岸漫溢，市区受淹140平方千米，积水面积大，交通中断，仓库被淹，工厂停工，农田受涝等。据有关部门估计，此次灾害带来直接经济损失达5亿元（当年价值）</td></tr>
<tr><td>市中心区</td><td>17</td><td>—</td></tr>
<tr><td rowspan="2">1974年8月18—22日</td><td>郊区</td><td>9</td><td>45</td><td rowspan="2">7413号台风暴雨灾害，黄浦公园站8月20日潮位4.98米，为历史最高。吴淞、高桥、龙华等10余处防汛墙决口，数千户居民被淹，大小供电事故1942起，死亡10人；郊区海塘决口，淹没不少农田</td></tr>
<tr><td>市中心区</td><td>1</td><td>—</td></tr>
<tr><td>1977年8月21—22日</td><td>全市</td><td>—</td><td>—</td><td>“77・8”特大暴雨，为上海地区历史最严重洪涝灾害之一。据不完全统计，共有4.17万户居民受灾，121.4万亩农田遭淹，倒塌房屋2016间、仓库1040座等，造成严重的经济损失</td></tr>
<tr><td>1981年8月30日—9月2日</td><td>全市</td><td>6</td><td>42</td><td>8114号台风潮灾，黄浦公园站潮位5.22米，为1912年以来历史最高。吴淞、军工路、浦东、龙华等10余处防汛墙溃决，周围市区受灾严重；郊区主海塘和新围海塘溃决，附近7万余亩农田和村落受淹</td></tr>
<tr><td>1991年8月7日</td><td>全市</td><td>29</td><td>—</td><td>“91・8”大暴雨和强龙卷风灾害，全市12个区全部遭灾，降雨量均在100毫米以上，其中宝山站高达231.9毫米。市区574条马路积水，20万户住宅进水严重；4275家企业和3.2万户同时向保险公司报损，总额达1.73亿元</td></tr>
</table>

续表一

时间	地点	死亡人数	受伤人数	灾情
1997年8月18—19日	全市	7	—	9711号台风、暴雨和天文大潮“三碰头”，全市受洪涝面积4.96万公顷，受灾人口15.34万人，受灾农田75万亩，受淹住户0.5万户，经济损失6.35亿元
1999年6月7日—7月20日	全市	—	—	1999梅雨，全市累计积水路段220条，2.7万户进水，8.45万公顷农田遭淹、受灾
2005年8月5—7日	全市	7	—	0509号台风、天文大潮、暴雨“三碰头”的严峻局面，全市受灾人口94.60万人，受灾农田97.80万亩，1.56万间房屋倒塌，受淹住户5万户，经济损失13.58亿元
2012年8月7—8日	全市	5	7	1211号台风暴雨灾害，全市受灾人口40.83万人，紧急转移安置37.40万人，农作物受灾面积17.30万亩，死亡家禽14.23万羽，倒房59间，5处堤防损坏共380米，直接经济损失6.64亿元
2013年9月13日	全市	—	—	“9·13”大暴雨是近20年来强度最大的一场暴雨，造成全市150余条（段）马路积水10～60厘米，5000余民居进水5～20厘米。浦东局部地区交通一度瘫痪，轨道交通2号、6号线先后发生长时间故障，虹桥机场70多架次航班延误
2013年10月7—11日	全市	2	—	1323号超强台风、暴雨、天文大潮和上游洪水“四碰头”，是上海防汛史上首次遭遇“四碰头”灾害。全市受灾人口12.4万人，倒塌房屋27间，紧急转移安置7549人，农田受灾41万亩，损坏堤防337处，损坏水闸泵站30座，直接经济损失9.53亿元
2015年7月10—12日	全市	—	—	1509号台风暴雨灾害，全市累积转移18.2万人，船舶进港避风3000余艘，树木倒伏4.4万棵，农田受淹17万亩，直接经济损失2.6亿元
2016年9月15—16日	全市	—	—	1614号台风暴雨灾害，造成全市20余处道路下立交、30余条（段）道路、10多个居民小区积水，400余户民居、商铺进水，11.3万亩农田受灾，1.44万人受灾，直接经济损失2390余万元
2018年7月22日	全市	—	—	1810号台风“安比”7月22日12时30分在崇明东部登陆，登陆时中心最大风力10级，中心最低气压982百帕，强度为强热带风暴级，14时左右离开上海进入江苏境内北上，是1949年以来第三个直接登陆上海的台风。导致道路积水19条，树木倒伏1.8万棵，50条电力线路中断，影响用户18170户，农作物受灾面积2.09万亩，直接经济损失约3193万元

续表二

时间	地点	死亡人数	受伤人数	灾情
2018年8月3日	全市	—	—	1812号台风“云雀”8月3日10时30分在金山区沿海登陆，登陆后继续向西北方向移动，8月3日23时减弱为热带低压。台风“云雀”是上海有气象记录以来第四个直接登陆上海的台风，造成农田和菜田受淹4462亩，树木倒伏1709棵，短时道路积水57条，造成一定的经济损失
2018年8月17日	全市	—	—	1818号台风“温比亚”（热带风暴级）8月17日4时05分前后在浦东新区南部沿海登陆，登陆后继续朝西偏北方向移动，强度逐渐减弱。台风造成全市范围内下立交积水12处，道路短时积水98条（不含下立交），居民进水3户，树木倒伏16346棵，农作物受淹3900余亩，电力线路损坏70余条
2021年7月24—26日	全市	—	—	2106号台风“烟花”，上海市经历有气象记录以来第二次“风暴潮洪”四碰头考验。据统计，台风“烟花”造成全市40万人受灾，农作物受灾面积1.57万公顷，水产养殖受灾面积333.17公顷。直接经济损失7.77亿元，其中农林牧渔业损失7.19亿元，占92.5%

（资料来源：1.胡昌新等编著:《关注上海洪潮灾害》，上海交通大学出版社，2016年，第5—7页；2.上海市防汛指挥部办公室:《关于1810号台风“安比”、1812号台风“云雀”、1818号台风“温比亚”、2106号台风“烟花”的防御评估总结报告》）

黄浦江水系

黄浦江是太湖流域的最大干河，承太湖总泄水量的78%，为太湖水系最重要的排洪河道。黄浦江水系在上海市境内流域面积5193平方千米，占全市总面积的81.9%，占太湖流域总面积的64%。黄浦江水系发达，两岸河流众多，从北岸、西岸流入的主要支流有新西大盈—华田泾、油墩港、通波塘—大涨泾、淀浦河、苏州河、蕰藻浜等，从南岸、东岸流入的主要支流有张泾河、紫石泾、金汇港、大治河、川杨河等，共50余条。黄浦江水系对于太湖流域农田灌溉、航运、港口、工业发展以及城镇用水等各方面均发挥重要作用。

表3　2021年黄浦江重要支流基本情况表

河道名称	起	讫	长度（km）	面积（km²）	流经区
蕰藻浜	吴淞江	黄浦江	35.28	2.6127	嘉定区、宝山区
西泗塘—俞泾浦—虹口港	蕰藻浜	黄浦江	14.57	0.3317	宝山区、静安区、虹口区
虬江	东走马塘	黄浦江	5.90	0.1682	杨浦区
杨树浦港	东走马塘	黄浦江	4.58	0.0911	杨浦区
漕河泾港—龙华港	新泾港	黄浦江	9.11	0.2350	闵行区、徐汇区
张家塘港	新泾港	黄浦江	7.19	0.1583	闵行区、徐汇区
油墩港	吴淞江	横潦泾	37.90	2.5390	嘉定区、青浦区、松江区
淀浦河	淀山湖	黄浦江	46.06	3.0950	青浦区、松江区、闵行区、徐汇区
叶榭塘—龙泉港	黄浦江	运石河	27.49	1.5381	松江区、奉贤区、金山区
赵家沟	黄浦江	长江口	14.72	0.9809	浦东新区
川杨河	黄浦江	长江口	28.60	1.7582	浦东新区
大治河	黄浦江	长江口	38.03	4.3223	闵行区、浦东新区
金汇港	黄浦江	杭州湾	22.45	2.1923	奉贤区、闵行区
苏州河	沪苏省界	黄浦江	54.00	3.4969	青浦区、闵行区、嘉定区、长宁区、普陀区、静安区、黄浦区、虹口区
太浦河	沪苏省界	西泖河	15.47	3.2587	青浦区
拦路港—泖河—斜塘	淀山湖	三角渡	29.21	5.2372	青浦区、松江区
红旗塘—大蒸塘—圆泄泾	沪浙省界	三角渡	16.73	2.2835	青浦区、松江区
胥浦塘—掘石港—大泖港	沪浙省界	黄浦江	19.39	2.4124	金山区、松江区

（资料来源：上海市水务局：《2021上海市河道（湖泊）报告》）

黄浦江及其支流

黄浦江干流，自三角渡黄浦江0千米处至吴淞口，全长89.91千米，宽214～1091米，流经松江、闵行、奉贤、徐汇、黄浦、浦东、虹口、杨浦和宝山等9个区，至吴淞口入长江。上游段自三角渡至闸港，大致呈东西向，河身较顺直，河面宽在300～600米。其水位在3.5米的过水断面为3540～4100平方米，河底高程为-20.0～-8.0米，以松江毛竹港口附近最深。干流从闸港（大治河西口）以下转为南北流向，为下游段。下游段以龙华为界，上段河道顺直，下段弯曲较多，贯穿上海市区后在吴淞口流入长江，河面宽度约770米。其水位在3.5米时断面为4700 ～ 6700平方米，河底高程为-17.1 ～-8.2米，河口段较浅。

沿革

明清地方志文献认为，黄浦江相传为东周楚国国相黄歇开凿。春申君黄歇，为战国著名的四公子之一。据司马迁《史记》记载，“考烈王元年，以黄歇为相，封为春申君。赐淮北地十二县。后十五岁，黄歇言之楚王曰：‘淮北地边齐，其事急，请以为郡便。’因并献淮北十二县，请封于江东。考烈王许之。春申君因城故吴墟，以自为都邑”[1]。其封地原在淮北，后来主动要求将封地改为江东吴地，上海属于春申君的封地范围。春申君带领百姓兴修水利、疏通河道，于是后人附会，将黄浦江称“黄歇浦”“春申浦”。上海简称“申”，亦缘于此。

“黄浦”之名最早见于《宋会要·食货八》。南宋乾道七年（1171），曾任华亭县知县的丘崈说：“（华亭）县东北又有北俞塘、黄浦塘、蟠龙塘通接吴松大江，皆泄里河水涝。”[2]当时黄浦塘只是一条南北向纵浦，与吴淞江并不相接，且水量不大。高子凤在淳祐十年（1250）所作的《南积善寺记》中记载：“西林去邑不十里，东越黄浦，又东而汇北；其南抵周浦，皆不及半舍。寺之在周浦者曰永定，在黄浦者曰宁国，而西林居其中，盖所谓江浦之聚也。”[3]南宋时，黄浦向东拓展，与龙华港以东的上海浦相接，北折入吴淞江出海。

宋代吴淞江日渐淤塞，太湖和淀泖之水下泄受阻，迂回宛转，使原有湖群不断扩大。濒湖低田地也相继积水，形成新湖群。熙宁三年（1070），这些新生湖群不断生长，几乎连成一片，至和塘以北的原有诸塘浦“不见其踪”。吴淞江以南今淀山湖一带，原有几个面积不大的湖泊，到南宋绍熙年间（1190—1194）已扩展成一个“周回几二百里，茫然一壑”的薛淀湖。淀山湖群及浙西诸水，在东南出口受阻后，大致分流两个方向：一是向东流经今闵行以东，从闸港经下沙至新场以东出海；二是从闸港至龙华之间河段，再北流与上海浦相接，最终汇入吴淞江达海，为当时东泄主流。大致在南宋时期，黄浦水道的雏形逐渐形成。至元代，当汛期来临时，淤塞的吴淞江已

〔1〕（汉）司马迁：《史记》卷七十八《春申君列传》，中华书局，2013年，第2394页。

〔2〕（清）徐松辑：《宋会要辑稿》第125册，中华书局，1957年，第4949页。

〔3〕 同治《上海县志札记》，《上海府县旧志丛书·上海县卷》，上海古籍出版社，2015年。

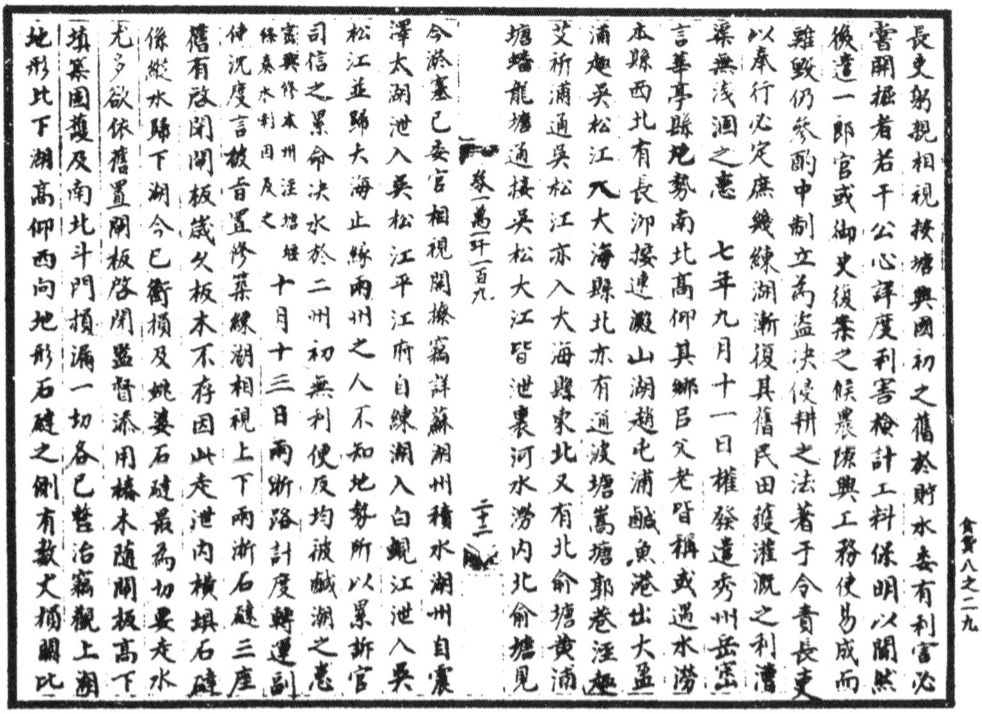

長吏躬親相視按塘興國初之舊於財水委有利害必
費開掘者若干公心詳度利害檢計工料保明以聞然
後遣一郎官或御史復案之候農隙興工務使易成而
難毀仍參酌中制立爲盜決侵耕之法著于令責長吏
以奉行必定庶幾練湖漸復其舊民田獲灌溉之利漕
渠無淺涸之患　七年九月十一日權發遣秀州岳霖
言華亭縣地勢南北高仰其鄉吕父老皆稱或遇水潦
本縣西北有長泖接連澱山湖趙屯浦鹹魚港出大盈
浦趣吳松江入大海縣北亦有通波塘蔦塘郭巷涇趣
艾祈浦通吳松江亦入大海縣東北又有北俞塘黄浦
塘蟠龍塘通接吳松大江皆泄裏河水潦内北俞塘見
今淤塞已委官相視開撩竊詳蘇湖州積水湖州自震
澤太湖泄入吳松江平江府自練湖入白蜆江泄入吳
松江並歸大海止緣兩州之人不知地勢所以累訴官
司信之累命決水於二州初無利便反均被鹹潮之患
嘉興修本州涇塘堰係奏水利因及之　十月十三日兩浙路計度轉運副
使沈度言被旨置修築練湖相視上下兩浙石礎三座
舊有啟閉閘板歲久板木不存因此走泄内横埧石礎
係縱水歸下湖今已斷損及姚婁石礎最爲切要走水
尤多欲依舊置閘板啟閉監督添用椿木隨閘板高下
填築固護及南北斗門損漏一切各已整治竊觀上湖
地形比下湖高仰西向地形石礎之側有數丈插閘比

卷一萬一千一百九

食貨八之二九

图1 《宋会要辑稿·食货八》“黄浦塘”的记载

［（清）徐松辑：《宋会要辑稿》第125册，中华书局，1957年，第4949页］

难以排出太湖与淀泖地区积潦，只能依靠东北的刘家港与东南的“黄浦”。当时主持上海治水的青龙镇人任仁发说：“况今东南有上海浦、新泾泄放淀山湖三泖之水，东北则刘家港耿泾，疏通昆承等湖之水。”[1]上海浦，即“黄浦”的下游河道。这说明元代已收纳淀泖来水而日益壮大的黄浦逐渐发展为相当宽广的大浦。

元末明初，吴淞江下游入海处百余里，已是沙泥充斥，芦苇丛生，渐成平陆。黄浦江也因沙洲淤积，排水受阻。这对整个太湖流域排水产生巨大影响，一遇大水，水无所归，旋即积患成灾。苏松六府，为全国赋税重区，频遭水患，引起朝野上下忧虑。明永乐元年（1403），江南发大水，苏松各府告急。担任户部尚书不久的夏原吉，奉明成祖朱棣之命，前往治水。他亲赴实地考察，又集思广益，采纳华亭县书生叶宗行所提建议，最后提出日后影响深远的“掣淞入浏”和“黄浦夺淞”计划，终获朝廷批准：“宜浚吴淞南北两岸、安亭等浦，引太湖诸水入刘家、白茆二港，使直注江海。

〔1〕（元）任仁发：《水利集》卷二《水利问答》。

又松江大黄浦乃通吴淞要道，今下流壅遏难疏，旁有范家浜，至南跄浦口，可径达海，宜浚，令深阔。上接大黄浦，以达湖泖之水。”[1]首先，夏原吉放弃积重难返的吴淞江下游，通过夏驾浦导吴淞江中游入刘家港出海，这一工程也被后人称为“掣淞入浏”。其次，开凿范家浜，引流直接黄浦，使其深阔畅泄，解决淀泖排水不畅的问题。工程完竣后，“疏浚通海，引流直接黄浦，阔三十余丈，遂以浦名”[2]。在夏原吉的主持下，形成了一条以大黄浦—范家浜—南跄浦组成的新黄浦江。黄浦江形成之后，汇集上海大小河流，水势强劲，奔涌入海。此次治水之后，苏松地区在以后的百年间未遭受大的洪涝灾害。另外，“黄浦夺淞”也促成上海港的崛起。

黄浦江源流

黄浦江上游主要有三大水源，西北一支为主流，自淀山湖口淀峰起为拦路港，下接泖河、斜塘至三角渡，1995年新开太浦河汇入泖河，承泄太湖及江苏淀泖地区来水。中间一支为大蒸塘—圆泄泾，上接浙江红旗塘，承泄太湖及浙江杭嘉湖来水。这两支汇合为横潦泾。南面一支为胥浦塘—掘石港—大泖港，主要承泄杭嘉湖地区沪杭铁路以南以及金山区南部地区来水。

1995年12月，太浦河开通前，黄浦江三大源流比例分别约占米市渡径流量的40%、40%、20%。太浦河开通后，太湖流域洪水量的70%～80%集中下泄黄浦江，北支径流量比例增加。根据黄浦江上游水文同步调查统计数据，2020年上游三大支流斜塘、圆泄泾、大泖港的汇流占比分别为56%、26%、18%，以斜塘的来水最多。

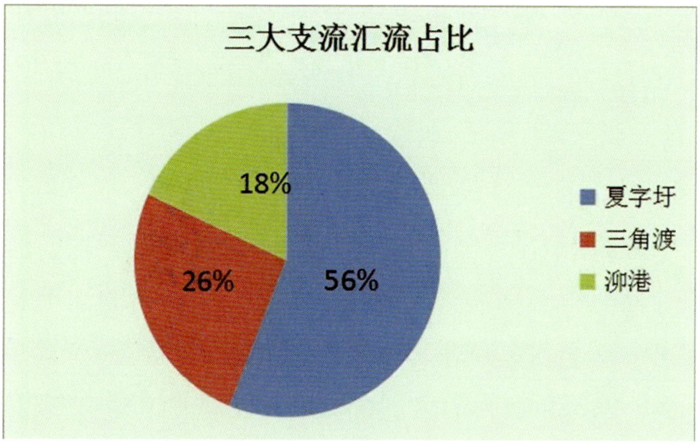

图2　黄浦江上游三大支流汇流占比示意图［上海市水务局（上海市海洋局）编:《上海水务海洋年鉴2021》，上海辞书出版社，2021年，第85页］

〔1〕（明）夏原吉:《浚治娄江白茆港疏》，（明）张国维编:《吴中水利全书》卷十四《章疏》。

〔2〕 弘治《上海志》卷二《山川志》。

图3　三江汇流，浦江之首——三角渡（孙剑刚2020年11月19日摄）

图4　“浦江之首”与“浦江源头”
（左图：孙剑刚2020年11月19日摄；右图：郑宪章2020年4月29日摄）

三大源流在三角渡汇合以后，东接横潦泾和竖潦泾，一直至闸港之间的河段，形成于明代以前，称瓜泾塘，明代才将其作为黄浦江一部分。明代以来，黄浦江干流段，指米市渡至吴淞口。《2011年第一次全国水利暨上海市第二次水资源普查》，将横潦泾、竖潦泾归并为黄浦江干流段，以三角渡为起点，在三角渡竖立有“浦江之首”勒石以铭。

浙北杭嘉湖平原来水，自宋代以来即为黄浦江重要水源之一。太湖上游水系，以苕溪水系为主源，无论是河流长度、流域面积及供水量均居太湖来水的首位。苕溪水系，又以西苕溪为主。西苕溪，发源于浙江安吉县境内，为该县主要河流，自西南向东北流贯全境，几乎汇聚境内全部溪流，形成叶脉辐聚状单一水系。安吉县境内西苕溪流域面积为1806平方千米，主流长98.75千米，水网密布，水源丰沛。常年平均气温15.8℃，平均降雨量1405毫米，平均无霜期229天，有利于动植物的生长繁衍。从生态环境来讲，东苕溪源自山林、平原交会处，流经的杭嘉湖平原农耕很发达，经农田灌溉后，水量不稳定；而西苕溪源自山地森林，植被好，蓄水能力强，上中游两岸山脉夹峙，集雨面积大，流散消耗少。

西苕溪上游，又分南溪和西溪两条支流，二者长度相当，但南溪上游为流域集雨中心区，径流量大于西溪。南溪源头龙王山是天目山的浙北主峰，也是浙北的最高峰，故龙王山为西苕溪的主源地。太湖分别经由望虞河、浏河、黄浦江入长江，黄浦江承接太湖70%以上的水量，太湖水60%以上来自苕溪，其中60%又来自西苕溪，黄浦江与西苕溪的关系一目了然。

1985年8月，经浙江省政府批准，在安吉县灵峰寺林场龙王山分场马峰庵、仙人桥林区，建立龙王山省级自然保护区，加大对龙王山水源保护力度。1999年9月4日，上海市地理学会确定龙王山为“黄浦江主源”。10月上中旬，上海市教委主任刘克题写“黄浦江之源”诗赋并交保护区制成石刻。同月19日在龙王山庄黄浦源头举行揭牌仪式。安吉龙王山是黄浦江源头向全国公布。2000年春，安吉县政府又委托上海市原市长汪道涵为安吉题词“黄浦江源”。10月11日，县委、县政府在上海豫园商城举行黄浦江源生态旅游节新闻发布会。10月25日，“黄浦江源”揭碑仪式在龙王山峡谷马峰瀑下举行，上海市人大常委会副主任厉无畏出席活动。

黄浦江支流

自明代全线贯通后，黄浦江接纳两岸众多河流，成为水势浩渺的大江。清康熙《上海县志》记载，黄浦江两岸重要支流计53条，其中，西岸支流有：洋泾浜、陆家浜、陈家浜、榆木泾、日赤港、龙华港，蒲汇塘、六磊塘、曹湖泾、新村塘、吴店塘、乌泥泾、车沟、张家塘、华泾、北俞塘、南俞塘、吴卫泾、陆道浜、唐子泾、莺窦湖、紫冈塘、竹冈塘、沙冈塘、夹沟、姚港、韩仓港、语儿泾；东岸支流有：入海浦、范家浦、黄淄溇、杨淄溇、白莲泾、东新塘、西新塘、洋泾、三林塘、周浦塘、中新河、沈庄塘、翁家港、邵沥港、萑坡塘、下沙塘、闸港、金汇塘、马路港、龙游港、横沔塘、都台浦、盐塘、运盐河、龟港。

图5　龙王山“黄浦江源”（李东鹏2022年8月26日摄）

图6　老石坎水库（李东鹏2022年8月25日摄）

2021年，上海市管河道，包括黄浦江总计31条，均属于黄浦江水系，其中直接汇入黄浦江的上海市市管河有如下几条：

• 蕰藻浜

蕰藻浜，亦名蕰藻河，位于嘉定、宝山两区中部偏南。西起吴淞江，东经陈行、塘桥，与吴塘、盐铁塘、中槎浦和杨盛河相交，东至宝山区吴淞镇入黄浦江，全长35.28千米，1949年前曾为上海地区三大干河（黄浦江、苏州河、蕰藻浜）之一。原西起中槎浦走马塘口，1959年向西开凿到横沥，1980年再向西延伸至孟泾村附近，接通吴淞江上游。1982年加深、拓宽河道并在西端建西水利枢纽工程，水深达3～4米，河道宽为60～100米，底宽30～60米，河底高程-2～-4米，塘桥以东能通行300～500吨级小轮。苏浙两省船队可经三江口、蕰藻浜直航吴淞口，去宝山钢铁总厂不再绕道淀山湖、黄浦江，缩短航程45千米。19世纪末吴淞开埠，一批机械、纺织为主的近现代企业落户蕰藻浜。1956年，启动吴淞工业区开发，在蕰藻浜沿岸新建一大批冶金、化工企业，蕰藻浜成为当时重要工业带。工业发展为人们谋福利的同时，也给蕰藻浜带来巨大的环境压力。1998年，上海市政府对吴淞工业区环境进行综合整治，关停一大批高污染企业，一定程度上改善蕰藻浜环境。2020年，宝山区政府在“一江一河”规划和科创兴国战略的推动下，对蕰藻浜又进行彻底的改造。昔日的老厂房、旧堆

图7　蕰藻浜（上海市堤防泵闸建设运行中心提供）

场，改造成颇具魅力的高科技园区，将蕰藻浜打造成富有活力的“科创”之河。2021年6月、9月，蕰藻浜1.4千米庙行区段和1.2千米张庙区段先后贯通开放，成为人们休憩、娱乐的滨水空间区。

• 赵家沟

赵家沟，位于浦东新区北部。东起随塘河，西至黄浦江，全长14.72千米，流域面积0.9809平方千米，河口宽约85米。赵家沟是浦东新区主干河道“五横六纵”最北的横向河流，为浦东重要的内河航运河道。近年来，围绕“水清、岸绿、河畅、景美、生态”的水环境治理目标，对赵家沟进行多次河道整治，彻底改善赵家沟水环境质量。赵家沟沿线步道贯通，为居民提供散步、游玩、休憩的亲水空间。

• 西泗塘—俞泾塘—虹口港

连接蕰藻浜至黄浦江，全长14.57千米，流域面积0.3317平方千米，横跨宝山区、静安区和虹口区。虹口港位于虹口区南部，又名沙洪、穿洪或洪口，原系上海浦北段。南起黄浦江，北至嘉兴路桥附近接俞泾浦，长1.5千米。枯水期水深1.5米，宽5～8米，可通行30吨级船只。

2015年，虹口区实施虹口港（四平路—汉阳路）防汛墙景观人行步道工程，包括防汛墙、亲水平台、灯光照明设施和水系沿岸绿地景观等内容改造或建设，改善河道的水环境。2021年，虹口区对汉阳路至东大名路之间的虹口港防汛墙进行综合改造。防汛墙两侧设置花箱，提升景观效果；景观步道采用花岗石和青砖相间的设计，古香古色；两岸安置景观灯光，成为广大市民活动、休憩和娱乐的亲水空间。

• 虬江

虬江位于杨浦区南部，亦名旧江，以其为吴淞江旧道故名。虬江北起东走马塘，南至黄浦江，全长5.90千米，面积0.1682平方千米。原虬江古河道西起白鹤江至吴淞江汇合口，东流经今白鹤、旧青浦、纪王、封浜、江桥、沈家行，过黄浦江至高桥镇东北注入长江，与东大盈浦、通波塘、新通波塘、蟠龙港、新泾港、桃浦、彭越浦等交汇。今虬江仅存数段残留河道，彼此不相通，但可分段航行，东段仍保留原名，西段1981年改名西虬江。西虬江，西起国定路西，东南于复兴岛北端附近流入黄浦江。长7千米，河面宽30～40米，低水位水深0.8～1.8米，高水位水深3.9～4.0米。通航

图8　虬江泵闸（虞建波2018年12月10日摄）

能力在10吨级以下，军工路至黄浦江一段长1.4千米，可通行60吨级船只。2016年，杨浦区政府实施杨树浦港—虬江水系综合整治工程；2020年竣工，使虬江成为一条怡人的景观河道。

• 杨树浦港

杨树浦港位于杨浦区西部，西北起走马塘，东南注入黄浦江。全长4.58千米，面积0.09平方千米。原名杨树浦，又称杨名港、杨名浦、杨木浦、兰路港、兰州河等。19世纪末人口增多，工商繁荣，"杨树浦"逐渐成为区片名称。为使区片名和河流名有所区别，遂将杨树浦改称杨树浦港。杨树浦港滨岸，曾为近代上海最繁忙的港口码头区之一，也是近代上海工业发展最早、最集中的地带，享有"近代上海工业的发祥地"的美誉。杨树浦港兼有航运和泄洪之利，长阳路以南可通行15吨级以下小船。

图9　改造前后的杨树浦港（上海市水务局提供）

20世纪90年代初，上海市政府对杨树浦港进行综合整治，建设相对完善的滨水景观。"十三五"期间，杨浦区政府实施杨树浦港—虬江水系综合整治工程，杨树浦港样板段一期、二期改造工程是其中重要组成部分。该工程通过对原有绿地景观提升改造、护岸加固改造等，将杨树浦港打造为城市综合型生态、休闲、人文河道，营造水清、岸绿的亲水环境，将最好岸线资源留给市民。杨树浦港样板段的建成对优化城市河道环境、提高空间环境的整体质量具有积极推动作用，为杨浦内河滨水空间改造提供可借鉴的成功案例。杨树浦港，近年来获评上海市"三星级河道"、上海市首届"最美河道"称号。

• 漕河泾港—龙华港

漕河泾港—龙华港，西起新泾港，东至黄浦江。全长9.11千米，面积0.2350平方千米。龙华港在徐汇区东部。明正德《松江府志》卷二云："龙华港，接蒲汇，东流过渔水洼，东西上澳，东南至百婆桥，入于黄浦，故亦名百婆塘。"[1]后来百婆桥也称百步桥，百婆塘亦称百步塘。西起蒲汇塘与漕河泾港交汇处，东入黄浦江。龙华港，枯水期航道水深1.6～1.9米，可通行10～60吨级船只。龙华港曲折多湾，有"龙华港，十一湾，湾湾成龙乡"之谚。1964年另辟0.35千米新河道，裁弯取直，填平旧道，完成土方4.1万立方米。漕河泾港，系龙华港支流，西自七宝王家街东，由横沥（泾）分支东流。初名何家浜，又名曹乌泾，曾多次疏浚，曾为上海西南地区重要漕河之一。明正德年间（1506—1521），漕河泾镇依河而建，成为上海县五大名镇之一。改革开放后，为上海最早的经济开发区之一，名漕河泾新兴技术开发区，因以微电子生产和科研为主，故又名漕河泾微电子工业区。

2014年9月至2016年，实施龙华港"一河两岸"景观工程一期、二期。一期工程自宛平南路路桥至龙腾大道，完成522米防汛墙改造，新建14000平方米景观绿化。二期工程位于龙华港东侧，龙腾大道至龙华西路，完成防汛墙改造2462米，绿化景观改造31735平方米，新建跨龙华港人行桥3座，新建贯通步行道，形成东出西联、南通北达的滨水线型公共走廊，成为更加优质的滨水休憩空间。

• 川杨河

川杨河，位于浦东新区南部。西起黄浦江，往东经杨思、孙桥、川沙，流入长江口，全长28.60千米，面积1.7582平方千米。因连接杨思港与原川沙县蔡路镇三甲港，故名川杨河。1978年11月—1980年1月人工开挖而成，兼有航运、泄洪、排涝、灌溉和引水冲污等多种功能。东西两端分别建有三闸港节制闸及杨思节制闸，可通航100吨级船只。当市中心区黄浦江水位暴涨至5.2米以上，或浦东新区遭受洪水威胁时，即打开杨思节制闸，将涨水积涝向东排入长江；反之，如浦东遇旱或水质污染严重时，可打开三闸港节制闸，引长江淡水入川杨河。

经四十余年堤岸建设与河道整治，目前川杨河两岸绿地生态景观已基本建成，生态环境更加优美。川杨河，横穿张江科学城中部核心区，汇聚多样的休闲娱乐场所和自然人文景观，成为张江科学城重要的生态景观河道。

---

〔1〕正德《松江府志》卷二《水利》。

图10　川杨河（孙剑刚2022年11月24日摄）

• 张家塘港

张家塘港位于闵行区中部、徐汇区南部。西起新泾港，东入黄浦江，全长7.19千米，面积0.1583平方千米。张家塘港，为上海重要的内河运输航道，也是上海重要的内河港口之一。自2000年起，对之前停泊废品和垃圾驳船、环境恶劣的河道，进行3次大规模整治，有效改善生态环境。2020年11月，张家塘综合整治工程实施，西起虹梅路，东至龙川北路，工程包括改造防汛墙，新建景观绿化、人行步道等，使张家塘成为一条自然、健康的生态型河道。

• 淀浦河

淀浦河，因连接淀山湖和黄浦江得名。西起淀山湖畔九曲港口，经青浦区朱家角、青浦2镇，松江区崧泽、佘山、赵巷、泗泾、九亭5乡镇，闵行区莘庄、梅陇2镇，徐汇区龙华镇，于华渡口入黄浦江，全长46.06千米，面积3.0950平方千米。淀浦河系沿原抢开河、漕港、横泖、蒲汇塘等河截弯取直、拓宽、浚深，历经1958年12月16日、1971年11月、1976年冬三次施工，1977年3月全线贯通。开挖淀浦河是1949年以来上海市最大水利工程。淀浦河为青浦区、松江区控制排水的骨干河道，是沟通太湖流域和上海市的骨干航道之一。淀浦河的开通缩短了自淀山湖至黄浦江间航程约30千米，为6级航道，通行100吨级船只。西端淀山湖口建有船闸，东部在松江区、闵行区交界处建有节制闸和船闸。

2017年5月，松江区淀浦河河道整治（一期）工程开工，2019年竣工。一期工程中，整治河道超过4千米，涉及佘山镇、九亭镇。新建护岸约5.2千米、防汛通道1.2万平方米、桥梁5座，种植绿化5.6万平方米。2020年3月，二期工程开工，整治河道9.3千米，分东西两段，西段位于佘山镇，东段位于泗泾镇和九亭镇。新建护岸12.6千米、防汛通道约5.9万平方米，西段新建泵闸1座，东段新建桥梁14座，种植绿化8.9万余平方米。二期工程，实现11.9千米滨岸空间贯通。淀浦河成为一条集休憩、生态和景观于一体的优质河道。

图11　改造前后的淀浦河（上海市水务局提供）

• 大治河

大治河，西起黄浦江，东至长江口，全长38.03千米，面积4.3223平方千米，是中华人民共和国成立后上海郊区人工开挖规模最大的河道，是水利大控制浦东片的骨干河道。1977年，为改善南汇地区水质、排灌和航运条件，并按全市水利分片综合治理规划，确定开挖大治河。其河线，原上海县段，西起黄浦江，东至南汇航头，开挖7千米多；原南汇县段，利用原有老河二灶港、四灶港、新开港、六灶港，进行挖深拓宽，共计31千米。河道底宽64米，河底高程-2米，边坡比为1∶3，两岸青坎各宽10米，高程5米。西端黄浦江口建大治河西控制枢纽，东端建出海节制闸，1977年冬开工，至1979年1月竣工。

大治河主体工程于1979年竣工后，由于当时受资金不足等影响，其下游长期没有

图12　大治河（孙剑刚2022年11月1日摄）

向长江口开通。1992—1993年，上海市政府投资1022万元资金开展大治河东闸修复工程，同时开挖闸外河道。自此，大治河自黄浦江至长江口全线贯通，可通航300吨级船只。2015年9月，大治河西枢纽新建二线船闸工程开工，设计通过能力为2900万吨/年，2019年9月底通过验收。二线船闸投入运行后，1000吨级/90标准箱的内河集装箱船，可从黄浦江进入浦东芦潮港内河港区，有效提升长三角地区高等级航道网综合集疏运能力。

在2020年初公示的《上海市生态空间专项规划（2018—2035）》草案中，上海将在2035年建成“双环、九廊、十区”的生态格局系统，而大治河生态廊道是首批上海市级生态廊道。规划总用地面积达2630公顷，将成为人们休闲、度假、亲近自然的生态场所。近期规划范围总面积555公顷，包括水域、耕地、林园等生态性用地445公顷，生态功能包括河道绿道、农林复合区、郊野公园、景观风貌区四个功能类型。大治河将在上海的生态空间格局中发挥生态廊道的积极作用。

• 金汇港

金汇港位于奉贤区中部，流经奉贤区和闵行区。北接黄浦江，由北往南分别穿过金汇镇、齐贤镇、光明镇、钱桥、石桥、浦东铁路、上海师范大学奉贤校区、浦南运河、

图13　金汇港及其南闸入海口（上海市奉贤区水务局提供）

海湾旅游区、海湾镇等后注入杭州湾。全长22.45千米，面积2.1923平方千米，河宽近90米，水深1～1.5米，底宽44～90米，可通行100～300吨级船只。金汇港前身“金汇塘”开凿于明嘉靖二年（1523），1978年重新开拓，1980年8月20日竣工。北段为冈泾塘，南段为和尚塘。现为奉贤区最大引排水河道，占全区引水量52%，排水量60%，南北两端均建有节制闸，汛期洪水可开闸排入杭州湾。在2020年初公示的《上海市生态空间专项规划（2018—2035）》草案中，金汇港生态廊道是首批上海市级生态廊道。

• 拦路港—泖河—斜塘

拦路港—泖河—斜塘是黄浦江上游的重要源流，流经青浦、松江两区，全长29.21千米，流域面积5.2372平方千米，主要承泄太湖及淀泖地区来水，为上海市市管河道。全河为感潮河道。

拦路港西起淀山湖湖口淀峰（关王庙）沿西北—东南走向，纳北横港、南横港后接泖河，在青浦练塘镇泖甸村附近被泖岛（太阳岛）分为东泖河与西泖河两汊。其间西泖河在练塘镇附近纳太浦河。两汊重合后纳华田泾接斜塘，流至三角渡与圆泄泾汇合。今河基本顺直，系2003年在原有河道基础上拓宽浚深而成，完工后拦路港及西泖河底宽达到74米，河道边坡比为1：2.5～1：5，水面宽110～460米，河底高

图14　拦路港（淀山湖口）
［黄浦江上游堤防（泵闸）管理所提供］

图15　光绪《青浦县志》三泖图（《上海府县志辑》第6册，上海书店出版社，2010年）

程-3.00～-3.60米，是上海通往江苏、安徽的主要航道，可通航200～300吨级船只。

泖河，又称泖湖，史有三泖（长泖、大泖、圆泖）之称，今泖河为原圆泖的一部分。唐以后，泖河很宽阔，青山含秀，碧波荡漾，和附近的九峰构成上海著名游览胜地。宋代，“松郡三泖”，是指今松江、青浦、金山至浙江平湖间相连的大湖荡。明清以来，三泖湖荡淤浅变小，逐步成陆，变为桑田。今泖河，上承拦路港，下接斜塘入黄浦江。泖河为上海通往江苏、浙江、安徽的主要航道，可通航500吨级船只。泖河中间有一淤积小岛，即泖岛，新开的太浦河即于此汇入西泖河。

斜塘，西北接泖河，东南流至三角渡口与圆泄泾汇合为黄浦江。

在2020年初公示的《上海市生态空间专项规划（2018—2035）》草案中，黄浦江生态廊道为上海市首批生态廊道。其中，拦路港—泖河—斜塘为黄浦江生态廊道的重要组成部分。拦路港沿线生态廊道，位于青浦区拦路港两岸，西起淀山湖村，紧邻沪青平公路，东至青浦与松江交界处，共涉及金泽镇、朱家角镇与练塘镇。拦路港沿线生态廊道，春季绿意盎然、花开烂漫，夏季姹紫嫣红、郁郁葱葱，秋季色彩斑斓、硕果累累，冬季银装素裹、纯洁美丽。拦路港成为兼具防护隔离和休闲游览功能的生态景观河道。

• 红旗塘—大蒸塘—圆泄泾

红旗塘—大蒸塘—圆泄泾，为黄浦江上游重要源流，主要承泄太湖及浙江杭嘉湖地区来水。在上海境内，流经青浦、松江两区，呈西—东走向，全长16.73千米，面积2.2835平方千米。

红旗塘，西起浙江省嘉兴市沉石荡，东入黄浦江。红旗塘，1959年由浙江省政府在正冲大蒸塘南侧开挖，但在浙江、上海交界处被唐家草坝拦截，东西两段无法流通，存在排洪安全隐患。1991年6月，太湖流域发生洪水，为方便排涝，将唐家草坝炸毁，使红旗塘通过大蒸塘汇入黄浦江，浙北水患遂解。红旗塘成为浙北洪水东泄的主要河道。

大蒸塘，位于松江区西部、青浦区南部，又名大蒸港。清光绪《青浦县志》载："塘在濮阳塘南，其地有古濮阳王墓，蒸土为之，故名。"[1]西自蒸淀乡唐家库起，下接圆泄泾汇入黄浦江。大蒸塘是红旗塘下泄洪水重要通道，也是沪浙间重要航道。

圆泄泾，古名悬星浜，上接大蒸塘，下达横潦泾，流经今松江区古松、新五乡，河长5.73千米，河底宽65米，河底高程-9.0米，河面宽约180米。

• 胥浦塘—掘石港—大泖港

黄浦江上游三大源流河道之一，主要承泄杭嘉湖地区沪杭铁路以南及金山区西南部地区来水。流经金山、松江两区，呈西南—东北走向，全长19.39千米，面积2.4124平方千米。胥浦塘河道上接浙江平湖上海塘，东流纳六里塘后转向东北，纳惠高泾后称掘石港并转向北流，纳小泖港后称大泖港并转向东流，在泖港镇附近纳张泾河，再转向北流约1.5千米汇入黄浦江。全河河道多折，水面宽41 ～ 182米。大泖港处于黄浦江潮流顶冲位置，港阔水深，水流湍急，险工较多。1992年，廊下乡疏浚尖刀汇口至方塘港3.76千米，完成土方6万立方米。疏浚后河面宽18米，河底宽4米，河底高程-1.3米，边坡比为1 ∶ 1.75。

• 油墩港

油墩港，位于青浦、松江两区中部。北起吴淞江四江口，穿越青浦、松江两区9个镇，向南汇入横潦泾，全长37.90千米，面积2.5390平方千米。油墩港是青松水利大控制片的骨干河道，也是上海浦西300吨级的环线航道。青浦境内河段从吴淞江到柘鸡塘长18.84千米，系全部新挖，1979年动工，1990年底完工；松江境内长17千米，除从古浦塘到坝河口一段2.25千米利用原姚泾河道外，其余14.75千米全系新挖。到1991

〔1〕 光绪《青浦县志》卷四《山川上》。

年底，全线挖通。青浦段河底高程-1米，底宽20 ～ 25米；松江境内河底高程-2.6 ～-2米，底宽50 ～ 118米。

• 太浦河

太浦河，西起江苏省吴江太湖边时家港，东至青浦区金泽镇入上海，再东流至西泖河后，汇入黄浦江。全长57.60千米，其中上海段长15.47千米。1991年全河段在天然湖荡基础上人工开挖连接而成，为感潮河道，河道顺直，水面宽81 ～ 371米，河底高程-4.74米，设计底宽106 ～ 134米，边坡比为1：2.5 ～ 1：7。太浦河开通后，有效缓解太湖下泄压力，同时太浦河是一条太湖通黄浦江的500吨级内河航道。2020年，太浦河成为长三角生态绿色一体化发展示范区的生态清水走廊。

图16　太浦河（郑宪章2020年11月29日摄）

• 叶榭塘—龙泉港

叶榭塘—龙泉港，流经松江区、奉贤区和金山区。北起黄浦江，南至运石河。全长27.49千米，面积1.5381平方千米。

龙泉港位于金山区东部，旧名盐铁塘，又称龙船港。原从金山卫东门往北直抵松江城，1956年和1977年曾将金山卫城河至盛梓庙一段长约23千米河道拓宽浚深，还从河缺口改道往南，直通运石河。原山阳乡河缺口往西南到金山卫东门一段龙泉港改称老龙泉港。今龙泉港南起运石河，往北纳红旗港、中运河、浦南运河，至盛梓庙迄于运港，接叶榭港，长19.5千米。枯水期航道水深0.8 ～ 1.8米，宽5 ～ 8米，可通行20 ～ 60吨级船舶。

叶榭塘，位于松江区东南部、金山区东部，是通往上海化学工业区的重要航道，因叶榭镇得名。古名南盐铁塘，相传吴越王于此运盐、铁，故名。北自松浦大桥东侧起，向南流经叶榭镇至金山县盛梓庙；南迄运港，与龙泉港相接。全长7.4千米，底宽30 ～ 60米，河底高程-3 ～-1米，河面宽44 ～ 55米，属6级航道，通行100吨级船只，是浦南地区引水灌溉的骨干河道之一。该河道原通航能力仅100吨级，影响煤炭、粮食、钢铁、建材等大宗货物运输。2001年，上海市政府将整治叶榭塘列为年度重点工程，由上海航道局组织整治。疏浚拓宽工程2001年4月开工，2002年5月竣工，航道通航能力提高为300吨级。2003年，北口建叶榭塘水利枢纽，龙泉港南口建出海闸，为上海市西南地区唯一出海口。

苏州河水系

沿革

苏州河，即吴淞江，为黄浦江最大支流。源自江苏东太湖瓜泾口，东流至青浦赵屯进入上海市境内，流经青浦、闵行、嘉定、长宁、普陀、静安、黄浦、虹口等区后，至黄浦公园附近汇入黄浦江。河流全长125千米，上海境内53.56千米，河面宽23 ～ 197米。自北新泾至外白渡河段，曲折多湾，水面宽41 ～ 182米。苏州河为感潮河流，河口多年平均潮位3.12米，多年平均潮差1.83米。北岸有顾浦、盐铁塘、横沥、桃浦、彭越浦等支流；南岸有西大盈港、东大盈港、新通波塘、蟠龙港、新泾港等支流。苏州江兼具航运、灌溉、泄洪、排涝之利，可通行60 ～ 100吨级船只，是上海市与太湖流域间重要的内河航道，为上海内河班轮客运、货运的最大集聚地。苏州河还是近代民族企业的诞生地，曾在上海乃至全国工业史上创下辉煌的历史。下游曾称“沪渎”，是上海简称“沪”的由来。

吴淞江，古称松江、松陵江、笠泽江。西汉末年，太湖流域逐步形成东江、娄江和松江“三江入海”的排水格局，松江即吴淞江。至唐代，古东江和娄江已完全湮

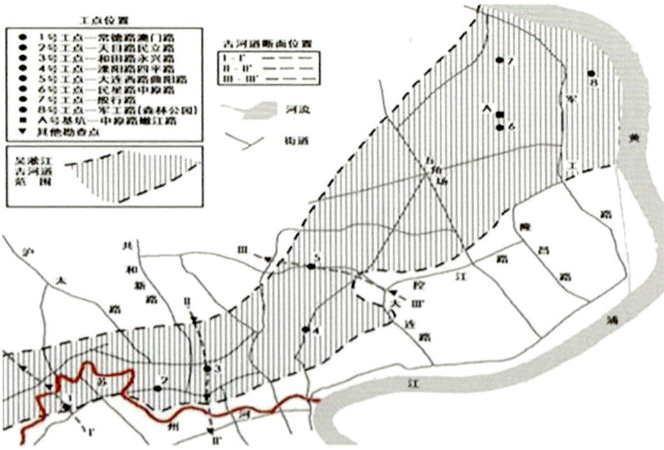

图17　北宋以前太湖流域吴淞江下游的位置（满志敏主编：《上海地区城市、聚落和水网空间结构演变》，上海辞书出版社，2013年，第34页）

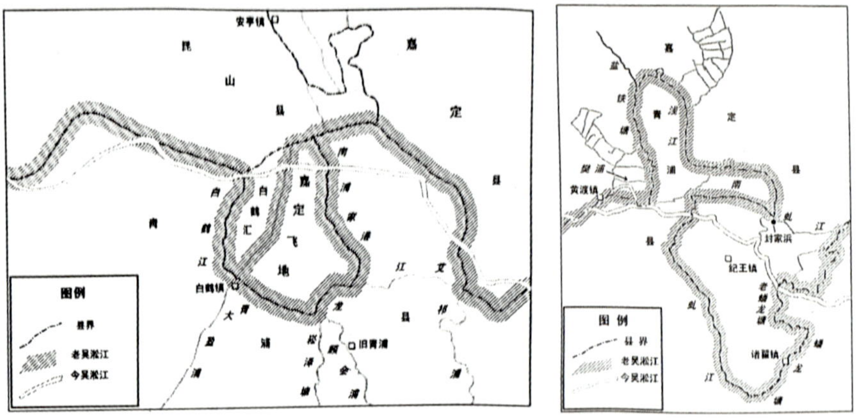

图18　白鹤汇、盘龙汇截弯取直（满志敏主编：《上海地区城市、聚落和水网空间结构演变》，上海辞书出版社，2013年，第40、47页）

塞。东南方向走东江故道，从白岘、淀泖湖群向东南入海，吴淞江开始成为太湖流域的主要河道。早期吴淞江河道颇为宽广，水势强劲，有“故道深广，可敌千浦”[1]之说。满志敏根据20世纪80年代地质普查资料，复原了古吴淞江河道，上图中红色标注的就是现在的苏州河，该图证明古人所言吴淞江下游十分宽广的说法正确。

从唐开元年间（713—741）开始，当地政府为防咸潮倒灌，沿海修筑海塘，东南

〔1〕（宋）范成大:《吴郡志》卷十九《水利下》，江苏古籍出版社，1999年，第282页。

出海口相继被捺断。北宋，太湖流域仅剩吴淞江一个主要出海口，如郑侨所云“惟吴松一江存焉”〔1〕。8—12世纪，上海地区海岸线向外伸长20余千米，到达川沙、南汇以东一线。随着海岸线继续伸展，吴淞江河道也不断延长，河床越来越平，流速越来越小，冲淤能力也越来越弱，吴淞江开始逐渐淤塞。

图19 任仁发像［（清）孔继尧绘，顾沅辑:《吴郡名贤图传赞》］

北宋庆历二年（1042），因吴淞江风涛大，漕舟多有倾没，遂筑吴淞江长堤，界于江湖之间，堤东则江，堤西则湖，横截江流五六十里。庆历八年（1048），又在松江城东建利往桥（亦名垂虹桥、长桥），东西长130丈。筑堤造桥后，吴淞江水势减弱。庆历后，下游愈益淤浅，河口亦浅狭为五里、三里。宜兴人单锷《吴中水利书》亦云：“自江至海，诸港复多沙泥涨塞，茭芦丛生。是以三春霖雨，则苏、湖、常、秀皆忧弥漫。”〔2〕下游排水不畅还造成河曲发育，“自湖至海，凡五汇四十二湾”〔3〕。所谓“五汇”，指安亭、白鹤、盘龙、河沙、顾浦五个弯道。以白鹤汇和盘龙汇两段最为曲折，下游日益淤塞，每逢盛夏多雨季节，这些江段极易泛滥。为减轻水患，北宋宝元（1038—1040）至宣和（1119—1125）年间，历朝政府“开浚盘龙、白鹤诸汇，略弯取直，有新江和旧江”〔4〕。截弯取直工程，在一定程度上缓解吴淞江上游水患问题，但治标不治本。

元大德二年（1298），为保海上漕运，又专门立都水庸田使，任用水利专家任仁发，疏浚吴淞江。任仁发经实地考察，认为开浚吴淞江，“一曰浚河以泄水，二曰筑堤岸以障水，三曰置闸窦以限水”〔5〕。任仁发为此实施以下工程：其一是筑闸工程，大德十年（1306）、泰定元年（1324），于嘉定县赵浦，上海县乌泥泾、潘家浜置闸，上海元代水闸遗址就是其建筑的水闸之一——赵浦闸；其二为治河工程，自赵屯浦

〔1〕绍定《吴郡志》卷十九《水利下》。

〔2〕正德《华亭县志》卷二《水上》。

〔3〕正德《华亭县志》卷二《水上》。

〔4〕嘉靖《上海县志》卷一《总叙》。

〔5〕（元）任仁发:《水利集》卷二《水利问答》。

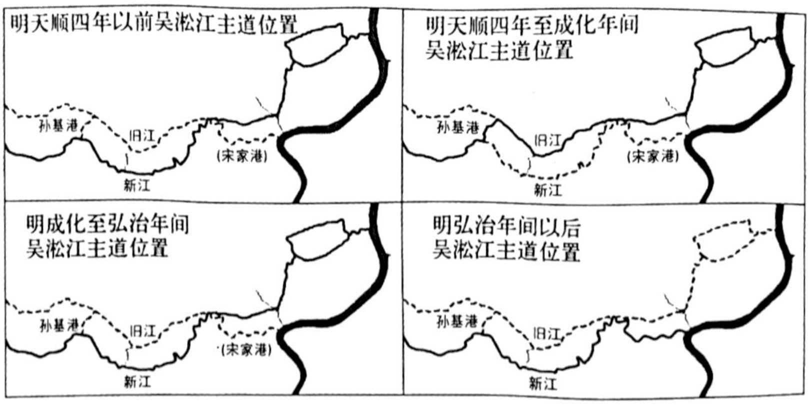

图20　明代吴淞江下游河道变迁（满志敏主编：《上海地区城市、聚落和水网空间结构演变》，上海辞书出版社，2013年，第74页）

以下由新泾、上海浦导流入海。这些治水措施对于缓解江南水患颇为有效。但随着元末海平面下降，吴淞江下游河床升高，任仁发治水举措并未阻止吴淞江下游淤塞颓势。

明永乐元年（1403），夏原吉奉命治水苏松，开浚吴淞江南北岸诸浦港，“以引太湖诸水入刘家、白茆二港，使直注江海”，又疏通范家浜，使其“上接大黄浦，以达茆湖之水”[1]，水患遂解。天顺二年（1458），巡抚崔恭主持开浚吴淞江下游段，西起大盈浦，东至吴淞江巡司（今潭子湾附近）。弘治七年（1494），工部侍郎徐贯主持开浚吴淞江，引太湖水入淀山、阳城、昆承等湖，又浚吴淞江及其大石、赵屯浦等支流，泄淀山湖水经黄浦江入海。弘治年间（1488—1505），水势渐弱的吴淞江，“徙而东南”，改道宋家港直入黄浦江，奠定今上海市“一江一河”的格局。

嘉靖元年（1522），巡抚李充嗣疏浚吴淞江，自夏驾浦至嘉定旧江口龙王庙，并于夏驾浦、新洋江（今青阳港）与吴淞江交汇处，兴建石闸，节制江流，以防潮沙。隆庆三年（1569），巡抚海瑞疏浚吴淞江，自黄渡至宋家桥，长40千米，进一步巩固苏州河下游河道走势。万历五年（1577），林应训开浚吴江县长桥南北两滩，浚中段自昆山漫水港至嘉定徐公浦（今黄渡西），又建千墩浦、夏驾口2闸。

入清以后，吴淞江历经多次疏浚。康熙十一年（1672），疏浚自嘉定徐公浦至黄

〔1〕（元）夏原吉：《浚治娄江白茆港疏》，（明）张国维编：《吴中水利全书》卷十四《章疏》。

浦口；次年，建闸于宋家桥；二十九年（1690）废坏。雍正十三年（1735），复建闸于上海金家湾（今大统路桥附近，道光初废）。嘉庆二十三年（1818），疏浚黄渡至万安渡。道光七年（1827），疏浚井亭渡至曹家渡。同治二年（1863），用机器疏浚曹家渡淤浅河段。同治十年（1871），疏浚黄渡至新闸西江段。光绪十六年（1890），疏浚四江口（大盈浦口附近）迤东之横娄口至新闸大五庙。1905年上海浚浦局成立后，对苏州河进行挖深拓宽。第一次世界大战后，苏州河成为近代民族企业的聚集地，开始遭受污染。中华人民共和国成立后，苏州河成为工业发展的重要基地，河道污染日趋严重。至1980年，苏州河成为一条全年黑臭的重污染河流。为改善苏州河环境，自1988年开始，上海开始实施苏州河环境整治工程。1996—2008年，又进行苏州河环境综合整治三期工程，苏州河的水环境大为改善。2019年，开始实施苏州河环境综合整治四期工程。至2020年，苏州河水质达到地表V类水的标准。市区段42千米滨岸全线贯通，苏州河成为一条优质的生态景观河道。

图21　苏州河瓜泾口源头
（郑宪章2018年11月17日摄）

图22　苏州河梦清园段
（郑宪章2007年4月3日摄）

图23　水闸打开时的苏州河河口
（李珍明2020年10月摄）

苏州河重要支流

历史上，吴淞江支流众多、河网密集。早在宋代，郏亶曾上奏疏：吴淞江在水田区，“松江南，大浦二十七条……松江北，大浦二十八条”；在旱田区域，

“松江南岸，有大浦一十八条……松江北岸，有大浦二十条”。[1]之后，吴淞江逐步淤浅，特别是下游河道变迁甚巨，直接影响其支流的存亡。至2021年，苏州河上海市域仍具有以下几条重要的支流：

• 木渎港

木渎港位于普陀区西部，又称牧渎港、牧童港。北起西虬江、往南穿越金沙江路、云岭东路，到新泾口对岸稍东处入苏州河，长约2千米。枯水期航道水深约1.4米，可通行15吨级船舶。

• 东茭泾

东茭泾位于宝山、静安两区境内，又称东高泾。北起蕰藻浜，经康家宅，南入走马塘接彭越浦。民国《宝山县续志》卷二云：“东茭泾，南起大场走马塘，北经鹅艬浦转东折北，出蕰藻浜。”[2]长约5千米。枯水期航道水深1.9米，可通行20吨级船舶。东茭泾、彭越浦是蕰藻浜到吴淞江的重要航道，也是宝山北部地区到上海市区的重要航道。

• 西虬江

西虬江位于嘉定区、普陀区境内，沪宁铁路南侧。起自封浜，往东经江桥，越新槎浦，过栅桥至真北路进入市区，汇木渎港折而东，经长风二村入桃浦。古虬江原系吴淞江下游，由于河曲发育，流水不畅，北宋后曾多次兴工治理，另开新河，残剩旧河道称旧江，“旧”“虬”谐音，故名虬江。历经1954年、1972年、1980年数次大规模疏浚，截弯取直，多处填河建房筑路，仅留西、中、东三段河道。其中桃浦以西河段（西段），1981年更名为西虬江，以区别于虬江东段。自新槎浦以东至木渎港河段列为八级航道，河面宽13.26米，底宽4～8

图24　普陀区西虬江支河金山雅苑小区段
（上海市水务局提供）

〔1〕（宋）范成大：《吴郡志》，江苏古籍出版社，1999年，第262页。
〔2〕民国《宝山县续志》卷二《水利志》。

米，河底高程-1米，水深0.88米，最高水位2.83米，可通航10吨级船只，主要用于运输、排涝。

近代以来，这里逐步发展为上海工业区，工业污染严重，河水发黑发臭。苏州河整治期间，实施污水截流工程，使水体得到改善。根据普陀区“一河一策”方案，2017年西虬江普陀段进行消除黑臭河道的全面整治工程，清理淤泥1.55万立方米，并布置复合型生态浮床。经反复治理，2020年检测河道已消除劣V类水体，河道水质达地表V类水体标准。西虬江成为一条生态景观河道。

• 走马塘

走马塘位于虹口、宝山区境内。西起封浜，往东北经南翔、大场镇，至江湾镇淞沪铁路接小吉浦。相传南宋时抗金名将韩世忠曾驻军江湾、大场，走马往来于此，故名。又说因走马塘为吴越王钱镠所凿，故曾称钱溪、钱家浜。原走马塘至江湾镇以东分南北两支：南支经虬江至沈家行市入黄浦江，北支接袁长河、钱家浜入黄浦江。现走马塘途经宝山、静安、虹口、长宁等区，长约8.23千米，可通航10 ～ 15吨级船舶。

图25　走马塘（刘亚涛2007年8月20日摄）

2016年，上海市政府按照《城市黑臭水体整治工作指南》，实行“一河一策”，编制56条段城市黑臭水体整治方案，走马塘被列入其中，于2017年开始整治。整治后的走马塘，河道水质监测数据（2018年1—6月）显示不属于黑臭水体，整治效果显著。以线性廊道贯通、实现水岸慢行系统的河道滨岸，成为人们娱乐、休憩的公共空间。

• 桃浦

桃浦属市管河道，南起苏州河，北至蕰藻浜，穿越普陀、宝山两区，全长15.61千米。昔时两岸多种桃树，故名桃树浦、桃溪，系宋代三十六纵浦之一。近代以来，桃浦两岸开始建设工厂，成为近代上海民族工业聚集区。中华人民共和国成立后，这里建成上海新工业基地：1954年建成桃浦化工区，至1980年，成为初具规模的化工工业区；但同时“三废污染”严重，成为上海十大重污染地区之一。20世纪90年代，经过环境治理，桃浦重污染减轻，水质有所改善。2000年左右，这里产业转型，一部分化工企业搬迁、关停，重污染源减少。作为苏州河重要支流，桃浦河道整治工程，也受益于苏州河治理一、二、三期工程。整治后的桃浦，水环境得到逐步改善。2012年10月17日，在上海市政府专题会议上，确定桃浦地区转型调整的大政方针，提出将它建成为“上海市西北中心城区的新地标、产城融合发展的新亮点、老工业基地转型发展的示范区”。桃浦智创城，成了上海首个同时获得上海市三星级绿色生态城区试点和国家三星级绿色生态城区规划设计标识的城区。作为该地区最重要的河流，桃浦被列入国家黑臭水体整治的重点河道之一，2018年10月完成整治并通过验收。2019—2021年，普陀区政府又实施多项桃浦稳定消劣措施。2021年1—12月，桃浦普陀区段水质均值为III类。同时对护岸进行生态修复与景观优化，采用水生植物修复技术，设置生态浮岛，增强生态系统稳定性，使桃浦成为一条水质优良、环境优美的生态景观河道。

• 真如港

真如港位于普陀区东北部，一般将苏州河下游北岸梨园浜和潭子湾合称真如港。西起真如镇，接桃浦，往东经曹杨路、徐家桥、石泉新村、光新路，至上海油脂二厂入苏州河，长约5千米。河道弯曲，已日益淤浅，通行5 ～ 10吨级小船。该河流常年接纳工业废水和生活污水约390万吨（1990年左右），成为一条常年黑臭的河流。后经1993—2019年多次河道治理，目前成为一条水环境优良的生态景观河。

• 彭越浦

彭越浦位于静安、普陀两区境内。元代曾在彭越浦旁建彭王庙，祀奉西汉刘邦灭楚大将彭越，以镇潮神，故名彭越浦或彭公浦，简称彭浦。北起走马塘，南经彭浦，至潭子湾入苏州河，长7千米。枯水期航道水深1.0 ～ 1.5米，通行10 ～ 20吨级小船。后经工业化发展，这条河逐步变黑变臭，河道淤积，环境污染严重。2016年彭越浦—东茭泾被列入全市56条黑臭水体之一。2017年，彭越浦综合整治工程启动，包括防汛墙景观改造工程和河道水质净化工程，2018年初完工。经历“拆、建、管、美”综合整治工程后，彭越浦脱胎换骨，由原来脏乱黑臭重灾区，转变为一条清澈优美的河道。两岸绿树成荫，健身步道铺设贯通。河流经过大宁郁金香公园，风景怡人，成为市民的“滨水乐园”和休闲胜地。

图26　改造前后的彭越浦（郑宪章2018年4月18日摄）

• 新泾港

图27　闵行区新泾港（上海市水务局提供）

新泾港位于闵行区中部，古名新泾浦，明、清和民国时称新泾。因与今嘉定区东北新泾河名相同，故改名新泾港。原从颛桥镇附近六磊塘东北流过，越春申塘、淀浦河、蒲汇塘，经程家桥，北抵北新泾镇入苏州河。上游在清末已淤塞成陆，现仅残留从淀浦河到苏州河11千米河道。枯水期水深0.8～1.3米，可通航10～20吨级船舶。

近年来，对新泾港实施多次河道整治，如底泥疏浚、生态修复等。同时，又在岸上新建亲水走廊，包括健身步道和亲水步道，亲水步道从东兰路一直到平南路为止。整修前，这里脏、乱、差。经过整修，变得水清、岸绿、景美。如今的新泾港，已成为居民休闲娱乐的生态景观河道。

• 新槎浦

新槎浦位于嘉定、普陀、宝山三区交界。1977年，将孙基港、中槎浦、杨泾、蒲华塘等河道疏浚串联成一条河后，合称新槎浦。河道南起苏州河北岸，北流越西虬

图28　新槎浦（虞建波2004年6月30日摄）

江、中槎浦、走马塘，流入蕰藻浜，长约9.8千米。河底高程-1米，可通行100吨级驳船。在20世纪八九十年代，新槎浦周边均为厂区和居住区，水质较差，为劣Ⅴ类水体。为改善河道水质和滨河水环境，2017年以来，实施新槎浦水环境生态修复综合治理工程，主要包括拦截外源污染、控制内源污染和降解水体污染、底泥锁定、水生植物修复、水体高效复氧、生物流化床等举措，取得改善水质、修复生态、提高河道自净能力等效果，整修后的河流水质达到地表Ⅴ类或以上标准。挺水植物和浮叶植物种植层次合理搭配，形成优美水岸景观。2019年，新槎浦水环境整治工程入选“最佳河道整治成果”。

水文与水资源

黄浦江地处雨水充沛的太湖流域，既具有碧波荡漾、烟雨缥缈的江南水乡特征，也具有波涛汹涌、气势磅礴的大江特色。作为一条潮汐型双向流河道每日两次涨起退落，长江潮水有规律地从吴淞口逆流而上，一直上溯至淀山湖，并远达苏嘉运河、平湖塘一带。黄浦江水资源极为丰富，既有来自上游径流量，也有来自长江潮流量。据多年观测数据，潮流量明显大于上游径流量，最大涨潮量为1.25亿立方米，每次平均进潮量约5800万立方米。年均进潮量440亿立方米，约占上海市地表水总量80%，而上游径流量仅占20%，故黄浦江有“涨的东海潮，进的长江水”之说。

水文

潮汐

黄浦江潮汐属非正规半日潮，每日两潮，分别为两次高潮和两次低潮，且高、低潮存在时间差。吴淞口涨潮历时4小时33分，落潮历时7小时52分。每月两次大潮汛在农历初三和十八日前后，两次小潮汛在农历初八和二十五日前后。受河床阻力和径流顶托作用、地形等因素影响，黄浦江潮位以吴淞口水位最高，从吴淞口至上游内地逐步降低，“邑潮来候，吴淞最早，黄浦次之，东北风则进口便捷，故潮进来较大较早”，俗称“潮怕热，亦怕冷”，又云“晴干无大汛，雨落无小汛”。据历年水文站统计数据，吴淞口站，历年平均高潮位为3.37米，平均潮差为2.23米，平均低潮位1.01米，最大潮差为4.48米（1962年8月12日），最高潮位5.99米（1997年8月18日）。黄浦公园站，历年年均潮差1.83米，最高潮位为5.72米（1997年8月18日）。上游米市渡站，历年最高潮位为4.79米（2013年10月7日），年均潮差为1.05米。

表4　黄浦江主要水文站多年平均潮位统计表

单位：米

站名	历史最高潮位	历史最低潮位	平均高潮位	平均低潮位
吴淞口	5.99	0.25	3.37	1.01
黄浦公园	5.72	0.35	3.31	1.31
米市渡	4.79	0.90	2.87	1.83

（资料来源：上海市水文总站提供）

黄浦江潮汐呈现明显的季节性变化规律。秋分前后（农历八月十八）潮汛处于高峰，每年七、八、九月为长江洪水季节。同时，又常受台风侵袭，故黄浦江潮以秋日为盛，且以既望之后一两日水势最大，即农历八月十八潮水最盛。民间称八月秋潮为“黄胖潮”，将农历八月十八作为江潮生日。“黄浦秋涛”是上海传统“沪上八景”（海天旭日、黄浦秋涛、龙华晚钟、吴淞烟雨、石梁夜月、野渡蒹葭、凤楼远眺、江皋霁雪）之一，备受时人追捧。苏州河、黄浦江交汇处，时称“浦口”或“申浦口”，为最佳观潮点。观潮时，浪高数丈，煞是壮观，俗称“潮头”。陈金浩《松江衢歌》云：“潮音阁下涌晴澜，秋泛篷窗载月还。移棹向东申浦口，惊涛喷雪正如山。”[1]秦荣光

〔1〕（清）陈金浩：《松江衢歌》，顾炳全编著：《上海历代竹枝词》，上海书店出版社，2018年，第9页。

图29　吴淞口水文站（1934年和2012年）

（左图：中交上海航道局有限公司提供；右图：上海市水文总站提供）

图30　黄浦公园水文站新旧对照（左图：Whangpoo Conservancy Board, *Report on the Hydrography of the Whangpoo*, North-China Daily News & Herald, Ltd., 1916, p.16；右图：上海市水文总站提供）

《上海县竹枝词》："十八潮头最壮观，观潮第一浦江滩。银涛万叠如山涌，两岸花飞卷雪湍。"[1] 而冬季，潮汛处于低峰，每年十二至次年一、二月为长江枯水季，黄浦江水位也最低。三月，烟雨蒙蒙春潮起，恰逢菜花旺盛时，即春潮，故春潮又被称

〔1〕（清）秦荣光:《上海县竹枝词》，顾炳全编著:《上海历代竹枝词》，上海书店出版社，2018年，第217页。

为“菜花潮”。明陆深《江东竹枝词》云：“二月春风满地铺，茅针芦笋一齐粗。海门东来春潮上，春水连潮漫白涂。”“滨口航船一字帮，棹歌和起自成腔。潮来上南潮落北，南到湖南北到江。”[1]又有诗云：“春潮漂悍比秋潮，嘴转邹家势更骄。记取菜花黄一色，泊舟休系闸溪桥。”说明春潮也有汹涌的特征。也有诗云：“邹家嘴北浦潮凶，麦粥家中愿吃侬。腰里西风粗一倍，况当子午汛偏逢。”当时流传一种俗语：“情愿家中吃麦粥，不愿邹家嘴落北。”意思是宁愿在家中吃粥，也不愿出门乘船遭遇凶险。又云“西风腰里粗”，“腰里”是指中午，“粗”是风大，即中午西风大；赶上中午子午潮来，为正汛，潮位更高，浪更大。因此在这个时间节点，在黄浦江上航行最为凶险。

21世纪以来，黄浦江上游水情发生重大变化。在1999年太湖特大洪水致黄浦江上游水位创历史新高之后，2005年“麦莎”台风、2013年“菲特”台风、2016年流域大水、2021年“烟花”台风等特大汛情，均引起黄浦江上游异常高水位。根据水文站的统计数据，2000—2021年，黄浦江干流无论是年最高潮位，还是平均高潮位，比2000年以前均有不同程度的抬升，且黄浦江上游高潮位抬升幅度大于下游。其中抬升幅度最大的是米市渡站：年最高潮位最大值从4.27米抬升到4.79米，增加0.52米；年最高潮位平均值从3.59米抬升到4.08米，增加0.49米；年平均高潮位平均值从2.78米抬升到3.02米，增加0.24米。

图31　米市渡水文站（2007年和2020年）（上海市水文总站提供）

〔1〕（明）陆深：《江东竹枝词》，顾炳全编著：《上海历代竹枝词》，上海书店出版社，2018年，第427页。

表5　2000年前后黄浦江主要潮位控制站潮位特征值分析表

单位：米

特征值	计算时段	吴淞口	黄浦公园	吴泾	米市渡	夏字圩	河祝
年最高潮位最大值	2000年以前	5.99	5.72	4.82	4.27	4.06	3.89
	2000—2021年	5.54	5.50	5.13	4.79	4.52	4.02
	差值	−0.45	−0.22	0.31	0.52	0.46	0.13
年最高潮位平均值	2000年以前	4.86	4.55	4.02	3.59	3.53	3.06
	2000—2021年	4.94	4.77	4.37	4.08	3.84	3.38
	差值	0.08	0.22	0.35	0.49	0.31	0.32
年平均高潮位平均值	2000年以前	3.37	3.27	2.96	2.78	2.74	2.50
	2000—2021年	3.38	3.36	3.14	3.02	2.91	2.73
	差值	0.01	0.09	0.18	0.24	0.17	0.23

（资料来源：上海市水文总站提供）

径流量

黄浦江主要承泄太湖及浙北来水。据松浦大桥（米市渡）站历年统计资料，黄浦江多年平均流量为396立方米/秒，相应水量为125亿立方米。年际变化较大：丰水年（1954年）平均流量为755立方米/秒，折算水量为238亿立方米；枯水年

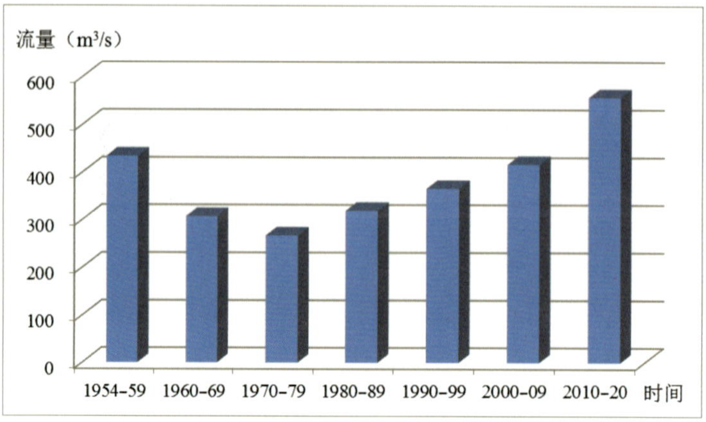

图32　1954—2020年松浦大桥（米市渡）站不同年代平均流量图

（上海市水文总站提供）

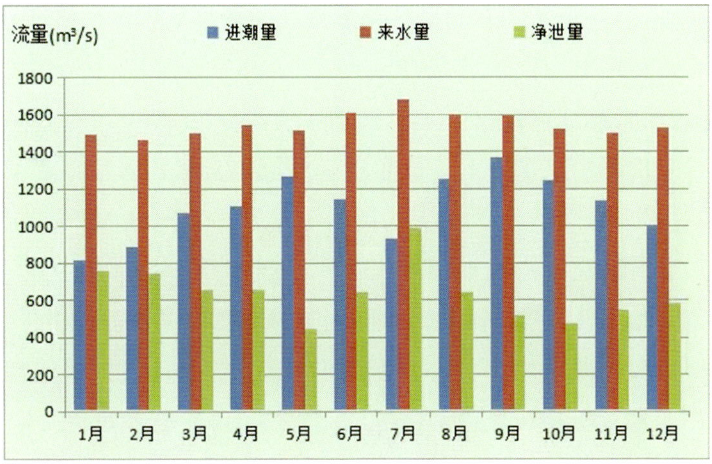

图33　2020年黄浦江松浦大桥断面逐月流量示意图

（上海市水文总站提供）

（1979年）平均流量为153立方米/秒，折算水量为48亿立方米。季节性变化亦大，汛期（5—9月）多年平均流量为360立方米/秒，小于非汛期（10—次年4月）多年平均流量408立方米/秒。

松浦大桥净泄量从20世纪70年代开始逐渐上升，特别是2000年后上升趋势显著。根据水文站统计资料，2000年以后，松浦大桥站全年净泄水量从106.3亿立方米增加到171.1亿立方米，增加61%。从月分配统计来看，松浦大桥非汛期净泄水量占全年净泄水量的比重有所增加，从69.8%增加到71.3%。

2020年，黄浦江干流松浦大桥断面实测潮流量707测次，实测年进潮量120.2亿立方米，上游来水量321.9亿立方米，年径流总量201.7亿立方米，年平均流量638立方米/秒，较2019年增加7.5%。各月上游来水量变幅较小，而潮汐强度差异较大，在两者共同影响下，各月平均流量变化较大，最大月平均流量为990立方米/秒，最小月平均流量为446立方米/秒，各月流量情况详见图33。

含沙量

黄浦江水因含有一定数量泥沙，呈灰黄色，时人戏称“浑汤子”。此泥沙系悬移质泥沙，悬浮在水中，随水流动，不同于河底稳定的推移质泥沙。早在宋代，人们已认识到，黄浦江潮水携带的泥沙是造成河流淤塞的主要原因。宋代词人、名臣苏轼云：“海日两潮，潮浊而江清。潮水常欲淤塞江路，而江水清驶，随辄涤去，海口常通，则吴中少水患。”[1]黄浦江上游松江米市渡站，多年平均含沙量仅0.067千克/立方米，淀山湖淀峰站多年平均含沙量0.049千克/立方米，而吴淞口多年平均含沙量0.263千克/立方米，说明黄浦江泥沙主要来自长江。

在水流与河床长期相互作用下，黄浦江已形成与来水、来沙相适应的河床。但在下游每年6—10月洪水季节含沙量较大，此时黄浦江净泄流量较小，长江中的泥沙通过潮汐作用回淤至黄浦江，形成下段淤积。11月以后长江为枯水季节，沙量减少，而黄浦江上游径流反而比汛期大，因此河床转为冲刷，形成“洪淤枯冲”规律性变化。

黄浦江悬移质粒径变化较大：一般是上游较细，下游略粗；汛期细，非汛期粗；小潮汛细，大潮汛粗。其d50变化范围在0.002～0.035毫米之间。河床质粒径上下游较均匀，其d50变化范围约在0.020～0.040毫米左右。当期含沙量较高，大潮汛时悬沙粒径偏粗。

水质

在工业污染发生之前，黄浦江水质较好，为可饮用的淡水。据调查，1870年，黄浦江水质明显好于英国泰晤士河水。自20世纪30年代以来，随着上海工业的迅猛发展，工业废水以及城市生活污水，均排入黄浦江，造成水质变坏。中华人民共和国成立后，上海成为全国的工业基地，在原有基础上，又新增化工、石油、印染等新工业门类，工业废水与日俱增，且污染成分更加复杂。这些废水大部分未经处理或简单处理后就排入黄浦江，造成水质进一步恶化。自1963年开始，黄浦江水体首次出现连续多日的黑臭现象。1978年，黄浦江水体黑臭天数109天。1980年，从川杨河口至吴淞口的37千米黄浦江下游河段污染严重，溶解氧年均3.40毫克/升，氨氮年均1.44毫克/升，高锰酸盐指数年均6.95毫克/升，均严重超标。1980—2000年黑臭天数逐步增长，1995年达到329天。随着1988—2008年苏州河持续多年整治工程的实施，以及黄浦江两岸功能转换的加快，码头、工业大量外迁，污染源减少，黄浦江水质开始改善。

2000年黄浦江仍以有机污染为主，氨氮和总磷为主要影响指标，上游淀峰至松浦大桥水质为Ⅳ类，中游吴泾和长桥断面为Ⅴ类，南市水厂至杨浦水厂为劣Ⅴ类，杨浦水厂氨氮年均值为3.73毫克/升，总磷为0.449毫克/升。经过对上海市和太湖流域河湖有效治理，黄浦江水质逐渐好转，2010年黄浦江水质总体提升。在黄浦江、苏州河、太浦河、斜塘—泖港—拦路港、圆泄泾—大蒸塘、大泖港—掘石港—胥浦塘、蕰

〔1〕 正德《华亭县志》卷二《水上》。

图34　2010年黄浦江及主要骨干河流水质分布图
（上海市水务局：《2010年上海市水资源公报》）

藻浜、淀浦河、金汇港、大治河、川杨河、油墩港、叶榭塘—龙泉港、浦南运河、浦东运河和环岛河等719千米河流中：上游淀峰水质为III类，III类河长169.3千米，占总河长的23.5%，比2000年多16.7%；松浦大桥至长桥为IV类，IV类河长205.6千米，占28.6%，比2000年低12.8%；南市水厂至杨浦水厂为V类，V类河长98.9千米，占13.7%，比2000年降低9.9%，杨浦水厂氨氮年均值为1.72毫克／升，总磷为0.230毫克／升。

2010—2021年，黄浦江及其骨干河流水质持续改善。2017—2021年全市主要水体的氨氮平均浓度快速下降，2020年与2021年均保持在0.50毫克／升左右。其中苏州河的氨氮平均浓度下降得最多，2017年浓度值在2.0～2.5毫克／升之间，在2021年下降到0.50毫克／升左右。2021年黄浦江全线达到III类及以上，黄浦江6个断面中，1个断面水质为II类，5个断面水质为III类。苏州河7个断面中，6个断面水质为III类，1个断面水质为IV类。主要指标中，氨氮、总磷平均浓度和高锰酸盐指数平均值分别下降

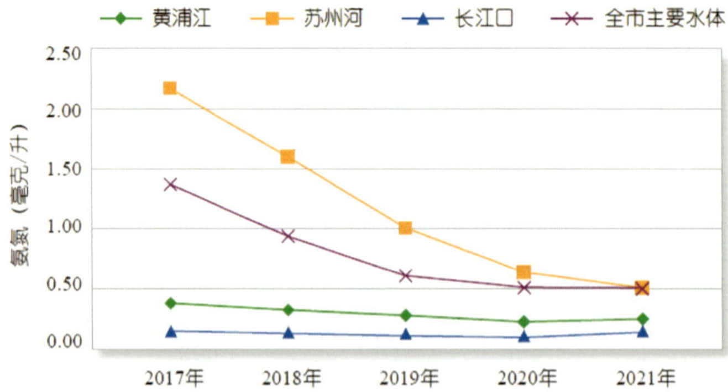

图35　2017—2021年黄浦江、苏州河及上海主要水体氨氮浓度变化趋向图
（上海市生态环境局:《2021年上海市生态环境状况公报》）

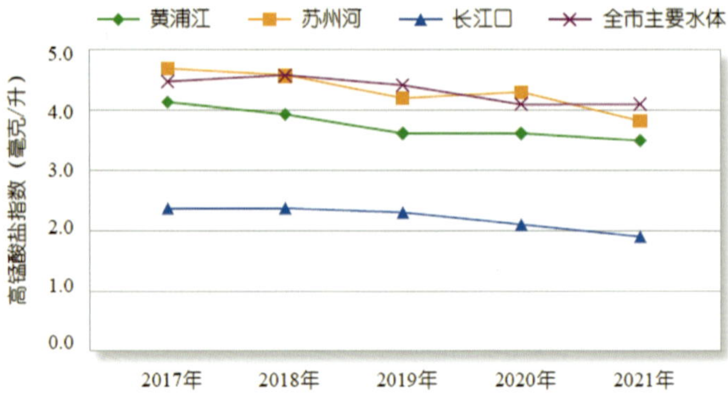

图36　2017—2021年黄浦江、苏州河及上海主要水体高锰酸盐指数变化趋向图
（上海市生态环境局:《2021年上海市生态环境状况公报》）

21.5%、15.8%和11.6%。此外，2017—2021年，全市主要河湖高锰酸盐指数也呈现下降趋势，黄浦江的高锰酸盐指数平均值3.0～4.0毫克/升，与总磷平均浓度基本持平。

水资源

黄浦江水资源，主要包括地表水和地下水。地表水资源，主要来自降雨、太湖流域来水和长江潮汐水等。黄浦江地处亚热带海洋气候区，雨量充沛，多年平均降水量为1121.4毫米，折合水量71.1亿立方米。降水主要集中6—9月，冬季降水量最小。各个行政区的多年平均降水量皆在1000～1200毫米之间，其中中心城区与浦东新区的多年平均降水量偏大。据上海水资源分区（黄浦江区、杭嘉湖区、武阳区、通南及崇明岛诸河[1]）统计数据，黄浦江区多年平均降水量为1147毫米，折合水量52.92亿立方米，明显大于其他区。

据《2021年上海市水资源公报》，全市多年平均地表径流量为26.91亿立方米。由于受外界因素影响较大，地表径流量存在一定的年际变化，比如2020年地表径流量达到49.88亿立方米，远高于多年平均地表径流量。2021年全市地表径流量45.59亿立方米，折合年径流深719.0毫米，较上年减少8.6%，较多年平均偏多69.4%。根据水资源分区数据，黄浦江区多年平均地表径流量为20.03亿立方米，高于其他三区。2021年径流量35.62亿立方米，较上年减少4.5%，较多年平均偏多77.8%，在上海市四个水资源分区中，年径流量最大。[2]

根据《2021年上海市水资源公报》，上海全市地下水资源量为11.18亿立方米，其中黄浦江区地下水资源量为7.83亿立方米，占总数的70%。总体而言，不论是地表水资源量与地下水资源量，黄浦江区皆最大。上海过境水资源主要由太湖流域来水与长江干流来水两部分组成，最主要的是长江干流来水。根据长江徐六泾水文站监测，长江干流多年平均入海水量可达9129亿立方米，是上海市得天独厚的巨大过境水资源。

表6　2021年上海各水资源分区水资源量情况表

单位：亿立方米

水资源分区	地表水资源量	地下水资源量	地表水资源与地下水资源不重复量	水资源量
全市	45.59	11.18	8.27	53.86
黄浦江区	35.63	7.83	6.06	41.69
杭嘉湖区	2.89	0.83	0.49	3.38
武阳区	1.12	0.20	0.13	1.25
通南及崇明岛诸河	5.95	2.32	1.59	7.54

（资料来源：上海市水务局：《2021年上海市水资源公报》，第11页）

在上海市用水总量中，工业用水一直占比最大，其次是生活用水，农业用水占比最小。至2021年，上海市共有自来水厂38座，供水能力较强，达到1221万立方米／日，主要用于居民生活用水与城镇公共用水，工业用水与生态环境用水量较小。自20世纪

〔1〕 黄浦江区含中心城区、浦东新区、闵行区、宝山区、嘉定区、奉贤区等全域，及金山区、松江区和青浦区等部分区域；杭嘉湖区含金山区、松江区和青浦区部分区域；武阳区含青浦区部分区域；通南及崇明岛诸河为崇明区全域。

〔2〕 上海市水务局：《2021年上海市水资源公报》，第7—8页。

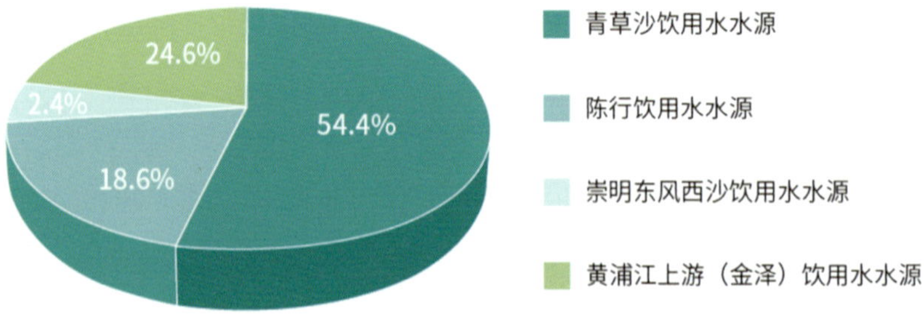

图37　2021年上海市饮用水源取水量占比示意图
（上海市水务局:《2021年上海市水资源公报》，第14页）

80年代以来，上海城市供水主要取自黄浦江上游水源。但是由于黄浦江处于太湖流域的下游，受到上游污染影响，水质较差且不稳定。2009年以前，上海城市供水在黄浦江上游的取水总量超过多年平均流量的30%，已经接近国际公认的警戒线。若进一步扩大对于黄浦江上游的取水规模，必将导致黄浦江上游水位降低，中下游污水上溯，并且整个黄浦江的生态环境也会遭到严重威胁。而长江口淡水资源充沛，占上海过境水资源总量的98.8%，且水质相对稳定，符合饮用水水源水质要求。早在2006年1月20日，建设青草沙水源地被正式纳入《上海市国民经济和社会发展第十一个五年规划纲要》中，并于2007投入建设，三年后部分投入运营，2012年工程基本竣工，2020年达到规划设计规模。至2021年，青草沙引用水源占上海市饮用水源取水量的54.4%，是上海市最重要的饮用水源地。青草沙水源地原水工程，对保障上海市合理、完整的原水供应系统，保障城市的长远发展具有深远意义。

地下水资源是上海水资源另一重要组成部分，为上海经济社会发展做出了重要贡献。但是，由于历史上地下水资源的过度开采，导致上海严重地面沉降。20世纪80年代以来，上海加大对地下水开采管理力度，滥采现象得到有效遏制。1999年，上海市地下水开采量从以往每年1.5亿立方米减少到1.2亿立方米，比20世纪90年代初减少1000万立方米。这一举措使上海地面沉降速度减慢，由原来历史上最高年沉降量110毫米，降低到年均10毫米以内。21世纪以来，上海市致力于地下水资源的保护，不断减少对地下水资源的开采，并坚持人工回灌，取得显著成效。2000年全市地下水开采量为9459万立方米，全市地下水回灌量为1479万立方米，开采量仍远大于回灌量。自2010年开始，人工回灌量开始高于地下水开采量，并连续保持11年。2021年上海市深层地下水开采量仅97.41万立方米，在上海市取水总量中占比小于0.1%，并且人工回灌量达到1707.48万立方米，采灌比达到1：17.5。

自然景观

黄浦江地处水资源极为丰富的太湖流域，江、河、湖、塘、荡错落相间，水网交织，具有江南水乡的景观特征。烟波浩渺的江水，风景如画。河流不仅为上海带来活力与魅力，而且促进上海的都市繁荣。黄浦江每日有规律地潮起潮落，江水携带的泥沙常年淤积在河床，日积月累形成江心洲，为黄浦江的自然风光增色不少。黄浦江上游泖港中有太阳岛，下游杨浦段有复兴岛，如黄浦江上的两颗耀眼的明珠熠熠生辉。黄浦江两岸还分布着众多滨江公园。这些公园大部分系黄浦江滩地填筑而成，既有滨水公园的天然之美，又有园艺设计的巧夺天工之妙。近年来，上海加快水利风景区建设，至2021年，已建成5处国家水利风景区。碧波荡漾的江水、绚丽多姿的滨江公园、生意盎然的水利风景区，构成黄浦江独特的自然景观。黄浦江滨岸既有山丘、湿地、浅滩，又有众多湖泊和河流，且上接太湖，下至长江，具有得天独厚的自然景观资源。

河流景观

黄浦江流域水网密布，江、河、湖、塘、荡各种水体星罗棋布。黄浦江水系几乎覆盖上海陆域的全部。至2021年，上海市陆域共有河道30767条，长21131.23千米，面积462.5578平方千米；湖泊40个，面积63.9575平方千米。

长江口

黄浦江从吴淞口汇入长江口，为长江入海最后一条支流。长江口，指长江在东海入海口的一段水域，从江苏江阴鹅鼻嘴起，到入海口鸡骨礁为止，约232千米。江面呈喇叭状，宽5.8～90千米。长江口是长江出海和远洋航运的门户，航道、港口众多，给上海市及江苏东部经济繁荣奠定基础。自20世纪初长江口区域经济开始飞速发展，逐渐成为中国经济发展最快的地区之一。

在江水与东海潮水相互作用下，泥沙不断淤积，形成崇明、长兴、横沙等沙洲，长江口呈现三级分叉四口入海格局。崇明岛将长江分为南北两支水道：北支水道日益缩窄，河道淤浅；南支航道又被长兴岛、横沙岛分为南港水道和北港水道。南港水道又被九段沙分为南槽水道和北槽水道，最浅处约7米，是海轮出入上海市的唯一航道。长江口由于受到巨大的潮量、径流量和流域来沙量的影响，河口河槽演变复杂，长江口通航航道所处的拦门沙河段自然水深仅6米，成为通航瓶颈，影响上海乃至长江三角洲和长江流域的发展。深水航道工程在1997年获得国家批准实施。该工程实现长江口12.5米的深水航道，极大保障中国航运事业的发展。

为充分利用长江口丰富的淡水资源，上海市政府在长兴岛附近建造一个最大有效库存容量达5.53亿立方米的大型水库——青草沙水库，成为上海自来水的主要水源。另外，长江口的九段沙是自然形成的年轻沙洲。为减少鸟类对浦东国际机场起降飞机带来的危害，通过人工开垦的方式将九段沙建成适宜鸟类生活的生态保护区。

淀山湖

淀山湖位于青浦区西部，与江苏交界，为上海市最大湖泊。淀山湖总面积62平方千米。上海境内，2001年湖泊面积47.50平方千米，2021年为45.2078平方千米，呈缩小趋势。湖泊平均水深，2001年2.11米，2021年2.3米，呈增深趋势。湖泊最大水深，2001年3.59米，2021年8.68米，呈增深趋势。湖泊蓄容量，2001年0.9亿立方米，2021年1.04亿立方米。淀山湖为弱感潮型湖泊，上承太湖以及吴江、昆山来水，以急水港为上游主源，以拦路港为下泄主河道，为黄浦江正源。淀山湖通过元荡分洪向太浦河泄水，一并汇入黄浦江。淀山湖被列为上海市黄浦江上游饮用水水源保护区，水质达国家标准II类水，具有调节径流、防洪除涝、灌溉、航运、水产和旅游等多种功能。

元荡

元荡，旧称鼋荡，地处淀山湖西南，为市管湖泊。元荡为天然湖泊，原为淀山湖一部分，后淤堵为淀山湖子湖。面积12.7平方千米，其中上海境内，2001年2.2平方千米，2021年3.1294平方千米，呈增大趋势。湖泊平均水深2.57米，蓄容量425万

图38　长江口海鸥伴航（上海市黄浦江两岸开发工作领导小组办公室提供）

图39　淀山湖（郑宪章2020年2月9日摄）

图40　改造前后的元荡（上海市水务局提供）

立方米。2001年在元荡与太浦河连通处建节制闸，发挥防洪泄水作用。元荡与淀山湖一起被列为黄浦江上游饮用水水源保护区。“十三五”期间，元荡传统的防洪堤岸改造成一条生态绿色的景观门户带，沿岸线新建车行、慢行、人行道路，实现岸线贯通。105亩鱼塘进行退渔还湖，220亩鱼塘进行生态化改造，并构建12座生态湿地小岛，提升了湖体水环境质量。这些生态小岛通过水上栈桥进行串联，可步行观赏湖湾湿地。

汇流景观

吴淞口是黄浦江、长江和东海潮水的汇流处。由于三股水的比重不同，吴淞口形成三种水色的江海汇流景观。20世纪中后期因黄浦江水质遭严重污染，黄浦江水呈黑浊色；近年来随着污染治理初显成效，黄浦江水呈青灰色。长江从上游裹挟泥沙滚滚而来的是暗黄色的江水，东海的潮水为浅蓝色或深绿色。三股水泾渭分明，蔚为壮观，形成吴淞口独特的自然景观。

江心洲景观

黄浦江潮汐携带大量泥沙，长年累月，淤积在江中，逐渐形成露出水面的沙洲。早在明代，在黄浦江中上游的乌泥泾镇（今华泾镇）附近江中生出一座江心洲，名文翚洲。该沙洲于元至正二十六年（1366）刚露出水面，据记载，“元至正间，黄浦中洲生，始寻丈许”〔1〕。十七年后即明洪武十六年（1383）已“后延广三十余亩”，可见其增长之快。文翚洲得名于明代诗人王逢《文翚洲倡咏》一诗。洪武初，王逢携里叟门生一起登临此沙洲，恰逢“鸣雉群集，遂以文翚名之”，诗中有云“卢泾初避地，黄浦渐生洲”。〔2〕此外，吴淞口也生长出沙洲（称吴淞内外沙），黄浦江下游出现高桥沙。吴淞内外沙和高桥沙，在20世纪初，经黄浦江整治工程后并岸而消失。复兴岛，则系黄浦江整治工程中吹填原周家嘴滩地而形成。至2021年，黄浦江上游有泖岛（又称太阳岛），下游有复兴岛，构成黄浦江独特的江心洲景观。

泖岛

泖岛，位于上海青浦区朱家角古镇境内泖河中央，是一个风景如画、历史悠久的内陆岛屿。全岛总面积160公顷，东西宽700米，南北长4000米。泖岛上建有泖塔，系唐乾符年间（874—879）僧人如海所建，为五层方形砖塔。泖河地处苏浙沪交界处，为苏浙沪重要的航运交通要道，过往船只众多。泖塔上，夜间悬挂夜灯，为泖河中行驶的船只指引航向。1998年初，泖塔被列为世界100座历史文物灯塔之一。

---

〔1〕 弘治《上海志》卷六《古迹志》。

〔2〕（元）王逢撰，李军点校:《梧溪集》，北京师范大学出版社，2016年，第544页。

图41　19世纪60年代德国人拍摄的泖塔（上海太阳岛国际俱乐部提供）

图42　20世纪90年代和现今的太阳岛

（上图：上海太阳岛国际俱乐部提供；下图：李东鹏2022年7月20日摄）

泖岛上原以农业为主。1992年，新加坡国际元立集团与青浦沈巷镇政府组建上海太阳岛国际俱乐部，对泖岛进行旅游开发。总投资超8000万美元，为当时上海市引进的最大旅游项目之一。1994年开工，1996年5月对外开放，泖塔经修缮后更加宏伟壮观。该项目还建有18洞标准高尔夫球场，1.3万平方米设备完善的大型国际会议中心，453间坐落于园林之中的度假屋，设计新颖的高科技太阳乐园和占地4公顷的文化广场。太阳岛度假村，分布着别墅酒店、温泉、牧场、沙滩、骑马、垂钓、餐厅等设施。开发后的泖岛，改称太阳岛，成为集旅游、休闲、娱乐、健身、文化和商务等多功能于一体的旅游度假胜地。

复兴岛

复兴岛，是黄浦江上的一座人工内陆岛，拥有得天独厚的地理条件。复兴岛南北长3420米，平均宽度427米，中部最宽处550米，面积1.13平方千米。该岛屿原称周家嘴岛，1947年为纪念抗战胜利，更名为复兴岛。至2021年，岛屿上分布着中央部署单位、部队单位、市属企业等多个机构，以及仓库、工厂等，还有少量居民，并设有复兴岛居委会，属杨浦区定海路街道。

该岛屿形成之前，为黄浦江浅滩，因靠近周家嘴又名周家嘴滩。1913年，浚浦局沿周家嘴滩的外围修筑弧形大堤，以束窄黄浦江河道，1920年筑堤完成。1925—1928年，浚浦局在围合大堤内部进行填方。1935年全岛填筑成陆，面积达1700亩。全岛呈弓形，长2926米，中部最宽处550米。之后，浚浦局在岛上开辟两条南北向道路：东浚浦局路、西浚浦局路。1925—1927年，浚浦局在岛内侧开凿一条长3657.6米、宽30.5米的人工运河，名周家嘴运河，又名定海小港、定海港运河或定海路运河，后改名复兴岛运河。该运河南起定海路，北迄虬江口，供两岸工厂、仓库装卸货物和停泊小型船只使用。1927年浚浦局在岛南端建造定海路桥。

1932—1937年间，上海浚浦局在岛上建造浚浦局员工俱乐部、体育会以及花园等设施。1937年之前，岛上还有上海驳船公司中美火油公司、赉赐洋行、英商恒丰制管公司、光华火油股份有限公司、中华造船厂、上海鱼市场、联兴渔轮公司、华俄发记汽油股份有限公司、中华油精公司等中外企业，另有码头4座，分别供上海浚浦局、鱼市场、中华造船厂和官办轮渡使用。抗日战争时期，日军占领该岛，改名为定海岛、东沟滩、昭和岛，在岛上建造仓库和营房作为日本军事基地，岛上部分建筑也被改建为日式风格。1949年4月27日，蒋介石乘坐“泰康号”军舰抵达复兴岛，以原上

图43　复兴岛（吕薇2019年11月16日摄）

海浚浦局体育会作为行邸（因外墙白色，而得名“白庐”）。这里成为蒋介石接见政界要人，部署上海防务的重要基地。5月7日，蒋介石乘坐招商局“江静”轮离开复兴岛前往台湾。

中华人民共和国成立后，复兴岛作为燃料、石油、木材等原料存储基地，有造船、渔业等工厂企业。原上海浚浦局体育会花园，1951年初辟为复兴岛公园，于当年5月28日开放。随着经济发展，通往复兴岛的车辆仅靠通行10吨的定海路桥，已无法满足交通运输的需要，复兴岛北段的人行木桥被拆除，代之以钢筋混凝土新桥。该桥1975年9月动工，1976年9月竣工，以海安路命名为海安路桥，成为连接复兴岛北部与陆地的重要通道。如今的复兴岛是黄浦江上一座集工业、军事和生态于一体的人文遗产岛。

旅游生态景观

依托滨江的湿地或浅滩，滨江公园成为黄浦江最重要的自然旅游景观。自吴淞口至淀山湖之间的黄浦江段，分布着吴淞炮台湾湿地森林公园、滨江森林公园、共青国家森林公园、复兴岛公园、黄浦公园、前滩公园、浦江郊野公园、浦江第一湾公园、松南郊野公园、上海青西郊野公园、梦清园等多座公园，这些公园既具有丰富的滨江湿地和森林生态等自然景观特征，又具有深厚的历史人文内涵。

滨江公园景观

上海吴淞炮台湾湿地森林公园

上海吴淞炮台湾湿地森林公园位于宝山区炮台山东部，东濒长江、黄浦江，西倚炮台山，南迄塘后支路，北至宝杨路，是一个综合性城市生态型湿地森林公园。公园占地面积120公顷，其中陆域面积60公顷，原生湿地面积60公顷，沿江岸线约2千米。2004年动工，2007年4月完成公园一期工程，2012年完成二期工程。

吴淞炮台湾，扼江海之咽喉，地理位置险要，历来为重要的海防要塞。明洪武十九年（1386）设吴淞守御千户所，以防倭寇入侵。清顺治、康熙年间，在吴淞口东西两岸建东西炮台。光绪十二年（1886），又建北炮台，互为犄角。道光二十二年（1842），陈化成率水师镇守炮台，顽强抗击英军，壮烈殉难。1932年“一·二八”淞沪抗战中期，十九路军将士也曾在此英勇抵抗日本侵略者。

吴淞炮台湾湿地森林公园，凸显“环境更新、生态恢复、文化重建”的设计理念，保留长江滩涂的原生态风貌，利用地方文脉、军事文化渊源及一系列新建设的相关休闲

图44　吴淞炮台湾湿地森林公园（郑宪章2017年12月12日摄）

图45　滨江森林公园（郑宪章2007年8月18日摄）

活动设施，集科普教育、休闲娱乐、观光旅游等多种功能于一体。该公园被评为“国家AAAA级旅游景区”“上海市五星级公园”，先后获得“改革开放30周年上海市建设成果银奖”“中国人居环境范例奖”“2010年IFLA亚太区第七届风景园林管理类杰出奖”等多个奖项。2010年被命名为“全国科普教育基地”。

上海滨江森林公园

上海滨江森林公园位于浦东新区最北端高桥镇三岔港，北依长江口，与吴淞炮台湾隔江相望，是近年来上海最大的城市郊野公园。滨江森林公园规划占地300公顷，目前已开放一期共120公顷园地，2004年第四季度开工，2007年3月28日竣工。该公园是在原三岔港苗圃用地的基础上精心打造而成，以“自然、生态、野趣，保护、创新、发展”为主题，充分体现森林公园的野趣和自然风貌。公园1/3面积完全保留20世纪50年代逐渐形成的次生态景观和植物群落，包括原苗圃内的20万株乔灌木和204种野生植物，还有17.1万平方米草坪。其中杜鹃园约10公顷，面积和规模为上海杜鹃园之最。滨江森林公园是上海森林覆盖率最高的郊野森林公园。该园曾获得“上海市文明公园”“上海市五星级公园”和“上海市科普教育基地”等多项荣誉称号，获评2020年度和2021年度“上海市公园十大特色植物区”。

上海共青国家森林公园

上海共青国家森林公园位于上海市杨浦区军工路2000号，东濒黄浦江，西临军工路，总占地面积1965亩，其中森林面积1870.6亩，共种植200余种树木，总数达30多万株。这是目前上海市区唯一一座以森林景观为特色的4A级国家森林公园。公园系黄浦江滩地填方而成。从1952年7月开始，逐年分段吹泥填土。1956年，被辟为苗圃。1958年，在苗圃内建立青春实验果园，取名为共青苗圃。1982年，共青苗圃北块改建为“共青森林公园”。1986年，市委书记江泽民亲临公园栽树，亲自为森林公园挥笔写下“绿化上海，造福于民”。1995年底，共青苗圃南块建成“万竹园”，占地239.6亩。共青森林公园连续十届被评为上海市文明单位，先后被评为“上海优美新景点”“青年人最喜爱的上海十大公园”“上海市五星级公园”“国家AAAA级旅游景点”“国家级森林公园”等称号，同时是“全国科普教育基地”之一。

图46 共青国家森林公园（郑宪章2015年12月8日摄）

复兴岛公园

复兴岛公园位于杨浦区复兴岛中部共青路386号，占地4.19公顷，濒临黄浦江，自然环境优美。该公园始建于20世纪30年代，初为上海浚浦局体育会，作为上海浚浦局员工的娱乐、锻炼场所。1937年淞沪会战爆发后，日本占领复兴岛并将体育会改建为典型日式院落，院内遍布樱花。公园里有一别墅，名“白庐”，为蒋介石1949年在沪最后住所。1949年后由上海港务局接管，1951年改建为公园对外开放。后经1972年、1976年和1980年等多次维修、改建和新建，复兴岛公园成为黄浦江为数不多兼具人文和自然双重特征的滨江公园。

公园内有池塘凉亭，林木郁葱，曲径通幽，以棕榈、水杉、珊瑚树等树木作绿篱。全园四分之一铺草坪，达1.2万平方米，另外还植有香樟、广玉兰、龙柏、黑松、水杉、海桐、桂花、紫藤等乔灌木71种3359株。公园南端有面积7000平方米的小苗圃，内有铝合金温室和土温室，用于培植草花、温室花卉。复兴岛公园作为一座有历史沉淀的老公园，成为黄浦江上一颗璀璨的明珠。

图47　复兴岛公园（牟振宇2022年11月4日摄）

黄浦公园

黄浦公园位于黄浦江、苏州河交汇处，1868年由公共租界工部局建成，不仅是上海，也是中国最早的城市公园。最初称公共花园，1936年9月改称外滩公园，1945年12月改称春申公园，1946年1月改称黄浦公园，沿用至今。黄浦公园将上海市人民英雄纪念

图48　黄浦公园（郭长耀2020年3月21日摄）

塔、外滩历史纪念馆、大型浮雕及纪念塔广场等人文景观与园林景观融为一体，兼具观光、休闲、教育等多种功能，是观赏黄浦江两岸风光的最佳位置。

黄浦公园，前后经历多次改建、修缮。1994年改建后的黄浦公园面积20646平方米，绿地面积从6578平方米增加到7272平方米。黄浦公园是上海开埠以来的历史见证，是进行革命传统教育的重要基地，1996年被上海市人民政府命名为“青少年爱国主义教育基地”，2003年1月被命名为“上海市爱国主义教育基地”。

前滩公园

前滩公园位于黄浦江前滩。前滩三大滨江公共空间是上海“十三五”打通20千米滨江岸线的重要项目，总占地面积60.6公顷，沿黄浦江岸线长度2.3千米，包括前滩休闲公园、前滩国际友好城市公园和前滩体育公园。

前滩休闲公园北起小黄浦，南至上中路隧道，东迄前滩大道，西到黄浦江，总面积约26.6万平方米，沿黄浦江岸线长约1778米，2015年12月31日正式对外开放，是前滩地区三大滨江绿地中首座开放的公园。该公园以“生态前沿”为主题，包括休闲花园、慢行步道、自行车道、沙滩、望江驿等设施，为提倡绿色、环保的建造理念，引用中粮仓库的旧砖铺设红砖步道，颇有历史厚重感。

上海前滩国际友好城市公园，位于东方体育中心东侧，与前滩休闲公园隔小黄浦江相望，有600余米长岸线，2015年初建成，是国内首座国际友好城市公园。总面积超过10万平方米，拥有2000多米长绿色慢行通道、1万平方米广场，内有5座展厅，总建筑面积约3800平方米，集中展示国际友城赠送的雕塑、树木花草和其他纪念品。

前滩体育公园，总占地面积约24万平方米，地下面积约1870平方米。公园以“社区前沿”为主题，设置大型运动草坪和各类球场，景观宜人，水系丰富。

浦江郊野公园

浦江郊野公园位于黄浦江东侧，大治河以北，周边毗邻浦江镇多个大型居住社区，是以森林游憩、滨水休闲为主要功能的近郊都市森林型郊野公园。公园总面积15.29平方千米，一期开园范围为5.82平方千米，2017年7月29日建成开放，是上海7个先行试点建设的郊野公园之一，拥有5.3千米黄浦江岸线资源、成片的林地资源以及丰

图49　前滩公园（郑宪章2017年2月28日摄）

图50　浦江郊野公园（郑宪章2018年5月23日摄）

富的文化资源。该公园保留黄浦江生态涵养林和原农田，让市民在享受城市便捷和都市活力的同时，体验森林的静谧和郊野的原真。浦江郊野汇集“郊野、艺术、秋景”三大理念，打造“奇迹花园”“活力森林”“柳鹭田园”“森林休憩”“滨江漫步”五大景区，是上海首座打造秋色景观的公园。园内大量种植体现秋叶、秋花、秋果的色叶树种，包括银杏、榉树、无患子、乌桕、桂花、红枫等，还有各种秋季野花和水生植物。

浦江第一湾公园

浦江第一湾公园位于闵行滨江紫星路。蜿蜒曲折的黄浦江，只有一处呈90度的直角大转弯。这个转弯使黄浦江走向由东西向变为南北向，今称“浦江第一湾”。2004年紫竹1.1千米滨江样板段建成，之后又历经2006年和2016年等多次延伸。2018年9月3日，兰香湖动工。2019年1月23日，“浦江第一湾公园”正式挂牌。公园依江而建，占地面积0.22平方千米，是一个包含湿地、森林、河流等多种地貌的开放性生态公园。公园有植物近百种，又以本地乡土树种为最，如朴树、臭椿、香椿、乌桕、榉树、喜树、枫香、青桐、泡桐、枫杨等。

该公园在水源涵养林的基础上建成，保留大量原有的林木水系，给人们放松休闲的生态空间。公园又细分为滨江再生公园、滨江运动公园、滨江文化公园和滨江湿地公园，适合野营、跑步、休闲、观赏风景等，是进行各类团建、亲子、赛事、公益活动的理想场所。

松南郊野公园

松南郊野公园是上海市率先试点的滨江生态森林型郊野公园之一，东至女儿泾，南临黄浦江，西起大张泾，北接北松公路、闵塔公路，总占地面积23.7平方千米。一期于2018年12月30日试运行。该公园以“西林东田、水湾相连”为空间意向，以黄浦江上游水源涵养林、经济果林为生态肌理，发掘和展示丰厚的松南地区人文积淀，形成林、水、田、村相融相依的风貌特征，包括以滨江森林休闲、米市渡文化游览、农渔采摘乡村体验为主要功能的综合活动区，辅以文化展览、采摘垂钓、观光漫步等功能的综合郊野游憩区。

上海青西郊野公园

上海青西郊野公园位于青浦区金泽镇紫莲路500号，东起山泾港，西至练西公路，南起南横港，北至淀山湖，规划总面积22.35平方千米。公园内物种资源十分丰富，湖、滩、荡、岛纵横交错，湿地、湖泊、河流、森林形成多样化的生态系统，是一处以湿地为特色的郊野公园，尤其是多样的水生生物物种，堪称上海天然的水生生物物种基因库。

青西郊野公园一期开放区域4.6平方千米，以大莲湖为中心，充分挖掘、利用原有地理、生态等资源，以“湿地、生态、自然、休憩”为主题，着力打造水乡农田示范区、生态保育功能区、渔村休闲体验区三大功能片区，主要景观有水上森林、杉林鹭影、青韵野径、湿地湾堰、水漾湿地、芦雪迷踪等。其中水上森林位于拦路港西侧，地势低洼，常年积水，形成天然的湿地景观，为上海独有，被誉为“池杉奇观”。森林深处水深达2～3米，水林相间、环境幽静，是鸟类重要栖息地形成惊艳的水上森林景观。1982年由上海农业局出资，启用粮林间作湿地造林100多亩，苗木以池杉、落羽杉、中山杉为主，如今面积缩小至60余亩。

青西郊野公园遵循“保护优先、科学修复、适度开发、合理利用”的原则，坚持“生态、生产、生活”的融合发展理念，逐步形成与城市发展相适应的大都市游憩休闲、生态保护的空间格局，成为以湿地为特色的生态文明实践基地、太湖流域水源地修复综合保护开发示范基地、生态旅游示范基地。

图51　青西郊野公园（种楠2015年1月23日摄）

图52　苏州河梦清园初现雏形（左图：虞建波2004年9月17日摄；右图：梦清园提供）

梦清园

梦清园位于苏州河南岸，占地面积8.6公顷，建于2004年8月。梦清园拥有84%的绿化率，其中草坪面积约9450平方米，乔木和灌木面积54450平方米。总体采用“一心、一环、两轴线”的空间布局，既彰显西方园林的大气，又具有中国园林的优雅精致。苏州河展示中心，又称梦清馆，由原先的上海啤酒厂灌装车间改造而成。该建筑由匈牙利建筑师邬达克设计，建成于1933年，包括3个楼层3200平方米的展厅，主要通过实物、模型、图片、影视等多种手段，呈现苏州河厚重的历史以及苏州河治理所取得的显著成效。2014年12月梦清园被评为第四批“国家环保科普基地”，2017年3月被评为“国家水情教育基地”。

国家水利风景区和生态清洁小流域

国家水利风景区是由国家水利部统一认证，为以水域或水利工程为依托，具有一定规模和质量的风景资源与环境条件，可以观光、娱乐、休闲、度假或开展科学、文化、教育活动的区域而设立的称号，分为国家级和省级两类。近年来，上海加快水利风景区建设，至2021年，已建成5处国家水利风景区。其中涉及黄浦江水系的共有3处，分别是位于黄浦江上游的淀山湖水利风景区、松江生态水利风景区和位于中游市区段的徐汇滨江水利风景区。

图53　淀山湖水利风景区（上海市青浦区水务局提供）

淀山湖水利风景区

淀山湖水利风景区位于上海西郊，距离青浦城区18千米，距离上海市中心约60千米。淀山湖位于太湖下游、黄浦江上游，湖面面积62平方千米，为上海境内最大湖泊，发育于淀山湖周边的大小湖泊包括元荡等有20余处。景区规划面积230平方千米，其中核心区域面积56.9平方千米，沿湖35.64千米岸线自西向东有大观园、梅园、报国寺、东方绿舟、水上运动场等。湖区周边有千年古镇朱家角、桥乡金泽、唐代泖塔、崧泽文化遗址等人文景观和大莲湖生态湿地、太浦河清水走廊等自然风光，以及黄浦江上游水源地——金泽水库；还有被评为“中国最美休闲乡村”的朱家角张马村、全市首个全国文明村金泽镇蔡浜村等，具有摇快船、阿婆茶、田山歌等浓郁水乡风情。2006年，被评定为国家水利风景区。

松江生态水利风景区

松江生态水利风景区位于上海市西南部，面积605平方千米。松江是国家历史文化名城、上海最早成陆区之一，也是上海较早的城区——华亭县、松江府所在地，素有“城市之根”的美称，众多名胜古迹让这里形成“唐宋元明清，从古看到今”的风土人情。景区依托松江城区的历史文化资源和丰沛的水资源，以黄浦江为纽带，串联起1421条（段）大小水系，形成有山有水、风光旖旎的南国水乡风光。景区北部，有

图54　松江广富林湖（左）；松江月湖（右）（上海市松江区水务局提供）

上海少有的山地——佘山九峰，以及人工开挖的月湖，形成山水相依的格局。景区中部，在现代化新城内建成龙兴港、绿带河、校园河、张家浜等景观河道，凸显社会、经济与文化内涵；而在景区南部，则以黄浦江干流、三大源流以及数以千计的大小河流，形成"母亲河"寻根游水上风景线。2007年，被评为国家生态水利风景区。

徐汇滨江水利风景区

徐汇滨江水利风景区位于上海市徐汇区黄浦江西岸，北起日晖港与黄浦区交界，南至关港与闵行区交界，西至宛平南路—龙华港—龙吴路，东为黄浦江中线。景区面积12平方千米，其中陆域面积9.4平方千米，水域面积2.6平方千米，涉及黄浦江岸线长度11.4千米，是集文化休闲、艺术传媒、科技金融、旅游服务等功能于一体的城市河湖型水利风景区。2021年，被评为国家水利风景区。

生态清洁小流域

生态清洁小流域治理是上海以水土流失综合治理为基础，全面做好流域治理、生态修复、水系整治和人居环境改善的平原河网地区水土保持工作的新型治理模式。上海市各区根据自身特点，以生态清洁小流域建设为抓手，组织开展水土保持工作，治理目标从单一的水环境改善转变为水生态修复，治理方式从单条段黑臭河道整治转变

图55　徐汇滨江水利风景区（上海市徐汇区水务局提供）

图56　青浦区莲湖村（生态清洁小流域）水上森林（种楠2018年2月摄）

图57　青浦区莲湖村（生态清洁小流域）（郑宪章2021年6月5日摄）

为区域综合治理，治理内容从以污染源治理为主转变为生态系统修复和综合治理。生态清洁小流域建设将是今后上海水土保持工作的重点和主要发展方向。

2021年，上海全市共完成12个生态清洁小流域治理单元建设。同时，青浦区金泽镇莲湖村和金山区漕泾镇水库村两个生态清洁小流域被水利部认定为“2021年度国家水土保持示范工程”，成为上海“河湖通畅、生态健康、清洁美丽、人水和谐”的生态清洁小流域的新样板。

上海结合超大型城市建设和发展以及河网水系密布的特点，充分依托河（湖）长制平台，统筹兼顾全市16个区和14个水利分片，分区分片分批打造不同特色的生态清洁小流域。2021年3月22日，上海宣布全面启动生态清洁小流域建设。

上海通过创建不同区域特色的水清、岸洁、景美、安全、健康、幸福、和谐的众多生态清洁小流域，切实贯彻落实“绿水青山就是金山银山”和“山水林田湖草沙”一体化治理理念，全面提高水土流失治理水平，增强河湖水环境治理效果，提升河湖水体调蓄暴雨洪水的能力，全方位实现水生态系统修复。上海生态清洁小流域不仅会带给全市人民获得感、幸福感、安全感，而且为全国水土流失治理、水环境治理和水生态修复提供样板和成功案例。

人文艺术景观

黄浦江流经上海市区，不仅为沿江两岸提供充分的工业发展条件以及便捷的航运运输，同时也创造许多独具美感的人文艺术景观。各式各样的博物馆、艺术馆依江矗立，通过科技、艺术等方式向人们诉说黄浦江千年来的文化积淀与发展历程，具有相当重要的教育价值与鉴赏价值。黄浦江滨岸如此浓郁的人文艺术气息，使其成为上海重要的文化艺术长廊，吸引世界各地的人们来此参观。截至2021年底，上海拥有290余处工业遗存、149家市级文创园区、65家行业博物馆、300余家科普基地等，其中有相当一部分博物馆和科普基地位于黄浦江边。

滨江博物馆

韩湘水博园

韩湘水博园原名黄浦江水文化博物园，2003年7月动工兴建，2007年12月10日开园，2009年9月改名至今。水博园位于上海市闵行区江川路3805号，原是闵行区政府为保护上海饮用取水口安全而建的一个水生态园林。水博园由古生态园区、古文化园区和乡村观光乐园组成，规划面积约1200亩。古文化园区集中发掘和展示黄浦江水文化、马桥古文化及马桥历史文化名人，建有马桥古文化遗址仿真馆、董其昌画院等。乡村观光乐园以现代农业观光、黄浦江岸农家生活及乡土文化展示、农家休闲娱乐为主。

园内古生态园区是最有特色的园区，占地400亩，毗邻黄浦江，以河道、古石桥、古树、景观石、仿古亭台楼阁等为主，格调古朴、自然、野趣，有百年以上的古树600余棵，移建明清古石桥25座（其中益民桥和咸泰桥被列入闵行区文物保护名录），另建有科普教育场馆2座（分别为水生态科普体验馆、乐生活低碳小屋）。其中水生态

图58　韩湘水博园（褚华勇2020年5月6日摄）

科普体验馆总面积100平方米左右，分为“水与环境及资源保护”“水能源利用”“水的实验”三大板块，为园区举办各类科普互动类活动场馆。

2005年12月，水博园获评“闵行区优秀科普教育基地”。2009年4月，被评为“中国十大古文化生态休闲旅游区”。2011年4月，被评为“上海市科普教育基地”。2012年，被评为“全国休闲农业与乡村旅游四星园区”。2015年4月，被评为“闵行区学生社会实践基地”。同月，被评为“国家AAA级旅游景区”。

叶宗行纪念馆

叶宗行纪念馆位于闵行区浦江镇召稼楼礼园内，2008年修建，2010年7月开放，主要展示明代水利专家叶宗行的治水功绩。叶宗行，名宗人，明代初期上海叶家行（今闵行区浦江镇）人，祖上为南宋名臣、文学家叶梦得。叶宗行幼习经史，长大后通晓天象、农事，精于历算、测绘。叶宗行长期关注苏淞水患，深入研究并多次考察。明永乐元年（1403），以诸生身份向在江南治水的户部尚书夏原吉上书，建议放弃吴淞江下游故道，在其上游开凿夏驾浦入浏河以分水势，再开浚范家浜，将吴淞江下游与黄浦江连通起来。此建议为夏原吉所采纳并予以实施，成功减轻水害，为黄浦江

图59　叶宗行纪念馆（周雯2022年10月摄）

水系形成打下基础，也为上海成为东方大港创造了条件。因治水有功，叶宗行被任命为钱塘知县，他为官清正廉洁，被人称颂为“钱塘一叶清”。该馆除展示叶宗行事迹外，还通过图文、沙盘、模具等形式宣传黄浦江及上海市各条河流、湖泊演变的科普知识，古代、近代及现代的治水理念和方法，成为上海市对公众传播治水文化的重要阵地。

春申君祠

春申君祠坐落于松江区新桥镇春申村，是为纪念“战国四公子”之一的楚国春申君黄歇而建。相传，春申村是黄歇疏凿黄浦江时的驻扎地，为纪念与传颂黄歇治水功绩，春申君祠于2002年在春申村落成。祠堂四面环河，占地面积4000平方米，建筑面积300平方米，房型为江南特色五合院房。正门的“春申君祠”匾额由中国著名画家程十发题写，正厅匾额“厚德载物”为施蛰存所题。祠堂展有松江五园、五塔、五教、古桥、古民居、顾绣、历代文化名人的图片和资料，详细介绍春申君的事迹及松江的历史。祠堂西面是用7.5吨紫铜铸成的长40米、高4米的雕塑，展现松江2000多年的历史文化。

图60　上海世博会博物馆（郭长耀2021年7月23日摄）

上海世博会博物馆

上海世博会博物馆位于上海市黄浦区蒙自路818号，坐落于上海世博会浦西园区D09地块，面积约4万平方米，由上海市政府和国际展览局合作建造，是一座综合性博物馆，2017年5月对外开放。该馆以“承载欢乐记忆的容器”为主题，丰富的半室外空间形成与世博会主题相符的特质空间。“欢庆之云”造型简洁流畅，建筑底部以三条云柱扭转收分，形成逐级上升动势，具有强烈的未来感。“历史河谷”造型取河谷的形态所代表的历史、冥想、永恒的寓意，整体形态纯粹有力。

中国船舶馆

中国船舶馆即中国2010年上海世博会中国船舶馆，位于黄浦区龙华东路18号，为上海世博会浦西园区E片区。前身是江南造船厂，因举办上海世博会的需要，造船基地迁出。船舶馆的建筑与展示设计贯穿“船舶，让城市更美好”的参展主题，以“龙之脊，景之最”为理念，以江南造船厂原厂房为基础，增添弧线构架，形似龙脊梁，借喻中国民族工业的坚强精神。同时还穿插别具一格的观景斜廊，为世博会浦西园区创造绝佳的景观资源。场馆建设应用最新的环保技术、智能化灯光以及先进的多媒体视觉技

图61　中国船舶馆（郭长耀2010年7月27日摄）

术，让参观者体验未来水域城市生活的美景以及人与船舶、人与城市的紧密关系，展现中国造船工业发展前景和对未来的展望。

上海自来水科技馆

该馆位于杨树浦路830号杨树浦水厂内，是中国第一座自来水科技馆。前身系2003年建成的自来水行业历史展示场馆，2006年改造为自来水科普知识场馆，同年11月重新开放。杨树浦水厂建于1881年，是全国供水行业建厂最早、生产能力最大的自来水厂之一。中华人民共和国成立后，水厂历经多次大规模设备及工艺技术更新改造，如今为杨浦、虹口、普陀、宝山等区提供市民生活用水和工业用水服务。

图62　上海自来水科技馆
（吕勇2022年10月20日摄）

图63　上海元代水闸遗址博物馆（上海元代水闸遗址博物馆提供）

该馆共有三层，分“历史·源头”“现代·科技”“未来·规划”3个展区，通过光影与色彩运用和多媒体表现方式，重现公用“给水站”这一时代片段，讲述上海人的“水故事”，展示上海供水改革发展的历史与成就。

上海元代水闸遗址博物馆

上海元代水闸遗址博物馆位于上海市普陀区志丹路、延长西路交界处，是迄今为止中国最大的元代水利工程遗址，也是国内已考古发掘出的规模最大、做工最好、保存最完整的元代水闸。遗址发现于2001年5月，后经多次发掘，2006年揭露全貌，被评为2006年“中国十大考古新发现”之一。该馆2009年11月开工建设，2012年12月31日开馆，占地2300多平方米，从水闸的发现经过、历史背景、建造流程、水闸结构、工艺功用等多角度、全方位地向公众展示元代水闸的历史文化遗产内涵。元代水闸的发现，对研究中国古代水利工程，特别是宋元时期江南地区的水利工程、吴淞江流域的历史变迁、长三角地区的经济成长等，均具有非常重要的科学价值。

上海长江河口科技馆

上海长江河口科技馆位于吴淞炮台湾湿地森林公园内，分基建和布展装饰两部分。2009年12月底基建工程竣工，2010年9月底土建工程完成，2011年10月18日开馆运营。该馆是一座以介绍长江河口自然、生态、科技、人文历史为重点，同时综合展示世界各主要河口相关知识，集河口自然科学、教研、科普、爱国主义教育等为一体的上海市专题性科普场馆。

该馆占地面积6084平方米，建筑面积7707平方米，共设计有五个展厅51个展项，五个展厅分别是序厅、资源与环境厅、科研与应用厅、人文与历史厅、临时展厅，另设四维影院、河口教室、会议中心、咖啡吧等多功能体验式综合设施。

该馆先后被授予“全国科普教育基地”“全国海洋科普教育基地”“国家AAAA级旅游景区”“上海市爱国主义教育基地”“上海市专题性科普场馆”“上海市科普教育基地”“上海市科普旅游示范基地”等称号。

上海淞沪抗战纪念馆

上海淞沪抗战纪念馆坐落于上海市宝山区友谊路1号临江公园。为铭记两次淞沪战役（1932年“一·二八”淞沪抗战以及1937年“八一三”淞沪会战），纪念上海人

图64　上海长江河口科技馆（上海长江河口科技馆提供）

民14年抗日斗争历史，1999年3月淞沪抗战纪念馆动工，2000年1月28日竣工并对外开放。上海淞沪抗战纪念馆采用塔馆合一的建筑风格，建筑面积3490平方米，展厅面积1500平方米，室外展示区域近8000平方米。一至二层为陈列区，三层为馆藏区，四层以上为塔式建筑。陈列以文物、史料、图片为主，有抗战时期往来的电文、手令、战役总结、官兵家书等文书，战前敌我双方及德国顾问团绘制的军事地图、嘉奖令、电影胶片，以及军械、军服、缴获的日本军旗等。

上海淞沪抗战纪念馆是"上海党史教育基地""上海市志愿者服务基地"及"上海市爱国主义教育基地"。2014年8月24日，上海淞沪抗战纪念馆被列入第一批国家级抗战纪念设施、遗址名录。

滨江现代艺术馆

中华艺术宫

中华艺术宫位于浦东新区上南路205号，前身是上海美术馆，建于1956年，是新中国最早建立的美术馆之一。2012年，上海美术馆整体搬迁至2010年上海世博会中国馆，更名为"中华艺术宫"。作为上海世博会的标志性建筑，被誉为"东方之冠"的中国馆在设计艺术方面融合中国古代营造法则和现代设计理念，诠释东方"天人合一，和谐共生"的哲学思想。总建筑面积16.68万平方米，展示面积近7万平方米，拥有35个展厅，是集公益性、学术性于一体的当代艺术博物馆。

图65　中华艺术宫（郑宪章2012年9月29日摄）

图66　上海当代艺术博物馆（上海市黄浦江两岸开发工作领导小组办公室提供）

上海当代艺术博物馆

上海当代艺术博物馆馆址前身是建于1897年的南市发电厂，也是上海第一家民族电厂。2007年电厂关闭，经再生改造，成为世博会五大主题展馆之一的城市未来馆。世博会结束后，又经改造设计，2012年10月1日成为上海当代艺术博物馆，再次对外开放。该馆占地4.2万平方米，展厅面积1.5万平方米，具有大小高度不一、适合各种展览的12个展厅，以及图书馆、研究室、报告厅等功能性设施，是展示国内外优秀当代艺术品、促进中外文化交流的综合性平台。

上海艺仓美术馆

上海艺仓美术馆位于上海浦东新区滨江大道4777号，原为上海煤运码头旧址处的煤仓，在保留原有建筑的基础上重新改造，2019年1月22日建成。该馆以“艺术在发生”为理念，聚焦“多元”“开放”“交流”与“学习”，秉持开放的国际视野及跨领域的融合视角，引介东西方经典艺术，呈现现代设计与生活美学，成为公众的艺术文化体验舞台。

龙美术馆（西岸馆）

龙美术馆（西岸馆）坐落于徐汇滨江，2014年3月28日开馆，是徐汇区政府打造

图67　龙美术馆（西岸馆）（上海市水务局提供）

西岸文化走廊品牌工程的重要项目之一。该馆址旧时为北票码头，至今滨江依然保留一条当年用于煤炭装卸的构筑物——“煤漏斗”。新建筑以独特的现浇混凝土“伞拱”的结构，主体建筑共分为四层。地上一层、二层为绘画、雕塑、装置、新媒体等当代艺术的展示空间，地下一层为中国古代艺术珍品及民国时期美术作品的常设展示空间，在功能设计上更多地容纳具有开放性和公众参与性的公共空间。

余德耀美术馆

余德耀美术馆位于徐汇滨江西岸文化走廊，东临滨江龙腾大道，北依丰谷路，由原龙华机场大机库改建而成。余德耀美术馆由印尼华裔收藏家及其基金会投资，徐汇区政府规划建设。2014年1月7日落成，总面积9000多平方米，主展厅有3000多平方米。主展厅包括张洹创作的巨型《佛手》（长6米、宽4米）、徐冰创作的虎皮形状《烟草计划》（用66万根香烟堆叠而成）、黄永创作的《蛇塔》（占地百余平方米）等装置艺术作品，还展有20世纪80—90年代等艺术作品。

上海外滩美术馆

上海外滩美术馆坐落于黄浦江与苏州河交汇处的外滩源片区，是一家当代艺术馆，其前身是建成于1932年的亚洲文会大楼。亚洲文会大楼是当时上海最大的东方学

图68　余德耀美术馆

（虞建波2016年7月20日摄）

图69　浦东美术馆

（吴伟民2023年8月18日摄）

图70　上海船厂1862（梁伟2021年3月18日摄）

研究中心，也是上海著名的公共文化教育机构。2005年上海洛克·外滩源修缮亚洲文会大楼，将其改建成公益性当代美术馆，2010年开馆。开馆以来，每年定期举行多场国内外知名艺术家展览，是目前全球艺术领域的佼佼者。

浦东美术馆

浦东美术馆位于陆家嘴，紧邻东方明珠和上海国际会议中心，2020年底建成，2021年7月开放。该馆占地1.3万平方米，总建筑面积4万平方米，由陆家嘴集团投资、建设和运营，由让·努维尔事务所设计。美术馆按照国际一流标准共设13个固定展厅及开放式展厅，展览面积超1万平方米，可同时容纳3～4个大型展览此外，美术馆还设有6个可容纳不同尺寸展品的仓库，是浦东全新的文化地标。

上海船厂1862

上海船厂1862位于浦东陆家嘴，创建于1862年，1985年6月改名为上海船厂。2005年船厂搬离，保留其老厂房，由世界建筑大师隈研吾主持设计。最终改造成一个2.6万平方米的时尚艺术商业空间，包括1.6万平方米沉浸式的时尚艺术商业中心和一个能容800人左右的中型剧场，二至四层均有面向黄浦江的观景台。船厂旁边滨江大道上有数十个铸铁系缆桩一字排开，原上海船厂1号船台旧址也保留下来，作为中国造船业的历史见证。同时还有粉黛乱子草打卡地、月亮湾小池塘，广受市民喜爱。

沿江古镇

在历史上，黄浦江两岸曾孕育数量众多、类型多样的市镇，主要形成于明中后期和清乾嘉、咸同、光绪年间，以及民国前期。明清时期，黄浦江两岸形成以小农家庭为主的手工业作坊和农产品商品化发展为基础的商业聚落。近代上海开埠后，黄浦江沿岸又兴起一批以对外贸易、工业化、机械交通为特征的工商业城镇。新中国成立后，部分古镇在行政区划和功能上发生变化，古镇之名不再广为人知。如今，上海尚存七宝、新场、练塘、召稼楼、朱家角、罗店、枫泾、南翔、川沙、金泽以及泗泾等古镇，其中毗邻黄浦江水的有练塘、朱家角以及金泽三个古镇。

练塘古镇

练塘古镇位于黄浦江上游青浦区境内，为淀山湖水、太湖水、汾湖水汇入黄浦江处。练塘，旧名章练塘。相传东汉末年东吴大将周瑜在这里的河塘操练过水军，当时负责操练水军的是一位姓张的长官，后人把“张”误为“章”，称此处为章练塘。另有一种说法为唐天祐年间（904—907）有章公（章仔钧）与其妻练夫人移居镇东，乃舍宅为寺，名“天光寺”。后人为纪念他们，遂称镇名为“章练”。练塘建镇已有1000余年历史，是古代江南闻名的商业集镇。这里人文历史丰富、文物古迹充盈，有“九峰列翠”“三泖行帆”“塔院晓钟”“西来挹秀”“天光古刹”“圆通朝爽”“明因夕照”“鹤荡渔歌”八景，“高屋窄巷对街楼，

图71　练塘古镇（郭长耀2020年10月11日摄）

小桥流水处人家”亦是练塘独特的景致。

练塘古镇内的特色景点有爱国主义教育基地——陈云故居，素墙碧瓦、幽巷曲径的练塘老街，历史悠久的天光禅寺等。练塘盛产茭白，素有“华东茭白第一镇”的美誉，曾于2008年举办红色古镇旅游文化节——第一届上海练塘“茭白节”，汇聚练塘当地以及来自苏浙沪各地的美食、农副产品及名、特、优产品。近年来“茭白节”每年均如期举行，为这座红色古镇增添新的绿色活力。

朱家角古镇

朱家角地处苏、浙、沪两省一市交通要枢，隶属于上海市青浦区。它紧靠淀山湖风景区，镇内横有淀浦河，纵有朱泖河直通黄浦江，并与太湖水系相通。朱家角古镇历史渊源流长，20世纪50年代时在境内湖泊底部发现大量马家浜文化、崧泽文化、良渚文化和西周至春秋战国时期的文化遗存，说明数千年前朱家角便已有先民在这里劳动生息与繁衍了。明万历年间（1573—1620）正式建镇，名珠街阁，又称珠溪；曾以标布业著称江南，号称“衣被天下”，成为江南巨镇。1991年，上海朱家角古镇被列

图72　朱家角古镇（郑宪章2017年8月2日摄）

为上海四大历史文化名镇之一；2007年，被评为第三批“中国历史文化名镇（村）”。

朱家角古镇旅游资源十分丰富：自然景观有淀山湖和“九峰”之祖——淀山；园林有课植园和珠溪园；庙宇有朱家角城隍庙和关王庙（报国寺）；名街有北大街，又称一线街，是上海市郊保存最完整的明清建筑第一街；名胜古迹有清华阁十二景之圆津禅院、慈门寺，席氏厅堂，“三泖渔庄”，王昶纪念馆及柳亚子别墅——福履绥祉等；还有具有国际现代化的上海水上运动场，以及太阳岛国际俱乐部和上海国际高尔夫乡村俱乐部等。

金泽古镇

金泽古镇位于青浦境域西南，与苏浙两省交界，东与朱家角古镇接壤，东南与练塘古镇相接，北临淀山湖，有一条南北流向的河流贯穿全镇，并有多条支流汇集而来，是上海重要水产供应基地。金泽古镇历史悠久，宋初已建镇，有“兴于宋、盛于元”之说。相传昔日有穑人获石如金，故曾取名“金石”；也有说此地为水乡泽国，且盛产鱼米赛金，遂称“金泽”。金泽古镇桥梁众多，且大多为历史名桥，有“江南第一桥乡”之称。至今镇上还保存着宋元明清时代所建的7座古桥梁，分别是迎祥桥、如意桥、放生桥、普济桥、天皇阁桥、万安桥以及林老桥。其中，建于宋代咸淳三年（1267）的普济桥是上海地区最古老的石拱桥。镇上还保留格局完全不同的两条长街，即上塘街与下塘街。另外，该镇还保留有许多寺庙，其中颐浩禅寺、东岳庙、西林禅寺最为有名。

2014年，金泽古镇被授予第六批“中国历史文化名镇（村）”称号。如今，该镇以与世界级著名湖区相适应的品质特色镇为目标，以生态小镇为方向，做生态保护的标杆、历史文化彰显的标杆和生态资源利用的标杆，努力建设成为“生态型科创小镇”。

人文景观

黄浦江流域自古以来文风鼎盛，物阜民丰，钟灵毓秀，为后人留下丰富的历史文化遗产。距今约6000年，黄浦江上游地区诞生崧泽文化和良渚文化。公元219年，东吴名将陆逊以功封华亭侯。唐代置华亭县。宋熙宁十年（1077），设上海务。元代至元十四年（1277），华亭县升为府，次年改为松江府，仍置华亭县隶之。至元二十九年（1292），上海立县，辖于松江府。因地势不同，黄浦江两岸人文景观呈现明显的地域差异，上游地区为圩田稻作文化区，保留至今有唐代的经幢、宋代的方塔、元代的清真寺、明代的照壁和清代的醉白池等众多文物。黄浦江下游为海洋文化区，主要表现为上海港的发展历史。开埠以来，上海港区迅速向下游扩展，滨江码头、仓储、货栈，成为上海最重要的文化景观。清光绪二十一年（1895）《马关条约》签订之后，西方列强多在滨江开办工厂，工业文明成为上海港的新内容。1990年以后，黄浦江两岸土地功能逐步从生产型岸线向服务型岸线转变，原来的码头逐步外迁，各个工厂先后关闭、外移。2010年上海世博会召开，推动黄浦江两岸开发，昔日繁忙的码头变成公共空间，往日冒着浓烟、隆隆作响的工厂，被装饰一新的博物馆、艺术馆代替，为工厂关闭后即将废弃的老建筑注入新鲜血液，重新焕发青春和活力，使黄浦江两岸成为上海重要的文化景观长廊。

名胜古迹

黄浦江两岸人文荟萃，历史名胜古迹众多，涉及唐、宋、元、明、清等各个朝代，内容丰富，底蕴深厚，是上海文化不可或缺的重要组成部分。

图73　广富林遗址（徐滨2022年7月30日摄）

图74　广富林遗址鸟瞰（郑宪章2021年9月1日摄）

广富林遗址

广富林遗址位于松江区方松街道广富林村北侧，辰山塘东岸，面积约10万平方米。1958年，当地村民在翻地时发现陶器件，经上海市博物馆专家发掘后鉴定为古遗址。之后，上海市文物管理单位和博物馆分别在1959年、1961年、1999—2009年对该遗址进行多次考古发掘，将所发现的新石器时代末期文化遗存命名为广富林文化。除此之外，还在该遗址发现崧泽、良渚、马桥文化的遗存。2013年5月，国务院公布广富林遗址为第七批全国重点文物保护单位。

泖塔

泖塔又名长水塔，位于青浦区朱家角镇西泖河的沙洲上。唐乾符年间（874—879），九峰高僧如海在泖河中筑台造寺建塔，历时五年完成，为过往船只导航；并“作井亭，施汤茗”，为来往旅客提供休憩之所。该寺被赐额“澄照禅院”，宋徽宗赵佶为该寺赐额“云山堂”，南宋思想家朱熹为该寺题写“江山一览楼”。宋景定元年（1260），律师居士在此开山，该寺被赐额“福田寺”，该塔遂称“福田寺塔”。因塔建在泖河中，又俗称“泖塔”。当时泖河浩渺宽广，塔顶挂灯作为来往船只的航标，所谓“标灯为往来之望”。元朝著名画家、“楷书四大家”之一的赵孟頫登塔并书“方丈”二字。寺庙经陆续添建，规模逐渐扩大。明嘉靖年间（1522—1566）僧人智明建大雄宝殿，隆庆六年（1572）其徒自正筑石堤建宝藏阁，万历十八年（1590）又建潮音阁。明代申时行诗云：“澄波万顷一峰孤，云树烟岚总画图。八月浮槎凌汗漫，四天开阁浸虚无。”[1]明代书画家文徵明有诗：“昔年如海有遗迹，五级浮屠耸碧空。三泖风

图75　旧泖塔（1993年）与新泖塔（2023年）

（左图：上海太阳岛国际俱乐部提供；右图：欧阳田军2023年11月26日摄）

〔1〕（清）张豫章：《四朝诗·明诗》八十二卷。

烟浮槛外，九峰积翠落窗中。夜课灯影疑春浪，秋净铃音报晚风。老我白头来未得，几回飞梦绕吴东。”〔1〕

民国年间，寺院屡遭兵燹，建筑物多有毁坏。至中华人民共和国成立，仅存泖塔塔身及相轮，平座、腰檐已破坏殆尽，塔顶宝散失。泖塔为砖木结构，五层方形，结构简洁，尚存唐代风格，现高29米。1959年3月，泖塔被列为青浦县文物保护单位，1962年9月被列为上海市文物保护单位。1995年，已完全丧失航标功能的泖塔，经上海市文物管理委员会修缮，重现昔日唐塔风采，由上海市海事局航标导航处管理。1998年，经国际航标协会理事会讨论决定，上海市青浦区泖塔跻身世界历史文物灯塔100强，被选入《世界历史文物灯塔图册》。2002年5月18日，中国国家邮政局以泖塔等5座中国历史文物灯塔为题材，发行2002-10T《历史文物灯塔》特种邮票一套5枚。

松江古城府城历史文化风貌区

松江古城府城历史文化风貌区是唐代华亭县、元代松江府所在地，位于今松江老城东部，2005年被上海市规划管理局划定为上海市郊区及松江区历史文化风貌区。该风貌区占地31万平方米，包括环城路以南，通波塘以东，松汇路以北，方塔路以西的区域。2007年，完成规划编制。松江古城府城历史文化风貌区，保存有兴圣教寺塔、砖刻照壁、云间第一楼等优秀历史建筑，还有其他10余处历史遗迹和历史建筑。

兴圣教寺塔，又名方塔，位于方塔园内，是一座砖木结构佛塔。该塔上下共9层，高度为42.65米，因其塔身为方形而俗称“方塔”。该塔原属兴圣教寺，建于北宋年间，后历经南宋、明、清各朝大修，民国时期遭到严重损毁，寺庙建筑也在战火中全部被毁。中华人民共和国成立后，兴圣教寺塔受到专门保护。1962年9月7日，被公布为上海市文物保护单位，并确认该塔的保护范围。1974—1977年，对该塔进行大修，基本恢复北宋原貌。1996年11月20日，兴圣教寺塔被国务院公布为第四批全国重点文物保护单位。

砖刻照壁，位于方塔北部，建于明洪武三年（1370），是上海地区保存最古老、最完好的大型砖雕艺术品。照壁画面内容丰富，含义有趣，原建在松江府城隍庙门前，庙在抗战时毁于战火。照壁幸存，成为上海市重点保护文物。

云间第一楼，位于松江区中山东路250号，原为松江府署谯楼。松江府署于元元

---

〔1〕 马承源主编:《上海文物博物馆志》，上海社会科学院出版社，1997年，第161页。

图76　从河南路迁来的天妃宫大殿
（郑宪章2007年1月17日摄）

图77　兴圣教寺塔
（郭长耀2019年12月28日摄）

贞元年（1295）建成，门外有谯楼。至正六年（1346）毁于火灾，九年（1349）重建。明末，再毁于兵燹。清顺治初在旧基上重建鼓楼，以司更漏。楼共两层，立于砖木结构的门道上，飞檐翘角，蔚为壮观。20世纪30年代，县长金庆章募捐重修此楼，立横额“云间第一楼”，又竖《重修云间第一楼记》石碑。古代松江称“云间”，而该楼高达16米，堪称当时松江府第一高楼，故得名“云间第一楼”。抗战期间，再次被日军破坏，仅存残架；后又毁于1951年台风，仅剩楼基残墙。20世纪末，重新仿造新楼，1985年被列为松江区文物保护单位。

龙华寺

龙华寺位于龙华路2853号，是上海地区历史最悠久、规模最宏大、建筑最雄伟的古刹之一，为上海四大佛寺之一。龙华寺名称来源于佛经中弥勒菩萨在龙华树下成佛的典故。有关龙华寺始建时间，一说是三国东吴赤乌十年（247），一说是唐垂拱三年（687），确切年份不详。乾隆《上海县志》记载，“相传寺塔为吴赤乌年建，殿宇创于唐垂拱三年，废于黄巢时镇将张郁之”[1]。唐皮日休曾游历沪渎，来到龙华，留下一首

〔1〕乾隆《上海县志》卷七《寺观》。

图78　龙华寺山门（李东鹏2022年10月21日摄）

《龙华夜泊》诗："今寺犹存古刹名，草桥霜滑有人行。尚嫌残月清光少，不见波心塔影横。"[1]此为较早吟咏龙华的诗词，弥足珍贵。唐乾符年间（874—879），该寺毁于战火。

据《龙华志》记载，北宋太平兴国二年（977），吴越忠懿王钱俶重建。北宋治平三年（1066），皇帝赐额"空相寺"。宋元之际，寺毁于兵燹。明永乐年间（1403—1424）重建，改名"龙华寺"。嘉靖三十二年（1553），明世宗赐额"万寿慈华禅寺"。万历年间（1573—1620），明神宗又赐额"大兴国万寿慈华禅寺"。后历经多次重修，今寺为清光绪年间（1875—1908）重建，仿宋代伽蓝七堂制。1953年，上海佛教协会重修各殿宇，新建藏经楼等。1959年，龙华寺被列为上海市文物保护单位。2006年，龙华寺塔单独被国务院公布为第六批全国重点文物保护单位。

上海县古城墙遗址

上海县古城墙遗址位于黄浦区大境路259号，修建于明代嘉靖年间（1522—1566）。明嘉靖三十二年（1553），松江知府方廉以倭寇入侵为由，向皇帝奏疏筑上海城墙，

〔1〕上海市地方志办公室编:《上海名镇志》，上海社会科学院出版社，2003年，第321页。

图79　上海古城墙与大境阁（郭长耀2018年1月28日摄）

获准。新建城墙，周长4.5千米，高8米，城门6座。据万历《上海县志》记载：“城周围凡九里，高二丈四尺。门大小凡六，东曰朝宗，南曰跨龙，西曰仪凤，北曰晏海，小东门曰宝带，小南门曰朝阳。水门三，其东西者跨肇嘉浜，其在小东门者跨方浜城。为敌楼一，为平台二，为堞三千六百有奇，为穿廊七十有八。壕广六丈，深一丈七尺，周回滐绕，外通潮汐。”〔1〕城墙建成后，明政府又专设海道于上海，防御力量大为增强，最终平定倭患。万历、康熙、乾隆、道光年间，多次修复、加固城墙。辛亥革命后，1914年上海城墙被拆除。在拆城过程中，城墙上建有关帝庙的一段被保留下来。关帝庙因悬有清道光十六年（1836）两江总督陈銮题写的“大千胜境”匾额，故又称为“大境阁”，1984年被列入市级文物保护单位。

豫园

豫园位于上海老城厢东北部，始建于明嘉靖三十八年（1559），原主为明刑部尚书潘恩之子四川布政司潘允端。嘉靖三十八年（1559），潘允端在上海城厢内城隍庙西北隅家宅世春堂西的大片菜地上动工建园，并聘请园艺名家张南阳担任设计师，前后历经二十余载终于建成。“豫”有安泰、平安之意，潘允端在《豫园记》中注明：“匾曰‘豫园’，取愉悦老亲意也。”豫园设计精美，被公认为“东南名园”。董其昌诗云：“飞梁百尺亘长虹，别有林扉接水穷。名花异药不知数，经年瑶圃留春风。”〔2〕潘允

〔1〕万历《上海县志》卷一《地理志》。

〔2〕（明）董其昌：《容台集》卷一《乐寿图为潘百朋寿》。

图80　豫园（郑宪章2015年10月3日摄）

图81　城隍庙（郑宪章2005年5月5日摄）

端去世后，潘氏家族日趋衰落，豫园明末为潘允端孙婿张肇林所有，清初几度易主。1843年上海开埠后，又屡遭破坏。鸦片战争期间英军强占豫园，大肆蹂躏，以致豫园"风光如洗，泉石无色"。咸丰五年（1855）小刀会起义失败，清军驻扎豫园，香雪堂、点春堂等建筑皆遭损毁。后虽经各同业公所在残存的废墟上重建，但最终难以恢复旧观。1956年，上海市政府参照乾隆年间（1736—1796）豫园的布局对其进行大规模修建，历时五年完工，1961年对外开放。1959年被列为上海市文物保护单位，1982年又被国务院列为全国重点文物保护单位。

城隍庙

城隍庙位于黄浦区方浜中路安仁街西，原为金山神庙，祀奉汉大将军博陆侯霍光，因此又名"霍光行祀"。明永乐年间（1403—1424）知县张守约将金山神庙改建为城隍庙，供奉城隍神秦裕伯。秦裕伯有智谋，治理海滨，卓有成效。洪武元年（1368），明太祖手谕："海滨之民好斗，裕伯智谋之士，而坚守不出，恐有后悔。"[1]秦裕伯拜书入朝，因母孝在身，托辞归故里。洪武六年（1374）卒，与夫人储氏合葬于上海长寿里。明太祖闻讯曰"生不为我臣，死当卫我土"[2]，即敕封为上海城隍。金山神庙改建为城隍庙后，前殿奉祀霍光，后殿祀奉上海县城隍秦裕伯。此外，上海城隍庙又有"一庙三城隍"和"一城五城隍"的说法。所谓"三城隍"，除霍光、秦裕伯外，第三位是鸦片战争时驻守吴淞口的民族英雄陈化成；"五城隍"是指除城隍神秦裕

〔1〕 正德《松江府志》卷三十一《人物九》。

〔2〕 王孝俭主编：《上海县志》，上海人民出版社，1993年，第1161页。

伯外，另有督财神财帛司、高昌司、海崇侯新江司、长人司即春申君黄歇。城隍庙历时几百年，周围逐渐形成宗教、商业、园林汇集的地区。虽频遭兵祸和火灾，但历经明、清、民国、新中国多次重修、扩建后，总能恢复旧貌。每年清明节、七月半和十月初一，城隍庙会举行城隍出巡的“三巡会”。城隍出巡之日，队伍浩荡，延绵数里，从晨到暮，攘来熙往，热闹非凡。

下海庙

下海庙位于虹口区昆明路73号，俗称“义王庙”，始创于清代乾隆年间（1736—1796）。因义王庙紧挨下海浦，民间又称其为“下海庙”。据记载，从前下海庙这一带多是渔村，渔民出海打鱼，需祈求神的保佑，便建了这座小庙，奉祀护海女神妈祖。始建时仅有房屋9间，嘉庆年间（1796—1820）荒塌，又重修。咸丰四年（1854）扩建，光绪二十五年（1899），又增建后殿等10余间。抗日战争初期，下海庙房屋被日军炮火全部焚毁，直到1941年起得以重新修建，上海解放以后基本保持原有规模。

图82　下海庙（李东鹏2022年10月21日摄）

中华人民共和国成立后，下海庙宗教活动一度被迫停止，1992年才正式恢复为佛教活动场所。目前下海庙建筑面积约1800多平方米，环境清净幽雅，有三殿——前殿、后殿和东殿，此外还有斋堂等附属用房。2009年改建山门，形成佛教寺院建筑文化中“三门并列”的格局，凸显佛教寺院的雄伟庄严。

外滩气象信号台

外滩气象信号台位于黄浦区中山东一路与延安东路交汇处，是外滩标志性建筑之一。1884年，法国天主教会在洋泾浜（今延安东路）外滩设立气象信号台，为徐家汇天文台传送气象信息，同时也是中国第一座报时台，为航船提供航行指南。其最早只是一根木质圆杆，1906年时为大风所折，当即兴工重建。新塔台为圆柱形，采用钢筋混凝土结构，塔高48.8米，是当时外滩最高的建筑，也是全世界现存两座阿塔努布式建筑之一。

塔上的信号旗每日会因风速、海浪、气候的不同而展以不同的颜色，遇天气突变则会挂换风旗或风球以示警报，黄浦江上过往船只便会根据信号塔的标识来安排自己的航行。20世纪20年代起，随着无线电、电话等通信手段日益普及，信号台作用逐渐减弱，至1956年撤销。1993年10月在外滩综合改造工程中，外滩信号塔被整体向江边移动22.4米，立于现址。2019年4月12日，入选中国第一批工业遗产保护名录。

商船会馆

商船会馆位于黄浦区中山南路会馆街38号，是上海现存最早的会馆。清康熙五十四年（1715）由沙船业主集资建造，占地面积近20亩。每年三月二十三日天后诞辰，商号均请戏班在此演剧敬神。凡商船在航行中遇险，均会许愿演剧，脱险后必至此还愿。乾隆二十九年（1764）重修大殿、戏楼，增添南北两厅。嘉庆十九年（1814）又建两侧看楼，后建筑屡有圮建。新中国成立后，商船会馆还留存门楼、戏台、“双合式”大殿、北看楼等建筑，但已相当破旧，后政府出资大修，才得以保留。会馆坐西

图83　商船会馆（郭长耀2020年7月4日摄）

朝东，正面墙壁贴青色方砖，石框圆拱门上有砖雕“商船会馆”四字；殿前戏楼由粗圆石柱支持，顶为八角藻井。1954年后房屋移作他用。1987年11月17日，商船会馆旧址被列为上海市重点文物保护单位。

提篮桥监狱

提篮桥监狱位于上海市虹口区提篮桥，因其规模宏大，历史悠久，号称“远东第一监狱”。其在1943年交还租界前是上海公共租界工部局华德路监狱，长期由英国管理，俗称“外国监狱”“西牢”。1903年5月18日，第一幢监楼竣工启用。后陆续增建，1935年占地60亩、楼房10余幢，四周有5米高围墙。

提篮桥监狱在不同历史时期，曾关押过许多重要人物。1945—1948年，这里是关押、审判和处决日本战犯的场所，曾有上百名日本战犯关押于此，至少有13名日本战犯被处决于狱内。后提篮桥监狱将其中一幢楼房改建成上海监狱陈列馆，其中还特别展示一个保存完好的室内绞刑架设施，下方有活动地板，尸体可以直接落入一楼的停尸房。1994年，提篮桥监狱被上海市政府列为市级建筑保护单位。

吴淞炮台

吴淞炮台位于上海市郊的吴淞口，黄浦江与长江交汇处。吴淞口地形险要，为中国东南国防门户。吴淞炮台是吴淞要塞核心，筑有东西南北4座，加上狮子林炮台，共5处，其中西炮台建筑最早。1660年，郎廷佐奉命在吴淞杨家嘴口修筑炮台，即为西炮台。鸦片战争中，西炮台于黄浦江口西岸设大炮175门（一说154门），是抗击英军入侵的主阵地之一。守将陈化成等将士在此殉难，炮台亦被英军攻陷。19世纪70年代移建至向北半里的石塘外滩，由吴淞统领会同江南制造局督办仿照西洋式样建造。清光绪二十四年（1898），吴淞镇被辟为商埠，有关方面认为西炮台有碍商埠市场，经两江总督刘坤一上奏清廷批准，于光绪二十六年（1900）将其炸毁。

东炮台建于康熙五十七年（1718），位于黄浦江东出海口附近；道光十二年（1832）增建营房，为吴淞口江防的辅助阵地，有大炮50门；于鸦片战争中被英军攻陷，后成废垒。1887年，吴淞南石塘北端增设北炮台，与西炮台互为犄角。1890年，在月浦长江岸边建狮子林炮台。1901年，在吴淞南石塘南端新筑南炮台，与北炮台

图84　吴淞炮台（李东鹏2022年8月9日摄）

首尾衔接，总称吴淞炮台，有诗云："吴淞一剪水，环绕海边台。江汉潮仍汇，乾坤浪作堆。据高形胜地，怀古战争哀。谋国悲廊庙，江门一锁开。"[1]抗日战争期间南北两炮台被毁，战争胜利后，南北炮台和西炮台被拆除。1973年，在遗址建成吴淞口"370"国防工程。1990年，为纪念鸦片战争150周年，上海市宝山区和当地驻军在西炮台废址设置"陈化成殉职处"标志碑。1992年，西炮台被公布为上海市纪念地点。

吴淞口灯塔

吴淞口灯塔位于吴淞口导堤最外端，地处黄浦江与长江交汇处，是船舶进出黄浦江必经之地，地理位置尤其重要。吴淞口灯塔是中外船舶进出黄浦江重要助航标志，也是上海港门户一个标志性建筑和观景点。1907年建设吴淞导堤时，为方便过往船只航行，在石埂以东终端设趸船，晚上点灯作为航标。1928年，石埂东端的趸船被拆除，新建一座能日夜发光的固定灯标。中华人民共和国成立后，有关部门加强对导堤

〔1〕（清）龚锡圭:《竞立斋诗・登吴淞炮台有感》。

和灯塔的维护，将原灯标换成一座20吨重的圆锥形铁塔，命名为“吴淞口灯塔”；还在导堤上加装数根灯桩，防止小船在夜间误撞导堤。1998年，在吴淞口导堤原址上新建一座乳白色的圆柱形钢筋混凝土灯塔，灯塔塔身高20.1米，采用先进照明灯具及自动转换电源设备，主灯射程达13海里，备灯射程7海里，闪白5秒一次，安装雷达应答器，无须人员值守。2006年5月，国际航标协会第16届大会在上海举行，中国邮政局为此专门发行一套4枚《现代灯塔》特种邮票，吴淞口灯塔名列其中，永久载入世界航海史册。

红色文化遗址

上海是中国共产党的诞生地，中国红色文化基因的发祥地。中国共产党的创始人之一陈独秀首先在上海以《青年杂志》为阵地，大力宣传共产主义。《共产党宣言》的中文译本最早在上海出版，中国共产党第一次代表大会在上海召开。上海是有志青年赴法勤工俭学的起航地，为中国革命和建设事业培养了大量人才，其中包括蔡和森、赵世炎、王若飞、陈延年、向警予、周恩来、邓小平、陈毅、聂荣臻、李富春、李维汉、李立三、徐特立等为中国革命事业做出杰出贡献的革命先辈。上海是中国共产党发动武装起义和组织重要活动的中心，中国共产党在上海发动三次武装起义，领导“五卅”运动。在白色恐怖下，枪林弹雨中数不清的革命先烈血洒黄浦江畔，这些革命先辈的精神和事迹化为这方土地上永恒的丰碑。据最新调查，上海红色革命文化旧址、遗址有1000余处，其中国家级文物保护单位7处。在黄浦江畔与红色文化有关的旧址、遗址主要有人民英雄纪念塔、陈毅广场、黄浦码头——留法勤工俭学运动起航地、三山会馆——上海工人第三次武装起义南市指挥部、龙华烈士陵园和陈云故居等。红色文化是上海难以磨灭的城市记忆、无可替代的精神财富，也是黄浦江文化中不可或缺的宝贵篇章。

人民英雄纪念塔

人民英雄纪念塔位于黄浦江与苏州河交汇处的黄浦公园内，建筑面积1.6万平方米，高60米，由三根花岗岩碑体组成。该塔建于1993年，为缅怀自1840年以来为解放上海而献出生命的革命先烈的纪念性建筑，由江泽民同志题写塔名。纪念塔圆岛中央

图85　人民英雄纪念塔（郑宪章2014年10月4日摄）

的下沉式广场镌刻着环形的花岗石浮雕，描绘1840—1949年上海革命斗争历史，诉说着革命先烈的丰功伟绩。

陈毅广场

陈毅广场位于外滩中山东一路南京东路口东面，为纪念新中国上海市第一任市长陈毅于1993年9月建成。陈毅塑像，用青铜浇注，高5.6米，面向黄浦江；底座用红色磨光花岗石砌成，高3.5米。陈毅（1901年8月26日—1972年1月6日），名世俊，字仲弘，四川乐至人，中国共产党优秀党员，久经考验的忠诚的共产主义战士，伟大的无产阶级革命家、政治家、军事家、外交家、诗人，中国人民解放军的创建者和领导者之一，中华人民共和国十大元帅之一，党和国家的卓越领导人，新中国第一任上海市

图86　陈毅广场（郭长耀2014年10月6日摄）

市长。陈毅广场不仅成为上海的一处重要的红色文化教育基地，而且还成为黄浦江畔的一处有名的景点，吸引中外游客来此观瞻。

黄浦码头——留法勤工俭学运动起航地

黄浦码头位于黄浦江北岸，秦皇岛路32号东码头园区，东起大连路，西至秦皇岛路，北依杨树浦路，当年和杨树浦码头、汇山码头等，为有志青年奔赴法国勤工俭学的主要起航地。

1908—1910年，日本南满洲铁道会社买下这块滩地，面积约43亩，并委托日本邮船会社建筑码头仓库，代为经营和管理。1911年9月，南满洲铁道会社自己经营码头，并于1913年将其改建为方木造固定码头，停靠北洋航线（主要是上海至大连线）以及欧洲远洋航线船舶。

1912年，李石曾、吴玉章、吴稚晖等在北京发起成立“留法俭学会”，鼓励青年们以低廉费用留法，以“输世界文明于国内”。“留法俭学会”后因受袁世凯政府阻碍，被迫停办，李石曾等又尝试在巴黎华工中进行工余求学，1915年发起组织勤工俭学会。1916年，华法教育会在巴黎成立，并在中国各地设立分会。除华法教育会之

图87 留法勤工俭学出发地（汇山码头遗址）（上海市虹口区档案局提供）

图88 三山会馆——上海工人第三次武装起义南市指挥部（郭长耀2012年12月摄）

外，像新民学会等一些社团组织也致力于推动赴法勤工俭学。

从1919年3月—1920年底，先后有20批共1600名左右青年学生从上海乘船赴法勤工俭学。其中有据可查从黄浦码头出发的有6批共650余人，为1919年12月9日聂荣臻等人乘坐的“司芬克斯号”，1919年12月25日葛健豪、蔡和森、向警予、蔡畅等人乘坐的“盎特莱蓬号”，1920年9月11日邓小平等人乘坐的“盎特莱蓬号”，1920年11月7日周恩来等人乘坐的“博尔多斯号”，1920年11月24日张申府、刘清扬等人乘坐的“高尔地埃号”，1920年12月15日何长工、穆青、孙福熙等人乘坐的“智利号”，均由此离沪赴法。

作为新民学会发起者和领导人，毛泽东对该运动颇为重视，不仅积极推动青年学生赴法留学，还四次亲临上海为赴法学子送行。留法勤工俭学运动为中国共产党培养一批革命家，如蔡和森、赵世炎、周恩来、王若飞、陈延年、邓小平等，他们在留法期间接受马克思主义，有的还发起成立旅法中共早期组织，回国后成为中国共产党的重要领导骨干。留法勤工俭学运动也培养大批专业人才，在他们之中后来也不乏科学、文学、美术、音乐等方面的佼佼者。留法勤工俭学运动是中国共产党创建史上重要一页，也是中国革命史、教育史上的一座丰碑。

三山会馆——上海工人第三次武装起义南市指挥部

三山会馆位于黄浦区中山南路1551号，南车站路东侧。清宣统元年（1909），由福建南帮水果同业公会集资兴建，1914年建成，以福州别名“三山”命名。会馆具有鲜明的福建地方特色，四周清水红砖高墙，门楼正中有“三山会馆”石刻，上方及两侧有“天后宫”字样，进门即为坐南朝北的古戏台，戏台对面大殿原供奉“妈祖”神像。

1926年秋至1927年春第一次国内革命战争时期，上海工人阶级在中国共产党领导下，为推翻军阀统治，先后举行三次武装起义，前两次起义因准备不足而失败。1927年3月21日，上海工人举行第三次武装起义。起义前成立起义总指挥部，由周恩来任总指挥。起义当天，全市80余万工人首先举行总罢工，旋即转入武装起义，向驻守上海的军阀部队发动全面进攻；经过30余小时激战，最终于22日6时攻克敌人全部据点，占领全上海，取得第三次工人武装起义胜利。上海工人起义胜利后，召开市民代表大会，建立上海特别市临时政府。上海工人第三次武装起义时，上海总工会工人纠察队南市总部即设于三山会馆。

1959年，三山会馆被上海市政府公布为市级文物保护单位。1988年，在三山会馆旧址设立“上海市南市区革命史迹陈列馆”。2009年，成为“上海市爱国主义教育基地”“上海市全民国防教育基地”。2010年，为迎世博会，修建新馆。

龙华烈士陵园

龙华烈士陵园位于上海市徐汇区龙华路上，毗邻龙华寺，占地约300亩。原为国民党淞沪警备司令部旧址和龙华革命烈士就义地，在此被关押和被杀害的共产党人和革命志士数以千计，有“上海雨花台”之称。1931年2月7日夜，林育南、李求实、何孟雄等24位中国共产党重要干部和“左联”作家在此被秘密杀害。1950年，龙华地区挖掘出“龙华二十四烈士遗骸”后，在此竖立“龙华革命烈士就义地”纪念碑。1990年，龙华烈士陵园建设工程启动，1995年建成并对外开放；1997年烈士纪念馆开馆。

图89　龙华烈士陵园（郭长耀2004年10月6日摄）

龙华烈士陵园由邓小平同志题写园名，江泽民同志为纪念碑题写“丹心碧血为人民”。陵园内安葬着顾正红、罗亦农、赵世炎、陈乔年、彭湃等1600余名烈士。陵园设纪念瞻仰区、烈士纪念馆、烈士墓区、就义地、碑林区等区域，沿主轴线依次展开，每一区域由不同建筑组成，“过去”“现在”“未来”交织，共同构成缅怀先烈的主题。

龙华革命烈士就义地，1988年被国务院公布为全国重点文物保护单位。龙华烈士陵园，1993年被国务院列为全国重点文物保护单位，1997年被中宣部公布为第一批全国爱国主义教育示范基地。

陈云故居

陈云故居位于上海市青浦区老朱枫公路3433号，在青浦练塘镇下塘街上，是一座砖木结构老式江南民居，陈列陈云用过的物品及照片，反映陈云当年在练塘的生活和斗争。

陈云两岁丧父，四岁丧母，被舅父母收养，并随舅父廖文光的姓改名廖陈云。现在的陈云故居就是其舅父母家。陈云在舅父母家居住8年，随后前往上海商务印书馆当学徒，从此开始长达70余年革命生涯，把毕生心血和精力都贡献给党和人民。

陈云故居1959年被列为县级文物保护单位。现陈云故居暨青浦革命历史纪念馆是经中央批准建立的系统展示陈云生平业绩的专馆，2000年建成开馆，为省级文物保护单位。2021年，该馆入选上海市第一批革命文物名录。

图90　陈云故居暨青浦革命历史纪念馆（郭长耀2020年10月11日摄）

黄浦江水利工程

黄浦江是一条潮汐型河流，又位于长江口，潮汐携带大量泥沙，使河道极易淤浅，故历朝政府均会定期疏浚河道。在历史上，黄浦江主干河道有两次最重要的河道整治工程：一是明初夏原吉疏浚范家浜，使黄浦江改道范家浜后经南跄浦入海，形成今黄浦江河道；二是1905—1937年，上海浚浦局对黄浦江下游自吴淞口至江南制造局进行全面河道整治，使黄浦江成为一条国际优良深水港，从而确保上海作为国际大港的地位。

在长年治水过程中，人们注意到仅靠疏浚还不足以抵御潮沙危害。自宋代开始，人们在黄浦江重要支流口兴建水闸，以挡潮、防沙、蓄水和泄洪。至元代，上海建造水闸技术已达到全国领先水平。2001年在上海志丹苑发掘的元代水闸，为中国已考古发现的规模最大、做工最好、保存最完整的元代水闸。中华人民共和国成立之后，对黄浦江重要支流口水闸进行维修、重建和新建，逐步形成完整的黄浦江水闸系统。特别是近二十年来，黄浦江水闸经不断升级改造，功能日益强大，建造技术达到世界先进水平。这些水闸对黄浦江流域灌溉、防沙挡潮和蓄水防洪等方面发挥着积极作用。

黄浦江地处雨量充沛的亚热带季风气候区，每逢夏季8、9月份，降雨增多，若再遇见台风和天文大潮，就会发生严重汛情。而黄浦江是太湖流域干河，不仅承泄整个流域洪水，而且又横穿地势较低的上海市中心城区，肩负着城市防汛安全重任。中华人民共和国成立后，为提高上海防汛能力，从1954年开始沿黄浦江及其重要支流修筑4.5米高堤防。之后又先后历经1962年、1974年两次加高加固，至1978年，共修筑江堤128.4千米，形成初具规模的防汛墙体系。1984年9月，上海城市防洪标准提高至千年一遇（吴淞防御水位6.27米，黄浦公园防御水位5.86米，防汛墙高程6.90米），并从1987年开始按照新标准加高加固，郊区堤防采取百年一遇或五十年一遇的标准。至2021年，吴淞口至千步泾/西荷泾（含沿线河口至第一座水闸）黄浦江主干河道，采用千年一遇防潮标准设防，为Ⅰ等工程1级水工建筑物，堤防长度285.64千米；拦路港段、红旗塘

（上海段）、太浦河（上海段）、大泖港段采用五十年一遇流域防洪标准设防，为Ⅱ等工程3级水工建筑物，堤防长度193.48千米，为上海城市的防汛安全提供了保障。

河道整治工程

1905年，上海浚浦局成立，聘用荷兰工程师奈格为总工程师，开始对黄浦江下游自江南制造局至吴淞口之间河道全面整治，主要采取以下措施：修筑吴淞导堤，引潮水入河，冲刷河道；规划浚浦线，束窄河道，以水攻沙；堵塞高桥沙老航道，挖深新航道；对下游特殊浅滩挖深等。整治取得初步成效。1912年之后又在海德生、查得利等浚浦局总工程师主持下，对黄浦江进行第一期、第二期和第三期整治工程。到20世纪30年代，自吴淞口至江南制造局30余千米航道水深趋于稳定，平均水深低潮位8米，高潮位达10米，可航行万吨级巨轮。之后历次疏浚工程均以此为基础，可以说，这项工程不仅确保了上海作为一个国际大港口的领先地位，而且是国际港口河道整治史上的一个里程碑。20世纪八九十年代，为配合吴泾地区工业开发需要，对吴泾航道、塘口航道多次疏浚，使万吨级航道从吴淞口直达闵行吴泾一带，比之前延长20余千米，总计50余千米。经历年疏浚，20世纪90年代，黄浦江主航道无须人工疏浚，仅靠自然冲刷即可维持航运基本要求。随着黄浦江两岸港区向长江口和洋山深水港转移，黄浦江作为海港的航运功能减弱，但在内河航运中仍发挥着重要作用。

黄浦江干流整治工程

自明初黄浦江形成后，上海港从吴淞江转移到黄浦江，并获得长足发展。黄浦江下游河段，因濒临吴淞口，长江水裹挟的泥沙在潮汐推动下进入黄浦江，长年淤积，逐渐在河床形成暗沙或沙洲。乾隆年间（1736—1796），在黄浦江下游高桥镇附近，出现一江心洲。吴淞口内外航道，也存在大量暗沙，又称吴淞内外沙。为确保上海港国际航运地位，历代政府对黄浦江主航道疏浚颇为重视，但旋浚旋淤，效果不佳。当时进出上海港的船只，主要是平底沙船，吃水浅，对航道水深要求不高，故黄浦江航道的凶险状况，并没有影响上海港总体发展。至道光初年，集散于上海港各类船只达3000余艘，上海港被誉为“沙船之乡”。

1843年开埠后，上海从一个地方性港口城市，迅速发展为全国最大港埠贸易城市。上海作为一个国际性大都市，自然对航道提出更高要求。但在开埠初期，无论是

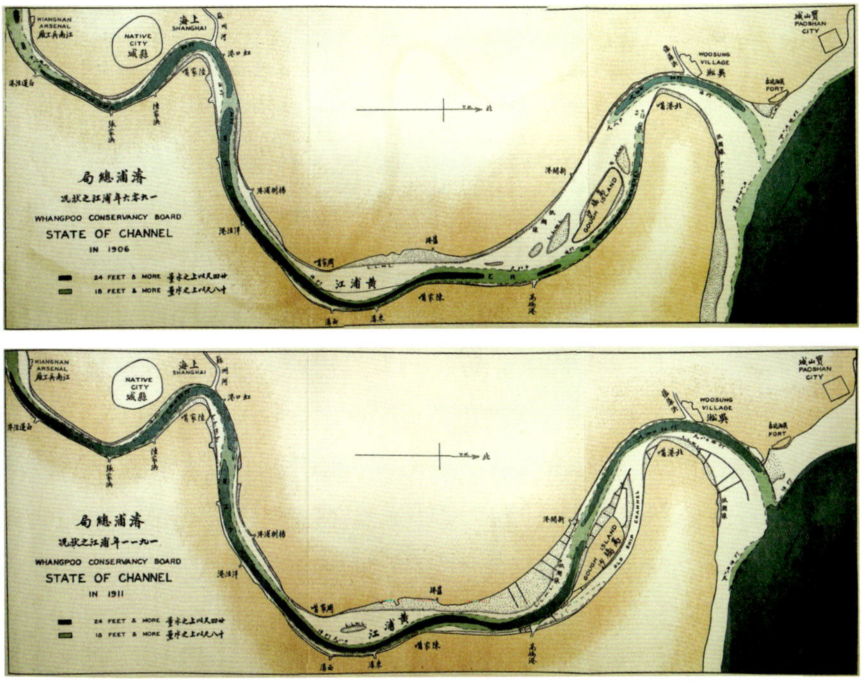

图91　1906年和1911年黄浦江下游航道（1927年《上海港口大全》）

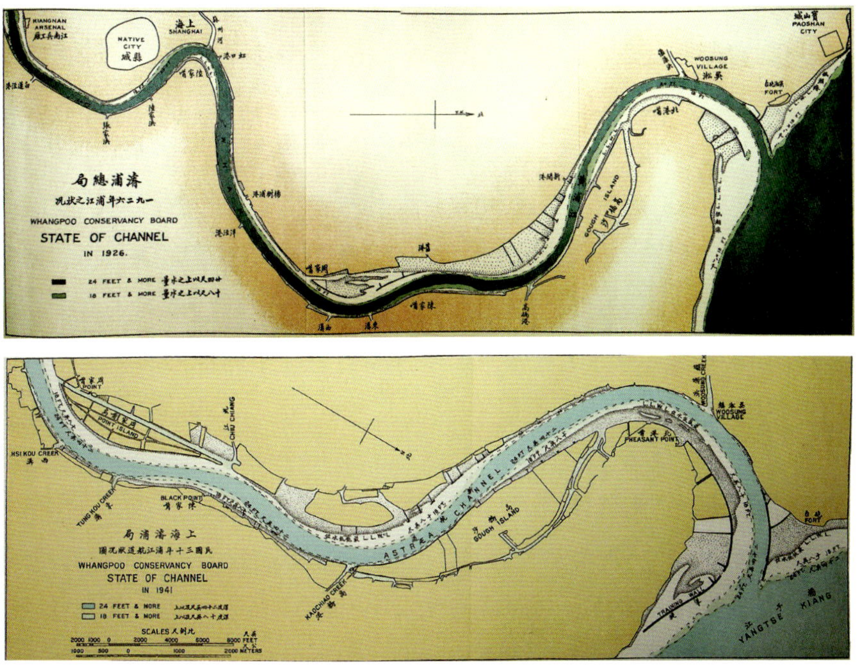

图92　1926年和1941年黄浦江下游航道（1943年《上海港口大全》）

外国船只，还是中国平底沙船，吨位均不大，吃水不深，故黄浦江下游航道淤浅问题对上海港影响不大。随着上海港国际地位上升，特别是苏伊士运河开通后，进出上海港的中外船舶越来越多，载重吨位越来越大，并呈继续上升趋势。黄浦江下游航道淤浅、碍航的问题日益凸显，成为制约上海港发展的重要屏障。西方列强为保障其在沪及在华经济利益，多次恳请清政府整治黄浦江。出于国防需要考虑，清政府多次予以婉拒。西方列强不得已于1876年以上海外国使团名义，邀请在日本的两个国际知名治水师——荷兰工程师艾雪、奈格来沪调查黄浦江，为进一步请求清政府疏浚黄浦江提供证据。之后二人撰写《关于吴淞内沙报告》，提出堵塞高桥沙老航道、疏浚高桥沙新航道，并通过划定漏斗形导治线加大进潮量、束水攻沙的治河方案。

在内外舆论压力下，1882年清政府从英国购置自航链斗式挖泥船“安定号”，次年在吴淞口疏浚航道，这是中国首次采用机动挖泥船疏浚航道，但效果不佳。光绪二十七年（1901），清廷被迫与外国列强签订《辛丑条约》，条约附则条款中列入黄浦江航道疏浚相关内容。光绪三十一年十二月初一（1905年12月26日），清廷批准在上海成立浚浦局，并聘请荷兰工程师奈格为浚浦局首任总工程师，对黄浦江河道实施整治。

1907—1910年，在奈格总工程师主持下，浚浦局实施以下整治工程：（1）划定浚浦线，确定黄浦江河身宽度，使其上游窄，下游宽，形成漏斗形状，以增加进潮量，利用流速，冲刷淤沙，增深河床；（2）建造吴淞导堤及口岸顺堤，以引进潮水；（3）整治高桥沙，堵塞轮船老航道，开辟帆船新航道；（4）用挖泥船疏浚吴淞口内外沙；等等。经过近四年整治，黄浦江航道水深明显改善。宣统三年（1911），瑞典工程师海德生接任浚浦局总工程师，他在奈格治理的基础上，制订并实施《黄浦江继续治理计划》，具体包括两个十年计划：继续堵塞老航道，开挖高桥沙新航道；修筑黄浦江下游河岸堤坝；挖深陆家嘴、北港嘴、南市嘴等凸嘴，疏浚下游航道。1928年，英国工程师查得利继任浚浦局总工程师，提出黄浦江第三个十年计划，继续推进航道疏浚工程。至1936年，经过近30年治理，黄浦江自吴淞口至江南制造局30余千米航道，平均水深达8米，可使万吨级轮船乘潮进港。

1937年抗日战争全面爆发后，黄浦江疏浚工程几乎停滞。1945年抗战胜利后，又遭遇四年内战，致使航道多处淤浅，始终未恢复到战前水平。

1949年中华人民共和国成立后，黄浦江疏浚工程恢复正常。从20世纪50—70年代，重点疏浚下游航道及码头泊位。同时，为配合上游吴泾工业区发展，对吴泾航道、塘口航道展开疏浚。至20世纪80年代，黄浦江航道除吴淞口、高桥和陈家嘴三处浅段进行疏浚外，其他航道基本无须疏浚，即可满足交通部对黄浦江通航水深要求。

进入20世纪90年代，为适应船舶大型化和集装箱发展要求，黄浦江下游港区逐步向外高桥和洋山港转移，黄浦江疏浚重点转向上游航道。1990年，关港深水航道工程被列入上海市“八五”计划，1991年上海航道设计研究院完成工程设计，1992年由上海航道局组织施工，1993年10月建成通航。航道最小水深8.6米，最小宽度100米，该工程使黄浦江万吨级航道从30余千米延伸至53.64千米。

随着吴泾万吨级航道开辟，船舶量大增，鳗鲤嘴弯道成为制约上游航运障碍。鳗鲤嘴弯道曲径半径小，江面窄，是通往黄浦江上游咽喉。为此，航道管理部门实施鳗鲤嘴弯道切滩整治工程，1995年上海航道设计院完成工程设计，1996年7月由上海航道局组织施工，工程内容包括切除鳗鲤嘴凸咀、开辟小船航道、增加船舶通视距离等。1998年12月完工，改善该河段弯道航行条件。2009年6月18日—8月2日，上海市航道中心组织实施黄浦江关港航道鳗鲤嘴浅段疏浚维护工程，疏浚工程量16.9万立方米。

至2021年，黄浦江主航道水深10米以上占80%，全线通航水深8.0米（不含高潮位），各段航道及通航状况如下：

吴淞口至张华浜航道，全长6.94千米，水深10米，航道平均宽度200 ～ 220米，最窄处宽150米，可乘潮通航3万吨级海轮。

张华浜至吴泾航道，全长46.70千米，水深9.5米，航道宽度220米的有30.6千米，占65.5%，航道宽度不足220米的为吴泾航道、陈家嘴航道、高桥航道和关港航道部分，可乘潮通航2万吨级海轮。

吴泾至巨潮港口航道，全长13.71千米，水深8米，航道平均宽度200米，最窄处宽160米，可通航3000吨级海轮。

重要支流河道整治工程

吴淞江工程

吴淞江工程（上海段）是上海水利史上规模最大单体水利项目，是国务院172项重大水利工程项目之一，是2017年国务院批复《上海市城市总体规划（2017—2035）》和2019年水利部审查通过《上海市防洪除涝规划（2017—2035）》中安排的流域、区域防洪除涝骨干工程之一，对完善太湖洪水外排、增加地区排水出路、提高上海市区域防洪除涝能力、改善嘉宝北片水生态环境、发挥航运综合效益具有重要意义。吴淞江工程（上海段）总投资约700亿元。

吴淞江工程（上海段）新川沙河段，跨越嘉定区徐行镇、华亭镇和宝山区罗泾镇，

图93　吴淞江工程（上海段）总平面布置示意图（上海市水务局提供）

图94　苏州河西闸效果图（上海市水务规划设计研究院提供）

西起蒲华塘，向东沿向阳河至嘉定、宝山区界界泾后折向东北接新川沙河入长江，主要建设内容包括拓浚向阳河、新川沙河，新建新川沙河入江枢纽，新建、改建沿线跨河桥梁。其中，河道按规划河宽疏拓，长约7.82千米；新建新川沙河泵闸枢纽包括60米宽水闸和150立方米/秒泵站各1座；桥梁工程包括新建、改建沿线跨河桥梁7处，拆除、取消桥梁5处，新建支河桥梁10处。工程于2020年10月开工，计划2024年9月完工。

太浦河工程

太浦河工程是中华人民共和国成立后为减轻太湖水患、改善农田水利条件的一项重要水利工程。太浦河是连接太湖与黄浦江的一条排洪泄涝主要河道，全长57.60千米，其中上海段15.47千米。该工程始于1958年，前后历时多期工程，至1995年全线贯通。

1958年9月—1959年7月为第一期开挖工程，由当时吴江、吴县、江阴和上海的青浦、松江、金山等6县7.3万人施工。河道穿越鹏鱼荡等湖泊荡20余处，按照“大湖穿、小湖包”办法，穿湖筑堤，围湖造堤，共完成土方1205万立方米。

1960年2月至1961年为第二期开挖工程。江苏河段由吴江、吴县、江阴、常熟等4个县施工，上海段由松江、金山、青浦等3县万余民工和市区2800人参加。经过这两次工程，河道初具雏形。

1991年6月，太湖流域发生特大洪水。同年10月，国务院将太浦河工程列入太湖流域综合治理十大骨干工程之一。12月1日，上海段开挖工程启动；至1995年末，河道全线贯通。上海段河道标准为河底宽120～130米，河底高程-5～-5.5米，边坡比为

图95　1991年青浦炸钱盛荡坝现场（左）；1991年11月太浦河开挖场景（右）
（上海市青浦区档案馆提供）

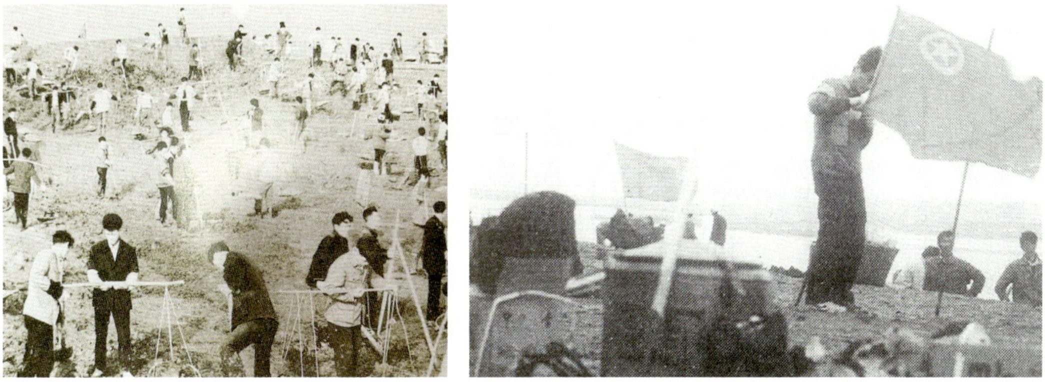

图96　1991年郊县民工在太浦河工地劳动（左）；团旗在太浦河工地上飘扬（右）
（上海市青浦区档案馆提供）

图97　太浦河工程纪念碑［黄浦江上游堤防（泵闸）管理所提供］

1∶2.5～1∶7，工程总土方量2200万立方米。工程总投资7亿元。全线开通后，太浦河在抵御1995年、1996年、1998年和1999年流域洪水，以及2003年、2004年流域严重旱情中发挥重要作用。

淀浦河工程

淀浦河，西起淀山湖，东至黄浦江，全长46.06千米，是淀山湖向东排洪泄涝的骨干河道。工程1958年12月动工，至1959年2月为第一期工程，原青浦县疏浚蒲汇塘，西起青浦县三里桥，东至松江县界打铁桥，全长21.6千米。1971年11月，第二次疏浚淀浦河，西起北竿山，东至打铁桥。1976年10月，确定淀浦河河道线，西起淀山湖畔九曲港口，经朱家角，横贯崧泽、佘山、赵巷、泗泾、九亭、莘庄、梅陇、龙华，于港口船华渡入黄浦江。同年12月10日开工，原青浦县段利用九曲港、漕港、横泖、蒲汇塘拓宽疏浚，原松江县段沿用横塘拓宽疏浚，原上海县段占用横塘一段，其余实地开挖。在疏浚河道同时，新建铁路、桥梁，淀浦河西船闸、淀浦河东船闸、节制闸各1座。当时上海、嘉定、宝山、青浦、松江、金山等6县投入14万民工，1977年8月全线竣工通水。河道断面标准：淀山湖边至西船闸1千米，河底宽25米，河底高程-0.5米；西船闸至东船闸35千米，河底宽25米，河底高程-1.0米；东船闸至龙吴路桥9千米，河底宽25米，河底高程-1.8米；龙吴桥至黄浦江为河口段长500米，河底宽30米，河底高程为-2.5米；全线边坡比为1∶2.5。工程总土方量1033万立方米，总投资4000余万元。淀浦河开通后，不仅原青浦、松江两县50万亩农田受益，而且缩短淀山湖至黄浦江航道，成为沪、苏、皖主要内河航道之一。

图98　1976年12月，淀浦河开河施工现场（上海市青浦区档案馆提供）

大治河工程

大治河，西起闵行区鲁汇镇闸港与黄浦江交汇处，东至浦东新区六灶港入海口，全长38.03千米，是中华人民共和国成立后上海郊区人工开挖规模最大的河道，也是水利大控制浦东片的骨干河道。1977年，为改善原南汇地区水质、排灌和航运条件，并按全市水利分片综合治理规划，确定开挖大治河，其河线部分利用原有二灶港、四灶港、新开港、六灶港等老河道进行挖深拓宽。1977年12月—1978年1月完成第一期工程，从上海县界至宣桥，长9.50千米。1978年2—9月完成第二期工程，从老港五尺沟至东海滩，长3.50千米。1978年11月—1979年1月完成第三期工程，从宣桥至老港，长17.94千米。1979年1月竣工，三期共完成土方3880万立方米。全线贯通后，为五级航道，可通航300吨级船只。

川杨河工程

川杨河，位于在浦东新区南部，西起黄浦江杨思港，迤东入长江口，全长28.60千米，为浦东水利大控制片骨干河道之一。因原河道浅狭、引排不畅，暴雨汛期涝灾严重。1977年，制订全市水利分片综合治理规划，确定开挖川杨河。1978年11月20日—1979年1月20日，开挖三甲港水闸至陆家大桥13.5千米。1979年11月28日—1980年1月15日，开挖陆家大桥至杨思港水闸15.2千米。河道断面标准，西端引航段河底宽20～30米，东端三甲港至沙脚河段1千米底宽30～60米，沙脚河至浦东运河5.07千米底宽30米，其余河段底宽为20米，河底高程均为-1.6米，边坡比为1∶3。西端近黄浦江处建杨思水利枢纽、船闸和节制闸各1座，东端建节制闸1座。工程总土方1734万立方米，投资2157万元。川杨河是六级航道，与随塘河、浦东运河、曹家沟、马家浜、三八河等33条南北向干支流贯通，为浦东地区水运网骨干河道。

防汛工程

黄浦江上接太湖，下通长江口，是太湖流域主要水系——黄浦江水系的主干，是流域重要排水通道，并且穿越上海市中心城区，具有流域行洪、区域排涝（水）、供水、航运、旅游等综合功能。黄浦江及其上游河道范围从吴淞口至苏浙沪省界止，堤防总长约479.12千米，常称为“千里江堤”，与“千里海塘”“区域除涝”“城镇排水”共同构成上海防汛四道防线。

黄浦江及其上游河道堤防共涉及宝山、杨浦、虹口、黄浦、徐汇、闵行、浦东、奉贤、松江、金山、青浦等11个区。2021年，吴淞口至千步泾/西荷泾（含沿线河口至第一座水闸）采用千年一遇防潮标准设防，为Ⅰ等工程1级水工建筑物，堤防长度285.64千米；拦路港段、红旗塘（上海段）、太浦河（上海段）、大泖港段采用五十年一遇流域防洪标准设防，为Ⅱ等工程3级水工建筑物，堤防长度193.48千米。

清代开始沿黄浦江修筑土堤，重要的有浦东土塘和浦西衣周塘。1905年上海浚浦局成立后，黄浦江形成新的堤岸，下游部分河岸修筑混凝土堤防。而全面系统的黄浦江堤防工程始于1956年，在此之前，上海市中心城区江河沿岸只是局部修建堤防。1956—1962年，开始在市中心区沿江、沿河构筑连续砖砌防汛墙，外滩于1959年首次建起砖砌防汛墙，墙顶高程为4.80米。1963年1月第一次实行市区堤防设计标准（“六三标准”），规定黄浦公园防汛墙顶高程最低要求为4.94米，新建加高为5.20米。此后开始全面新筑市区防汛墙，构筑材料、型式和技术也有所改进。至1974年汛前，市中心区防汛墙按照新标准基本封闭、完工。

1974年8月20日，上海遭受7413号台风侵袭，黄浦公园站潮位高达4.98米，沿江不少地段险情十分严重，城乡接合部不少地区决口漫溢。11月，市防汛指挥部颁布新的堤防设计标准（“七四标准”），规定黄浦公园防御潮位为5.30米，墙顶高程为5.80米，后称百年一遇标准。之后中心城区防汛墙以此标准修筑。

1981年9月1日，上海又遭8114号台风袭击，黄浦公园站出现超纪录的5.22米最高潮位，这与1974年规定的防御潮位仅相差8厘米，防汛墙漏水、冒水仍比较普遍。1984年9—10月，上海市政府和水利部先后批准上海市区近期按千年一遇防洪标准设防（“八四标准”），相应吴淞站防御水位6.27米，黄浦公园站防御水位为5.86米。防汛墙顶高程分别为7.30米和6.90米，防汛墙考虑按地震烈度七度设防，结构为1级水工建筑物。1987年起，中心城区防汛墙按此标准加高加固。

1988—2005年，上海先后实施“黄浦江干支流防汛墙加高加固工程（208工程）”和“黄浦江干流新增防洪工程（110工程）”两项工程，分别使上海老城区与新增城市化地区防汛墙基本达到千年一遇防洪标准。1990—2010年，上海先后实施太浦河、红旗塘和黄浦江上游干流防洪等流域骨干工程，境内太浦河、拦路港—泖河—斜塘、红旗塘—大蒸塘—圆泄泾及黄浦江上游干流段堤防达到五十年一遇防洪标准。

21世纪初，随着上海城市产业结构调整和城区功能性改造，黄浦江沿岸大量从事生产、运输的工厂码头逐步迁出，中心城区两岸逐渐由“生产型岸线”向“生活型岸线”转变。为迎接2010上海世界博览会，世博区域黄浦江浦东段、徐汇段沿江防汛墙实施升级改造，形成特色鲜明、绿色融合、人水和谐的滨水公共空间。

2016年，上海市开展新一轮城市总体规划编制，提出建设“创新之城、人文之城、生态之城”目标。为促进黄浦江沿线岸线转型升级，上海实施黄浦江杨浦大桥至徐浦大桥范围公共空间贯通工程。2017年12月31日，黄浦江两岸45千米滨江岸线向市民贯通开放，真正实现还水于民、还景于民，在我市“一江一河”规划建设过程中迈出关键一步。

圩区工程

上海属冲积平原，部分地区地势比较低洼，易发生洪涝灾害，通过圈筑圩堤、设置水闸泵站，建成封闭防洪除涝保护区域，达到外御洪水、内除涝水、保障防汛安全和水资源调度的作用。在暴雨来临前开闸放水，预降水位，腾出河湖库容；水位升高时关闸挡水并开泵排水，控制圩内水位，确保低洼圩内不因暴雨受涝受灾。

经过多年建设，至2021年底，全市共有圩区304个，控制排涝面积206.46万亩，其中耕地面积78.05万亩、水面积20.28万亩、其他108.13万亩。全市共有圩区水闸设施2212座，其中节制闸583座、泵闸1404座、泵站104座、套闸70座、涵闸51座。

图99　圩区（李珍明2022年8月2日摄）

图100　曹家湾北泵闸和大港三号河北泵闸
（左图：上海市松江区水务局提供；右图：顾弘炜2022年8月摄）

水闸工程

上海地区建造水闸历史悠久，最早的“将军堰”建于晋朝，因左将军袁崧所筑而得名。宋代，建堰闸记载渐多，据明正德《松江府志》记载：“乾道二年，转运副使姜诜……又置张泾堰闸。”[1]又据清嘉庆《上海县志》：“绍兴十三年，新泾塘置牐，徐浦塘筑堰……”[2]元代疏浚吴淞江时，“上引湖水，下通东海及福山许浦等河，俱已开通，亦导湖水入江达海，各置闸座，依时启闭”[3]，说明开新河置水闸已较为普遍。大德、泰定年间，任仁发先后在赵浦、潘家浜、乌泥泾等处建6座水闸。据正德《松江府志》记载：“泰定三年，任仁发等官讲议，吴淞江等四处河道今已开通，拟合潴闭附江达海分流支港。于平江嘉定州之赵浦，嘉兴上海县之潘家浜、乌泥泾三处，各置石闸二座。设官管领，依时启闭，以遏浑潮。”[4]赵浦闸，据万历《青浦县志》记载，建成于泰定三年（1326），后至元年间（1264—1294）废弃。2001年考古发掘时发现该闸，又称志丹苑元代水闸遗址，位于上海市普陀区志丹路、延长西路交界处，是中国考古发掘规模最大、做工最好、保存最完整的元代水闸。明清时期，河流入口处建水闸更加普及，且多系人力启闭的砖石木结构水闸。

中华人民共和国成立后，先后在黄浦江及重要支流口修建新式水闸、泵闸，逐步

〔1〕 正德《松江府志》卷三《水下》。
〔2〕 嘉庆《上海县志》卷三《水利》。
〔3〕（元）任仁发：《水利集》卷四。
〔4〕 正德《松江府志》卷三《水下》。

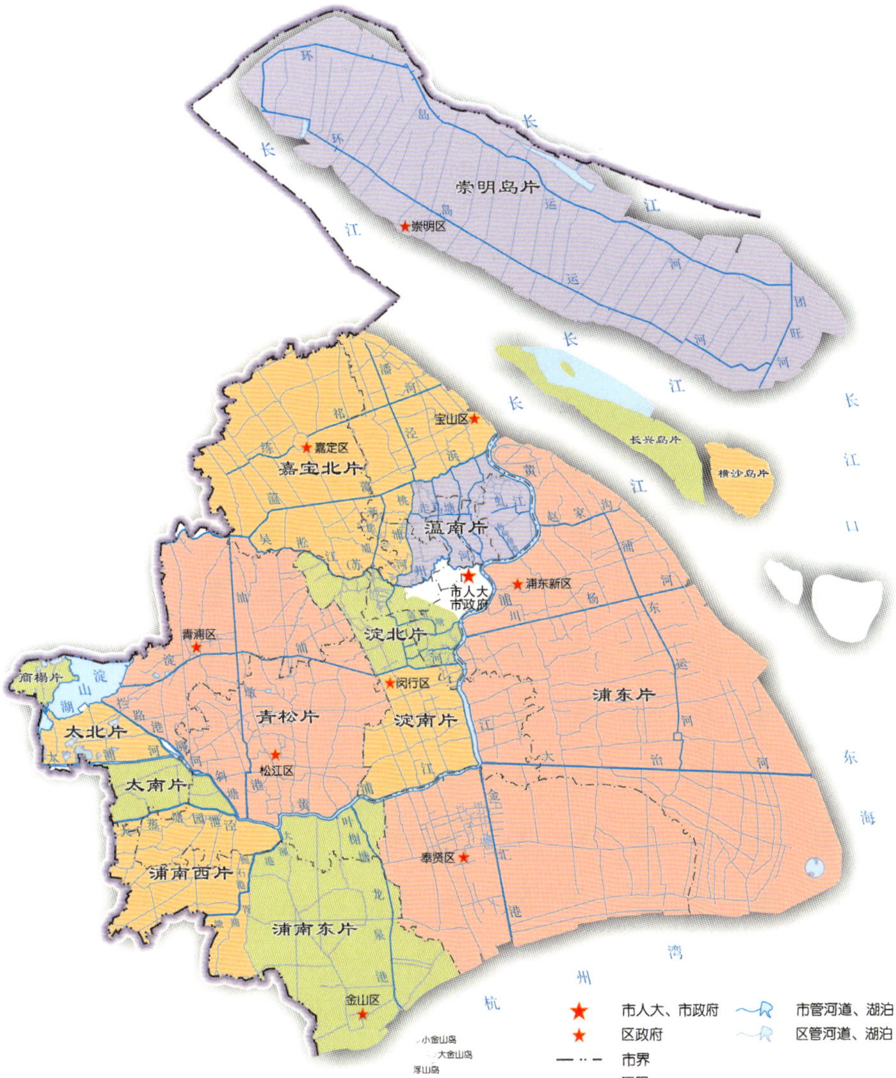

图101　2021年上海市水利片分布图（上海市水务局:《2021上海市河道（湖泊）报告》）

形成较为完整的水闸网络系统。水闸设施包括节制闸、泵闸、船（套）闸、泵站、涵闸、橡胶坝等多种类型。根据《2021年上海市水闸设施年报》，2021年上海市全市共有水闸2902座（含圩区水闸设施2212座），其中市管水闸24座，区管水闸349座，镇管水闸2482座，其他非水务部门管辖47座，涉及全市16个行政区、14个水利控制片（除太浦河泵站位于苏州吴江区外）。这些水闸在全市防汛、挡潮、排涝、航运、灌溉、改善水环境和保护水资源等方面发挥重要作用。

图102　苏州河河口水闸沉板沉放施工（虞建波2004年11月1日摄）

图103　吴淞路闸桥旧貌（上）；吴淞路闸桥闸门关闭状态（下）（上海市堤防泵闸建设运行中心提供）

苏州河河口水闸

苏州河河口水闸位于苏州河汇入黄浦江的河口，2003年4月开工建设，2006年8月投入运行，是苏州河环境综合整治二期工程标志性项目。苏州河河口水闸为千年一遇防洪标准，防御水位为6.26米，工程等别为Ⅰ等，抗震标准为基本烈度七度。水闸主要水工建筑物为1级，包括闸墩、基础钢管桩、闸底板、启闭机室、防渗钢板桩、上下游护坦等设施。苏州河河口水闸单孔100米，与河口同宽，闸门高9.76米，底轴直径2米，门型采用液压底轴驱动的水下卧倒式翻板钢闸门，为世界同类型最大规模水闸。

吴淞江建闸，始于元代。大德八年（1304）和泰定年间（1323—1328）曾在吴淞江各处置闸十座，以限制潮沙。明隆庆四年（1570），应天巡抚海瑞疏浚吴淞江时，在今福建路桥附近建造一道石闸，名“吴淞江石闸”，即老闸。清康熙十一年（1672），韩佐周在原址重建石闸，三洞，且闸上有桥，以方便民众通行。老闸使用年久，屡遭苏州河水冲刷，不堪重压。雍正十三年（1735），当地政府又选址金家湾（现新闸路、新桥路附近）新造一道石闸，于乾隆二年（1737）竣工，即新闸。1991年4月，苏州河吴淞路闸桥建成，成为国内外第一座兼挡潮和交通功能的悬挂式挡潮闸。该闸位于苏州河外白渡桥和乍浦路桥之间，水闸单跨60米，桥梁为双向6车道。

随着时代发展，吴淞路闸桥已无法满足外滩交通和景观功能需求，也无法适应双向挡水，上海市政府决定于2009年10月拆除吴淞路闸桥，新建苏州河河口水闸。

图104　苏州河河口水闸
（上海市堤防泵闸建设运行中心提供）

太浦河泵站

太浦河泵站工程位于江苏省苏州市吴江区七都镇境内太浦闸南侧，2000年12月26日开工，2003年7月2日竣工，其工程规模为Ⅰ等大（1）型，主要建筑物为1级，设计防洪标准为百年一遇，校核洪水为三百年一遇。泵站工程由抽水泵站、拦污栅、公路桥、上下游河道、变电站等组成。泵站装有单泵流量为50立方米/秒、叶轮直径4.1米斜15°轴伸泵共6台，配置1600kW异步电机6台。太浦河泵站具有超低扬程、低转速特点，其规模在同类型的斜式泵中为亚洲之最。在太湖流域枯水期，太湖水位低于太浦河水位，太浦闸无法进行自泄，此时关闭太浦闸，利用太浦河泵站抽取太湖水以满足下游黄浦江干流供水量，同时有效改善黄浦江二期引水工程取水口段水质。

图105　太浦河泵站
（上海市堤防泵闸建设运行中心提供）

图106　1978年10月淀浦河东水利枢纽节制闸通水
（上海市堤防泵闸建设运行中心提供）

图107　原淀浦河东水利枢纽
（上海市堤防泵闸建设运行中心提供）

图108　淀浦河东水利枢纽泵闸俯瞰
（上海市堤防泵闸建设运行中心提供）

淀浦河东水利枢纽

淀浦河东水利枢纽，简称淀浦河东闸，位于上海市闵行区莘庄镇，距黄浦江约10千米，具有挡潮、防洪排涝、活水畅流和船舶通航等功能。原由一座节制闸与一座100吨级船闸组成，1975年9月开工，1978年10月建成。节制闸共3孔，总净宽26米；船闸闸口宽12米，通航等级为100吨。为提升青松大控制片排涝能力，在节制闸原址上游改建为淀东泵闸，船闸保留。泵闸工程2014年12月开工，2019年10月竣工验收，工程等别为Ⅰ等。淀东泵闸是青松水利控制片最重要东排口门，由3台共90立方米/秒流量泵站和2孔总净宽24米节制闸组成，工程防洪标准为千年一遇。

大治河西水利枢纽

大治河西水利枢纽，简称大治河西闸，位于闵行区浦江镇闸航路（原鲁汇闸港），西距黄浦江约800米。工程等别原为Ⅲ等，2001年改造提高为Ⅰ等，主要由一座节制闸、一座船闸和一座公路桥组成，具有挡潮、防洪排涝、水资源调度和船舶通航等功能，是浦东片最主要水利枢纽工程。节制闸共6孔，每孔净宽10米，其中中间4孔为非通航孔，设有胸墙。水闸设计最大排涝流量为442立方米/秒，最大引水流量为276立方米/秒。船闸通航等级为300吨，是上海市垃圾外运的主要通道。水闸工程于1977年12月正式动工兴建，于1979年11月25日正式投入运行，工程总投资795.9万元。鉴于大治河西闸船闸工程规模及工况已不满足三级航道要求，2015年9月大治河西水利枢纽新建二线船闸工程开工建设，设计通过能力为2900万吨/年，2019年9月底通过验收。船闸位于黄浦江与大治河交接处，是大芦线西起点，在上海“一环十射”内河高等级航道网络中处于咽喉位置。二线船闸投入运行后，1000吨级/90标准箱的内河集装箱船将可从黄浦江进入浦东芦潮港内河港区，有效提升长三角地区高等级航道网综合集疏运能力。

图109　大治河西水利枢纽航拍
（上海市堤防泵闸建设运行中心提供）

图110　大治河西水利枢纽节制闸
（上海市堤防泵闸建设运行中心提供）

蕰藻浜东水利枢纽

蕰藻浜东水利枢纽，简称蕰藻浜东闸，位于上海市宝山区顾村镇塘桥西首，由一座3孔节制闸和一座300吨级船闸组成，设计最大排涝流量210立方米/秒。1978年12月12日开工，1982年9月29日竣工，同年10月投入使用，总投资1156.6万元。工程原设计等别为Ⅲ等，挡潮设防水位5.80米（P=1%），经过2001年改造加固后工程等别提高为Ⅰ等，相应挡

图111　大治河西水利枢纽船闸
（上海市堤防泵闸建设运行中心提供）

图112　蕰藻浜东水利枢纽船闸（左）；蕰藻浜东水利枢纽节制闸（右）
（上海市堤防泵闸建设运行中心提供）

图113　龙华港老泵闸（左）；龙华港新泵闸（右）
（上海市堤防泵闸建设运行中心提供）

潮设防水位6.27米（P=1‰），具有挡潮、防洪排涝、活水畅流、航运等功能。

龙华港泵闸

老龙华港泵闸位于龙华港龙华西路桥西侧约300米处，距黄浦江河口约1.7千米，1989年开工，1992年建成，由一座闸口12米净宽套闸和30立方米/秒排涝泵站组成。随着城市建设迅速推进，老龙华港泵闸已不能适应社会经济发展需求，2014年11月被拆除。新龙华港泵闸位于龙华港距黄浦江河口约236米处，工程等别为Ⅰ等，2008年9月开工，2011年7月建成。由一座单孔12米宽节制闸与90立方米/秒泵站组成（实际安装2台单机流量22.5立方米/秒水泵），泵闸总体布置采用“泵+闸+泵”布置形式，是淀北片最大排涝口门，主要功能是防洪、挡潮、排涝及水资源调度。

元荡分洪闸

元荡分洪闸，亦称元荡节制闸，位于318国道苏沪交界处，系太湖流域综合治理十大骨干工程之一“扩大拦路港，疏浚泖河、斜塘工程”一部分，1999年12月8日开工，2000年12月25日竣工。该工程为单向节制闸，工程等别为Ⅱ等，主要建筑物为2级，共3孔，每孔净宽8米，最大设计流量为121立方米/秒，设防标准为五十年一遇，主要功能是分担淀泖地区泄洪任务。

堤防工程

防汛墙的类型

上海地区防汛墙传统结构类型包括桩基承台式结构、拉锚板桩式结构、L型和护坡式结构，以及重力式结构等型式。按照上海城市发展定位及“一江一河”沿岸建设规划要求，“一江一河”沿线逐步由生产型岸线向世界级滨水区迈进，逐步衍生出空厢式结构、二级挡墙式结构、插板式结构等新型结构。

图114　元荡分洪闸（上海市堤防泵闸建设运行中心提供）

桩基承台式是本市防汛墙最主要结构型式。该结构优点是结构稳定安全可靠、施工时不需做围堰，缺点是板桩脱榫则易造成墙后地坪漏水。其中，底板露出河床泥面以上的为高桩承台式，底板位于河床泥面以下的为低桩承台式。

拉锚板桩式基础为钢筋混凝土板桩，上部为钢筋混凝土墙身，板桩通过拉杆锚固。这种结构主要存在于驳岸兼作小型码头的地段，其优点是墙顶侧向位移较小，但其后方要有较宽场地，实际使用受较大限制。

L型和护坡式主体结构为钢筋混凝土L型墙，护坡式在迎水坡有浆砌块石或混凝

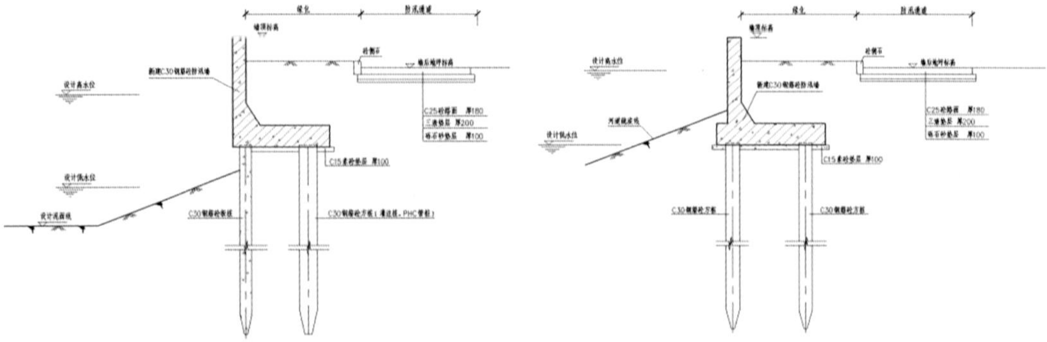

图115　高桩承台式防汛墙断面示意图和低桩承台式防汛墙断面示意图
（上海市防汛指挥部办公室编著:《上海市防汛工作手册》，上海科学普及出版社，2008年）

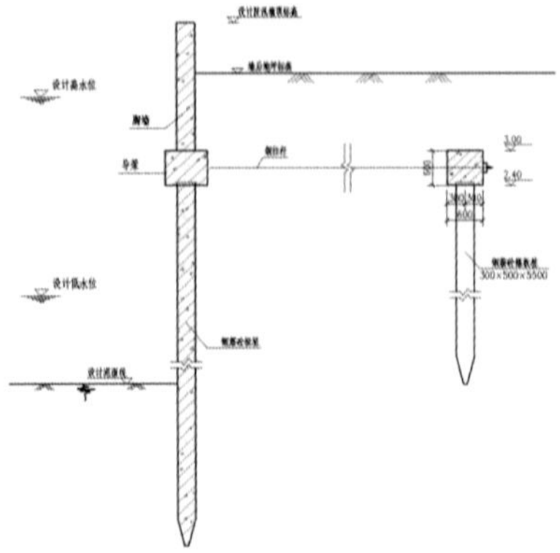

图116　拉锚板桩式防汛墙断面示意图（上海市防汛指挥部办公室编著:《上海市防汛工作手册》，上海科学普及出版社，2008年）

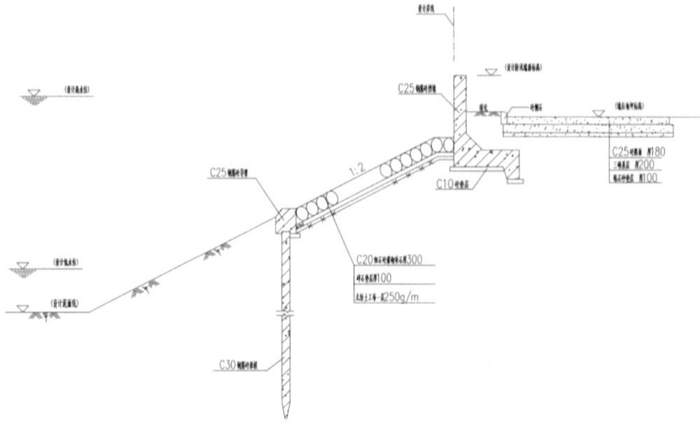

图117　护坡式防汛墙断面示意图
（上海市防汛指挥部办公室编著:《上海市防汛工作手册》，上海科学普及出版社，2008年）

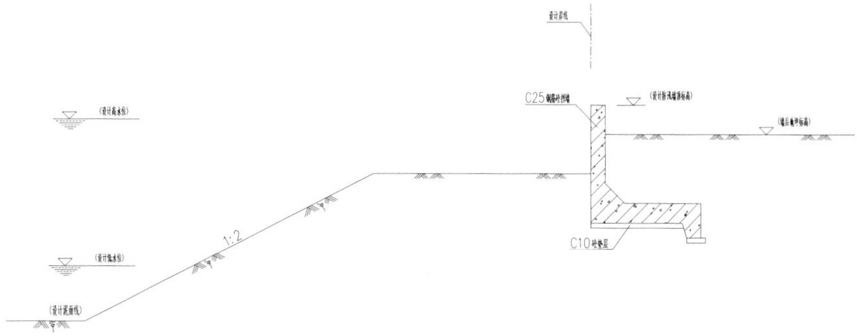

图118　L型防汛墙断面示意图

（上海市防汛指挥部办公室编著:《上海市防汛工作手册》，上海科学普及出版社，2008年）

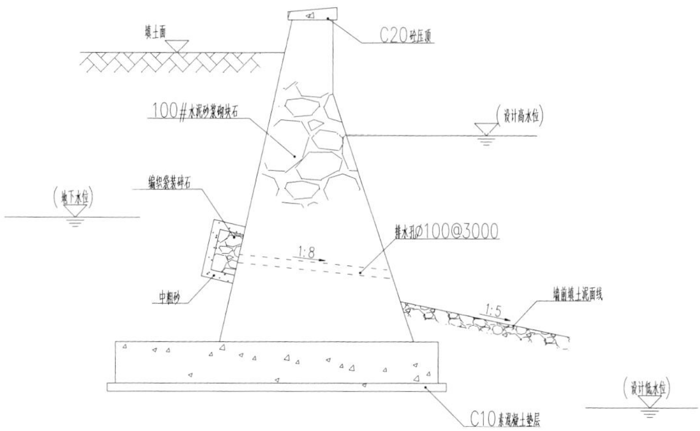

图119　重力式防汛墙断面示意图

（上海市防汛指挥部办公室编著:《上海市防汛工作手册》，上海科学普及出版社，2008年）

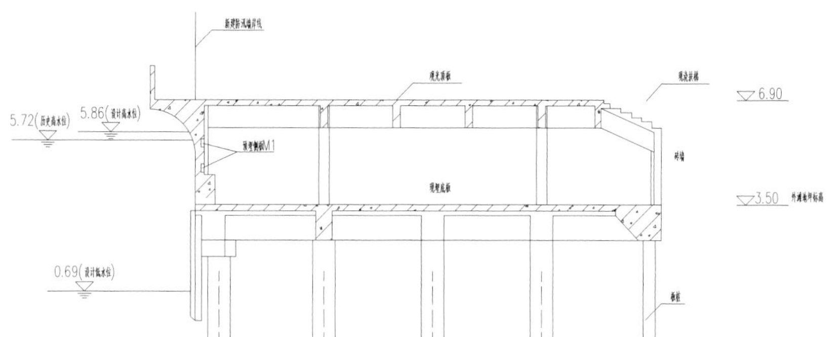

图120　空厢式结构防汛墙断面示意图

（上海市防汛指挥部办公室编著:《上海市防汛工作手册》，上海科学普及出版社，2008年）

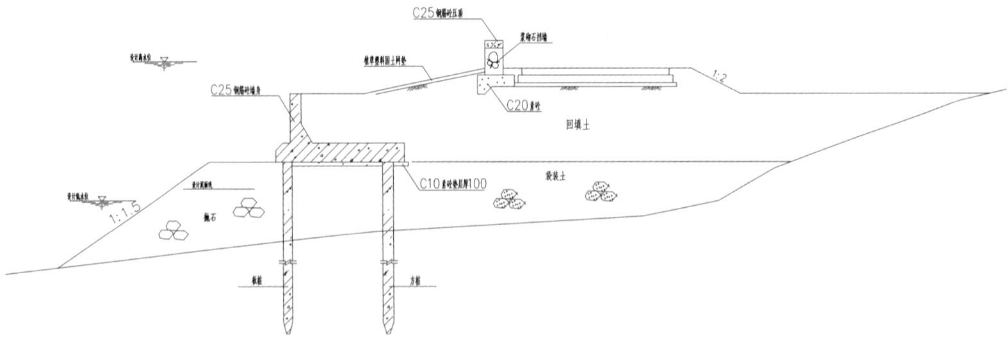

图121　二级挡墙式结构防汛墙断面示意图

（上海市防汛指挥部办公室编著:《上海市防汛工作手册》，上海科学普及出版社，2008年）

土护坡，底坎有桩。其优点是比较经济，缺点是浆砌块石护坡易出现局部下沉或开裂现象，下坎淘刷后会造成下坎外倾、破损、倒塌，护坡塌陷，危及墙体安全。

重力式多用砖石建成，基础简单无桩基。该结构优点为造价低，缺点为墙前冲刷或挖泥超深，易造成失稳进而导致坍塌。在后期新建、改建的防汛墙工程中，这种结构型式逐步减少。

外滩段空厢式结构将高桩承台式防汛墙的墙身改为空厢，将上部墙身与下部护（驳）岸结构分开布置，构成前L型墙身、后缩进式驳岸结构。该结构优点为兼具防汛挡潮、景观亲水、商业旅游等多重功能，缺点是维护难度和成本较大。

二级挡墙式结构由一级挡墙、二级挡墙和两墙之间的土坡组成。一级挡墙一般为高桩承台式结构，主要满足整体结构稳定及挡水要求；二级挡墙一般为L型结构埋在地下，按千年一遇标准设防。该结构优点为兼具防汛挡潮、景观亲水等功能，缺点是未构成连续防渗系统。

黄浦江干流堤防

• 黄浦江滨江45千米堤防（杨浦大桥—徐浦大桥）

【杨浦滨江堤防】

黄浦江杨浦段堤防，北起上海闸北发电厂，南至秦皇岛游船码头，全长26.74千米，其中黄浦江干流堤防19.53千米，支流堤防长7.21千米。该段采用黄浦江千年一遇高潮位设防，防汛墙为Ⅰ等工程1级水工建筑物。

2016年6月底，杨浦滨江示范段（怀德路段）先行建成并对外开放。2017年6月底，杨浦大桥以西2.8千米滨江贯通。2019年9月底，杨浦大桥以东2.7千米滨江贯通，标志杨浦滨江南段5.5千米公共空间岸线实现贯通，成为市民竞相打卡网红地标。沿线防汛闸门结合步道贯通要求，由市、区及属地管理单位建立三级管理体系，实施“日常常开，汛期关闭”管理模式，全面保障沿线近50处防汛闸门日常养护管理到位，汛期保障有力。

【虹口滨江堤防】

黄浦江虹口段堤防，自苏州河北岸起，至秦皇岛轮渡站止，全长3千米。该段采用黄浦江千年一遇设防标准，为Ⅰ等工程1级水工建筑物。

虹口滨江堤防全长2.5千米，是黄浦江沿岸核心区段之一，是上海重要客运、货运和仓储码头区。2016年，为实现黄浦江两岸45千米岸线公共空间贯通开放工程的总体目标，在虹口滨江开展了景观改造提升项目。该项目共建成漫步道、跑步道7.4千米，骑行道4千米；新建人行景观连廊1处、滨江一线景观平台2处；新建和改建滨江绿化13.7万平方米，滨江开放总面积达30万平方米。滨江景观改造项目遵循“以人为本，以绿为主”的原则梳理设计花境和林下步道空间，兼顾生态可持续发展，突出森林滨江特色。同时，保留现有码头文化，将航运文化融入其中，在实现滨江贯通开放基础上，进一步将虹口滨江打造成为一个充满活力、传承文脉、绿色生态、舒适便捷的世界一流滨水公共开放空间。

图122　虹口滨江（郭长耀2021年9月18日摄）

图123 徐汇滨江堤岸三级设防（徐汇区水务管理事务中心提供）

【徐汇滨江堤防】

徐汇滨江堤防，北起日晖港，南至关港城建物资公司，与闵行区接壤，全长26千米，其中干流约11千米，支流15千米。徐汇段堤防采用千年一遇设防标准，为Ⅰ等1级水工建筑物。2017年12月31日，徐汇滨江贯通工程竣工，建成8.4千米景观大道（包括市政桥6座、人行桥3座）、50万平方米开放空间、8.4千米绿色防汛墙、10万平方米亲水平台，实现跑步道、漫步道、骑行道"三道"全线贯通。徐汇滨江遵循"望得见江、触得到绿、品得到历史、享得到文化"开放空间设计理念，将外环内8.4千米分为活力示范区（2.5千米）、文化核心区（2.4千米）、自然体验区（2.0千米）、生态休闲区（1.5千米）四个主题区段，自北向南构成高品质滨水开放共享区段。2021年，黄浦江徐汇滨江入选第十九批国家级水利风景区。

【黄浦滨江堤防】

黄浦江黄浦段堤防北起黄浦公园苏州河河口，南至南园公园日晖港，堤防全长9.49千米，其中支流0.17千米。黄浦段采用黄浦江千年一遇高潮位设防，为Ⅰ等工程1级水工建筑物。该段汇集上海开埠后璀璨的历史文化，并承载着城市文脉的传承与发展。自北向南分为五段，分别为外滩滨水区、十六铺地区、南外滩滨水区、世博浦西园区和南园商务区。

黄浦江干流防汛墙加高加固一期工程完工，标志着黄浦江黄浦段堤防建成。通过实施十六铺二期工程、苗江路公共绿地工程、世博浦西段滨江岸线贯通一期工程、卢浦大桥断点贯通工程、南外滩滨水区2.2千米综合改造工程等多项工程，逐步形成一个功能复合、空间有序、生态良好、文化时尚、景观优美、富有活力的“世界级滨水公共开放空间核心区”。2017年6月底前，实现滨江公共空间全线贯通。黄浦区滨江公共空间实现全线开放以来，根据滨江沿线不同功能区，以“时空花园”为系列，打造20余座口袋公园，成为黄浦段的生态绿廊。

【浦东新区滨江堤防】

黄浦江浦东新区段防汛墙北起吴淞口，南至闵行区界临江水厂，全长约60千米。黄浦江浦东新区段防汛墙采用黄浦江千年一遇高潮位设防，为Ⅰ等工程1级水工建筑物。

图124　新外滩观光平台（上海市黄浦江两岸开发工作领导小组办公室提供）

图125　浦东滨江（云庐）（上海市浦东新区海塘和防汛墙管理事务中心提供）

黄浦江东岸滨江公共空间，北起杨浦大桥，南至徐浦大桥，黄浦江岸线长22千米。工程改建滨江公共绿地146万平方米，新建滨江公共绿地50万平方米，形成196万平方米滨江公共绿地和24万平方米亲水漫步空间；建成22.5千米漫步道、23.5千米跑步道和23千米骑行道，形成连续滨江慢行系统；建成15座“云桥”连接7条自然河道、5座轮渡站和3处其他区域断点，因地制宜，在绿地内形成1.3千米高架步道；改建、新建7.2千米防汛墙，形成安全弹性的滨江防汛界面。新植乔木1万株，实现滨江公共空间乔木量突破3.4万株；完成各类打桩近3万根，为工程建设夯实基础；设置22处“望江驿”，为市民提供舒适便捷的服务和休憩功能，同时融入文化和党建功能。

• 滨江拓展外延段堤防（吴淞口—杨浦大桥、徐浦大桥—闵浦二桥）

【宝山滨江堤防】

黄浦江宝山段堤防全长45.44千米，防汛墙共有204个岸段，其中公用岸段68个，长14.22千米，专用岸段136个，长31.22千米。

宝山岸段位于长江与黄浦江交汇处，是上海重要门户，地理位置得天独厚。在上海建设全球卓越城市、全力打造“一江一河”世界级滨岸地带的背景下，宝山区重点打造以防汛、防洪为主的滨水区，将防汛大堤的一二级平台融入滨江开放空间，同时

图126　宝山滨江（张海峰2021年8月摄）

增强区域生态性和公众吸引力。依据宝山滨江贯通总体方案，漫步道和慢跑道设置在二级平台上，对原有平台的高差和铺装材质进行优化和提升，骑行道则结合公园腹地和城市界面既有条件分别设置。设计采用预制混凝土模块作为一级平台的铺装体系，以大规格模块实现一定配重，满足极端天气下消浪防洪稳定性，在浆砌石块堤面上较大面积种植水陆两生植物，提升绿色野趣生态风貌。

【闵行紫竹园滨江堤防】

闵行区分跨黄浦江两岸，闵行段堤防总长93千米。其中浦东段自浦东新区和闵行区区界至金汇港，长约23千米；浦西段自徐汇区和闵行区区界至女儿泾及淀浦河闵行段，长约70千米。西荷泾至女儿泾段，采用五十年一遇防洪标准设防，为Ⅱ等工程3级水工建筑物，主要抵御上游洪水；其余岸段采用千年一遇高潮位标准设防，为Ⅰ等工程1级水工建筑物，主要抵御下游潮水。

其中，紫竹园段防汛墙位于闵行区浦西东南部，是整个黄浦江干流新增防洪工程中的一部分。园区范围内防汛墙全长13.95千米，其中紫星路至吴泾镇浦江苑西侧1.62千米防汛墙为黄浦江景观样板段，也是整个黄浦江推行生态型防汛墙建设试点工程。为建设上海紫竹科学技术园区、吸引投资创造良好投资环境，防汛墙设计借鉴国外滨江设计理念，将防洪与生态结合起来，形成沿江生态公园和生物群落。防汛墙结构型式为两级挡墙结构：一级挡墙防一般洪水，设计高程4.00米，上设滨江大道，让人行其上与水相伴；二级挡墙防特大洪水，设计高程5.40米，防洪标准为千年一遇，与一级挡墙相距5 ～ 85米，建好后置于土中。在两级挡墙之间形成一个缓坡，种上花草树木，优选植物群落，绿化景观错落有致。闵行区紫竹科学技术园区多数防汛墙于2003年底建成。

【奉贤浦江第一湾堤防】

黄浦江奉贤段堤防，西起千步泾，东至金汇港，全长21千米，其中干流13千米，支流8千米。该段采用黄浦江千年一遇高潮位设防，为Ⅰ等工程1级水工建筑物。

奉贤浦江第一湾岸段位于奉贤区和闵行区交界处，黄浦江在此由东西向转南北向，并在此处与大治河、金汇港交汇形成“十字水系”，在自然地理区位上，是扼江通海连湖第一湾。早期防汛墙建设，考虑防汛安全，多为直立式墙身结构，但开放性差，缺少对市民亲水需求考虑以及景观美感。该段通过2017年度堤防专项和2019年度堤防专项进行堤防设施达标改造，全面推动集“安全、景观、生态、文化”功能为一体的绿色堤防样板段建设，充分发挥“浦江第一湾”的独特区位优势。该段按照上海建设卓越全球城市和浦江两岸综合开发的要求，积极探索区域产城融合发展、还水于民还岸于民、建设魅力活力滨江、深化城市更新的路径，探索践行新发展理念的产业空间布局形态，成为老工业基地焕发活力的典范。

重要支流堤防

• 苏州河堤防

苏州河，又称吴淞江，属流域性河道，古代曾是太湖东部主要排水入海通道，后来日渐缩窄和淤积，降为黄浦江的一条支流。苏州河发源于东太湖瓜泾口，向东经江苏省吴江区、吴中区、昆山市，流至青浦赵屯进入上海市境内，沿途流经青浦、嘉定、闵行、普陀、长宁、静安、虹口、黄浦等区，于外白渡桥处汇入黄浦江。苏州河堤防工程总长125.73千米，经苏州河环境综合整治工程一至三期工程与正在实施的四期工程、苏州河（真北路—蕴藻浜）堤防达标改造及底泥疏浚工程，改造成高桩承台型式堤防。此外，苏州河堤防工程设计中又研究出许多个性化方案，如墙身采用生态预制箱型砌体方案和预制装配式二级挡墙方案、沿现状凹浜岸线设计生态断面方案等，为苏州河堤防增色不少。

图127　苏州河黄浦区四川路桥段（虞建波2004年3月17日摄）

图128　改造前后的蕰藻浜堤岸（上海市堤防泵闸建设运行中心提供）

• 蕰藻浜堤防

蕰藻浜东西横贯嘉定、宝山两区，西自嘉定区黄渡孟泾村与苏州河相通，东至宝山区吴淞镇入黄浦江（吴淞口），全长34.64千米，其中嘉定区境内全长17.94千米，宝山区境内全长16.70千米。宝山区堤防管辖范围内防汛墙长45.45千米，其中公用岸段68个，长度14.23千米；非经营性专用段49个，长度12.14千米；经营性专用段89个，长度19.08千米。沿线码头83座，防汛闸门167扇，潮拍门144扇。

宝山区蕰藻浜（庙行段）滨水步道，2021年3月开工，6月25日实现贯通。全长约1.4千米，东起共和新路高架桥，西至康宁路桥，涉及智力产业园、智力公园、龙盛活力小镇、栋霖科技园、野桥村、场北村等6个区域，成为集防汛、生态环境、生活休闲等多功能于一体的滨水步道。

黄浦江上游堤防

1991年太湖流域遭受大洪水，局部地区降雨超百年一遇，太湖水位高达4.79米（吴淞高程），受淹面积4258平方千米，直接经济损失达109亿元。同年9月，国务院召开治理淮河、太湖工作会议，决定全面实施太湖流域综合治理骨干工程。其中黄浦江干流闵行—三角渡防洪工程、太浦河（上海段）工程、红旗塘（上海段）工程及拦路港—泖河—斜塘拓宽疏浚工程被称作上海市太湖流域治理“3+1”工程。1991—2006年，“3+1”工程按照五十年一遇防洪标准加高加固。近年来，黄浦江上游堤防紧扣绿色生态主题，围绕长三角一体高质量发展，重点打造安全、景观、生态、文化的绿色堤防。

图129　黄浦江上游干流段堤防图［黄浦江上游堤防（泵闸）管理所提供］

图130　大张泾绿地和黄浦江堤防［黄浦江上游堤防（泵闸）管理所提供］

黄浦江干流闵行—三角渡防洪工程，东起闵行区西荷泾，西至斜塘、圆泄泾汇流处的三角渡，河段长22千米，涉及松江、闵行、金山三区。黄浦江干流段堤防总长54.5千米，为直立式堤防结构，堤顶高程5.24米。工程主要包括堤防工程、水闸工程、道路桥梁工程、管理设施工程和绿化工程等内容，1994年9月开工，2003年11月主体工程建成，2008年11月完工。黄浦江上游干流段绿色堤防样板段总长12.43千米，沿线有“浦江之首”“大张泾绿地”等景点。

• 拦路港—泖河—斜塘堤防

拦路港—泖河—斜塘是黄浦江上游支流，起自淀山湖出口淀峰，沿西北—东南走向，在西泖河入纳太浦河，至三角渡与圆泄泾合，汇入黄浦江，是黄浦江三大支流之一，河长30.32千米，跨青浦、松江两区。太湖流域扩大拦路港，疏浚泖河、斜塘工程，主要任务是保证淀泖地区的排水出路，同时使拦路港下游的泖河、斜塘满足与太浦河、拦路港河道断面的衔接要求。拦路港堤防总长56.82千米，分为大堤式和直立式结构，护岸顶高4.24米，堤顶高程为5.24米。1999年11月开工，2003年12月主体工程建成，2007年7月完成。拦路港绿色堤防样板段总长10.56千米，沿线有“淀峰绿地”“青西郊野公园”“环意自行车比赛赛段”等堤防景点。

图131　淀峰绿地新旧对比图［黄浦江上游堤防（泵闸）管理所提供］

图132　环意自行车比赛赛段和拦路港堤岸［黄浦江上游堤防（泵闸）管理所提供］

• 太浦河（上海段）堤防

太浦河位于上海市青浦区西南，由江苏省吴江东太湖流入，1991年在天然湖荡的基础上人工开挖连接而成。太浦河（上海段）全长15.47千米，均在青浦境内。1991年12月1日动工，2005年12月太浦河沿岸支流水闸堤防等配套工程全面建成。太浦河堤防为大堤结构，长31.44千米，护岸顶高4.24米，钱盛荡南北岸护岸顶高3.79米，堤顶高程5.24米，堤顶南北两岸分别为7米和9米宽，结合三级公路和防汛通道，修筑道路25.86千米。堤防沿线有“白鱼荡湿地”“新旺绿色堤防示范点”“太浦河工程纪念碑”“林荫大道”“健身步道”等堤防景点。

• 红旗塘（上海段）—大蒸塘—圆泄泾堤防

红旗塘是浙江省嘉北地区和上海市青浦、松江、金山部分地区排水入黄浦江主要河道，上海境内红旗塘—大蒸塘—圆泄泾河道全长16.92千米。太湖流域红旗塘（上海段）防洪工程是太湖流域综合治理十项骨干工程之一，该工程防洪标准为五十年一遇。红旗塘堤防总长37.84千米，分为大堤式和直立式结构，护岸顶高4.24米，堤顶高程5.24米。1999年11月开工，2007年9月全部完工。红旗塘绿色堤防样板段总长12.51千米，堤防沿线有“青松港”“庄严寺花拱门”等堤防景观。

• 胥浦塘—掘石港—大泖港堤防

胥浦塘—掘石港—大泖港是黄浦江上游三大支流之一，是承泄太湖流域杭嘉湖地区东排涝水的主要通道，全长17.97千米。胥浦塘—掘石港—大泖港整治工程为上海市西部防洪工程之一，分为大堤式和直立式结构，堤顶高程5.24米。2014年11月开工，2016年9月全部完工。

掘石港（朱泾镇区段）综合整治工程，总长约3.50千米，位于金山区朱泾镇城区，南起惠高泾，北至胜利中心河。工程包括改造5.32千米堤防，改建5座支流河口泵闸，新建两侧防汛道路、4座支流桥、2座管涵及两岸绿化工程等。2017年9月15日开工，2020年12月完工。

大泖港河道西起小泖港和掘石港交汇处，向东至张泾河转向北与黄浦江（竖潦泾）相连接，流经上海市金山、松江两区，全长5.6千米。大泖港是上海西部低洼地区自然演变和发育的天然河道，具有平原感潮河流特性。大泖港上游河道防洪工程（一期）项目施工地点位于上海市金山区廊下镇、朱泾镇及松江区，涉及小泖港、秀州塘、六里塘等3条河道。2015年3月开工，2018年1月竣工，通过验收。

图133　白鱼荡湿地（左）和新旺绿色堤防示范点（右）
［黄浦江上游堤防（泵闸）管理所提供］

图134　林荫大道［黄浦江上游堤防（泵闸）管理所提供］

图135　红旗塘新旧堤防对比［黄浦江上游堤防（泵闸）管理所提供］

航道工程

黄浦江主航道，自吴淞口101灯浮至闵行电厂西界巨潮港口，全长67.2千米。至2021年，黄浦江主航道水深10米以上占80%，全线通航水深8.0米。黄浦江主航道的形成是历代政府多次疏浚的结果，其中最重要的航道工程是1906—1937年上海浚浦局实施的黄浦江下游河道整治工程。这个工程分三期实施，分别由总工程师荷兰人奈格、瑞典人海德生和英国人查得利主持。具体工程大致包括：吴淞导堤工程、高桥沙新航道工程、挖浚凸嘴（如陆家嘴、北港嘴、陈家嘴）工程、按照浚浦线沿河岸筑堤工程、吹填浅滩工程（如复兴岛、共青森林公园等）等，其中吴淞导堤工程和高桥沙新航道工程是重中之重。通过三十年持续疏浚，黄浦江水深基本达到国际大港航运要求，确保上海港的国际地位。中华人民共和国成立后，上海市政府定期对黄浦江航道进行整治。至1980年，已无须人工疏浚，基本能维持通航水深保证率。2003年，黄浦江航道自巨潮港口至吴淞口河塘灯桩全长67.35千米。其中，自巨潮港至吴泾段航道长13.71千米，其最小航道弯曲半径为472米，为3000吨级海轮航道；自吴泾至张华浜段航道全长46.7千米，其最小航道弯曲半径为711米，为2万吨级海轮航道；自张华浜至吴淞口段航道全长6.94千米，其航道弯曲半径为1754米，为3万吨级海轮航道。自吴泾至吴淞口段航道维护水深为8.0米，2003年黄浦江航道8.0米通航水深保证率为96.2%。2010—2021年，黄浦江干流航道整治主要集中在上游。2010年，黄浦江（分水龙王庙—大涨泾河口）航道整治工程获批开工，2016年完工。

"十三五"期间，上海市政府加快内河高等级航道网络及其配套内河港区建设，以满足集装箱转运的航道要求。实施的工程主要包括：杭申线航道整治工程、苏申外港线航道整治工程、大芦线航道整治二期工程（大治河段）、大治河西枢纽新建二线船闸工程、赵家沟东段航道整治工程（航道部分）、平申线航道（上海段）整治工程（一期）、长湖申线航道（上海段）整治工程、平申线航道整治亭枫公路桥工程、赵家沟东段航道整治工程（航道部分）、赵家沟东段航道整治工程（桥梁部分）、平申线航道整治叶新公路泖港大桥工程等。这些航道整治工程，有效提升长三角地区高等级航道网综合集疏运能力。至2021年，上海市境内有内河航道总里程1589.49千米。其中，三级航道200.81千米，四级航道23.08千米，五级航道92.76千米，六级航道431.51千米，七级航道110.85千米，等外级航道730.48千米。

吴淞导堤工程

吴淞导堤，位于吴淞口北侧左岸，其作用是堵拒长江上流来水，清除外沙障碍，发挥导流水势、增深航道的作用。在导堤末端和中间二处各设一灯桩，用于导航。该工程由上海浚浦局总工程师奈格设计，1907年9月19日开工，由荷兰承包商利济公司承包，总预算约200万两白银。导堤堤身自吴淞王子码头（今海军码头）起，向东北伸展，全长1395米，堤身呈微弧形，半径2400米，里端向岸边延伸与岸连接。吴淞导堤原料用芦柴和灌木桩结成长方形，每张柴排面积约280平方米，厚度0.7米。吴淞导堤采用荷兰式堤工柴排建筑结构：在计划筑堤位置上，先铺设两层柴排，然后在柴排上用石块和泥沙压住，两侧往河底打入护堤木桩，固定柴排；护堤桩外再放置用竹片制成的长方形笼子，笼内填满碎石，周围用石块垒成斜坡。

宣统二年（1910）初，浚浦局又在吴淞口右岸沿浚浦线筑顺坝一道，形成右导堤，长1500米，呈曲线形。11月，该导堤工程量完成近半而停止。宣统三年（1911）4月，上海浚浦局又继续施工，至同年10月竣工。吴淞导堤建成后，导流作用明显，吴淞内外沙被刷深，由此改善了吴淞口航道状况，为上海港发展和城市繁荣奠定坚实基础，并确保上海港的国际地位。

之后吴淞导堤历经多次续建、增建和维修。1933年起续建导堤，延长至1737米，加高至半潮位，1936年竣工。20世纪五六十年代，通过加抛石块、疏浚土或废弃石等

图136　吴淞导堤（李东鹏2022年8月9日摄）

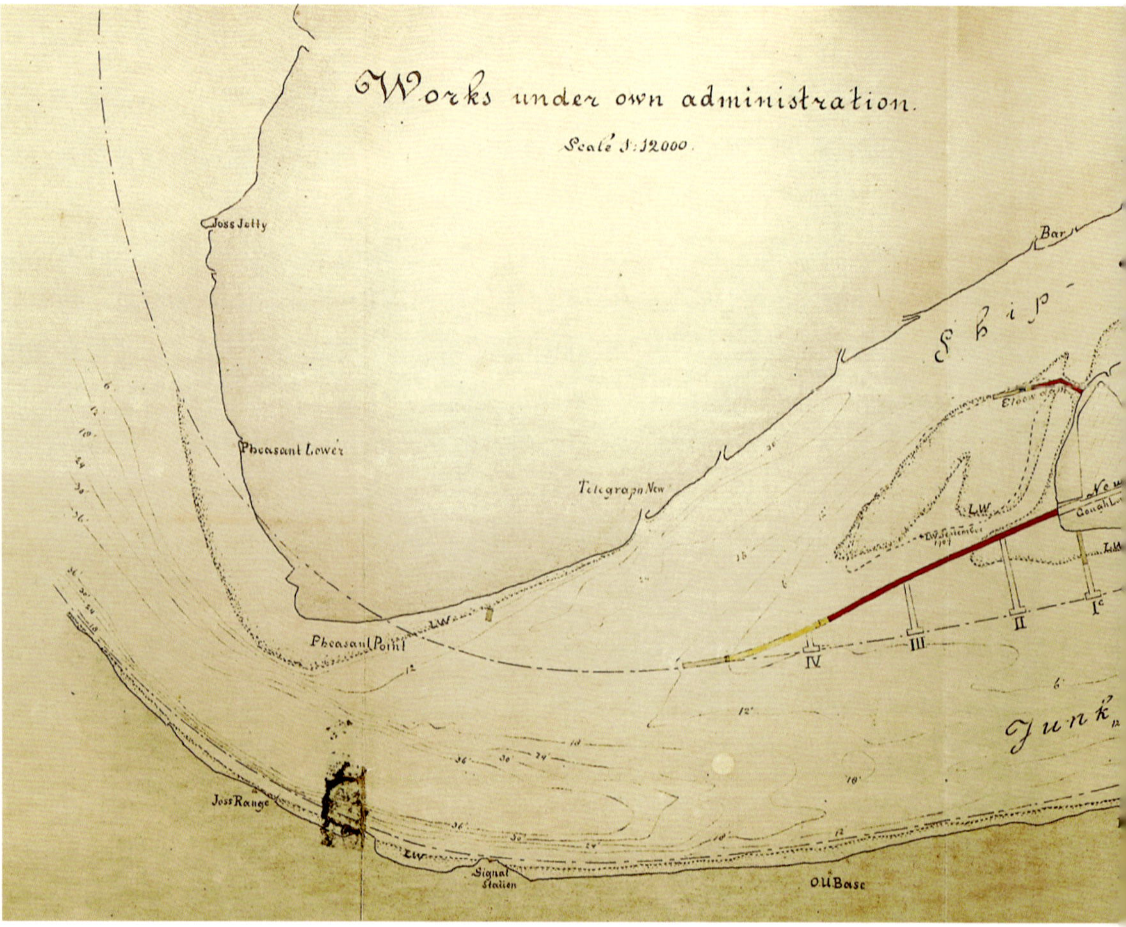

图137　高桥沙新航道疏浚工程图（中交上海航道局有限公司提供）

方式，填高已刷深顶冲段，增加护底宽度，维修加固堤坝。1966年，在吴淞口右岸，建成钢碴堤，堤身更加稳固。20世纪80年代初，再次在黄浦江侧堤脚以抛泥、抛石等方式，对吴淞导堤加固。1989年，为修复进行地质钻探。1997年下半年对导堤进行大修，将导堤一侧底宽加至25米，用土工布护底，其上面用碎石压实；并相应加宽坡面坡度，提高导堤的整体稳定性和边坡安全度。重建灯塔基础座基，改为钢筋混凝土灌注桩基础，在桩顶段15米内做钢管护套。

吴淞导堤自建立至今百余年间，对上海港发展发挥重要作用，成为世界河口航道整治的典范。

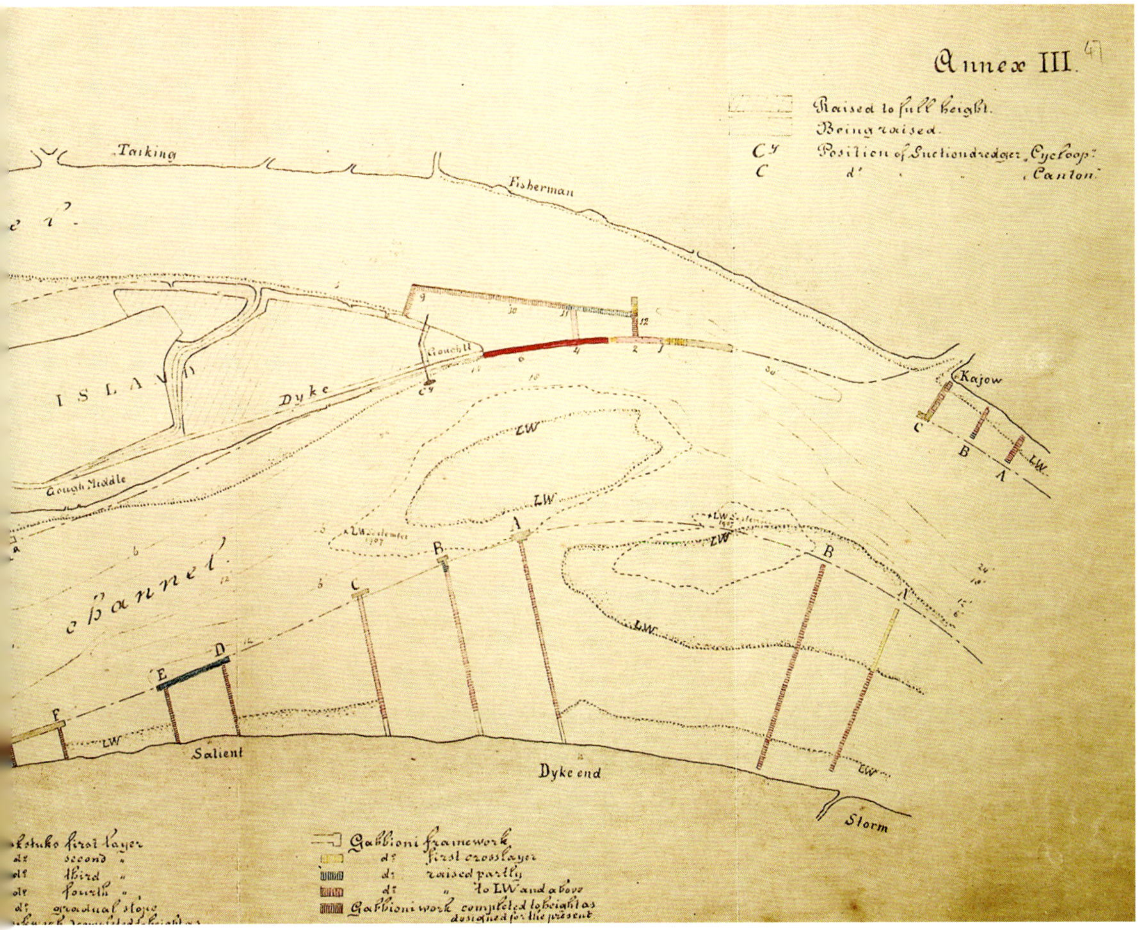

高桥沙新航道工程

高桥沙，原是黄浦江中一个江心洲，地处黄浦江下游出海口河段，是上海港咽喉之地。高桥沙出现于清乾隆朝以前，因形似老鼠，俗称“老鼠沙”。高桥沙将黄浦江分为左右两航道，其中北侧航道较深，适合轮船航行，故称轮船航道，但航道甚窄，撞船事故频发；南侧航道较为宽广，但河道甚浅，仅适合中国平底帆船航行，故称帆船航道。无论轮船航道，还是帆船航道，均需涨潮时方能进港。1843年上海开埠后，上海港地位愈加重要，而高桥沙显然制约了上海港发展。

1869年苏伊士运河开通后，进出上海港轮船越来越多，吨位也越来越大，吃水越来越深。有些大型轮船因高桥沙进不了港，不得不停泊在吴淞口，严重影响外国列强在沪乃至在华利益。1876年外国领事团邀请在日本大阪治水的国际知名专家奈格、艾雪来沪调查黄浦江水文，为请求清政府疏浚黄浦江收集证据。当时奈格就提出黄浦江整治计划：堵塞轮船旧航道，挖深、拓宽帆船航道。之后，1905年上海浚浦局成立，奈格被聘为总工程师，实施之前提出的疏浚方案。这条新航道工程，1907年11月由荷兰利济公司承包。该公司调派链斗式挖泥船“科隆尼亚号”（Colonia）、“罗迈尼亚号”（Rhemania）、“上海号”（Shanghai），以及吹泥船“沙可罗号”（Cycloop），分别于1907年11月19日和12月13、14日到达高桥沙施工。经过一年余两班作业，按合同规定挖泥量667万立方码。所用经费，按每立方码定价0.3两计算，总计花银200万两。在施工过程中发现利济公司舞弊虚报船方，于是罚该公司加挖50万立方码。[1]

1909年5月5日，英国轮船“阿斯特雷号”（Astraea）在高水位时，吃水深度在23英尺内通过新航道[2]，此后不久这条新航道就正式通航。7月1日，客货运输从旧轮船航道转到新的高桥水道。9月15日，新航道航标设置就绪，上海浚浦局宣布新航道正式通航。到年底，轮船航道已开始封闭，全部停止通行。至1910年3月，新航道已增深到17英尺，最狭处宽近300英尺。1910年9月堵塞老的轮船航道，10月吴淞外沙修治工程均已完成。南洋大臣张人骏奉旨勘查工程，亲临上海督同江海关道蔡乃煌，另雇工程师对工程勘验达两月之久。勘验结果令人满意，“次第考验完竣，已办各工均属坚固合式”[3]。

在挖浚新航道的同时，对高桥沙北侧轮船老航道进行堵塞和填方，并沿老航道南北两端，修筑防波堤，引导河水流向新航道。填方的原材料均来自中国，木柴向浙江山区采购，石头来自上海南部沿海采石场。只有防波堤工程需要的较大木材和木桩才不得不进口。平行水坝和围栏的建筑，采取荷兰柴排（Zinkstuks）沉排办法，并用一般护卫堤岸的柴笼铺设，压上石块加固，还采用以石头填入圆筒形竹篮并以木柴覆盖的办法。新航道形成后，黄浦江成为一条可通行万吨巨轮国际大港主航道，为上海港保持长盛不衰提供保障。

---

〔1〕上海航道局局史编写组编：《上海航道局局史》（第一部分），文汇出版社，2010年，第21页。

〔2〕徐雪筠等译编：《上海近代社会经济发展概况（1882—1931）》，上海社会科学院出版社，1985年，第149页。

〔3〕张人骏：《奏为遵旨勘查黄浦修浚工程并会商结束办法事》，中国第一历史档案馆档案，档号：04-01-01-1115-009。

黄浦江航运与港区

黄浦江是世界上为数不多的天然良港，而且在世界航运网络中具有得天独厚的地理条件。1934年《上海港口大全》云："上海居中国东海滨之中心，在世界地图上占最优美之地位。西欧东美，为世界工业最发达之区域。其与上海间之航程，远近几于相等。"[1]

明清时期，上海不仅是中国海上丝绸之路起点，还是中国沙船业中心。道光初年，每年进出上海港沙船达3000余艘。1843年上海开埠，发展更为迅猛，在不到十年时间里赶超广州，成为中国最大对外贸易港口城市。1869年苏伊士运河通航之后，进出上海港的国外轮船数量和吨位迅速增长，尤其以英国、日本和美国轮船数量为最多。1873年轮船招商局成立后，中国航运企业逐渐发展，在国内外航运贸易上发挥日益重要的作用。1934年，上海成为"全国对外水道贸易转运之中枢"，在世界港口中排第七位。

中华人民共和国成立后，上海海运局先后开辟上海至秦皇岛、青岛、大连、烟台和天津等货运航线。随着国民经济不断发展，上海海运局承运的各类货物，尤其是粮食和能源物资等运输任务日益繁重。1951年6月，中华人民共和国第一家中外合资航运企业——中波轮船股份公司在上海成立，主要经营欧亚航线件杂货运输任务。1984年8月，上海远洋运输公司成立，主要从事国际航线运输业务。1997年7月，经国务院批准，中国海运（集团）总公司在上海成立。2021年，总部在上海的各航运企业经营的航线已遍及国内外各大港口。

航　运

上海的发展得益于黄浦江所提供的航运便利。早在20世纪30年代，上海成为国际著名大港，与世界上各大港口均建立航运联系。20世纪90年代以来，为适应集装箱发

[1]《上海港口大全》，上海浚浦局刊行，1934年，第1页。

展趋势，黄浦江海运功能逐步转移到洋山深水港和长江口；但在上海内河航运方面，特别是联系上海与长三角广阔腹地之间的航运，黄浦江仍发挥十分重要的作用。至2021年，与上海连接的国际航线有300余条，港口吞吐量连续多年位列世界第一。

客运

上海开埠之前，水上客运仍以货船捎客为主。清道光三十年（1850），大英轮船公司“玛丽·伍德夫人号”开辟上海港第一条定期班轮航线，航行于上海与香港之间。咸丰三年（1853），美商旗昌洋行“孔子号”轮船开辟沿海班轮航线。咸丰十一年（1861），美商琼记洋行“火鸽号”轮船最早从事上海至汉口的长江客货运输。

同治年间（1862—1874），上海港先后开辟上海—宁波，上海—天津，上海—厦门，上海—广州，上海—日本横滨、长崎、神户的定期客货班轮，并与越南河内、菲律宾马尼拉、英国利物浦、美国旧金山等地开通客货运航线。其中，国内沿海航线以沪甬线、沪津线客运较为兴旺；国外航线以上海至马尼拉航线客流量最大，同治五年（1866），在此航线上搭船往返旅客约6000人。

光绪年间（1875—1908），上海港先后开通上海—厦门—福州、上海—定海—宁波、上海—沈家门—定海—温州、上海—宜昌、上海—天津—烟台、上海—青岛、上海—南通、上海—重庆、上海—大连等客运班轮航线。至此，上海客运航线遍及沿海和长江各主要港口。光绪四年（1878），沪甬线的轮船开辟普陀山旅游航线。光绪元年（1875），从上海至日本横滨、长崎、神户的航线，共有4艘船投入营运。轮船招商局成立后，也曾派船航行日本、美国、东南亚和西欧等地。19世纪末，上海已被世界公认为去远东出差或旅游必到的城市。

第一次世界大战前，上海港客运初具规模。沿海客运航线可达大连、天津、烟台、青岛、秦皇岛、宁波、乍浦、舟山、温州、福州、泉州、厦门、汕头、广州、北海和高雄，沿江客运航线可达重庆、万县、宜昌、武汉、岳阳、黄石、九江、安庆、芜湖、南京、镇江、扬州、江阴、高港、南通和青龙港；远洋可至欧美，近洋可至日本、俄国远东港口、东南亚等地。上述客运航线中，除远洋少有定期班轮外，其余多为定期客货班轮。另外，申汉、沪甬、沪温航线每日都有班轮。第一次世界大战爆发后，上海与欧洲间客货运输锐减，中日航线客运增长，来沪旅客以日本人为多。

抗日战争前夕，进出上海港的国内、国际航班繁忙；抗日战争爆发后，上海港客运航线几乎处于停顿状态。抗战胜利后，进出上海港客运航线逐步恢复，除远洋客运航线逊于抗战前外，江海客运航线数量均恢复到战前水平。当时以上海为始发港的客运航线有上海至南通、高港、汉口、重庆、青岛、宁波、海门、温州、厦门、广州、天津、台湾、香港，以及新加坡、加尔各答等港口。1948年初，客船开始大量被征调运送国民党军队或装备，正常客运航线时常中断。

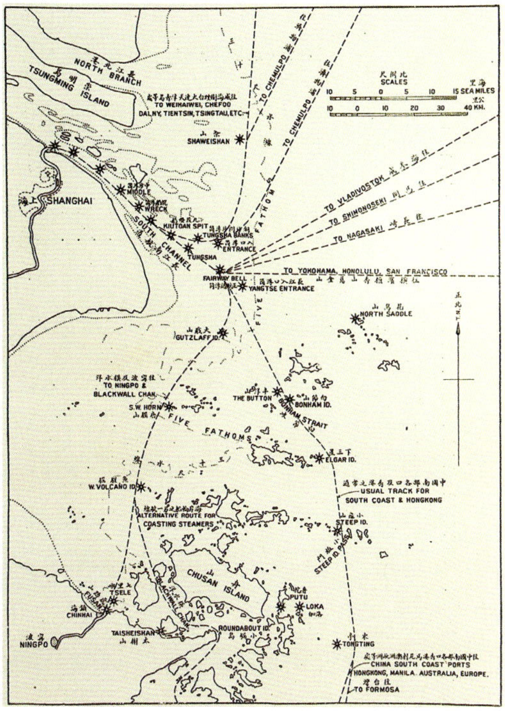

图138　1936年上海港海外航线图
（1936年《上海港口大全》）

1949年以后，上海客运航线开始逐步恢复，但因美国对中国沿海进行封锁和禁运，中国台湾海峡又受国民党当局阻挠，所以上海港客运航线主要集中在长江沿线、北方沿海、浙江沿海及内河。20世纪六七十年代，客运量时高时低，客运航线变化不大。

改革开放后，水上客运航线客流量猛增。1980年1月7日，上海海兴轮船公司的“上海号”客轮首航香港，中断30余年的沪港客运航线开始恢复。同年，上海港国内客运航线旅客吞吐量为787.1万人次，其中旅客发送量444.8万人次，到达量342.3万人次。主要航线中，长江干线、申连线、申青线、申甬线、申瓯线旅客发送量，分别占国内客运航线发送量的14.1%、5.9%、4.7%、8.7%和5.8%。

1982年3月5日，上海海运局“茂新”轮首航福州，恢复申榕客运航线。8月，上海至广州线客运恢复。1983年，国内客运航线旅客吞吐量超1000万人次。为满足水路客运日益增长的需求，“六五”期间，改建十六铺码头及配套设施。

1984年6月起，航行申穗线的客货班轮停靠厦门港，中断35年的申厦线客运恢复。1985年，国内客运航线旅客吞吐量达1253.1万人次。其中旅客发送量619.8万人次，按航线分，沿海航线、长江航线和内河航线分别占36.5%、59.5%和4%，沿海航线所占比重提升较快。

1985年6月24日，上海中日国际轮渡有限公司客货轮“鉴真号”从上海首航日本神户、大阪，开辟中日客运班轮航线。1987年12月，开辟上海至厦门直达线。在恢复和开辟广东、福建、香港及日本客运航线的同时，原有航线也纷纷加密航班，扩大运量，满足日益增长的客运需求。1988年，上海港国内航线旅客吞吐量达1360.5万人次，为历史最高纪录。1989年起，上海沿海客运受铁路、公路、航空运输快速发展的影响，客源被明显分流，以年均20%速度下降，沿海客运市场趋于萎缩，客运干线自南向北逐年撤退。

1992年底，上海港沿海客运航线，仍有申连线、申青线、申甬线、申温线、申榕线、申三榕线、申厦线、申穗线，以及至浙江近海的申石（浦）线、申定（海）线、申沈（家门）线、申泗（礁）巨（山）定（海）线、申普（陀山）线、申岱（山）沈（家门）线、申岱（山）沥（港）镇（海）线等15条；长江客运航线有申通线、申青线、申渝线、申汉线、申宁线、申高线、申启线等7条；浙江内河客运航线有上海至海盐、平湖、湖州、菱湖等4条；国际客运航线有沪港线和中日线。上述各航线合计为28条。其中，沿海客运航线中，申温线、申青线、申厦线、申穗线和申连线停靠公平路客运码头，其他沿海客运航线停靠十六铺客运码头；长江客运航线均停靠十六铺客运码头；浙江内河客运航线停靠大达客运码头；国际客运航线停靠外虹桥国际客运码头。

1997年，上海港旅客吞吐量：国内航线进出港旅客共计599.87万人次，国际航线进出港旅客共计48410人次。至2001年3月，上海至广州、香港、厦门、福州、温州、青岛、宁波、大连等客运航线相继停航。2003年9月25日，上海港十六铺客运站关闭，所有客轮班线全部转到新建成的吴淞客运中心。2003年，上海港客运航线从10年前的28条减至5条，旅客发送量仅为10年前的8%。

2004年4月3日，上海港国际客运中心开始试运营。位于北外滩的上海港国际客运中心，东起高阳路，西至虹口港，陆域占地面积13万平方米，码头岸线长880米，客运综合楼建筑总面积达3万多平方米，设计年通过能力为100万人次。2004年初开工建设，已建成3个7万～8万吨级的国际大型邮轮泊位，2008年上海港国际客运中心建成投入运营。

2004—2010年，上海沿海客运跨省航线尚存吴淞—岱山—普陀山、吴淞—定海、芦潮港—定海、芦潮港—普陀山、芦潮港—大小洋山、芦潮港—岱山等短途客运或旅游航线。2005年6月，中日线在上海—大阪、上海—神户国际定线班轮的基础上，新开辟上海—下关定期客货班轮。同年，完成国际航线旅客吞吐量6.6万人次，其中，中日线1.7万人次。2006年，上海至韩国客运班轮航线曾一度复航，但出入境旅客不足2000人。

“十一五”期间，上海加快推进国际邮轮业务。2002年，豪华邮轮“狮子星”“丽晶公主”“白羊星”等曾先后造访上海港。2003年8月，新加坡丽星邮轮公司在上海设立办事处。2004年，中国第一条邮轮航线（上海—香港邮轮航线）开通。2005—2010年，进驻上海港的世界三大邮轮公司中，以上海港为母港的邮轮先后有歌诗达邮轮公司的“爱兰歌娜号”“经典号”“罗曼蒂克号”，丽星邮轮公司的“宝瓶星号”，皇家加勒比邮轮公司的“海洋迎风号”“海洋神话号”等。2010年，上海港共接邮轮107艘次，其中母港邮轮60艘次，访问港邮轮47艘次；邮轮出入境游客达到26.3万人次。同年，上海世博会期间，公平路码头作为世博专用泊位，先后接靠日本“憧憬号”仿古帆船、西班牙“安达卢西亚号”仿古帆船、德国“泛大陆号”环保船等多艘世博船舶。

表7　2000—2010年上海港国际航线旅客吞吐量统计表

单位：万人

年份	总计	到港	离港	年份	总计	到港	离港
2000	5.5	2.8	2.7	2006	7.7	3.9	3.8
2001	5.7	2.8	2.9	2007	10.6	5.3	5.3
2002	8.5	4.3	4.2	2008	13.1	6.5	6.6
2003	4.2	2.0	2.2	2009	18.4	9.3	9.1
2004	4.4	2.2	2.2	2010	28.5	14.5	14.0
2005	6.6	3.3	3.3				

（资料来源：《上海港口统计年鉴》，2001—2011年）

2010年4月27日，国际邮轮“钻石公主号”首次靠港。2011年10月15日，吴淞口国际邮轮港开工仪式举行。2011年以后，上海港旅客吞吐量开始逐年上升。进出上海港的国际旅客，以国际豪华邮轮为主，且呈上升趋势，从2011年154.1万人次，到2017年增至352.5万人次，增长1.29倍。以吴淞口国际邮轮港作为母港的国际豪华邮轮也日渐增多：2012年，吴淞口国际邮轮港成为歌诗达“维多利亚号”和皇家加勒比“海洋航行者号”两艘邮轮的母港；2013年2月21日，15万吨级豪华邮轮“玛丽女王2号”（该轮长345米、高72米）首次驶入黄浦江内段停靠吴淞口国际邮轮港。2017年，吴淞口国际邮轮港全年靠泊国际邮轮466艘次，出入境旅客吞吐量291.6万人次。

2019年底，受新冠疫情影响，上海港旅客吞吐量急剧下降。2020年，上海港旅客吞吐量31.9万人次，比2019年下降86%。其中旅客发送量15.4万人次，比2019年下降

86.6%。国际邮轮靠泊26艘次，比2019年下降90%。邮轮旅客吞吐量11.6万人次，比2019年下降93.9%。

表8　2011—2020年上海港旅客吞吐量汇总表

单位：万人

年份	旅客吞吐量	旅客发送量	国际豪华邮轮出入港艘次	邮轮出入境旅客	吴淞口国际邮轮码头邮轮艘次	邮轮码头出入境旅客
2011	154.1	76.8	113	20.4	—	—
2012	130.0	66.3	180	35.03	60	30.0
2013	133.8	68.1	197	75.66	126	62.0
2014	178.1	90.3	269	121.5	214	109.9
2015	224.7	113.0	341	164.3	277	152.2
2016	344.1	172.0	509	289.4	472	284.6
2017	352.5	174.1	512	297.3	466	291.6
2018	315.0	158.0	406	275.3	—	—
2019	228.1	115.0	259	189.3	—	—
2020	31.9	15.4	26	11.6	—	—

（资料来源:《上海年鉴》，2011—2021年）

货运

国内货运

上海港是国内沿海、沿江运输的重要枢纽港，从黄浦江出发的航线，几乎遍及全国沿海、沿江各个港口。

南宋时期，部分海船因吴淞江中下游河道淤浅，无法上行至青龙镇，只能停泊在吴淞江南岸大浦—上海浦的左岸，即今十六铺一带。那时黄浦已东并上海浦，入吴淞江。南宋末年，设上海镇，“人烟浩穰，海舶辐辏”[1]。元代以后，黄浦进一步发育壮大。元至元十九年（1282），宰相伯颜曾下令海运漕粮，首次将漕粮4.6万石从上海沿海道运抵大都（今北京），开辟海运漕粮的北洋航线。至元二十八年（1291），上

〔1〕 正德《松江府志》卷一《沿革》。

海设县，成为漕粮海运要地。明永乐二年（1404），黄浦江新航道贯通后，成为船舶进出上海港主航道。明弘治年间（1488—1505），上海港日趋繁盛，成为连接内陆与沿海地区的重要转运港，来往船只“又多客贩湖、襄、燕、赵、齐、鲁之区”[1]。清康熙二十三年（1684），清廷解除海禁，重新开辟从上海出发、沿海北上至天津的北洋航线，并将这一航线由天津延至牛庄。嘉庆、道光年间，上海成为沿海沙船聚集地，“聚于上海约三千五六百号，其船大者载官斛三千石，小者六百石”[2]。嘉庆十八年（1813）之后，“商贩往来皆归上海”[3]。道光五年（1825），清廷在上海设海运局。到开埠前夕，上海已是全国主要枢纽港之一。

道光二十三年（1843）上海开埠，在不到十年时间里，超越广州成为中国第一大港。英国植物学家福彻（Robert Forture）于道光二十三年（1843）、二十五年（1845）对中国沿海、沿江及上海周边内河航运做过详细考察，他记述道：“上海城坐落于一优美河流之岸上，距该河与扬子江汇合口约十有二英里，河之主要航道颇深，经由扬子江与多数美丽河流相交通。此类河流，复为漕渠所串连，因其地面平坦，故潮汐辄深入内地，用以协助就地商民，输送货物于各遥远内地。”[4]

上海港与国内沿海各港口之间联系更加紧密：在东南沿海及南洋航线上，形成以上海为枢纽港的南中国海航运网络；在北洋航线上，《天津条约》签订后，英、美、德等西方列强，先后开辟上海至天津、烟台、营口、牛庄等地北洋航线；上海至长江沿岸的汉口、重庆等城市的航线也陆续开设。同时新航线的开辟，也使上海传统沙船业日趋衰落。19世纪中叶苏伊士运河开通后，欧亚之间航运距离缩短，加快航运贸易周转，使上海港在内外贸易中地位进一步提高。宣统二年（1910），轮船招商局开通四条水路联运路线，其中三条以黄浦江为起点：（1）由上海水运至营口，转运奉天；（2）由上海水运至天津，转运张家口；（3）由上海陆运至镇江、南京，再水路转运汉口。1936年，以黄浦江为起讫港或中继港的航线总计100余条，上海港已成为全国乃至远东地区的航运中心。1937年抗日战争全面爆发后，沿海、沿江航线一度中断。抗日战争胜利后，国民党政府曾试图恢复以上海为中心的航线，但因忙于内战，无暇顾及。

中华人民共和国成立后，沿海、沿江各航线逐步恢复。至1955年，上海海运局先

〔1〕弘治《上海志·后序》。

〔2〕（清）魏源：《皇朝经世文编》卷三十四—五十三《户政》，《魏源全集》第15册，岳麓书社，2004年。

〔3〕（清）魏源：《皇朝经世文编》卷四十八《户政二十三·漕运下》，《魏源全集》第15册，岳麓书社，2004年。

〔4〕陈正书：《上海通史》第四卷《晚清经济》，上海人民出版社，1999年，第36页。

后开辟上海—秦皇岛、上海—青岛、上海—大连、上海—烟台—天津、上海—燕尾港等5条货运固定航线。5月24日，上海海运局“和平十八号”轮由大连港装运20个集装箱抵达上海港，成为中国沿海集装箱运输的开端。

1955年之后，由于国民经济快速增长，上海港往来沿海各地港口的货物运输，尤其是能源物资运输日益繁忙。“七五”期间，其货运量以7.7%的年均速度递增。其间总计完成货运量3亿多吨，而煤炭、石油两项运量就高达2.57亿吨，占该局总货运量的80%以上，有力地保障了上海和其他相关地区的能源需求。

改革开放后，进出上海港的国内货船迅速增加。20世纪80年代以后，进出上海港的船舶不仅数量激增，而且呈大型化趋势。市区内河港包括苏州河市区段、申纪港以西段，以及杨浦港、虬江港、虹口港和日晖港等。1980年，苏州河港完成货物吞吐量1232.5万吨，占全市内河港口货物吞吐量的27.1%；1985年，增至1666.9万吨，但在全市内河港口的比重降为24.4%。

1995年，沿海运输全年完成货运量8831.5万吨。长江主要货运航线有船宝线（船山—宝钢）、梅申线（梅山—上海）、裕申线（裕溪口—上海）、申芜线、申浔线、浦申线等，共运输各类货物2132.7万吨。1995年，全市共有内河航道210条，内河航道中有苏申外港线、苏申内港线、长湖申线、蕰藻浜、淀浦河、油墩港、杭申线、平申线等8条省市干线与苏浙等省内河衔接，与京杭大运河相连，形成四通八达的内河运输网络。1995年完成内河货运量已突破1.2亿吨，1980—1995年年均增长率7%，进出上海的内河运输量约占全市进出总量的1/4，是铁路货物到发量的1.2倍。完成内河港口吞吐量8000余万吨，内河航运为上海港承担约1/4集疏港运输量。

“十五”和“十一五”期间，进出黄浦江的内河船舶数量急剧下降，国内货船主要停靠在宝山区长江口码头、外高桥码头和洋山深水港，仅有部分货轮停泊黄浦江沿岸。2000年，上海加大内河航道的整治力度，平申线（上海段）与苏申外港线（上海段）的航道已分别完成与浙江、江苏500吨级航道对接，为上海内河集装箱运输全面启动打下基础。同年，上海内河完成货运量1.34亿吨，内河港口吞吐量8800万吨。2002年，黄浦江两岸综合开发启动，滨江大部分码头被拆除，黄浦江航运转向以内河航运为主。2021年，上海市境内内河航道总长1589.49千米，全年内河港区货物吞吐量5714.6万吨。

国际航运

黄浦江远洋航运的历史，最早可追溯至宋代。南宋末，原由青龙镇进港的“广南、日本、新罗岁或一至”[1]的远洋海舶，已开始改道在上海浦靠泊。景定五年（1264），缪相之就任提举上海市舶分司。元至元十三年（1276），江南地区航运业开始造大船出海，“交通琉球、日本、满剌、交趾诸蕃，往来贸易悉由上海出入，地方赖以富饶”[2]。开埠前，上海远洋航运仅限于日本与南洋一带。

上海开埠后，英美等国船舶，将原先印度（加尔各答、孟买）—广州（香港）航线延伸至上海。清道光二十八年（1848），美国商人筹划“从美国西海岸经由太平洋直接到达”上海的航线。道光三十年（1850）2月，大英轮船公司派遣553吨木制明轮驶入黄浦江，首次开辟上海—香港—伦敦的航线。同年，美国罗素轮船公司开始经营纽约至上海航线。至咸丰八年（1858），西方列强开辟3条联结上海和世界的外贸航线：上海—香港，上海—香港—加尔各答—伦敦，上海—纽约。其中包括往来于中国以及南洋、大洋洲各国。同治元年（1862），法国火轮公司开辟“巴黎—香港—上海”的东方航线，开始与英国竞争在上海的航线。至此，上海港成为中外航运桥头堡及重要门户。

苏伊士运河开通后，缩短上海至欧美间的距离，上海与世界各港口之间联系日益密切。同治十二年（1873），轮船招商局“伊敦号”轮船首航上海至日本神户、长崎等港口。光绪元年（1875），美国旗昌轮船公司开辟上海—日本客运班轮航线。光绪五年（1879），轮船招商局“和众号”第一次远航至美国檀香山。光绪七年（1881），轮船招商局“美富”“海深”两艘轮船开始经营上海至西欧航线。轮船招商局作为中国航运企业，加入到世界远洋航运之列。光绪三十年（1904），美国花旗邮船公司开辟香港—旧金山航线，中途靠上海港。至20世纪30年代，世界各大港口与上海港均有有航运贸易联系。

中华人民共和国成立后，中国与国外的航线一度中断。1964年6月12日，“和平60号”从黄浦江出发首航朝鲜南埔港。6月18日，“燎原”轮从青岛港首航日本门司、东京和神户港，7月9日抵达上海。1968年10月11日，“红旗”轮从黄浦江起航，沿“南北航线”绕道中国台湾东部驶往欧洲，这是上海远洋船舶第一次走这条航线远航。1970年7月18日，“向阳”轮首航上海至地中海航线，驶往意大利、利比亚、埃及和黎巴嫩等国家港口。8月10日，“东风”轮从上海港首航加拿大温哥华港，又装运11000吨小麦返回中国。1973年12月7日，中国远洋运输公司上海分公司“静海”轮开辟上海—澳大利亚航线，第一次驶往弗里曼特尔港装运粮食。1974年3月24日，“江城”轮开辟上

〔1〕《全宋文》卷六百六十一《隆平寺宝塔铭》，上海辞书出版社，2006年。

〔2〕崇祯《松江府志》卷十九《城池》。

海—海湾航线，驶往伊朗、伊拉克等国家港口。

1978年9月26日，“平乡城”轮开辟上海至澳大利亚国际集装箱班轮运输航线，成为中国大陆第一条集装箱轮船的远洋航线。1979年3月18日，美国“利莱克斯号”抵达上海，为中美建交后来华的第一艘船只。1980年，进出港船只达2071艘次1761万吨，比1978年增长了145.3%和125.2%，其中来自全球38个国家和地区的船只共计1099艘次815万吨。1981年2月10日，“张家口”轮从上海首航美国西海岸旧金山等港，开辟中美集装箱班轮运输航线。6月4日，“抚顺城”轮运载20英尺国际标准集装箱320只，第一次从上海驶往日本神户港，开辟上海—日本集装箱班轮航线。1983年6月，上海远洋运输公司“辽河”轮开辟天津新港—上海—西欧集装箱班轮航线。1984年，上海远洋运输公司开辟上海至地中海杂货班轮航线。

1984年9月27日，“宣城”轮从上海港驶往印度尼西亚坤甸港，恢复中断多年的上海—印尼远洋航线。同年，开辟香港至美国西海岸集装箱班轮航线，停靠香港及美国长滩、旧金山、西雅图等港口。“商城”轮开辟上海至东南亚集装箱班轮航线，沿途停靠中国香港和新马泰等国家及地区港口。1988年，“沱河”轮从上海启程首航美国东、西海岸。此后，上海至美国的集装箱航班从每月2班增加至每月3班。1989年经交通部批准，上海市锦江航运有限公司在香港注册的全达船务有限公司“通顺”“通运”“通联”等轮开辟上海—香港—台湾集装箱运输航线。至1990年，进出港船舶共计711881艘次27273.9万吨，其中包括来自56个国家和地区的船只1213艘1416.8万吨，比1980年增长10.4%和73.9%。

至2000年，上海港与全球12个主要航区均有航班运营，从上海始发的集装箱班轮航线通达世界120多个港口。2002年以后，随着黄浦江两岸功能转换和综合开发，杨浦大桥至徐浦大桥之间港区码头转移至长江口南岸港区。至2021年，黄浦江内仅承担部分海运功能，但在内河航运网络中仍占据重要地位。

跨江交通设施

穿城而过的黄浦江，将上海分为浦东和浦西。在很长一段历史时期，浦东与浦西的发展呈天壤之别：浦西商业繁盛、高楼林立；而浦东地区，除江岸有码头和货栈外，其余大部分地区为农业区。黄浦江成了城市的边界线，过江只能靠轮渡。但轮渡载人量少，载货量有限，不利于浦江两岸沟通交流。直到20世纪70年代，在黄浦江上游建造第一条跨江大桥，改写黄浦江干流河道无桥的历史。由于处在上游，对于改变市区浦东和浦西跨江交通影响不大。1971年6月，打浦路隧道正式通车，为黄浦江第一条越江隧道，对黄浦江跨江交通具有里程碑性的意义。20世纪90年代开发开放浦东以后，跨江大桥和越江隧道成为推动浦东开发的基础工程，黄浦江上相继建成南浦大桥、杨浦大桥、奉浦大桥、徐浦大桥等十余座跨黄浦江大桥。在建造跨江桥梁的同时，隧道建设也在进行，从黄浦江下游到上游先后建成延安东路、外环越江等十余条隧道。这些越江隧道与跨江桥梁，分布在黄浦江上中下游各个河段，极大地方便黄浦江两岸交通，推动浦东、浦西两岸发展，优化并扩大上海城市空间布局。

跨江桥梁

早在20世纪20年代，便有人提出修建黄浦江跨江桥梁的建议，希望浦东能为拥挤的浦西开拓新的发展空间。限于条件，该建议尚未引起政府重视。抗战胜利后，上海市政府高度重视黄浦江两岸交通问题。1946年，上海市越江工程委员会成立，聘请中国桥梁专家茅以升担任越江工程设计处处长，委托中国桥梁公司代办筹备工作。但由于内战并限于当时的技术水平和财政方面，修建跨江桥梁计划付诸东流。

中华人民共和国成立后，经前期研究和多方面准备，特别是技术方面的提高，终于在20世纪70年代，在黄浦江上游建造最早的一条跨江大桥。1974年4月开工，1976年6月29日筑成通车，初名为黄浦江大桥，1989年改名车亭大桥，1995年以松江县名首字加“浦”字改名松浦大桥。松浦大桥的建成改写黄浦江无大桥的历史，它是通往上海石油化工总厂金山支线的重点工程。

改革开放后，上海经济腾飞。1982年，中国最大跨度的一座预应力混凝土斜拉桥——松江泖港大桥建成通车。该桥不仅沟通市郊西南地区的陆上交通，促进城乡物资交流，便利人民生活；还为之后在黄浦江上建造更大跨径桥梁提供可靠的设计和施工经验。

上海市政府决定在市区建一座跨江大桥。1987年7月，《黄浦江大桥工程可行性研究报告》由上海市政工程设计院编制完成。同年年底，专家组举行预评估会议：确定选址方案，认为选址在黄浦江下游流经市区最窄处——江面宽360米的南码头地区最合适；确定桥型为斜拉桥，并对引桥方案做了深入讨论。1988年8月，批准实施《南浦大桥扩大初步设计》。于是，上海市区第一座跨江大桥——南浦大桥，也是黄浦江上第二座大桥，1988年12月15日开工，1991年11月19日建成，并于12月1日通车。

1990年4月18日，国务院正式宣布开发开放浦东，这成为上海改革开放的一件大事。在此背景下，加快跨江交通建设成为推动浦东开发的重要举措。黄浦江上相继建成杨浦大桥、奉浦大桥、徐浦大桥、卢浦大桥、松浦二桥、闵浦大桥、闵浦二桥、松浦三桥等十余座跨黄浦江大桥。

松浦大桥

1972年6月，党中央、国务院批准兴建上海石油化工总厂。为配合石化总厂建设，同时结合上海市城市总体规划，便利黄浦江两岸交通，发展经济，巩固国防，建造首座跨黄浦江大桥，即松浦大桥。1974年4月动工，1975年9月11日铁路桥通车，1976年6月29日公路桥通车。初名黄浦江大桥，1989年改名为车亭大桥，1995年又改名为松浦大桥。大桥位于松江县东南叶榭乡和车墩乡之间的黄浦江上，在闵行西渡上游12.5千米处，是一座铁路、公路两用桥。该桥下层供铁路列车过往，上层为公路行驶汽车，连接车亭公路和铁路金山支线。2012年铁路金山支线建成，松浦大桥下层铁路不再承担运营功能。2017年10月，对松浦大桥主桥进行改造，全长419.6米的主桥段整体顶升20厘米。按照设计要求，下层引桥段将铁路运输改造为慢行通道，满足人和自行车通行需求，原来引桥需要先顶升、缩短，再进行降坡处理。2019年完成改造，成为黄浦江上第一座设有人行道和非机动车道的越江大桥。

图139　1976年松浦大桥通车典礼
（上海市松江区档案馆提供）

图140　松浦大桥
（李东鹏2022年9月11日摄）

南浦大桥

南浦大桥是黄浦江上第二座大桥，是上海市区第一座跨黄浦江大桥，为国内首次采用双塔双索面钢—混凝土叠合梁结构的斜拉桥，桥名由邓小平同志题写。主跨423米，在当时世界的叠合梁斜拉桥中，仅次于加拿大安娜西斯（Annacis）桥。南浦大

图141　南浦大桥（梁伟2022年10月4日摄）

桥位于南码头，距离吴淞口约31.5千米。1988年12月15日开工，1991年11月19日建成，12月1日通车。

南浦大桥东接浦东南路及杨高路，西接陆家浜路与中山南路，总长8346米。大桥由主桥和东、西引桥3部分组成：主桥为斜拉桥，宽30.35米，长846米，设6条机动车道，日通行能力4.5万～5万辆机动车，主桥两侧各设2米宽观光人行道。两岸引桥全长7500米，其中浦西段引桥长3754米，桥型采用复曲线螺旋形，上、下两环分岔衔接中山南路、内环线高架和陆家浜路；浦东引桥采用复曲线长圆形与浦东南路相连接，引桥还直通内环线浦东段和杨高路。桥梁中孔跨径423米，主塔高154米，桥下通航净高46米，可通行5万吨级船舶。

杨浦大桥

杨浦大桥是黄浦江上第三座桥，位于杨浦区南部黄浦江上，是上海市区第二座跨越黄浦江的特大跨径桥梁，邓小平同志为大桥题写桥名。1991年5月1日开工，1993年9月15日建成。杨浦大桥总长7642米，主桥长1172米，采用双塔空间双索面全漂浮钢—

图142　1993年4月8日杨浦大桥即将合龙（左）；同年10月23日杨浦大桥通车（右）（种楠摄）

图143　杨浦大桥（张海峰2023年7月5日摄）

混凝土叠合梁结构，主跨跨径602米，时为世界同类型桥梁之最。主桥桥面宽30.35米，6车道，两侧为各宽2米的观光人行道。引桥亦为6车道，宽25.5米；分引桥为定向单车道，宽6.5～9.05米。引桥和分引桥均不设人行道。浦西沿宁国路、黄兴路在周家嘴路与内环高架路相接，浦东经罗山路立交桥与杨高路贯通。杨浦大桥为市区内环线重要组成部分，建成通车后，1995年全年通行车辆1357.96万辆次，有效缓解当时上海市中心交通拥塞状况，对开发开放浦东、振兴上海经济发挥重要作用。

奉浦大桥

奉浦大桥是跨黄浦江的第四座大桥，位于上海市南北快速干道莘奉金公路上，闵行至西渡渡口下游1.5千米处。北连闵行区东川公路，南接萧金公路（萧塘—金汇），是连接黄浦江中游两岸的交通纽带。1994年3月18日，奉浦大桥一期工程动工，1995年7月28日大桥合龙，同年10月26日建成通车。江泽民同志为奉浦大桥题写桥名。奉浦大桥全长2201.8米，其中主桥545.3米、北引桥941.25米、南引桥715.25米；主桥宽18.6米，引桥宽18.1米。桥梁净空高度28米，中空最大跨度105米，可通行5000吨级船舶。

图144　奉浦大桥（李东鹏2022年9月11日摄）

徐浦大桥

徐浦大桥是黄浦江上第五座大桥，位于徐汇区龙华浦莘路和浦东三林塘地区三航路之间，东连浦东国际机场，西接沪杭、沪宁高速公路，是继南浦大桥、杨浦大桥建成之后市区第三座跨江特大型斜拉式桥梁。1994年4月1日开工，1997年6月24日建成通车，江泽民同志为徐浦大桥题写桥名。大桥全长6017米，主桥全长1074米。主塔高217米，桥宽35.95米，设8个车道。设计通航净高46米，设计车速80千米/小时。徐浦大桥

图145　徐浦大桥（徐滨2014年7月23日摄）

图146　徐浦大桥（李东鹏2022年7月1日摄）

是城市外环线的过江点、京沪高速公路和沪昆高速公路进入上海的交通枢纽，也是连接虹桥国际机场和浦东国际机场的便捷通道。

卢浦大桥

卢浦大桥是黄浦江上第六座大桥，采用中承式拱桥结构，是世界上首座完全采用焊接工艺连接的大型拱桥。2000年10月25日开工，2003年6月28日建成通车，江泽民同志

图147　即将合龙的卢浦大桥（种楠2002年7月18日摄）

图148　卢浦大桥（李东鹏2022年9月10日摄）

为卢浦大桥题写桥名。大桥主线全长3900米，主桥长750米。主跨550米，居世界同类钢管拱桥之首。主桥按6车道设计，引桥按6车道、4车道设计，通航净空高度为46米，可通航7万吨级船只。桥上有一个观光平台，跨于两条拱肋之间，观光客可在平台上饱览浦江两岸美景。

松浦二桥

松浦二桥，又名上海嘉金高速公路黄浦江大桥，是高速公路专用桥，地处松浦大桥上游1.2千米处，属于上海市A5公路组成部分。2004年4月动工，2005年12月28日合龙，并于翌年同G15高速公路一起通车。大桥全长约1000米，跨黄浦江398米，采用连续梁结构，通航净空高度超过13.8米。大桥为双幅桥形式，单幅宽度16米，双向6车道，设计车速100千米/小时。松浦二桥建成，使嘉金高速公路向北通过沪嘉浏高速公路与江苏沿江高速公路连通，向南与杭州湾跨海通道相通，改善当地交通。

图149　松浦二桥（李东鹏2022年9月11日摄）

闵浦大桥

闵浦大桥位于奉浦大桥与徐浦大桥之间，是跨黄浦江的第八座大桥，也是连接闵行区与浦东新区的过江通道。2005年9月1日动工，2009年12月31日通车。大桥全长3995米，主塔高210米，主桥全长1212米，主跨长708米，通航能力为2万吨级，是中国首座全焊接大跨径钢桁梁斜拉桥，也是当时世界上跨度最大的双层斜拉桥。大桥分为两层，上层是设计车速为120千米/小时的高速公路，桥面宽43.8米，双向8车道，两侧还有临时停车带；下层是设计车速为60千米/小时的普通公路，桥面宽28米，双向6车道。闵浦大桥不仅是上海S32申嘉湖高速公路的重要组成部分，还是上海连接虹桥和浦东两个国际机场的高速公路的枢纽性工程。

闵浦二桥

闵浦二桥，又名西渡大桥，是黄浦江上第一座公路和轨道交通两用双层桥梁。北岸位于闵行区江川路，南岸位于奉贤区西渡。主桥为独塔双索面双层斜拉桥，塔柱高148米，主桥全长436.65米，主跨251米。上层为二级公路，桥面宽度18米，设计双向4车道，下层为双线轻轨。通航净空高4.41米，可通行3000吨级船只。2007年1月8日动工兴建，2010年5月21日公路层通车。该桥建设后，对于改善两岸交通，推进两岸经济发展起到重要的作用。

松浦三桥

松浦三桥，曾名松卫大桥、松卫公路跨黄浦江大桥，位于黄浦江上游松江区车墩镇、叶榭镇境内，在松浦二桥上游4.5千米处。该桥全长1650米，桥梁部分长923.12米，宽26.5米，主跨140米，设计车速80千米/小时。桥面为双向4车道，引桥两端与松卫公路相接，是松卫公路组成部分。2008年9月2日，大桥开工建设，2010年6月30日通车。松浦三桥是松江区和金山区的重要交通枢纽，对于改善地区交通与投资环境，促进地区经济发展发挥重要作用。

金山铁路黄浦江特大桥

金山铁路黄浦江特大桥，为钢结构双线铁路桥，全长456米，2011年3月22日建成通车。这座大桥为金山铁路线重要组成部分，该桥投入使用后，与之相邻的松浦大桥铁路线不再使用。金山铁路线，2012年9月29日开通运营。铁路从上海南站至金山客

图150　闵浦大桥（李东鹏2022年6月11日摄）

图151　闵浦二桥（李东鹏2022年9月11日摄）

图152　松浦三桥（李东鹏2022年9月11日摄）

运站，途经徐汇、闵行、松江、金山等4个区，全长56.4千米，全程仅需35分钟，是上海市中心城区连接金山区的一条快速铁路。

辰塔大桥

辰塔大桥位于上海市松江区，为上海市辰塔路组成部分，北起甘德路，南接北十二勤河，是黄浦江上的第十二座大桥，也是上海第一座全混凝土结构斜拉桥。2012年开工，2015年12月30日建成通车。大桥全长1648米，主桥长546米，主跨296米。辰塔大桥位于黄浦江交通重要节点，北接上海绕城高速公路直达江苏南通、浙江等地，对促进长三角地区一体化发展发挥重要作用。

闵浦三桥

闵浦三桥又称昆阳路越江大桥，是继奉浦大桥、闵浦大桥、闵浦二桥（轨道交通5号线南延伸段）、虹梅南路隧道后，奉贤地区市民穿越黄浦江进入市区的第五条通道。2016年6月动工，2020年10月28日正式通车。昆阳路越江大桥北起闵行区昆阳路、东川路交叉口，南至奉贤区浦卫公路。大桥全长约3.49千米，其中越江大桥部分长约1.94千米。主桥设计为独塔斜拉桥，上层供机动车辆通行，下层供行人与非机动车通行。

图153　闵浦三桥（李东鹏2022年9月11日摄）

越江隧道

20世纪二三十年代以来，不断有人提出建设过江隧道、开发浦东的建议，但限于技术和历史等各种原因，越江隧道计划未能如愿实施。中华人民共和国成立后，1971年6月上海市政府克服重重困难，建成打浦路越江隧道并运营，为黄浦江第一条越江隧道。改革开放后，上海经济蓬勃发展，对两岸交通提出更高要求。1980年，上南路至打浦路的公交隧道专线（后改名隧道一线）通车。1988年在市中心建成延安东路隧道，市中心过江难的问题有所缓解。1990年浦东开发开放后，市政府将跨江交通作为开发浦东重要工程和首要任务，加快跨江桥梁和越江隧道建设。至2021年，在短短三十年时间里，从黄浦江下游到上游建成郊环越江、外环越江、长江路、翔殷路、军工路、江浦路、大连路、新建路、延安东路、人民路、复兴东路、西藏南路、打浦路、龙耀路、上中路、虹梅南路等十余条隧道。这些隧道与跨江桥梁极大地方便了黄浦江两岸交通，过江时间从早年乘轮渡的两三个小时，缩短到六七分钟，有力地促进浦东开发。

打浦路越江隧道

打浦路隧道为上海市第一条黄浦江公路隧道，是国内首条城市越江大型隧道。打浦路隧道浦西出入口在打浦路、中山南一路，浦东出入口在耀华路、长清路。隧道全长2761米，单管双向2车道，采用盾构法施工。1965年6月动工，1971年6月通车。自通车之日起，至20世纪80年代末，该隧道承担全市过江车辆总数的43%。2009年7月11日起实施封闭改造，原线车行道总宽度由7.07米拓宽至7.25米，改为只通行浦东往浦西方向的车辆；同时新建复线，通行浦西向浦东方向的车辆，复线长约2771米（主线2403米，浦西匝道368米）。浦西入口在中山南路、日晖东路，设2车道；匝道入口在龙华路，设1车道；浦东出口在长清路、世博馆路。设计车速40千米/小时。2010年2月11日，改造后的原线和新建的复线通车。

延安东路越江隧道

延安东路隧道浦西出入口在延安东路、福建路，浦东出入口在陆家嘴杨家宅路。1984年12月18日，主体工程圆形隧道开工；1988年12月，全线贯通；1989年5月1日，隧道通车。该隧道全长2261米，其中圆形段长1476米，外径11米，内径9.5米，建成时为国内最大水底公路隧道。隧道按2车道设计，路面宽7.5米，车道净高4.53米，设计车速40千米/小时。延安东路隧道建成通车后，高峰时段混合交通量达2400辆标准车/小时（原设计1100辆标准车/小时）。1994年1月18日，上海市政府启动延安东路隧道复线工程；1996年11月29日，复线工程通车。2015年3月8日至12月25日期间，隧道交替封闭单孔大修。大修以来隧道状况良好，最高流量保持在每日8万辆左右，最高小时流量超5000辆，是上海中心城区交通最繁忙的越江设施之一。

图154　打浦路隧道
［上海城建城市运营（集团）有限公司提供］

外环线越江隧道

外环隧道，东起浦东三岔港，西至浦西宝山区泰和路、同济路，距吴淞口约2千米，是上海外环线北段穿越黄浦江的交通咽喉。1999年12月28日，隧道开工；2003年6月21日，建成通车。隧道全长1902米，设计双向8车道、车速80千米/小时，建成时规模亚洲第一。该隧道是上海市首次采用沉管法施工的大型越江隧道，埋入江底的沉管共有7节，总长736米，最大埋深33米。

图155　延安东路隧道
［上海城建城市运营（集团）有限公司提供］

大连路越江隧道

大连路隧道浦西出入口在霍山路、大连路，浦东出入口在栖霞路口，总长2500米，其中过江隧道长1275米。设双管双向4车道，设计车速40千米/小时，采用盾构法施工。2001年5月25日，隧道开工；2003年9月29日，隧道通车。设计中采用国内最先进的计算机监控系统，利用底部空间设置逃生通道，在

图156　外环隧道
［上海城建城市运营（集团）有限公司提供］

图157　大连路隧道

［上海城建城市运营（集团）有限公司提供］

图158　复兴东路隧道

［上海城建城市运营（集团）有限公司提供］

图159　翔殷路隧道

［上海城建城市运营（集团）有限公司提供］

国内越江隧道中尚属首例。隧道内万一发生火灾或突发事件，人员可以通过联络通道疏散到另一隧道内，确保撤离快速；隧道下部还设置一条与隧道平行的行人逃生通道，可通往隧道出口处。

复兴东路越江隧道

复兴东路隧道，西起浦西复兴东路、光启路，东至浦东张杨路、崂山西路。2001年10月，隧道开工；2004年9月29日，隧道通车。隧道全长2785米，其中越江段长1214米，采用盾构法施工。设计双向双层6车道，设计车速40千米/小时。隧道上层净高2.6米，为4车道，供小型车辆通行；下层净高4米，为双向2车道（设紧急停车道），大、小车型混行。复兴东路隧道通车，有效地减缓南浦大桥交通压力，减少延安东路隧道车流。

翔殷路越江隧道

翔殷路隧道，西起杨浦翔殷路、军工路，东至浦东五洲大道、杨高北路，2005年12月28日隧道竣工，2005年12月31日正式通车。隧道南线全长2606米，北线全长2597米，设计双向4车道、车速80千米/小时。建成时为中国直径最大的采用盾构法施工的隧道，隧道外径11.36米、内径10.4米。开通后，浦东东北部和浦西杨浦、宝山地区之间的公路交通更加便捷。

人民路越江隧道

图160　人民路隧道

［上海城建城市运营（集团）有限公司提供］

人民路隧道，西起上海黄浦区淮海东路、人民路交叉口，穿越黄浦江底，在银城东路、浦城路交叉口前接地面。另布设一条出口左转匝道接银城东路，终点至浦东南路交叉口，可通过浦东陆家嘴环路地道（原银城东路地道）连接新建路隧道。隧道北线2470.65米，南线2471.41米，主体盾构段长1480米，设双向4车道、车速40千米/小时。2006年11月27日，隧道开工；2010年2月6日，隧道全线通车。该隧道是外滩“井字形”交通枢纽中穿越黄浦江底的一座公路隧道，也是上海世博会交通配套工程。

图161　上中路隧道

［上海城建城市运营（集团）有限公司提供］

上中路越江隧道

上中路隧道浦西出入口在上中路，浦东出入口连接中环线快速路。2004年1月9日，隧道开工；2009年1月22日，南线试通车；2009年5月18日，北线下层、南线上层通车；2009年12月25日，全线通车。隧道全长2800米，其中越江段长1250米。上下两层双向4车道，上层为浦西至浦东方向，下层为浦东至浦西方向，设计车速80千米/小时。隧道工程采用直径为14.87米超大型盾构掘进机施工，外径达到14.5米。该隧道为连接上海中环线的浦西段和浦东段的越江交通枢纽，建成时为世界上第一条双层双向4车道越江公路隧道。

新建路越江隧道

新建路隧道位于外滩与陆家嘴之间，西北起海伦路、海拉尔路，沿新建路穿越黄浦江至浦东，浦东沿银城东路至银城中路以南。隧道全长2355米，设计双向4车道、车速40千米/小时。全线一共设五个出入口：浦西新建路海拉尔路设一个主出入

图162　新建路隧道
［上海城建城市运营（集团）有限公司提供］

图163　龙耀路隧道
［上海城建城市运营（集团）有限公司提供］

图164　西藏南路隧道
［上海城建城市运营（集团）有限公司提供］

口，新建路、东余杭路设一个匝道进口，唐山路设一个出口匝道，浦东银城东路设一个入口，银城中路设一个出口。2007年9月26日，隧道开工；2010年3月26日，隧道通车。

龙耀路越江隧道

龙耀路隧道，起于浦西龙耀路、龙吴路，至浦东成山路、长清路。全长4040米，其中越江段长1150米，设计双向4车道、车速50千米/小时，为上海世博会交通配套工程。全线一共设有四组出入口：浦西云锦路、龙吴路出入口，浦东成山路、济阳路出入口。2008年3月10日动工，2010年4月15日，一期隧道（济阳路—龙吴路）通车；2020年8月30日，二期隧道（成山路—济阳路）通车。该隧道的建设对于改善铁路上海南站、龙华地区和世博园区及周边地区越江交通具有重要意义。

西藏南路越江隧道

西藏南路隧道，北起黄浦区西藏南路，穿越黄浦江底，至浦东新区高科西路接地。隧道总长2670米，其中越江段长1170米，设计双向4车道、车速40千米/小时。2005年11月下旬动工；2010年4月20日，东西两线双向通车。当时为上海世博会专用的越江通道，日均通过车辆6万～7万辆，2011年2月1日起通行社会车辆。

军工路越江隧道

图165　军工路隧道

［上海城建城市运营（集团）有限公司提供］

军工路隧道是上海中环线的组成部分，呈南北走向，北起杨浦区军工路，向南穿越黄浦江后连接浦东新区金桥路。2006年12月18日，隧道开工；2011年1月28日，东线通车。隧道全长3050米，设计为双管双向双层8车道、车速80千米/小时。该隧道与上中路越江隧道组成中环线快速路南、北两个重要越江节点，也是除复兴东路越江隧道、上中路越江隧道外，穿越黄浦江第三条上、下层均能通车的公路越江隧道。

周家嘴路越江隧道

图166　周家嘴路隧道

［上海城建城市运营（集团）有限公司提供］

周家嘴路隧道，西起杨浦区周家嘴路、内江路交叉口，东至浦东新区东靖路、张杨北路交叉口，全长4.45千米。隧道主线采用城市主干路标准，设计车速60千米/小时，单管双层双向4车道。2019年10月31日晚8时，主线通车。该隧道通车进一步优化上海市越江交道布局，减缓北部越江区域过江压力，完善区域路网结构。

长江路越江隧道

图167　长江路隧道

［上海城建城市运营（集团）有限公司提供］

长江路隧道，西起宝山区长江路郝家港桥，向东穿越黄浦江后止于浦东新区港城路毛家浜桥。设计双向6车道、车速60千米/小时。长江路隧道是黄浦江底最大越江隧道，主线全长4.9千米，其中隧道主线长约2.8千米。长江路越江隧道作为上海市迎世博600天重点推进的重大项目之一，2008年12月26日隧道开工，2016年隧道通车，通车后有效缓解外环隧道的交通压力。本工程首次在越江隧道工程中采用光导照明系统，将太阳光引到隧道出入口区段，每天提供10小时自然光照明，节约照明能耗40%以上。

图168　虹梅南路隧道

［上海城建城市运营（集团）有限公司提供］

虹梅南路越江隧道

虹梅南路隧道，起于浦西永德路北侧，于剑川路北侧入地跨越黄浦江，经西闸公路后出地面，至金海公路。虹梅南路隧道途经闵行区和奉贤区，全长5.26千米，其中圆隧道段长3.39千米，道路等级为城市快速路，设计双向6车道、车速60千米/小时。该隧道是上海市闵行区和奉贤区的第一条黄浦江越江隧道，2015年12月30日，隧道通车。该隧道服务于奉贤滨海、南桥新城以及紫竹科学园等地区，实现奉贤与中环无缝连接，缓解S4公路、莘庄立交及沪闵高架的交通压力，是打通上海南部的交通命脉。

图169　江浦路隧道

［上海城建城市运营（集团）有限公司提供］

江浦路越江隧道

江浦路隧道，位于大连路隧道和杨浦大桥之间，北起杨浦区龙江路、

图170　郊环隧道

［上海城建城市运营（集团）有限公司提供］

江浦路，南至浦东新区民生路、商城路，距离大连路隧道约1.6千米，距离杨浦大桥约1.1千米。2021年9月30日，隧道开通。隧道设施全长约2.28千米，西线盾构段781米，东线盾构段785米，道路等级为城市次干路，设计双向4车道、车速40千米/小时。江浦路隧道的建成使北部区域越江设施间距缩小至3千米，有效分流杨浦大桥交通压力，提升滨江区域道路系统整体交通功能。

郊环越江隧道

郊环隧道，西起宝山区牡丹江路、富锦路交叉口，以隧道形式向东进入长江，下穿长航码头引桥、国际邮轮码头引桥、炮台湾湿地公园、吴淞导堤以及黄浦江，最后在外高桥滨江森林公园处登陆，与浦东新区外环立交相接，全隧道路段为上海市绕城G1503高速公路组成部分。隧道主体全长6486米，其中盾构段长5219米，道路等级为高速公路，设计双向6车道、车速80千米/小时。2014年12月6日，隧道动工；2018年7月27日，隧道双线贯通；2019年12月28日，建成试通车。该隧道是首条连续穿越长江和黄浦江的超大直径盾构隧道，也是上海市域郊环线和沿江、沿海大通道的重要组成部分。

港区和码头

上海因水而生，以港兴市。自黄浦江形成之后，港口和航运重心从吴淞口逐渐转移到黄浦江沿岸十六铺一带。十六铺一带，早在宋代设上海酒务，元代又设市舶司，沿江已建有停泊海船的简易码头。明前期黄浦江形成后，上海县城东门及南门外沿江建有砖石堆砌、延伸于水中踏步式码头。上海开埠前夕，上海港已跻身全国四大口岸之列，上海县城东门、南门外沿江建有码头十余座，岸线全长3000米。

清道光二十三年（1843）上海开埠后，上海港迅速发展为全国性港埠城市，港区范围从上海县城东门外十六铺逐步扩展到外滩，外滩成为外商专用码头港区。咸丰年间（1851—1861）又扩展到虹口滨岸。同治初年（1862）起，浦东滨岸开始建造码头及装卸区。同治八年（1869）苏伊士运河开通，欧亚间航运距离缩短，进出上海港的轮船数量不断增加，轮船吨位也不断加大。上海港内小码头难以靠泊，遂出现专业码头公司兼并小码头的情况，小码头合并后被改建成中型码头。此后，吴淞江等支流也纳入上海港范围。光绪初年，吴淞江成为外国轮船停泊、装卸区域。19世纪末，黄浦江沿岸的中小码头大部分归并于公和祥码头公司、太古轮船公司、轮船招商局、日本邮船株式会社、日本三井洋行、德商美最时洋行、礼和洋行和瑞记洋行等大轮船公司。至1920年，黄浦江两岸码头总长8460米，主要被英、日、美三国商人占有，约占总数的71%。中国码头仅占29%，其中60%属于轮船招商局。

上海港码头经过新建和改建，至1936年底，黄浦江两岸主要码头有77座，总长达36263英尺（11055.8米），比1920年增加31%。其中，英商码头3739.7米，日商码头2846.7米，美商码头890米，英、日、美三国码头分别比1920年增长7%、43.1%、67%。法商码头较小，且均是浮码头，总长仅占全港码头1%。中国拥有国营码头2194.5米，私营码头1271米，两者合计3465.5米，比1920年增长41.8%。

1937年抗日战争全面爆发后，国营和华商码头几乎全被日军强行占用，至1941年11月，日军占用码头达35座。太平洋战争爆发后，欧美外商码头也被日军接管征用，当时日本控制和占用上海港主要码头达61座，其中军用码头10座。

1945年抗日战争胜利后，日军强占的码头或物归原主或作为敌产没收。上海市政府在此基础上又改扩建一批公用码头。1947年，江海关对黄浦江沿岸码头进行详细调查，两岸共有大小码头240座（不包括轮渡、垃圾、粪码头等），其中浦西139座，浦东101座。内有江海关码头13座，交通部码头4座，国防部和海军码头8座，外商码头46座（包括外商船厂、纱厂等专用码头），美军借用码头4座，中央信托局码头3座，上海市公用局码头52座，国营招商局码头9座，经济部码头10座，上海邮政管理局码头1座，其他码头90座。

1948年2月，黄浦江两岸主要装卸作业码头有55座，总长12363米。其中，国营和华商私营码头35座，长7192.6米，占港内码头总长的58.2%；英商码头17座，长4215.8米，占34.1%；美商码头长801.6米，占6.5%；其他外商码头长153米，占1.2%。

上海解放后，上海市军管会要求按系统接管国营码头，外商及华商码头仍自主经营。据1950年6月统计，黄浦江两岸共有码头268座，其中国营码头169座，合营码头15座，外商码头27座，华商私营码头57座。

1951年8月—1952年1月，上海港务管理局系统接收长达7592.16米国营码头，约占当时全港公用码头60%。1951年12月，上海港成立第一至第三装卸作业区：第一装卸作业区包括浦东杨家渡、张家浜、老白渡3座码头，第二装卸作业区包括浦东华栈、新汇山2座码头，第三装卸作业区包括黄浦、汇山2座码头。1952年1月，又成立第四装卸作业区，包括十六铺码头、日晖港煤栈、南市和外滩公共码头。1952年9月，港务管理局对原来4个装卸作业区进行调整，并增设2个装卸作业区。1953—1954年，外商码头分别由上海市仓储公司和中国外轮代理公司上海分公司接收转让，其中8座码头（2904米）移交港务局管理。1954—1955年，华商私营码头（48座，长2192.39米）与港务局码头合并，实行公私合营。

至第一个五年计划期末，港务局共辖公用码头泊位69个，总长8390米（不包括出租的码头泊位），其中万吨级泊位12个。1959年后，黄浦江下游浦西侧张华浜地段开辟为外贸装卸作业区，黄浦江西侧龙华地段开辟为煤炭装卸作业区。至20世纪60年代末，港务局所拥有公用码头泊位增至92个，长度增至11185米，万吨级泊位增至37个。

1973年，周恩来总理做出“三年改变港口面貌”的指示，上海港掀起大规模基本建设，码头质量、数量均有较大提高与增长，三年建港期间新（改）建泊位约20个。至1978年，港务局码头增至99个，总长达12973米，万吨级泊位达50个。在主要装卸生产泊位中，技术级别为一类（良好）泊位达到泊位总数32.4%。1980年，海港公用码

图171　白莲泾码头（董文俊20世纪80年代摄）

头生产性泊位96个、码头总长度13120.7米（其中包括张家港作业区4个泊位，码头长度343.2米），泊位靠泊能力没有一个超过5万吨级。按码头地理位置分：浦东侧有码头泊位31个，码头长度5605.4米；浦西侧有码头泊位61个，码头长度7172.1米。按码头技术类别分：一类（良好）码头长4593.4米，二类（一般）码头长3614.6米，三类（不良）码头长3875.5米，四类（临危或严重不良）码头长1037.2，分别占海港公用码头生产性泊位总数的35%、27.5%、29.5%和8%。

“六五”期间，海港生产快速发展，但码头能力不足问题明显，外贸船舶压港现象严重。这种局面促进港口基本建设和改造，通过技术改造，提升老码头的技术等级。1980年末，开辟朱家门煤炭装卸作业区，同时配合闵行、漕河泾和虹桥经济技术开发区的建设，建造关港新港区。

“七五”期间，上海港公用港区向长江口南岸拓展。至1990年底，黄浦江公用码头共有生产性泊位114个，码头总长16346.8米。其中，浦西侧有泊位74个，码头长10289.9米；浦东侧有泊位40个，码头长6056.9米。

“八五”期间，长江口南岸作为码头发展重点，逐步增加码头泊位。至1995年，

图172　民生路码头（董文俊1996年2月2日摄）

单位：米

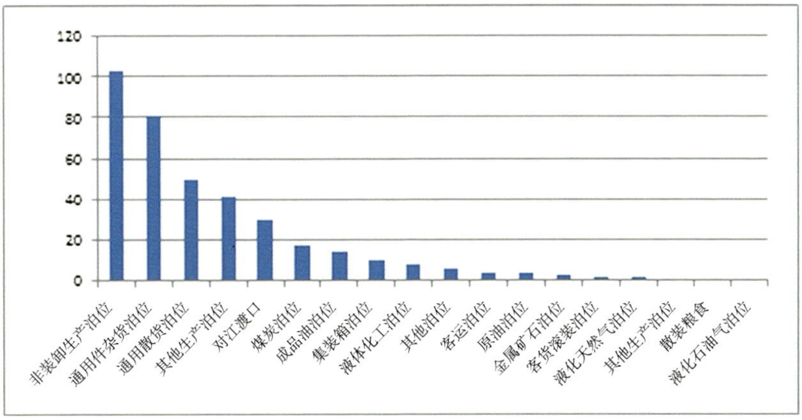

图173　2010年黄浦江西岸码头泊位汇总示意图

（《上海市岸线规划和利用的情况汇报》，上海浦江办档案，档号：SPJB-2002-10.2-A-167）

单位：米

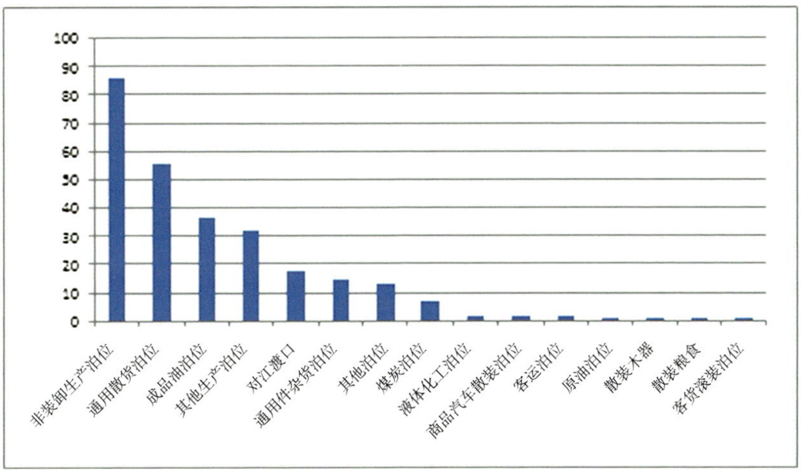

图174　2010年黄浦江东岸码头泊位汇总示意图

（《上海市岸线规划和利用的情况汇报》，上海浦江办档案，档号：SPJB-2002-10.2-A-167）

黄浦江内浦东侧有码头泊位39个，码头长度5988.5米；浦西侧有码头泊位88个，码头长度10776.9米。“九五”期间，黄浦江内公用码头所占比重有所下降。至2000年，黄浦江内浦东侧有泊位38个，长5865.58米；浦西侧有泊位77个，长9664.12米。与1990年相比，黄浦江港区公用码头泊位数量和长度所占比重分别从93.4%和92.5%下降为

85.8%和80.2%。至2010年，黄浦江西岸自吴淞口至闵行昆阳路1号，共378个码头，453个泊位，泊位长度30739米，125个码头公司或港口企业。其中，码头以高桩码头和浮码头为主，泊位以非装卸生产泊位、通用件杂货泊位、通用散货泊位、其他生产泊位、对江渡口为主。黄浦江东岸三岔港轮渡站至奉贤区邬桥轮渡东侧叶浦路268号，共275个码头，291个泊位，泊位长度20427米，125个码头公司或港口企业。其中，码头以高桩码头、浮码头、其他结构型式码头为主，与浦西相比，重力式码头、板桩码头明显增多；泊位以非装卸生产泊位、通用散货泊位、成品油泊位和其他生产泊位为主，其中成品油泊位的数量明显多于浦西。

表9　1978—2010年黄浦江海港公用码头新建、改建主要项目一览表

项目名称	开工时间	完工时间	建设规模		
			码头长度（米）	设计能力（万吨）	泊位数（个）
军工路码头新建工程	1975年	1980年	1600	320	9
白莲泾码头改建工程	1975年	1980年	332	100	2
张华浜码头五泊位工程	1975年	1981年	40	1	—
中华南栈码头改建工程	1977年	1980年	220	270	1
共青码头一期工程	1978年7月	1980年	225	25	2
北票码头七泊位工程	1980年11月	1985年8月	163	70	1
共青码头二期工程	1980年9月	1984年12月	675	95	7
张华浜集装箱码头工程	1980年9月	1985年12月	424	30	2
军工路码头一至五泊位二期工程	1980年11月	1984年12月	0	20	0
北票码头六泊位工程	1980年11月	1985年8月	163	70	1
军工路码头六至九泊位二期工程	1980年11月	1989年10月	0	51	0
白莲泾码头改建工程	1982年6月	1984年6月	125	25	3
南栈码头接长工程	1983年1月	1983年7月	20	10	0
北票码头落驳措施	1983年12月	1985年12月	0	10	0
东昌码头三泊位改造工程	1984年3月	1986年10月	134	10	1
白莲泾码头扩场工程	1985年1月	1992年11月	0	25	0
朱家门煤码头工程	1986年10月	1989年7月	303	280	2

续表

项目名称	开工时间	完工时间	建设规模		
			码头长度（米）	设计能力（万吨）	泊位数（个）
杨家渡码头改造工程	1986年12月	1989年12月	317	15	2
关港作业区工程	1987年12月	1990年12月	1362	400	8
洋泾港码头改造	1989年6月	1990年12月	231	0	1
白莲泾码头一、二泊位改造	1989年6月	1990年12月	363	10	2
北栈码头改造工程	1990年9月	1992年12月	106	0	1
民生路码头一至四泊位工程	1991年5月	1995年12月	738	190	4
汇山码头三、四泊位改造工程	1992年12月	1994年12月	374	0	2
朱家门煤码头工艺改造工程	1993年10月	1994年2月	0	50	0
SCT张华浜港区三、四泊位工程	1994年12月	1997年12月	360	378	2
SCT军工路港区一至三泊位工程	1994年12月	1997年12月	519	414	3
中栈码头改造工程	1995年7月	1996年8月	164	0	1
公平路码头改造	1995年11月	1996年6月	243	0	1

（资料来源：上港集团:《2011上海国际港务集团统计年鉴》，第172—176页）

“十五”期间，黄浦江杨浦大桥至徐浦大桥之间老码头相继关停或拆除，转换功能。另外，对20世纪70—80年代新建的军工路码头8号和9号泊位码头加固、新华港务公司64—66号场地改造、龙吴码头二线木材堆场改造、军工路码头903堆场改建和张华浜码头西侧场地改建等。

“十一五”期间，码头泊位分布重心继续向长江南岸和小洋山岛转移，黄浦江内公用码头泊位大幅减少。2002年，上海市政府启动黄浦江两岸综合开发，市中心段两岸码头大部分被拆除，或被注销进行土地产权转移，或被改为滨江绿地，或被改造他用。为配合世博会建设，7月27日，有近百年历史的上海国际港务集团南浦分公司白莲泾码头完成装卸使命，停止运营。2009—2019年，先后被拆除的码头共计152个，总计6832米，主要包括关港码头、电厂卸油码头、电厂煤码头、修船码头、水产码头、杜行码头、十七棉码头等，这些码头属于上海地盛物业管理有限公司、上海电力股份有限公司杨树浦发电厂、上海电力燃料股份有限公司等41个公司/机构。

表10　2009—2019年黄浦江码头拆除汇总表

企业	拆除时间	长度（米）	个数	企业	拆除时间	长度（米）	个数
上海市杨浦区土地储备中心	2018年	1714	40	上海远洋运输有限公司船舶供应公司	2017年	82	2
上海金岸企业发展有限公司	2017年	862	16				
上海市徐汇区绿化管理中心	2017年	522	8	上海电站辅机厂有限公司	2019年	70	1
中国石化上海高桥石油化工有限公司	2019年	425	12	上海尚海食品有限公司	2018年	64	1
				上海市市政工程材料公司浦东经营部	2009年	62	1
上海电力股份有限公司杨树浦发电厂	2019年	303	4	上海鑫越实业发展有限公司	2015年	61	1
上海申江资产经营管理有限公司	2017年	256	16	上海国际时尚中心园区管理有限公司	2018年	60	2
上海前滩国际商务区投资（集团）有限公司	2017年	208	6	上海建设机场道路工程有限公司沥青混凝土二厂	2011年	45	1
上海市轮渡有限公司	2009—2019年	191	10	上海林产品公司	2019年	44	1
				上海农工商集团供销总公司六公司	2019年	40	1
上海丰能电力有限公司	2017年	186	3				
上海市黄浦区绿化和市容管理局	2017年	180	6	上海市航运公司	2017年	40	1
				上海龙华肉类联合加工厂	2017年	35	1
上海市土地储备中心	2018年	140	1	上海制皂有限公司	2015年	35	1
中粮上海粮油进出口公司储炼厂	2017年	138	1	上海东方渔人码头投资开发有限公司	2016年	31	1
上海动力燃料有限公司	2016年	136	2	上海南汇区水产供销公司杜行购销站	2017年	30	1
上海润储工贸发展有限公司	2019年	125	2				
上海市建筑材料供应总公司华泾港仓库	2017年	117	1	上海海事局	2019年	25	1
				上海长江轮船公司	2009年	23	1
上海闵行区市容环境卫生管理中心	2018年	110	2	中华人民共和国上海出入境边防检查站	2009年	21	1
上海闸电燃气轮机发电有限公司	2014年	110	1	上海海运服务有限公司	2009年	20	1
				上海海关	2009年	18	1
上海市第五粮食采购供应站	2016年	105	4	上海长源实业有限公司	2014年	18	1
上海地盛物业管理有限公司	2017年	84	1	上海市陶瓷总公司	2019年	12	1
上海和黄白猫有限公司	2017年	84	1	汇总		6832	160

（资料来源：上海市港航事业发展中心提供）

2021年，黄浦江两岸码头泊位共有657个，总长42405米，分属136个企业/机构。靠泊能力：万吨以上泊位有66个，共11705米，占黄浦江码头总长的27.6%，最大的为上海港国际客运中心高阳路泊位（8万吨）；5000—10000吨的泊位有31个，共3251米，占黄浦江码头总长的7.7%；5000吨以下泊位560个，共27449米，占黄浦江码头总长的64.7%。可见，现存黄浦江码头以5000吨以下中小型码头为主。从功能上看，包括非装卸生产泊位、通用件杂货泊位、其他生产泊位、通用散货泊位、成品油泊位、煤炭泊位、集装箱泊位、普通客运泊位、邮轮泊位、液体化工泊位、客货泊位、原油泊位、散装水泥、客货滚装泊位、散装粮食等15种。可见，以非装卸生产泊位、通用件杂货泊位和其他生产泊位为主。

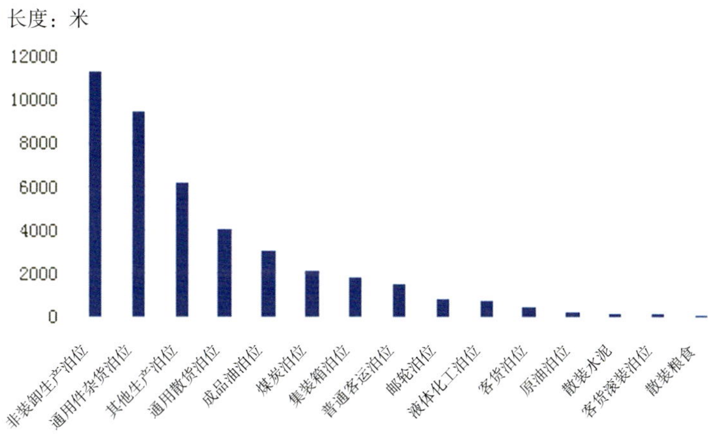

图175 2021年黄浦江码头各类型泊位长度柱状图
（上海市交通港航发展研究中心提供）

表11 2021年黄浦江码头汇总表

企业	长度（米）	泊位数（个）	企业	长度（米）	泊位数（个）
上海国际港务（集团）股份有限公司龙吴分公司	2683	33	上海国际港务（集团）股份有限公司宜东集装箱码头分公司	1641	7
上海长江轮船有限公司	2069	27	上海市轮渡有限公司	1500	66
上海市申江两岸开发建设投资（集团）有限公司	2042	20	中海工业有限公司立新船厂	1432	13
			上海世博文化旅游发展有限公司	1346	25

续表一

企业	长度（米）	泊位数（个）
上海国际港务（集团）股份有限公司张华浜分公司	1283	7
上海港国际客运中心开发有限公司	1127	4
中国石化上海高桥石油化工有限公司	1056	15
上港集团物流有限公司	982	9
中国石化销售有限公司上海石油储运配送分公司	906	16
上海海事局	892	27
上海金岸企业发展有限公司	770	16
上海华谊能源化工有限公司	700	8
上海浦东滨江开发建设投资有限公司	699	30
上海电力股份有限公司吴泾热电厂	690	7
上海航道物流有限公司	676	10
上海港复兴船务公司	671	15
上海电力股份有限公司闵行发电厂	635	11
上海粮油仓储有限公司	548	9
中交三航（上海）新能源工程有限公司	519	5
上海中燃船舶燃料有限公司	475	8
上海氯碱化工股份有限公司	440	2
上海吴淞口开发有限公司	433	5
上海吴泾第二发电厂有限责任公司	422	4
上海丰祥装卸码头有限公司	420	4
上海徐汇滨江开发投资建设有限公司	396	9
中央储备粮上海直属库	368	2
上海吴泾化工有限公司	363	4
上海浦建储运有限公司	337	5
中交第三航务工程局有限公司上海浦东分公司	331	6
上海国际港务（集团）股份有限公司煤炭分公司	303	2
上海东真船舶工程有限公司	292	2
上海港务工程公司	291	6
上海市土地储备中心	290	4
上海水域环境发展有限公司	285	3
上海市客运轮船有限公司	275	6
中交上海航道装备工业有限公司	272	2
上海中油云峰石油仓储有限公司	271	2
中交上海航道局有限公司东方疏浚工程分公司	261	6
交通运输部上海打捞局	259	3
上海中农吴泾农资有限公司	254	2
上海柘中集团股份有限公司	246	3
上海电气集团上海电机厂有限公司	239	3
上海水产集团龙门食品有限公司	235	6
上海闸电燃气轮机发电有限公司	231	2
上海海洋渔业有限公司	226	5
上海市黄浦江码头岸线建设管理有限公司	226	8
上海电气（集团）总公司	217	3
上海港消防大队	216	5
上海军工路水产品投资发展有限公司	216	6
上海闵行装卸储运公司	210	2
上海市纺织运输有限公司	207	3
上海海螺水泥有限责任公司	206	4
上海中燃船舶修造有限公司	206	4

续表二

企业	长度（米）	泊位数（个）	企业	长度（米）	泊位数（个）
交通运输部东海航海保障中心	200	4	上海富盛浙工建材有限公司	120	1
上海杨浦环境发展有限公司第四分公司	200	4	上海海运海事技术有限公司	120	2
			上海华利船舶工程有限公司	120	1
自然资源部东海局	200	2	上海华荣达石油化工仓储有限公司	120	1
上海伊通有限公司	190	2	上海交运船舶有限公司	116	4
上海新发国际码头有限公司	189	1	上海申东木材有限公司	113	2
上海闸北发电厂	182	2	中交第三航务工程局第二工程公司	113	2
上海东方通海物流有限公司	180	1	交通运输部东海救助局上海救助基地	100	1
上海浦东煤气制气有限公司	180	2			
上海中粮粮油进出口吴泾仓储有限公司	176	1	上海奉贤煤炭有限公司	100	4
			上海建筑材料集团水泥有限公司	100	2
农业部东海区渔政渔港监督管理局中国渔政东海总队	170	3	优时吉博罗石膏系统（上海）有限公司	100	1
上海海洋石油局第一海洋地质调查大队有限公司	170	1	上海德沃投资管理有限公司	99	3
			上海磊春建材有限公司	93	2
上海林昌实业公司	165	3	上海东方明珠游乐有限公司	88	2
上海闵行区市容环境卫生管理中心	164	2	上海城建预制构件有限公司	85	1
上海物贸生产资料物流有限公司	162	1	上海建工材料工程有限公司第四构件厂	85	1
上海市公安局港航公安局	159	6			
上海水产物资站	156	2	上海市基础工程集团有限公司	83	2
长航凤凰股份有限公司上海船务港埠分公司	155	3	上海港引航管理站	80	2
			上海友谊集团物流有限公司	80	2
上海市航运公司	154	2	上海城建物资有限公司	79	1
中英海底系统有限公司	150	1	上海农资西渡仓库有限公司	76	3
上海三岔港实业有限公司	144	1	上海环境油品发展有限公司	74	1
中国石油化工股份有限公司上海石油储运配送分公司	143	1	上海市公安局闵行分局水上治安派出所	73	2
上海建工材料工程有限公司	138	3	上海良友海狮油脂实业有限公司	72	1
上海开源储运码头有限公司	130	1	上海浦东新区外高桥混凝土搅拌有限公司	72	3
上海浦联燃料储运有限公司	122	2			

续表三

企业	长度（米）	泊位数（个）	企业	长度（米）	泊位数（个）
上海染料化工厂	72	2	上海市奉贤区建筑材料有限公司	35	1
上海闵行联合发展有限公司	70	2	中海油销售上海有限公司	35	1
上海复新建筑材料供应站有限公司	68	2	上海良友集团有限公司	30	1
上海吴泾冷藏有限公司	66	1	上海市自来水奉贤有限公司第三水厂	30	1
上海福新面粉有限公司	61	1			
上海柴油机股份有限公司	60	1	上海浦东新区高桥水产有限公司	26	1
上海广生建材合作公司	60	2	上海高桥大同净水材料有限公司	22	1
上海市码头管理中心	60	1	上海追博商贸有限公司	21	1
中国人民解放军海军上海工程机械厂	60	1	奉贤县江盛仓储栈	20	1
			上海汽轮机厂有限公司	19	1
上海奉贤畜牧水产实业有限公司	59	1	上海城投水务（集团）有限公司制水分公司杨树浦水厂	18	1
中盐上海市盐业公司虹杨配送中心	59	1			
上海市油脂公司	55	2	上海市陶瓷总公司	18	1
巴斯夫新材料有限公司	50	1	上海市自来水市南有限公司长桥自来水厂	15	1
中华人民共和国吴淞出入境边防检查站	49	1			
			上海宝岛游艇有限公司	12	1
上海环境物流有限公司	44	1	上海市自来水市南有限公司南市自来水厂	10	1
上海浦东威立雅自来水有限公司	38	2			
上海杨浦滨江投资开发有限公司	37	2			

（资料来源：上海市港航事业发展中心提供）

黄浦江两岸经济

唐宋时期，随着捍海塘修筑和“横塘纵浦”的圩田体系形成，吴淞江流域主要种植秈稻、再熟稻、高粱、大麦、小麦、元麦和棉花。元代种植油菜、大豆、花生、芝麻等经济作物，同时三麦（大麦、小麦、元麦）、甘薯、玉米等旱粮种植面积扩大。明代黄浦江水系形成后，黄浦江上游以种植棉花为主，黄浦江中下游则兼种稻棉。后因官府强令植棉，黄浦江流域形成“棉七稻三”的格局。棉花种植面积扩大和棉纺织手工业的发展，带动乌泥泾镇、法华镇等沿江商业市镇的繁荣，“乌泥泾被”“松江被”等纺织品兴起并畅销国内外。

道光二十三年（1843）上海开埠后，中国近代工业逐渐在黄浦江畔诞生。同治四年（1865），中国第一家工厂企业——江南机器制造总局在黄浦江畔建立。光绪四年（1878），江岸又建起中国第一家棉纺织工厂——上海机器织布局。至19世纪80年代后，滨江轻纺企业增多。

黄浦江岸也是外商较早投资办厂的区域。在光绪二十一年（1895）《马关条约》签订之前，外国洋商凭借着黄浦江便利的交通和低廉地价，纷纷建厂，但主要以造船厂或水厂等为主。《马关条约》签订后，西方列强获得在华投资建厂特权，才开始沿江建造如毛条、毛纺、丝织、发电、煤气、自来水、化工、制皂等不同门类的工厂企业。至20世纪30年代，上海成为全国工业中心城市，而黄浦江中下游滨江两岸，已建造40余家大中型工厂企业，成为上海最重要工业带。至1949年上海解放前，黄浦江西岸拥有各类企业31家，东岸拥有各类企业19家，产业门类众多。

中华人民共和国成立后，原滨江各类企业在社会主义制度下得到恢复、调整和发展。为配合中国社会主要发展的需要，上海市政府在黄浦江原有工业发展的基础上，又在黄浦江上下游沿江规划吴泾、桃浦、高桥和吴淞四个化工区，建造数十家化工企业。黄浦江及其支流苏州河、虹口港、杨树浦港、日晖港、白莲泾等沿江工业经济蓬勃发展，成为上海经济发展的脊柱。黄浦江畔的上海制造驰名中外，为上海和全国社会主义建设，以及支援中国其他地区工业发展，做出突出贡献。

1990年浦东开发开放后，上海市政府为推进“四个中心”建设，及时调整城市产业结构，优化城市发展布局；对沿江传统产业实施地块功能置换，提升产业能级，实现由生产型向现代服务型逐步转变。2002年之后，黄浦江两岸，尤其是杨浦滨江至徐浦滨江的大部分工厂被搬迁或拆除，实现功能置换，并留下丰厚的工业文化遗产。至2021年，黄浦江两岸工业遗产众多，仅宝山、杨浦、虹口、黄浦、徐汇、浦东等市区段就有129处。这些历史遗存与黄浦江畔的码头号子，一起见证上海璀璨、发达、悠久的工业文明。

黄浦江两岸综合开发是以第三产业为主的发展模式，以金融业、文化产业、旅游业（水上旅游）、其他服务业为主，不断丰富和提升沿江产业能级，可称为后工业时代。2009年7月上海港国际客运中心全面建成并投入运营，至2010年接待邮轮420艘，到访游客41.5万人次。黄浦江游览规模和影响逐步扩大，新十六铺码头和十六铺旅游中心同时投入营运，世博园区“一轴四馆”、东方体育中心、外滩源、老码头等一批文化体育休闲项目相继建成。至2021年，黄浦江两岸发展地区初步形成以金融、旅游、文体等现代服务业为主的新型产业集聚带。

农　业

黄浦江流域，地势平坦，气候温暖湿润，土地肥沃，河流密布，为典型鱼米之乡。历史上，上海地区农业以种植水稻、棉花为主，以渔业为辅。棉花种植在明清以来最为广泛，由此带动上海手工棉纺织业和近代棉纺业的发展，使上海成为全国的棉纺织业中心。改革开放后，上海农业发展步入现代都市农业阶段。农业科技日新月异，科技与产业有效结合，都市现代绿色农业高质量发展。自2004年开始，上海开展多项科技兴农项目。至2021年，上海农业科技进步贡献率达80.13%，水稻和蔬菜良种覆盖率超过95%，稳居全国前列，农业产业结构不断优化。2016—2018年，上海都市现代农业发展指数连续三年名列全国都市榜首，体现上海都市现代农业整体优势。根据《上海市推进农业高质量发展行动方案（2021—2025年）》，上海农业发展将推动产业结构不断优化、提高绿色农产品比重、提高科技信息水平、深入推进生态循环，到2025年，基本建立农业高质量发展制度框架体系。

水稻

黄浦江流域地处太湖平原，较早种植水稻，明清时期有“苏湖熟，天下足”之称。太湖地区气候温暖湿润，水网密布，土壤肥沃，自古以来就是中国重要的水稻种植区。在太湖流域开发过程中，先民将筑土围田与塘浦开挖相结合，发明塘浦圩田系统，再配合精耕细作的种植技术，不断提升水稻产量、质量，成为古代重要粮食产区之一。唐代水稻以红莲稻和香粳稻为主，天宝年间（742—756），华亭县稻米因质优而作为贡米运往长安。

北宋真宗、仁宗年间从越南引进“占城稻”，因早熟、耐寒、土壤适应性高等优点，在高乡地区广泛种植。糯稻品种繁多，都是酿酒上品，如松江地区最知名的酿酒品种金钗糯，“金钗糯，米粒长，三月种，七月熟，最宜酿酒”〔1〕。明代后，又出现芦花白、麦争场、瓜熟稻、水晶糯、白壳糯等70余品种。

20世纪50年代，上海地区实行一年两熟制；后大力兴修农田水利，粮食与经济作物产量不断提高。到70年代，上海地区粮食播种面积达828万余亩，比50年代扩大了200多万亩。1978年改革开放后，家庭联产承包责任制成为新的农村基本经济制度，年均粮食总产量得到提升。20世纪80年代，粮食购销体系改革，粮食订购任务减少，因此上海郊县粮田基本从三熟制改为两熟制。松江作为重要粮食生产区，走在调整耕作制度、培育高产品种前列。1989年，松江已经全面实现耕作制度的调整，全县两麦一稻（油菜一稻）两熟制栽培面积占粮田面积92%，并被农业部确定为全国500个重点建设的商品粮生产基地县之一。

随着城市开发从市区快速向郊区扩展，耕地面积日益减少。以浦东新区为例，2000年以后，农业用地出现以压缩粮田、发展绿化和林地为特征的新一轮农业结构调整，粮田面积大幅度减了。据统计，水稻种植面积从2000年6662公顷减少到2001年4869公顷，2009年水稻种植面积仅剩1000公顷，浦东粮食种植面积缩减约95%。种植结构也相应有所调整，减少早稻与后季稻的种植面积，主要种植单季晚稻，到2009年单季晚稻的种植面积平均占水稻种植面积的96.3%；又不断培育水稻新品种，推广各项先进栽培技术，加强农业科技服务工作。2010年浦东新区粮食生产实行“保粮、增绿、压油麦”和相关补贴政策，年内水稻种植1.36万公顷，产量13.44万吨，达到生产指标任务。

2010—2021年，上海的水稻种植采用高科技播种，以机械复式水直播、无人机飞

〔1〕 崇祯《松江府志》卷六《物产》。

图176 松江区泖港镇黄桥村高水平稻田（种楠2014年10月21日摄）

图177 黄浦江上游稻田（郑宪章2020年10月26日摄）

播等轻简自动化方式为主，采用智能灌溉、种养循环、大数据监测等方法，提高田间管理的精细化水平，节省人工成本，使农业生产更高产、更安全。在种子培育方面，以培育品优高产的产品为主。比如奉贤南桥镇一处试验田，栽插“美谷1号”“美谷2号”“松早香1号”“香软早粳”等一系列水稻品种；在金山区廊下镇，水稻品种以“南粳46”、节水抗旱稻“八月香”、“申优28”等优质高产量水稻品种为主。

棉花

棉花是上海最重要的经济作物之一，自宋代以来一直到20世纪80年代长盛不衰，是上海支柱产业之一。1929年，棉花曾作为上海市花，说明棉花对上海经济发展的特殊重要性。据当年《申报》记载，棉花当选为上海市花的理由如下：

> 棉花为农产品中主要品，花类美观，结实结絮，为工业界制造原料，衣被民生，利赖莫大，上海土壤，宜于植棉，棉花贸易，尤为进出口之大宗，本市正在改良植棉事业，扩大纺织经营，用为市花，以示提倡。[1]

宋末元初，棉花传入上海，最先在松江地区的乌泥泾镇种植。明正德《松江府志》记载："木棉本出闽广，可为布。宋时乡人始传其种于乌泥泾镇。今沿海高乡多植之。"[2]乌泥泾镇处于冈身以外的东乡，地势高、日照充足，适宜种植棉花。至元代，棉花成为上海地区主要经济作物。起初棉纺织业技术相当落后，后经黄道婆学习黎族先进的棉花加工技术，全面革新本地的棉织造技术后，松江府手工棉纺生产发展迅猛，很快成为全国最大手工棉纺织业中心，松江府享有"衣被天下"的美誉。明中后期至清初，上海、嘉定、宝山、南汇、奉贤、崇明等县和川沙厅棉田面积约占耕地七成。

1843年上海开埠后，特别是第一次世界大战之后，中外商人又在黄浦江沿岸大建棉纺织厂，使上海成为全国最大棉纺织中心。1920年，上海市郊和松江、青浦、上海、嘉定、宝山、川沙、南汇、奉贤、金山、崇明等10县棉花种植面积356.28万亩，籽棉总产4.85万吨。1936年，棉花种植面积291.03万亩，皮棉总产4.26万吨。上海沦陷期间，棉花种植面积下降，1943年降至142.90万亩，皮棉总产9136.40吨。

中华人民共和国成立后，棉花种植面积又有增长，1952年种植面积增至216.45万亩，皮棉总产3.89万吨。1962年，国务院召开第一次全国棉花会议，制定鼓励植棉政策。1964年，植棉136.88万亩，总产7.81万吨。1965—1979年，棉花种植面积稳定在147万亩，约占耕地面积的27%。1980、1981年，国家实行超购奖粮政策，棉花种植面积增至176.68万亩。1985年起，调整种植业结构，棉花种植面积迅速减少，1990年降至19.43万亩，1995年4.97万亩，主要在松江、奉贤2县。1995年以后基本不种商品棉。2000年后，上海全市仅有部分地方少量种植棉花，原有棉田已经改种其他经济作物。

蔬菜

黄浦江滨岸种植的蔬菜种类颇多，较为常见的有白菜、油菜、塌棵菜、芥菜、雪里蕻、荠菜、菠菜、甜菜、茭白、荸荠、罗汉菜、苋菜、芹、韭、葱、莴苣、蓬蒿、茄子、山芋、芋、慈姑、竹笋、豆芽等等，瓜类有黄瓜、冬瓜、南瓜、丝瓜、葫芦、苦瓜等。

---

〔1〕《棉花当选为市花》，《申报》1929年4月29日，第13版。

〔2〕 正德《松江府志》卷五《土产》。

图178　蔬菜大棚（上海市农业农村委员会提供）

古代上海地区的蔬菜，以自给性为主。农家在住宅旁园地种菜，采鲜自食；收获旺季时，将多余鲜菜用晒干、腌制、酱渍等方法贮存，供缺菜时食用。明清时期，集镇逐渐增多并扩大，商品蔬菜生产随之有所发展，蔬菜品种也逐渐增多。蔬菜中的一些喜水性果蔬如茭白、荸荠、菱、慈姑等，在黄浦江滨岸有着悠久的种植历史。茭白栽培历史久远，是水生蔬菜类种植面积最大的。康熙《上海县志》载："茭白即菰也，生水中，八、九月中心生薹，如小儿臂，甘美可啖，一名茭手。"[1]在上海其他县区地方志中，也多见关于茭白的记载，可见茭白在黄浦江上下游皆有种植，是上海地区重要蔬菜品种。此外，荸荠、菘菜、苋菜、芥菜、甜菜等皆是古代上海地区重要蔬菜品种。

上海开埠后，城市发展迅速，对于蔬菜需求与日俱增，黄浦江、吴淞江、蒲汇塘等沿岸靠近城市的大片粮田、棉田改种蔬菜，虹桥、新泾、龙华、三林地区在20世纪20年代成为当时上海重要蔬菜种植区。上海解放初期，全市约有菜田8.5万亩，主要集中在龙华、虹桥、新泾、真如、彭浦、大场、江湾、五角场和洋泾、严桥、杨思等乡镇。

1978年以来，随着市政建设不断推进，市区向近郊扩展，征用菜地面积较多。1983年，上海市人民政府颁发《上海市蔬菜生产保护区暂行规定》，规定建立蔬菜生产保护区，上海县11个公社56381亩菜田被列入保护区，主要生产11类321个品种蔬菜，用于商品生产的就有111个品种。1988年8月11日，为保障上海市农副产品稳定生产与供应，上海市实施"菜篮子工程"建设，沪郊落实一批蔬菜生产基地和养殖业、畜牧业基地。该工程投入充足资金，保障基本副产品生产供应，彻底改革旧的产销体制，市郊各区皆有种植蔬菜，以青浦区、闵行区、浦东新区的蔬菜种植规模最大。2000年以后，浦东新区还成为上海最重要的食用菌栽培区。

进入21世纪，绿色高质高效生产技术得到大力推广，科学种菜已被广大菜农接受，上海现已经普遍采用大棚、中管棚、温室、喷灌、科学化选种和工厂化育苗等先

〔1〕康熙《上海县志》卷五《土产》。

进设备和技术。此外，还建立起特色蔬菜种植片区，如浦东生鲜蔬菜产业片区、金山特色果蔬产业片区等，充分发挥蔬菜标准园、绿叶菜核心基地等示范带头作用，进一步提升全市蔬菜生产标准化水平。2020年，上海市新建11个高标准设施菜田、9个蔬菜“机器换人”示范基地，为上海乃至全国提供高新科技绿色蔬菜“模板”。2021年，全市蔬菜播种面积8.52万公顷，蔬菜产量244.66万吨，比上一年均有增长。上海的蔬菜生产已经形成“融贯南北、汇萃中外”的特点。

水果

黄浦江流域的水果种类丰富，有桃、柑橘、西瓜、甜瓜、杏、李、梅、香橼、石榴、葡萄、枇杷、银枣、草莓、无花果等。

古代水果种植中以桃为首，主要种植在黄浦江中下游，品种多样，龙华与上海县城附近的水蜜桃为桃中上品。同治《上海县志》云，“桃，种类不一，坚小脱核者曰毛桃，皮红者曰李光桃，形扁如柿者曰蟠桃，并有杨桃、五月桃、墨桃各种，惟顾氏露香园及黄泥墙之水蜜桃为上”[1]。露香园是上海县城内三大名园之一，明嘉靖年间（1522—1566）卸任道州太守的顾名儒购得这片地，其弟顾名世建露香园时引进北方优良桃树品种，露香园水蜜桃逐渐成为上海地区的名产。沪郊的西瓜也同样广负盛名，同治《上海县志》记载沪郊西瓜以“三林塘者为上，皮有青乌之别，瓤有红黄白三种，子白而尖，有变黑点，俗称雪瓤蝴蝶子”[2]。

上海解放初期，西瓜种植面积仅有1万～2万亩，以农民自吃为主，小部分运往市场销售。但由于市场容量增大，种植西瓜获利较多，因此西瓜种植面积逐年扩大。到1959年，郊县种植西瓜5.52万亩，比上海解放初期增长两倍多。1965年开始，市政府把西瓜种植面积列入国民经济统计项目，次年又把西瓜列为计划生产内容之一。

十一届三中全会后，全面贯彻“决不放松粮食生产，积极发展多种经营”的方针，调整种植业结构，扩大经济作物种植面积。1982年，郊县种植西瓜11.44万亩，产瓜22.40万吨，上市18.29万吨，比1959年种植面积增加一倍。1993年，川沙作为上海最主要的西瓜、甜瓜生产区域，西甜瓜种植面积达到494.70公顷。同时不断培育优良品种，如“京欣一号”“早佳8424”等，相继开发哈密瓜、网纹瓜等高档品种。2003年

〔1〕同治《上海县志》卷八《物产》。

〔2〕同治《上海县志》卷八《物产》。

图179　水果生产基地（上海市农业农村委员会提供）

图180　葡萄生产基地（上海市农业农村委员会提供）

后，浦东西甜瓜示范基地得到认证，所培育的“浦优”牌西瓜得到安全卫生优质农产品的认证。2010年，浦东新区西甜瓜种植面积达4800公顷，为上海地区提供源源不断的优质农产品。上海西瓜、甜瓜产业在技术上具有全国领先的优势，所培育的“早佳8424”南汇西瓜、“华蜜”系列哈密瓜等深受市民喜爱。2021年，上海西瓜、甜瓜产业技术体系启动新一轮建设计划，朝精品化、小型化方向继续发展。

1993年，果园栽种面积611公顷，总产量110810吨。除虹桥镇外，其余各镇皆有种植，其中杜行镇桃子和梨的产量占总产量76.24%，鲁汇镇的柑橘产量占总产量的57.34%，南汇水蜜桃、松江水晶梨、金山蟠桃、奉贤黄桃、马陆葡萄等已经成为上海地理标志产品。据上海市绿化和市容局统计，截至2021年底，上海现有经济果林总面积18.61万亩，其中桃5.63万亩，葡萄3.49万亩，梨2.90万亩，柑橘5.19万亩，其他果树1.40万亩。经济果林作为城市森林重要组成部分，不仅为市民生活提供优美环境和新鲜果品，而且为农民增收、农业增效发挥重要作用。

草莓培育与种植，自20世纪80年代以来，以青浦赵屯乡最为出色。1983年，赵屯乡梅桥一张姓村民从上海市农业科学院园艺所采购3颗草莓苗，并成功培育出果实。1985年，赵屯乡农业公司将培育的草莓种苗在乡种子场繁育推广，后不断引进新品种，改进培育技术。1998年，赵屯乡栽培草莓技术被列为上海市36项农业实用技术之一，次年被评为“中国草莓之乡”。2010年，青浦全区草莓种植面积有1.02万亩，年产量15987吨，是上海最重要草莓生产基地。上海种植草莓，主要为“红颜”和“章姬”两个品种，浦东新区以“章姬”为主，其他区以“红颜”为主。草莓种植已从零星分散生产，发展成区域化、规模化生产，上海从事草莓生产的合作社有305个，种植面积约占草莓种植总面积的72%。2020年，上海决定在全市示范推广草莓绿色生产技术，草莓绿色生产示范点面积共5000亩。近年来，青浦“白鹤草莓”价值和影响力逐步提升，被评为上海地方名物、国家农产品地理标志产品。2021年，白鹤镇草莓种植面积5635亩左右，标准化生产基地4个，年产草莓1万余吨，每日市场成交量达1.3万斤。

其他农作物

【油菜】

油菜古称芸苔，又称胡菜，相传最初栽培于塞外芸苔戍，因而得名。根据地方志记载，上海地区冬油菜的种植始于元朝。至明代，华亭、青浦、嘉定等县都有种植。清代，冬油菜种植几乎遍及市郊各县。民国时期，由于菜籽油需求增大，市郊油菜种植面积扩大，油菜籽商品率稍有提高。20世纪50年代中期到60年代初期，国家又采取一系列扶持油菜生产的政策，加上种植技术改进，油菜种植面积、亩产量迅速扩大。1965年，油菜面积扩大到70.92万亩，单产达131公斤，总产达9.28万吨。从此，上海实现全市城乡人民食用植物油自给。

【豆类】

同治《上海县志》菽之属，有黄豆、青豆、豌豆、豇豆、刀豆、黑豆、扁豆、赤豆、紫罗豆、绿豆、蚕豆等。其中黄豆作为一种油料作物，种植面积较大。1949年，市郊黄豆种植面积45.53万亩，总产2.54万吨。由于黄豆在秋熟作物中单产较低，经济收益偏低，种植面积不断缩小。20世纪80年代末，由于作蔬菜用的嫩毛豆需求量增加，播种面积稍回升。

渔业

根据考古发现，上海渔业历史可追溯到6000年以前。生活在吴淞江和滨海一带的上海先民，主要以捕鱼为生，创造一种竹编的捕鱼工具，叫“扈”，也叫“鱼簖”，即在河边浅滩处排列几行竹竿。鱼随潮来，进入“扈”中，待潮退时，鱼受到竹绳网阻拦无法游出，便于渔民捕捞。因此，吴淞江下游又被人们称为“扈渎”。“扈”，后来演变为“沪”，成为上海的简称。之后，上海渔业保持长盛不衰，为中国水产品进出口贸易的重要口岸。1904年，中国第一家拥有机动渔轮的海洋渔业公司——江浙渔业公司在上海成立。1936年，中国规模最大的鱼市场——上海鱼市场开业，上海成为华东地区水产品集散地。中华人民共和国成立后，上海为中国重要渔业基地。2019年，上海渔业产值为51.7亿元，以淡水养殖和海洋捕捞为主，其中淡水养殖产值占总产值的47.33%。上海渔业正加快实现分散向集约、数量向质量、生产向生态、产品向服务的战略转型，充分运用先进科技改造传统渔业，用市场化手段、商业化理念加快渔业结构调整，取得明显的经济效益、社会效益和生态效益。

渔业水域

黄浦江

历史上黄浦江是重要渔业生产区，自报国寺至吴淞口，全长约114千米均可作业。其中从吴淞至闵行63千米，就有22个生产作业区，主要生产鳗鲡、鲈、青鱼、草鱼等。黄浦江米市渡以上江段的水质较好，年平均生物量约47.50克/平方米，软体动物以河蚬为主；米市渡至龙华江段，有机质含量增加，底栖生物减少，年平均生物量57.50克/平方米，河蚬仍占优势，但蠕虫类有所增加；龙华以下江段软体动物及甲壳类动物基本绝迹，只有蠕虫类及摇蚊幼虫生存，外滩公园附近的年平均生物量约8.70克/平方米。20世纪50年代初，黄浦江水质尚好，年产量在30～50吨。

20世纪70年代，黄浦江水污染加剧，尤其是龙华以下江段水污染尤其严重，捕捞作业范围紧缩至闵行以上江段。1980年，黄浦江捕捞产量约5吨，仅占上海江海渔业社淡水捕捞总量的1.84%。1983年，根据上海市内陆水域渔业区划调查，黄浦江水域共7.58万亩，其中吴淞口至龙华江段3.37万亩，由于水域污染，水生动物已濒于绝迹。1988年4月，上海市水产局发布《关于黄浦江渔业资源管理办法（试行）》，规定每年4月1日—6月30日为黄浦江水域禁渔期。2000—2021年，随着黄浦江治污渐有成效，水生态得到改善，并每年投放鱼苗，鱼类逐渐增多。

淀山湖

淀山湖承泄太湖来水，底质硬，水质清，水的理化指标好，但浮游生物数量少。湖底水草生长繁茂，螺、蚬、蚌等底栖生物资源丰富，种类有33种（属），占全市内陆水域种类出现总数的80%，年均生物量124.72克/平方米（1982年），其中螺、蚌类

图181　渔民在淀山湖捕鱼（郑宪章2020年6月9日摄）

的生物量占绝对优势（99%以上）。

20世纪70年代中期，河沟养殖已普遍开展，春放冬捕，每年年底进行一次大捕捞。1982年9月20日—10月8日大捕捞，渔获占全年捕捞产量58.37%，淀山湖捕捞产量中养殖鱼类已从1975年的30%上升50%。1991年起大捕捞停止，每年春季放养鱼种后，就进入历时半年禁渔期，期间除允许本地渔民、农民进湖捞水草、扒底栖螺蚬之类小作业外，其他本地或外省渔船均不得入湖生产。2009年9月，青浦区在淀山湖举办第一届捕捞节。

水产

历史上黄浦江是重要渔业生产区，盛产鳗鲡、鲈、鲚、鳎、青鱼、草鱼、鲢、鳙和河蟹等。2005年6月至2006年，上海市环境研究所对黄浦江进行鱼类检测，共采集到44种鱼类。至2021年，黄浦江鱼类进一步增多。

鱼类

【鳊】*Parabramis pekinensis*（Basilewsky）

鳊：俗称长春鳊，通常栖息于水域中下层，在沿岸水域觅食，以食水生维管束植物和丝状藻为主，兼食硅藻、枝角类、桡足类和轮虫，以及少量小型螺、蚬、蚌。除越冬期停食外，即使在产卵季节也摄食，与鲂和团头鲂的摄食习性不同。在江河中繁殖，也能在流水的港道中产卵繁殖。1960年前，上海内陆水域连通长江的河道和淀山湖均有分布；20世纪80年代以后，受水质污染和河道水闸阻隔影响，仅在南汇、崇明等长江沿岸地区还有少量捕获。

【翘嘴红鲌】*Culter alburnus*（Basilewsky）

翘嘴红鲌：俗称翘嘴鲌、白丝鱼，生活在流水及大型湖泊中，活动在水域中上层，游动迅速、善跳跃，幼鱼喜栖于湖泊近岸水域和江河缓流的沿岸水域。在淀山湖北湖越冬，产卵则以南湖较集中。成鱼以小型鱼类为食，持续摄食性强，生殖季节也不停食，湖泊中翘嘴红鲌可抑制小型低值鱼类种群数量的增长。食物组成有浮游生物、鱼类及底栖动物等，太湖、淀山湖的翘嘴红鲌以食鲚属鱼类为主。20世纪80年代以后，鱼类资源趋向种群组成低龄化，个体小型化，常见个体多在1千克左右。20世纪90年代，开始试验池塘养殖，到2021年养殖逐步增多。

【蒙古红鲌】*Culter mongolicus*（Basilewsky）

蒙古红鲌：俗称白丝鱼，栖息于水域中上层，游动迅速，活动分散。繁殖季节群集产卵，淀山湖南湖多于北湖，冬季则在北湖越冬。以捕食小鱼为生，性凶猛，全年摄食，幼鱼和成鱼食性有显著差异：体长在10厘米以下，摄食枝角类和水生昆虫；体长25厘米以上时，以食鳘鲦、鰕虎鱼等小鱼为主。宝山、南汇和青浦等地都有捕获，淀山湖捕捞中占有量比较大。捕捞季节在每年10月至翌年3月，渔具有钩、杠网、大荡网、百袋网等。由于生态环境遭受污染、捕捞强度大等因素，鱼体趋向小型化，产量低没有列入捕捞统计范围。

【花䱻】*Hemibarbus maculatus*（Bleeker）

花䱻：俗称鸡鸽郎、花鸽郎，生活在水域中下层，以食螺、水蚯蚓等底栖动物为主。两年可达到性成熟，产卵期为4—5月份，成熟雌鱼以Ⅲ期卵巢越冬，3月下旬—4月上旬发育到Ⅳ期，产卵季节雄鱼色泽鲜艳头部出现珠星。花䱻产卵较集中且都具有一定水流，在淀山湖朱家角、西岑、金泽、商榻一带有产，捕捞旺季在4—5月份，但产量不高。2000年开始人工繁殖和池塘养殖试验，2004—2021年，年均养殖产量逐步增多。

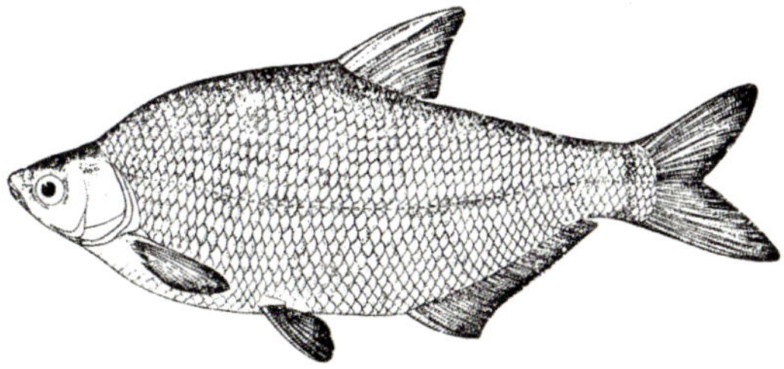

图182　鳊
（上海市农业农村委员会提供）

图183　翘嘴红鲌
（上海市农业农村委员会提供）

图184　蒙古红鲌
（上海市农业农村委员会提供）

图185　花䱻
（上海市农业农村委员会提供）

【黄颡鱼】*Pelteobagrus fulvidraco*（Richardson）

黄颡鱼：在静水和流缓河段生活，白天栖于底层，夜间上浮觅食，对环境适应力强。幼鱼以浮游甲壳动物为食，未成年个体以水生昆虫和浮游甲壳类为食，体长8厘米以上者以摄食软体动物和小鱼为生。2龄或1龄性成熟，成熟雄性个体在肛门后有1个生殖突，雌性则无。生殖季节为5月中旬—7月中旬，产卵活动多在夜间进行。雄鱼有筑巢和护卵习性，鱼巢均分布于沿岸水草茂密而多淤泥的场所；受精卵具黏性，沉于巢底或黏附于巢壁的水草根须上发育。郊区自然水域均有分布，最大个体不超过20厘米，产量低没有列入捕捞统计范围。

【鳜】*Siniperca chuatsi*（Basilewsky）

鳜：生活在静水或缓流的水域中，尤以水草茂盛的湖泊数量最多。淀山湖北部略多于南部，常栖息在水质清、底质软、有藻类的底层。冬季活动量小，常栖深水越冬；春季开始活动在浅水区，白天有卧穴习性，夜间喜在水草丛中觅食。鳜为肉食性凶猛鱼类，以鳑鲏、红鳍鲌、鲫、虾类等小型鱼类为主食，冬季停止摄食，春、秋食量旺盛。淀山湖鳜曾是上海郊区特产，1958年前占青浦县捕捞产量的5%（包括斑鳜）。20世纪80年代，捕捞量很少；90年代，很少能捕捞到野生鳜。1990年6月，川沙县技术推广站在孙桥水产养殖场进行人工繁殖鳜苗1万余尾，养殖以搭配混养为主。

【乌鳢】*Channa argus*（Cantor）

乌鳢：俗称黑鱼，生活在水草繁生、淤泥底质的浅水水域。性凶猛，贪食，主要捕食鳑鲏、鲫、麦穗鱼等小型鱼类。春秋强烈摄食，冬季和产卵期基本停食。体长30厘米的2龄鱼开始性成熟。乌鳢对水体中环境变化适应性强，尤其对缺氧、水温和不良水质有很强适应能力；生命力强，只要有一定温度，能存活较长时间。乌鳢为野生鱼类，是养殖业主要敌害鱼类之一，野生捕捞很少；乌鳢喜吃鲜活食料，养殖成本高。上海内陆水域均有分布，产量低没有列入捕捞统计范围。

【松江鲈】*Trachidermus fasciatus*（Heckel）

松江鲈：又称松江四鳃鲈，栖息于近海沿岸浅水水域及与海相通的河川江湖中，为小型鱼类。具降河洄游习性，在淡水水域中生长、育肥，到河口近海水域繁殖。幼鱼溯河期从4月下旬开始，由近海进入濒海通江淡水水域，5月为溯河盛期。松江鲈喜底栖生活，昼伏夜出，以鱼、虾为食，是肉食性凶猛鱼类。松江鲈自古被誉为席上珍肴，魏晋以来文人赞誉松江鲈的文章、诗词流传甚广。清康熙、乾隆皇帝南巡江南时，誉之为“江南第一名鱼”。史载以松江所产最负盛名，故称“松江鲈”，与黄河鲤、松花江鲑和兴凯湖鲌誉为“中国四大名鱼”。

1958年前，每汛（冬至到次年立春）可捕5吨，渔具以簖为主，青浦淀山湖急水港簖1天可捕获5公斤。20世纪70年代后，兴修水利，洄游通道阻隔，自然资源减少。1974年，松江县城东水产队汛期仅捕获数尾；青浦县急水港簖每天时有时无，最多也就1～2尾。1973年，上海市水产研究所、上海师范大学和松江县佘山养殖场合作，对松江鲈进行人工放养和人工繁殖试验。1977—1978年，复旦大学、上海师范大学和上海市水产研究所又对松江鲈的产卵场、繁殖习性和胚胎发育等进行调查和研究，并进行小规模试养，至2021年逐步推广。

【细鳞鲴】*Xenocypris microlepis*（Bleeker）

细鳞鲴：细鳞斜颌鲴、黄尾鲴、圆吻鲴、银鲴等4种鲴的统称，常见于青浦淀山湖、崇明长江南支等地区，有2属4种，其中细鳞斜颌鲴和黄尾鲴是从外省引进。生活在水域中底层，鳃耙排列紧密，滤食性强；肠是体长的10倍，消化力强，生长快。饵料在天然水域主要以藻类、有机碎屑、腐泥等为主；随着生态环境变化和养殖方法不同，饵料更广泛，各种水生生物、人畜粪肥、腐泥、动物下脚料以及糠、麸、配合饲料、膨化颗粒饲料等都能适应。适合池塘混养与精养，是全国重点推广四大优质鱼之一。

【黄鳝】*Monopterus albus*（Zuiew, 1793）

黄鳝：底栖鱼类，适应性强，生活在稻田、池塘、沟渠、湖汊等静水环境；性喜穴居，昼伏夜出。鳃不发达，口腔及喉腔内壁表皮能呼吸，离水保持皮肤潮湿，数日不会死亡。肉食性，捕食昆虫及其幼虫，也食小鱼、虾、蝌蚪等。性贪，夏季摄食旺

图186　黄颡鱼

（上海市农业农村委员会提供）

图187　鳜

（上海市农业农村委员会提供）

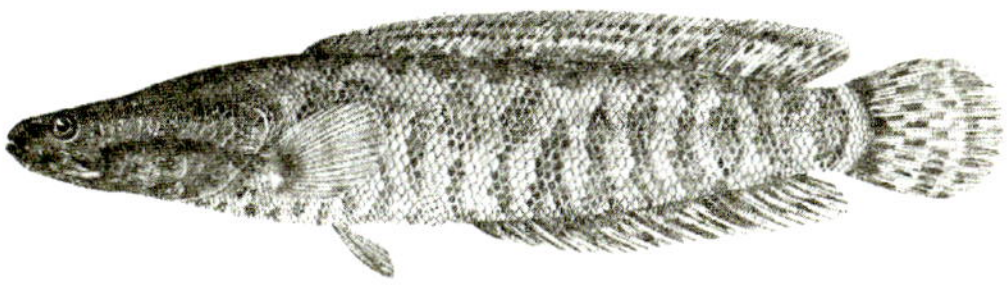

图188　乌鳢

（上海市农业农村委员会提供）

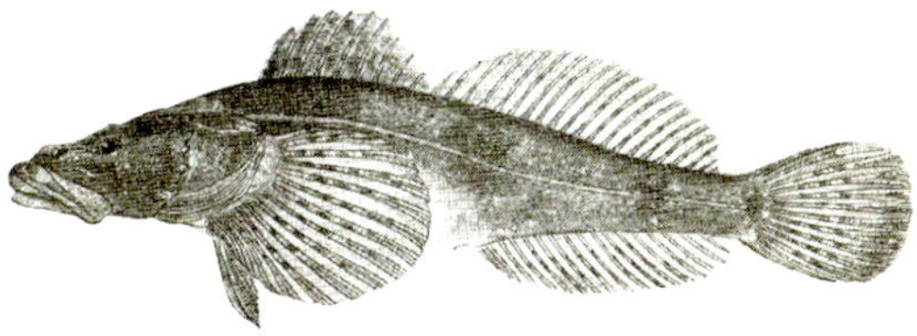

图189　松江鲈

（上海市农业农村委员会提供）

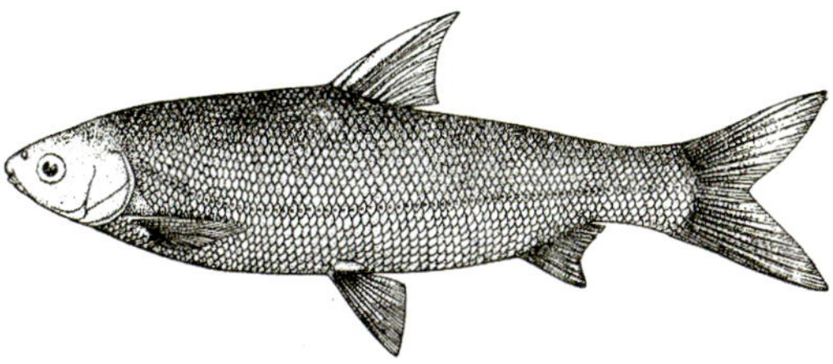

图190　细鳞鲴

（上海市农业农村委员会提供）

图191　黄鳝

（上海市农业农村委员会提供）

盛，寒冷冬季长期不食，不至死亡。全市分布广，以自然捕捞为主，产量少，捕捞工具有鳝笼、钓。20世纪90年代，渔民在小水面中进行试验养殖，至2021年逐步推广。

甲壳类

【日本沼虾】*Macrobrachium nipponense*（de Haan）

日本沼虾：俗称河虾、青虾，生活在水草多且缓流的江河、湖沼、池塘、渠沟等水域中，夏季栖浅滩和水草丛中，冬季栖息水深处。当受惊后，弹射倒退，喜食浮游生物和鱼、虾等小动物尸体。春夏季繁殖，卵附在腹肢上；幼体孵后，即离开母体，经过多次脱皮，成为成体。受生态环境制约，个体呈小型化。20世纪90年代初，开始在池塘、稻田、河沟进行人工养殖，至2021年全市养殖产量逐渐增多。

【中华绒螯蟹】*Eriocheir sinensis*（H. Milne-Edwards）

中华绒螯蟹：俗称河蟹、毛蟹、螃蟹、大闸蟹。长江口水域是中华绒螯蟹的重要繁殖场所，连接繁殖场与栖息肥育地的河流是中华绒螯蟹的索饵洄游和生殖洄游的通道。河蟹为杂食性动物，偏食动物性饵料，动物性饵料有鱼、虾、螺、蚌肉、其他小螃蟹等，植物性饵料有浮萍、马来眼子菜等水生植物以及豆饼、花生饼、小麦、玉米等。河蟹一生需经历两次定向性的群体迁徙运动：大眼幼体随海潮从繁殖地溯江入河，幼蟹上溯至湖泊、河沟、水库等静水区，称之为索饵洄游；在静水区生长、发育、成熟，便随江河水流降河至长江口繁殖地，称之为生殖洄游。河蟹分为幼体期、黄蟹期和绿蟹期三个生长阶段，每年10月中旬左右完成生命中最后一次

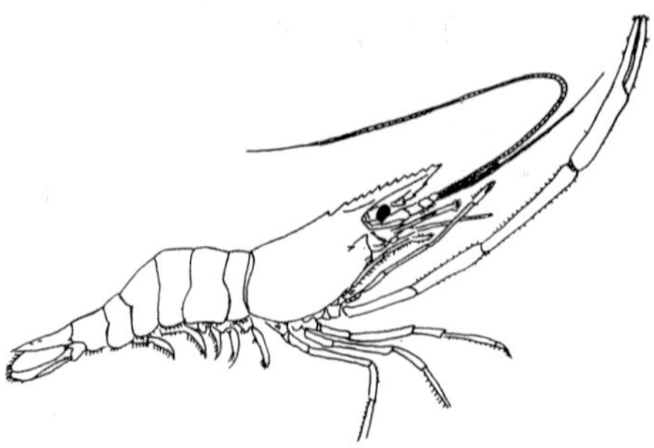

图192　日本沼虾

（上海市农业农村委员会提供）

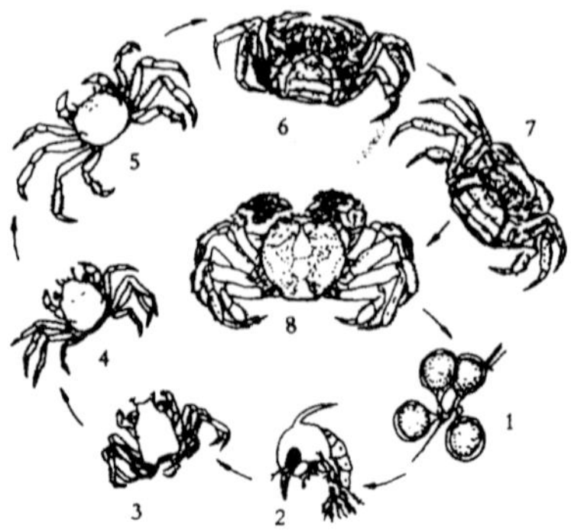

1. 受精卵、2. 溞状幼体、3. 大眼幼体、4. 仔蟹（豆蟹）、5. 蟹种（扣蟹）、6. 黄蟹、7. 绿蟹、8. 抱卵蟹

图193　中华绒螯蟹生长史

（上海市农业农村委员会提供）

蜕壳，就进入绿蟹期，即进入性成熟阶段，个体不再增大。河蟹寿命2～3年，当年成熟的河蟹，第二年受精卵孵化后即死去。上海每年11月至翌年1月是河蟹的捕捞季节，崇明、宝山渔民在长江口水域捕捞河蟹。20世纪70年代，年均捕捞量约44吨。20世纪80年代前5年，年均捕捞量约58吨。1989年起，上海在长江口水域捕捞河蟹实行特别捕捞许可证制度，捕捞期为每年11月15日—12月15日，捕捞的亲蟹只能用于人工繁殖和科学试验。

龟鳖类

【中华鳖】*Trionyx sinensis*（Wiegmann）

中华鳖：俗称甲鱼，属冷血爬行动物，生活在江河、湖沼、池塘等水流平缓、鱼虾繁茂水域，在安静、阳光充足的水岸边活动频繁，上岸但不离水源太远。冬晒太阳、夏喜凉风，民间谚语形容鳖的活动是“春天发水走上滩，夏日炎炎柳荫栖，秋天凉了入水底，冬季严寒钻泥潭”。食鱼、虾、昆虫等，也食水草、谷类等植物性饵料，嗜食臭鱼、烂虾等腐败变质饵料，食饵缺乏会互相蚕食。性怯懦，怕声响，白天潜伏水中或淤泥中，夜间出水觅食（“瓮中捉鳖”是利用鳖的这一习性，将缸埋置水边，平于地，成陷阱，鳖觅食误入缸）。耐饥饿，贪食且残忍，寿命可达60龄以上。

表12　2005—2006年黄浦江和苏州河上游4个监测站点的鱼类物种名录一览表

物种			生态类型	时间重现率			
				白鹤	黄渡	淀峰	松浦大桥
鲤形目	鲤科	棒花鱼	O; SE	72.7	71.4	14.3	50.0
		兴凯鱊	H; SE	45.5	9.1	14.3	40.0
		斑条鱊	H; SE	9.1	0.0	57.1	50.0
		大鳍鱊	H; SE	0.0	0.0	14.3	0.0
		鲫	O; SE	100.0	85.7	85.7	70.0
		草鱼	H;RL	9.1	0.0	0.0	10.0
		达氏鲌	O; SE	45.5	14.3	57.1	10.0
		红鳍原鲌	O; SE	0.0	0.0	85.7	20.0
		鲤	O; SE	36.4	0.0	42.9	50.0
		德国镜鲤	O; SE	36.4	0.0	0.0	0.0
		翘嘴红鲌	O; SE	36.4	0.0	14.3	10.0

续表一

物种			生态类型	时间重现率			
				白鹤	黄渡	淀峰	松浦大桥
鲤形目	鲤科	花鲭	O；SE	18.2	0.0	0.0	10.0
		鲹	O；SE	54.5	0.0	42.9	30.0
		油鲹	O；SE	0.0	0.0	0.0	30.0
		鲢	F；RL	18.2	14.3	0.0	10.0
		鳊	H；RL	36.4	0.0	0.0	30.0
		团头鲂	H；SE	0.0	0.0	0.0	10.0
		青鱼	C；RL	18.2	0.0	28.6	10.0
		似鳊	O；RL	27.3	14.3	0.0	40.0
		寡鳞飘鱼	O；SE	9.1	0.0	0.0	40.0
		银飘鱼	O；SE	0.0	14.3	0.0	20.0
		麦穗鱼	O；SE	90.9	85.7	71.4	60.0
		彩石鳑鲏	O；SE	9.1	14.3	0.0	0.0
		高体鳑鲏	O；SE	0.0	0.0	28.6	10.0
		黑鳍鳈	O；SE	9.1	14.3	42.9	0.0
		赤眼鳟	O；RL	0.0	0.0	14.3	40.0
	鳅科	中华花鳅	O；SE	0.0	14.3	0.0	0.0
		泥鳅	O；SE	9.1	14.3	71.4	30.0
		大鳞副泥鳅	O；SE	0.0	0.0	28.6	10.0
鲈形目	鰕虎鱼科	子陵栉鰕虎鱼	C；RS	27.3	28.6	42.9	30.0
		乌鳢	O；SE	45.5	14.3	0.0	0.0
	斗鱼科	圆尾斗鱼	O；SE	27.3	28.6	14.3	0.0
	塘鳢科	黄黝	C；SE	36.4	14.3	0.0	0.0
		沙塘鳢	C；SE	0.0	0.0	28.6	0.0
鲇形目	鲿科	长须黄颡鱼	O；SE	9.1	0.0	14.3	10.0
		光泽黄颡鱼	O；SE	0.0	0.0	0.0	20.0
		黄颡鱼	O；SE	54.5	0.0	28.6	20.0

续表二

物种			生态类型	时间重现率			
				白鹤	黄渡	淀峰	松浦大桥
鳀形目	鳀科	刀鲚	C; RS	9.1	0.0	0.0	60.0
合鳃目	合鳃科	黄鳝	O; SE	18.2	0.0	14.3	0.0
鳉形目	胎鳉科	食蚊鱼	C; SE	27.3	0.0	0.0	10.0
鲀形目	鲀科	暗纹东方鲀	O; SE	0.0	0.0	28.6	0.0
鳗鲡目	鳗鲡科	日本鳗鲡	O; SE	0.0	0.0	57.1	20.0
鲻形目	鲻科	鲻	O; SE	0.0	0.0	0.0	10.0
颌针鱼目	鱵科	间下鱵	C; RS	0.0	0.0	0.0	60.0

*说明：F: 滤食性；C: 肉食性；O: 杂食性；H: 植食性；RL: 河湖洄游性；SE: 定居性；RS: 江海洄游性。

（资料来源：陈小华、李小平、程曦:《黄浦江和苏州河上游鱼类多样性组成的时空特征》,《生物多样性》, 2008年第2期）

渔业基地与水产市场

【复兴岛渔业基地】

复兴岛是上海重要海洋渔业生产性基地，位于杨浦区复兴岛北端，1973年建成，为海洋捕捞生产指挥、渔需资源补给、渔船修造、鱼品加工、职工培训等配套设备齐全的综合性渔业基地。1985年4月，上海远洋渔业基地（简称“远洋公司”）注册在共青路486号。随着近海渔船不断向过洋性远洋渔业拓展，复兴岛基地近海拖网渔船逐渐转出，2002年基地功能闲置，置换开始启动。2004年，完成土地置换工作，共青路486号的地块正式移交杨浦区政府开发部。

【江浦路卸鱼基地】

江浦路卸鱼基地（上海市水产供销公司第一批发部）位于杨浦区江浦路10号，曾是上海最大的海洋渔业卸鱼、补给和水产销售、交易基地，拥有3个卸鱼码头，鱼货处理场地7100平方米，日卸鱼货能力600吨。1988年3月，江浦冷冻厂并入。1993年12月，依托第一批发部基地建设水产综合批发兼零售、商业冷藏储运、商贸办公、会务展览、餐饮旅馆、娱乐等为一体的上海水产城调整改造计划完成，占地5.33公

图194　20世纪90年代复兴岛
渔业基地沿江码头设施（局部）
（上海市农业农村委员会提供）

图195　国内自行设计、上海建造的
冷海水金枪鱼延绳钓渔船
（上海市农业农村委员会提供）

顷。1995年，上海水产城更名为上海中心水产品批发交易市场（简称“中心市场”），成为农业部首批定点鲜活农产品中心批发市场。2005年中心市场、军工路中心水产品批发市场交易总量达12.20万吨。2006年后，因为“渔人码头”项目开发，中心市场中设施、商铺、码头、冷库等功能整体转移至军工路2866号（上海东方国际水产中心）。

【王家码头卸鱼基地】

王家码头卸鱼基地（上海市水产供销公司第二批发部）位于黄浦区外马路653号，主要为郊区海洋、淡水捕捞渔民的水产品营销、加工等综合性经营服务单位。沿黄浦江岸线86米（不包括董家渡一段），卸货码头2座，鱼货处理场地2600平方米，日卸鱼能力200吨，有冷库2座，冻结能力71.60吨。1990年更名为上海市水产供销公司第二分公司，后改组成立上海第二水产供销公司。上海第二水产供销公司地块在2002年与2004年两次置换，2007年将外马路的三块地块让出给上海市申江集团。

【军工路卸鱼基地】

军工路卸鱼基地（上海市水产供销公司第三批发部）位于杨浦区军工路2600号，1972开始筹建，1979年1月起开始逐项运作，是综合性海洋渔业渔获起卸与渔船补给基地。黄浦江岸线长300米，有6个渔轮码头泊位，鱼货处理场地6600平方米，日卸鱼能力1500吨，日冻结能力300吨。1990年更名为上海市水产供销公司第三分公司，后改组成立上海第三水产供销公司，1997年被上海水产供销发展公司兼并。

图196　20世纪90年代
江浦路卸鱼基地
（上海市农业农村委员会提供）

图197　2003年2月23日上海中心
水产品批发交易市场
（上海市农业农村委员会提供）

【上海水产供销站】

上海水产供销站（上海市水产供销公司冷冻装卸站）位于军工路2855号，毗邻军工路卸鱼码头和水产物资站。1997年11月，经国务院批准，上海水产供销站改为农林部水产供销站，主要承担外省市水产品和农林部计划物资运转全国各地的任务，是商工贸结合的综合性水产供销企业。1985年1月，更名为中国水产联合总公司上海水产贸易公司。1987年该企业占地10.85公顷，鱼货处理场地7000平方米；沿黄浦江岸线280米，码头7座；有冷库3座、食品厂、水产品加工厂各1家；铁路专用线2条，全长212米；职工1800人。后又多次更名，1992年最终更名为中国水产上海公司。2005年12月，中国水产上海公司产权进入上海联合产权交易所挂牌交易。

【东方国际水产中心】

2007年1月，总投资近6亿元的东方国际水产中心改扩建工程完工。东方国际水产中心占地133.3公顷，建筑面积达11万平方米；沿黄浦江岸线250米，拥有5个卸鱼码头与1个渔船加冰码头，可停靠1000～3000吨货船；拥有自来水厂、污水处理厂及加油、加冰、加水等配套设施。2007年5月正式开业，平均日交易量约800吨，年交易量约占全市水产品总量的20%以上。10月20日，上海中心水产品批发交易市场整体迁移至东方国际水产中心。2008年1月9日，东方国际水产中心正式接管上海沪西水产交易市场。2009年1月，东方国际水产中心被批准为第十四批农业部定点市场。

手工棉纺织业

宋末元初，松江地区乌泥泾镇最早开始种植棉花。但此时当地的纺织技术仍处于初创阶段，纺纱织布费时费力，并无踏车椎弓之具，效率极低。而黄道婆的到来，将江南地区的纺织技术往前推进一大步。

有关黄道婆的籍贯、身世、经历，民间传说很多，给黄道婆增加了神秘色彩。元人陶宗仪在《南村辍耕录》中记载道：

> 国初时，有一妪名黄道婆者，自崖州来，乃教以做造捍弹纺织之具，至于错纱配色，综线挈花，各有其法。以故织成被褥带帨，其上折枝团凤棋局字样，粲然若写。人既受教，竞相作为，转货他郡，家既就殷。未几，妪卒，莫不感恩洒泣而共葬之，又为立祠，岁时享之。[1]

黄道婆为元初乌泥泾人，早年流亡到崖州，学习当地纺织技术，学成之后又重新回到故乡，将其在崖州习得的纺织技术，再加改进，制成一套纺织“奇器”，并教授当地妇女纺织技艺。黄道婆用踏车作为轧去棉籽的工具，代替原来的手剥之法；采用檀木椎敲击长绳弦的大弹弓，代替原来用指拨线弦竹弧的小弓进行弹棉；又发明三锭棉纺车，即“黄道婆纺车”，代替原来的手摇单锭纺车，极大提高纺织效率。黄道婆还革新织造工艺，布匹花色与样式变得更加多样，创造出“乌泥泾被”，闻名遐迩。

随后，苏松地区棉花种植面积不断扩大，棉纺织业发展迅速。至明代，上海地区进入棉纺织业发展巅峰期，松江成为全国棉纺织中心。经营方式主要为个体家庭手工业，清康熙《松江府志》记载：“乡村纺织，尤尚精敏。农暇之时，所出布匹日以万计。以织助耕，女红有力焉。”[2]松江人夜以继日地从事棉纺织业，白天将家中纺好的纱或织好的布带到街头售卖，再用钱买回原棉或棉纱，晚上在家开夜工纺纱织布。因此，一个庞大的棉花交易市场随之形成。一些专门做棉花生意的商人，在棉花收获季节，携带巨款来到产棉区“坐庄”收购。大量“花行”“花庄”的出现，给手工棉纺织业者提供便利，不种棉花的农家以及非产棉区的织户，均可在市场购买原棉，而后纺纱织布，减少不少中间流通环节，正如《木棉吟》中描述的场景：“眼见当初万历

〔1〕（元）陶宗仪著，文灏点校：《南村辍耕录》卷二十四，文化艺术出版社，1998年，第339页。

〔2〕康熙《松江府志》卷五《风俗》。

间，陈花富户积如山。福州青袜乌言贾，腰下千金过百滩。看花人到花满屋，船板平铺装载足。”[1]

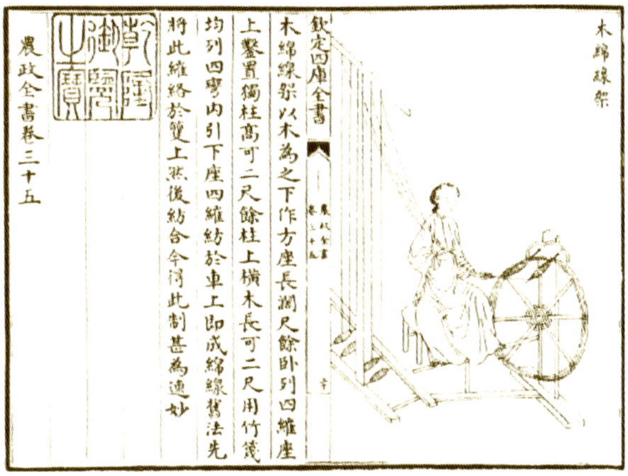

图198　木棉线架（徐光启《农政全书》卷三十五）

明代松江棉布，产品精美，品种繁多，花样新颖，冠于全国。其中最上乘的三梭布，多销京师，颇受皇室、贵族、高官青睐。民间各类所用布匹，按照织布长短、阔狭、销售地来说，可大致分成标布、中机布、小布三种。另外，还有丁娘子布、飞花布、尤墩布等质量上乘者，远方商人也来争相购买。随着国内外市场扩大，松江地区棉纺织户与商人连成一体，这一过程涌现出大量棉纺织业市镇，松江所织之布行销四方，衣被天下。

工　业

上海开埠后，中国近代工业最先在黄浦江畔诞生。清同治四年（1865），江南制造总局在黄浦江畔建立，成为中国近代工业摇篮。光绪四年（1878），又在江岸成立中国第一家棉纺织工厂——上海机器织布局。《马关条约》签订后，黄浦江畔成为外国商人的主要投资办厂基地。上海解放前，黄浦江滨江地带工业发展包含纺织、造船、发电、煤气、自来水、化工等多个产业门类，两岸企业共50家。中华人民共和国成立后，沿江工业企业得到恢复发展，产业规模及品种质量居全国前列，为上海经济发展做出重要贡献。2002年，黄浦江两岸综合开发启动，黄浦江滨江经历基础建设、功能培育、品质提升等多个发展时期和阶段，沿岸传统工业企业进行转型、升级或停业搬迁。“十三五”期间，黄浦江沿岸金融、贸易、航运、文化、科创等核心功能集聚效应初步显现。“十四五”时期，滨江开发将更注重存量工业更新和企业技术升级，推动传统制造业加快向绿色制造和智能制造转型，依托科创园区培育创新功能，增强科技创新功能集聚，实施智能制造功能再造。

---

〔1〕（清）吴伟业撰，（清）程穆衡原笺，（清）杨学沆补注，张耕点校：《吴梅村诗集笺注》附录一《梅村家藏稿》，中华书局，2020年。

水电煤业

自来水厂

19世纪上海开埠之前，黄浦江水质优良，为滨江居民饮用水主要水源。清道光二十三年（1843）上海开埠后，来沪外国人并不习惯这种潮水。同治十二年（1873）2月，英商在松江路（今延安东路）6号创办沙滤水行，是上海首家小型供水坊。

清光绪八年（1882），英商上海自来水公司在杨树浦、黄浦江畔成立，取黄浦江下游水源。光绪九年（1883）6月29日，时任北洋通务大臣的李鸿章拧开水闸放水，标志着中国第一座现代化水厂建成。光绪二十三年（1876）上海道台刘麟祥批准邑绅曹骧开办自来水公司，水厂选址在高昌庙，名为内地自来水公司，取水黄浦江，是中国人自办自来水公司之始。光绪二十七年十二月二十三日（1902年2月1日）由法租界公董局主持建造的董家渡水厂投产，向法租界居民供水，切断英商杨树浦水厂来水。

清宣统三年（1911）闸北水电公司建成投产，取水苏州河，从此华界闸北地区居民也用上自来水。随着苏州河污染逐渐加重，闸北水电公司选军工路剪淞桥（今闸殷路66号）建新厂，改用黄浦江水源。1934年上海市公用局委托上海兴业信托社筹建游龙路浦东水厂，开始向浦东地区供水。至新中国成立初期，上海市5个主要自来水厂（杨树浦水厂、闸北水厂、沪南水厂、沪南水厂南厂、浦东水厂）每日制水能力105万立方米，全年供水量2.2亿立方米，其中工业生产用水占31%。

中华人民共和国成立后，为满足上海城市开发需要，相继建成闵行水厂、长桥水厂、周家渡水厂、闵行第二水厂、杨思水厂、居家桥水厂等多座水厂。其中长桥水厂是上海首家自主设计建造的现代化大型水厂，后三次扩建，至1990年底成为上海市最大自来水厂。还有专为发展工业所建的水厂，如桃浦水厂、吴淞水厂、凌桥水厂等。

至1980年，市区12座净水厂中有10座取黄浦江中下游河水，但当时黄浦江水质较差，不仅影响市民健康，还影响用水企业的产品质量。1985—1987年实施黄浦江上游引水工程，取水口设在黄浦江临江段，设计引水量230万立方米/日，分别向杨树浦水厂、南市水厂、浦东水厂、杨思水厂、居家桥水厂5家水厂供原水，市区430多万户居民受益。二期工程取原水站设在松浦大桥下游1.8千米处女儿泾边，1997年12月19日建成通水，建成后供水能力540万立方米/日。2006年上海市政府决定改用青草沙为上海水源地，2007年6月开工，2011年6月建成通水，日供水量719万立方米，占上海原水供应总规模50%以上，供水范围为上海10个行政区，以及宝山、普陀等5个行政区的部分地区，受益人口超过1000万人。

【杨树浦水厂】

位于杨树浦路830号，占地12.9万平方米。光绪七年（1881）七月至光绪九年（1883）五月，英商麦克利沃特等人筹备组建上海自来水股份有限公司，并建成杨树浦水厂。光绪九年六月二十九日（1883年8月1日）正式对外供水，日供水量150万加仑，主要供给公共租界和法租界地区。而后该水厂经历三次扩建，20世纪30年代时已成为远东第一大水厂。1925年改称上海市自来水公司杨浦水厂，后不断进行技术改造，增强供水能力。1995年供水能力增至124.4万立方米/日。2011年起改接长江口青草沙水库原水，供水范围包括杨浦、虹口、普陀、闸北、宝山等5个区。

图199　杨树浦自来水厂（种楠2017年4月27日摄）

【南市水厂】

位于高昌庙一带（今半淞园路592号）。光绪二十三年（1897）2月，经上海道台刘麟祥批准，上海士绅曹骧推举怡和洋行买办唐杰臣、杨文俊等人，在上海华界南市开办华商自来水公司，开启中国人自办水厂的历程。至光绪二十八年（1902）7月1日正式建成通水，定名内地自来水厂，取水黄浦江。1956年内地自来水厂与董家渡水厂合并，命名为南市水厂，向卢湾、黄浦、静安等区供水。2006年9月南市水厂进行改造，供水能力达70万立方米/日。2011年改接长江口青草沙水库原水。

【闸北水厂】

光绪三十四年（1908）两江总督张人骏上奏清廷，说明自办自来水厂的理由，并委邑绅李平书集资创办闸北水电公司，厂址设在闸北叉袋角（今恒丰路），取用苏州河水源。宣统三年（1911）建成，向闸北地区供水，日供水量200万加仑。1928年于闸殷路66号建立新厂，占地3.9万平方米，取用黄浦江水源。1937年续建二期工程，供水能力提高至2000万加仑。1955年归属上海市自来水公司，平均日供水量17.5万立方米。1996年改用宝山陈行水库长江原水，2011年起改接长江口青草沙水库长江原水。

【长桥水厂】

位于上中路411号，占地16万平方米。1966年一期工程建成，取用黄浦江上游水源，日供水量30万立方米。1983年二期工程建成，日供水量100万立方米。1992年三期工程建成后，日供水量达到140万立方米。2011年起改用青草沙水库长江原水。

发电厂

清光绪五年四月初八（1879年5月28日），公共租界工部局电气工程师毕晓浦（J. D. Bishop）在上海虹口乍浦路一幢仓库里，点亮华夏大地第一盏电灯。3年后，英国人立德尔（R. W. Little）等成立上海电气公司，从美国购得发电设备，在南京路、江西路西北角（今南京东路190号）创办中国第一家电厂。这家电厂的出现标志着中国电力工业从上海起步。光绪九年（1883），上海电气公司把发电厂迁至乍浦路41号。光绪二十二年（1896），位于斐伦路（今九龙路）30号新中央电站落成发电。

上海民族电力工业亦开始崛起。清光绪二十三年（1897），清政府上海南市马路工程善后局在十六铺老太平码头创建南市电灯厂。后被收购，改为上海内地电灯公司。宣统三年（1911），闸北水电公司在广肇山庄北首（今铁路上海站）落成。至此，上海4家中外电力公司发电设备共有容量8750千瓦。电力工业经过起步创业，初具规模。1918年，内地电灯公司与华商电车公司合并，组成华商电气股份有限公司。1919年，童世亨等创办浦东电气公司，首次为上海浦东地区通电。

中华人民共和国成立后，为适应工业发展需要，又相继在黄浦江畔建起吴泾热发电站、闵行发电站等。20世纪90年代后，为响应国家节能减排政策要求与滨江产业结构调整，杨树浦发电厂、南市发电厂等企业先后停产。

【杨树浦发电厂】

清光绪三十四年（1908），上海公共租界工部局电气处经营的新中央电站受到场地、水源和航运的限制，决定在杨树浦沈家滩购地39亩筹建“江边电站”，1913年4

图200　杨树浦发电厂（吕薇2019年11月16日摄）

月投入运行。1923年8月，由工部局电气处售予美商，改名上海电力公司（Shanghai Power Company）。装机容量增至12.1万千瓦，成为当时远东第一大电厂。发电煤耗率为780克/千瓦时，在全市各电力公司中成本最低，电价最廉。1949年总装机容量增至19.85万千瓦，发电量约占上海市总发电量的70%。1950年收归国有，成为中央直属企业。后不断升级改造，1990年杨树浦发电厂已成为兼有发电、供热、变电功能的电厂。2010年10月，随着最后一台2号发电机组停止运行，杨树浦发电厂完成历史使命。

【南市发电厂】

位于市区南部花园港路4号，东临黄浦江，南北两侧均是自来水厂，总面积7.1万平方米。1935年10月，华商电气股份有限公司在半淞园黄浦滨江筹建新厂，但因抗日战争全面爆发，工程停止。1954年5月，上海电业管理局在华商电气公司半淞园厂址上建造电厂。次年，更名为上海南市发电厂。1987年9月，南市发电厂实行电热联供，成为沪南地区热网热源中心。2007年，因筹建上海世博会，电厂三台机组先后停产，后改造为世博会五大主题展馆之“城市未来馆”。

【闸北发电厂】

位于军工路4000号，占地21.76万平方米。前身是商办闸北水电公司发电厂。1928

年2月，在宝山县殷行乡剪淞桥黄浦江边购地37亩作为新厂址。1930年7月新厂竣工，同年12月24日向外供电。1938年，公司被日军占领，改名“华中水电公司北部分公司”。受战争影响，闸北发电厂损失惨重。1953年1月，该厂实行公私合营。后又经扩建，至1976年发电量达29.76亿千瓦时。1983年起，该厂落实国家“压缩烧油”要求，发电量逐步下降。

【闵行发电厂】

位于丽江路2号。为配合闵行机电工业区建设而建，1958年7月24日开工，装机容量为4.8万千瓦。截至2004年12月31日，闵行发电厂的总装机容量为81.5万千瓦。2004年10月，被能源化学工会授予“全国发电公司系统厂务公开先进单位”荣誉称号。

煤气厂

上海是中国乃至亚洲最早使用煤气的城市。清同治四年（1865），上海第一家煤气厂——大英自来火房在苏州河畔建成，同年11月开始向公共租界供应煤气。光绪二十六年（1900），改称英商上海煤气股份有限公司。20世纪30年代，为扩大生产，在杨树浦路滨岸建新厂，即杨树浦煤气厂，成为当时上海规模最大的煤气厂。抗日战争期间，日本在张华浜北徐家湾沿河一带（今长江路469号）建造大上海瓦斯株式会

图201　位于苏州河畔的上海煤气厂

[https://www.virtualshanghai.net/Asset/Preview/dbImage_ID-2058_No-1.jpeg (2023-04-02)]

社，主要为满足战争与日籍居民需要。上海解放前，全市煤气由英商上海煤气公司和吴淞煤气厂分别经营。

上海解放后，吴淞煤气厂由人民政府接管。英商上海煤气公司于1952年11月20日为市人民政府征用，更名为上海市煤气公司。1953年两个企业合并，实行统一经营管理，负责全市煤气生产、输配和服务供应。1959年建成吴泾炼焦制气厂一期工程，20世纪90年代后，又陆续建成浦东煤气厂、石洞口煤气厂。

【杨树浦煤气厂】

位于杨树浦路2524号，南临黄浦江，占地9.1万平方米。1932年开工，1934年建成投产，设计生产能力为11.3万立方米/日，实际生产能力5.9万立方米/日。企业设备经多年升级改造，1981年该厂城市煤气产量达118万立方米/日。20世纪90年代，根据节能减排和滨江功能转换要求，该厂于2000年停产歇业。该厂现为杨树浦文物保护单位，其办公楼被评为“上海市优秀历史建筑”。

【大上海瓦斯株式会社】

1938年5月，由侵华日军驻上海军部特务部兴建，厂址位于上海新市街共荣路2号恒产大楼（今五角场黄兴路、翔殷路）又在吴淞建炼焦制气厂。1945年上海市政府接收大上海瓦斯株式会社的吴淞工厂，更名为吴淞煤气厂。1949年5月27日上海解放，上海市军管会接管吴淞煤气厂。从1949年10月起转亏为盈，至12月煤气生产已超过上年同期水平。1953年7月，吴淞煤气厂并入上海市煤气公司。

【上海市煤气公司】

1952年11月，上海市军管会征用英商上海煤气公司，更名为上海市煤气公司。翌年，吴淞煤气厂并入上海市煤气公司。市煤气公司通过扩建老厂和建设新厂，研制开发重油制气技术，开辟液化气市场，使城市煤气向多气源方向发展。1995年，上海市煤气公司共有职工1.7万余人，拥有4个制气厂、2个管线工程公司，以及煤气表具厂、营业所、液化气管理所和煤气设计所等基层单位。2010年5月，吴淞煤气厂停产转型。

棉纺织业

黄浦江畔是上海近代棉纺织业的发源地，是中国近代棉纺织业中心。清光绪十五年（1889）位于杨树浦的上海机器织布局建成投产，是中国第一家机器棉纺织工厂，在中国棉纺织史上具有划时代意义。光绪十七年（1891）由上海道龚照瑗创办华新纺织新局，二十年（1994）、二十一年（1895）先后开办裕源、裕晋、大纯三家纱厂。至此上海共有五家华商棉纺织工厂，皆位于杨树浦、黄浦江畔，共有纺锭133972枚，占全国纺锭总数76.1%。

《马关条约》签订后，允许外国商人在中国通商口岸投资办厂。杨树浦成为外商纱厂聚集地，仅在光绪二十三年（1897）就有美商鸿源纱厂、德商瑞记纱厂、英商老公茂纱厂和怡和纱厂相继在上海开工，共有纺锭160546枚，超过上海华商纱厂。光绪二十八年（1902）日商开始收买经营不善的华商纱厂，并于光绪三十四年（1908）成立上海纺织株式会社，后又陆续成立内外棉株式会社、日信纱厂2家纺织厂。第一次世界大战前夕，外商在上海共拥有棉纺锭33.9万枚（占上海棉纺锭总数的70.5%）、织布机1986台，其中英商最多，日商次之。第一次世界大战爆发后，帝国主义无暇东顾，中国棉纺织业迎来发展良机，涌现出荣氏兄弟的申新纱厂，穆藕初的德大、厚生纱厂，侨商郭氏兄弟的永安纱厂等20余家新建华商纺织厂。“一·二八”事变到1937年，处在战区内的棉纺织工厂受到战争破坏，不少亏损严重，被迫停产。上海沦陷后，租界以外华商纺织厂均被“军管”，由日军委托日商纱厂经营，倍受掠夺。

1949年5月29日，上海市军管会接管中国纺织建设公司及其下属19家棉纺织厂，改官僚资本企业为全民所有制企业。中华人民共和国成立以来，在很长一段时间里上海纺织工业被称为“摇钱树”，最高峰时上海市的棉纺锭占全国棉纺锭总数515.7万枚的47.23%，占据半壁江山。20世纪50年代，对民族资本纺织企业实行公私合营。1960年，黄浦江滨岸纺织厂主要有国棉十七厂、国棉十二厂、国棉十厂、国棉九厂、裕丰纱厂和恒丰纱厂6家，主要分布在杨浦滨江和陆家嘴滨江。进入21世纪，上海国有资本已从竞争性的纺织行业大幅度退出，至2010年非公经济已占整个上海纺织工业的90%以上。上海纺织工业产业结构也发生变化，科技与时尚成为转型发展的两大旗帜。初级加工行业逐渐退出，服装、装饰等终端行业发展迅猛；产品附加值增加，产值利润稳步增长；外贸持续增长，出口增速加快，出口加工企业增多。如今，黄浦江沿岸一带棉纺织厂已经基本搬离或停办，但其曾为近代上海带来的辉煌永不泯灭。

【怡和纱厂】

全称怡和纺织厂有限公司（Ewo Cotton Spinning and Weaving Co., Ltd.），由怡和洋行投资建设，光绪二十三年（1897）建成，占地70亩，位于杨树浦路670号，是外商在上海最早开设的纱厂。1921年3月，与同属怡和洋行的杨树浦纱厂、公益纱厂组成怡和纱厂股份有限公司。中华人民共和国成立后，英商无意经营，拍卖公益纱厂，其余在1954年1月由中国政府收购，易名为上海裕华棉毛麻纺织厂。1959年4月改名为公

图202　1915年杨树浦怡和纱厂

[https://www.virtualshanghai.net/Asset/Preview/dbImage_ID-1475_No-1.jpeg (2023-05-01)]

私合营上海裕华毛纺织厂，1966年10月更名为国营上海第五毛纺织厂。1964年，东厂（原杨树浦纱厂）划出，组建上海毛条厂。如今，英商怡和纱厂旧址为上海市第三批优秀历史建筑和文物保护单位。

【上海第二十二棉纺织厂】

前身为上海机器织布局，位于杨树浦路87号，是中国第一家民族棉纺织厂。清光绪四年（1878），办厂建议经李鸿章批准开始筹办，1889年建成投产。光绪十九年（1893）该厂意外失火，损失惨重。同年重建，重新定名为华盛纺织总厂，翌年八月投产，后又更名为三新纱厂。1931年荣氏家族收购三新纱厂，设立申新纺织第九厂。1955年9月实行公私合营，1966年10月改名为上海第二十二棉纺织厂。20世纪90年代，上海纺织资产重组，结构调整，压锭减员。2009年1月7日，在原申新纺织第九厂的旧址上隆重举行上海纺织博物馆开馆暨纺博大厦落成仪式，这一年正是该厂120华诞。

【国棉十七厂】

位于杨树浦路2866号，前身为裕丰纱厂。1921年日本大阪东洋纺织株式会社利用第一次世界大战良机，在上海筹建裕丰纱厂，1942年开始兼营毛纺业。抗日战争胜利后，国民政府接收并更名为上海第十七纺织厂，其产品“龙头细布”在国内外畅销不

图203　国棉十七厂（今上海国际时尚中心）
（上图：种楠2011年3月9日摄；下图：吕薇2019年11月16日摄）

衰。1950年7月1日更名为国营上海第十七棉纺织厂，是全国第一家批量生产棉型腈纶针织纱企业。2007年，该厂主要设备搬迁至江苏大丰，其旧址上历史建筑整体保留，改造为上海国际时尚中心。

造船业

上海造船业历史悠久，为古代沙船业中心。清道光年间（1821—1850），聚集在上海的沙船有3000多艘，上海被誉为“沙船之乡”。上海开埠后，进入上海港的中外船舶增多，修船造船业应运而生。同治四年（1865），李鸿章在洋务运动中创建江南机器制造总局，开创中国近代造船业及军工业的历史。此后，官办、民办船厂相继建立，1865—1937年，黄浦江两岸的造船厂共建民船近千艘、军船百余艘，修船5000余艘。1950年10月，中央重工业部船舶工业局在上海成立，从此上海造船业不断发展。至1982年，黄浦江沿岸共有大小船厂33家，重要的有江南造船厂、沪东造船厂、上海船厂、中华船厂、求新船厂、上海闵行船厂等。2000年之后，黄浦江两岸进行功能转换，沿江传统工业企业进行转型或搬迁，江南造船厂、沪东造船厂和上海船厂等相继迁至长兴岛。随着上海“一江一河”滨江开发推进，滨江老船厂、老船坞得到修复、改造，化身为高品质公共休闲娱乐空间。

【江南造船厂】

原属江南机器制造总局，位于高雄路2号，占地面积72.2万平方米，建筑面积36.6万平方米。1869年8月，该厂制造出中国第一艘机动轮船，曾国藩命名为“恬吉”轮，此后又建造有“操江”“测海”“威靖”等轮船。1905年，造船厂从江南机器制造总局分立出来，专门从事轮船建造，先后更名为“海军江南造船所”“朝日工作部江南工场”。

中华人民共和国成立后，更名为江南造船厂，创造了中国造船史上多个第一：第一艘潜艇、第一艘万吨远洋货轮“东风号”、第一艘大型自航耙吸挖泥船“劲松号”、第一台万吨水压机、第一代航天测量船“远望1号”“远望2号”等。2008年6月江南造船厂创立143周年时，完成搬迁，入驻长兴岛江南造船基地，其在黄浦江畔的原厂区及历史建筑留作2010年上海世博会工业馆。船厂旧址中的老船坞也得到改造，历史最悠久的1号船坞改造为滑板极限主题时尚运动公园，2号船坞中坐落着退役的“远望1号”测量船，3号船坞也即将改造成上海航海博物馆分馆，成为滨江一道靓丽风景线。

图204　江南造船厂（郭长耀2007年5月11日摄）

图205　改造后的江南造船厂（今世博园）（徐滨2012年7月31日摄）

图206　1990年上海文艺界在浦东上海船厂码头上慰问演出（种楠1990年7月6日摄）

图207　改造后的上海船厂遗址（梁伟2021年3月18日摄）

【上海船厂】

前身是英商英联船厂和招商局机器造船厂。1862年祥生船厂成立，位于浦东陆家嘴，属英商船舶工业公司。最初制造军火，曾为清廷制造过2艘浮江炮艇及其他船舶，后改为修造船舶。1865年耶松船厂成立，同属英商船舶工业公司。1936年祥生船厂与耶松船厂合并为“英联船坞有限公司”，即“英联船厂”，成为当时中国最大船舶修造厂。

招商局机器造船厂是上海船厂另一源头。1914年招商局为扩大营业，把“招收民股”改为“官督商办”，拨款37600两白银，在浦东陆家嘴租地7亩建立招商局内河机修厂。1928年改为招商局及其造船厂，1951年更名为上海船舶修造厂。1954年1月军管英联船厂并入上海船舶修造厂，1985年3月改名为上海船厂。

2005年上海船厂整体搬迁至长兴岛，船厂遗址经保留、改造，名“上海船厂1862”。老船厂改造成为文化商业综合体，拥有文化创意、非遗传承展馆、手作达人空间、共享艺展空间、艺术品商店、江景餐厅等多种经济业态，是上海城市文化艺术新地标。

【沪东造船厂】

前身为英商爱立克·马勒于同治十三年（1874）在上海创建的“赉赐洋行”，主要经营进出口贸易、船舶代理等。1928年，为扩大经营范围，开设马勒机器造船厂。1933年，于复兴岛江边建造厂房。1937年，又在浦东庆宁寺码头东侧购地14.2万平方米，于次年建立新厂，并将复兴岛旧厂并入，船厂迎来发展高峰期。1941年12月，日军对该厂实行军管，成为在华兵工厂之一。

1952年2月，华东工业部通过海森实业有限公司承租马勒机器造船厂，再转租给中央重工业部船舶工业局，改名为沪东造船厂。1952年8月，上海市军管会征用马勒机器造船厂，从此沪东造船厂完全归属国有。1952年以后，沪东造船厂经多次扩建和技术改造，修造船实力迅速提高。1994年造船总吨达35万吨，1995年达40万吨，改制成立沪东造船集团。

2000年以后，该厂服从黄浦江滨岸综合开发大局，船厂主体部分迁至长兴岛。2019年，沪东中华船厂地块进行开发，项目聚焦未来前沿技术、尖峰产业，充分发挥沪东中华与沪东重机在海洋装备、海洋科技和金桥集团在5G、视讯等方面产业优势，彰显浦东金融业与制造业资源优势。该地块将成为上海具有全球影响力的世界级滨水区的重要组成部分，打造黄浦江沿岸开发创新样本。

化工业

凭借黄浦江便利交通、丰富水资源，和引入的西方先进技术，上海成为中国化学工业诞生地。19世纪六七十年代，江南机器制造总局徐寿、徐建寅父子研制用铅室法生产硫酸，为上海化工业之始。中华人民共和国成立后，为适应工业发展需要，上海市调整工业布局，增加基本化工原料比重。“二五”期间，上海市政府建立吴泾、桃浦、吴淞、高桥等4个化工区，建设以发展基本化工原料为主体企业。黄浦江两岸大型化工厂有上海化工厂、高桥化工厂、吴泾化工厂、上海溶剂厂、上海染料化工厂等，日用化学工业企业有上海制皂厂、上海合成洗涤剂厂等。2010年，上海化学工业成为上海六大支柱产业之一。至2021年，上海化学产业已成为国内最先进、效益最好的化工业之一，被誉为“上海工业腾飞的新翅膀”。

【上海高桥石油化工公司】

位于浦东新区东北角，占地面积354公顷，是全国第一家跨行业、跨部门联合特大型石油化工企业。1981年，高桥地区高桥化工厂、上海炼油厂、高桥热电厂、上海农药厂等合并组建上海高桥石油化工公司，形成一个较完整石油化工工业区。1982年5月，该公司更名为上海高桥石油化工总公司，1988年被列为全国首批特大型工业企业之一。2016年，中国石油化工股份有限公司上海高桥分公司与中国石化集团资产经营管理有限公司上海高桥分公司进行资产重组，设立中国石化上海高桥石油化工有限公司，并于6月1日正式全面投入运营。如今，公司已建为千万吨级炼油加工基地、成品油出口基地、清洁能源生产基地，是中国石化系统的骨干生产企业、上海市重要能源生产基地。

【吴泾化工厂】

1958年10月建厂，位于闵行区龙吴路4600号，是“二五”计划首建项目。自成立以来，创造了新中国化学工程史上三个里程碑：自行设计、自行安装和试车年产2.5万吨合成氨装置，轻油转化年产8万吨甲醇装置，国产化30万吨/年合成氨装置。1995年5月完成企业转制，更名为上海吴泾化工有限公司。随着黄浦江环境保护与滨岸功能置换需要，吴泾化工厂进行转型。吴泾醋酸新技术应用成果获得2004年度上海市科技进步奖一等奖，吴泾10万吨/年醋酸乙酯成套技术获2005年度上海市科技进步奖一等奖。2014年，焦化厂与吴泾化工厂整合为上海华谊能源化工公司。

【上海制皂有限公司】

位于杨树浦路2310号。1923年2月15日，该厂由英商中国肥皂公司投资1000万港元开设，为远东最大制皂厂。1952年6月28日，由上海市人民政府接管，改名为中国肥皂公司。1960年10月，五洲固本肥皂厂并入。1979年起，以蜂花檀香皂为主导产品，带动其他产品发展，形成蜂花、美加净、白丽、上海、扇牌和固本6大系列产品，在国内市场占领先地位，并销往欧、亚、美洲等50多个国家和地区。1995年3月，与英国联合利华有限公司合资组建上海制皂有限公司，是国内生产规模最大制皂企业。1998年7月，正式更名为上海制皂（集团）有限公司。2014年，上海制皂有限公司被评为上海市高新技术企业。2017年，根据上海城市规划及产业调整要求，上海制皂关闭上海桃浦生产基地，在安徽省马鞍山市含山经济开发区建设高标准示范生产基地——安徽华谊日新科技有限公司，总部位于杨浦区黄浦江畔。

其他产业

在黄浦江沿岸，制造业企业是数量及种类较多传统行业，如钢铁、机械、建材和飞机制造业等。据统计，1970年黄浦江沿岸制造业企业有20多家，包括钢铁厂1家（上钢三厂）、机械厂12家（机修厂、航标厂、机械厂、机器厂、汽轮机厂等）、建材厂7家（砖瓦厂6家和水泥厂1家）等。除以上制造业外，还有造纸业、木材业、食品业和玻璃制造业等。

钢铁制造业

【上海第三钢铁厂】

该厂位于浦东新区上南路300号，占地面积231.59万平方米。前身为和兴化铁厂，上海民族资本家陆伯鸿于1913年集资筹办，选址在浦东周家渡。1918年和兴化铁厂正式开工，标志着上海第一家民营钢铁厂正式诞生，日产生铁10吨左右，主要是生产铸造用的木炭生铁。1922年易名为和兴钢铁厂，添加炼钢和轧钢，轧成工具硬钢及竹节钢等，曾为江海关大楼、沙逊大厦、法商自来水厂等建筑提供钢材。1949年上海解放后改名为上海第三钢铁厂，成为公私合营企业。1989年，上钢三厂被命名为国家一级企业，1996年5月改制为上海浦东钢铁（集团）有限公司。为筹备上海世博会，上钢三厂关闭，土地进行改造利用，今天的世博大舞台就是由上钢三厂特钢车间改造而成的。

建材制造业

黄浦江两岸建材厂主要包括水泥厂、砖瓦厂、石灰厂、建材厂和混凝土厂等。至2010年，建材企业有吴泾砖瓦厂、第一砖瓦厂、第二砖瓦厂、第三砖瓦厂、第四砖瓦厂、浦南砖瓦厂、肖塘砖瓦厂、泰山砖瓦厂、龙华水泥厂、奉贤水泥厂、上海水泥厂、上海水泥制管厂、上海市叶榭石灰厂、西渡建筑材料厂、市政沥青混凝土二厂等。随着黄浦江两岸开发的推进，至2021年，这些工厂大部分被关停。

【上海水泥厂】

1920年，刘鸿生等人创办华商上海水泥股份有限公司，位于龙华地区，是华商第一家湿法水泥厂。水泥商标为“象牌”，20世纪30年代上海海关大楼等多幢标志性建筑均由象牌水泥建造。刘鸿生获“水泥大王”之称。中华人民共和国成立后，中国对民族工商业实行公私合营，华商上海水泥股份有限公司演变为上海水泥厂，生产水泥能力不断提高。水泥广泛应用于上海市各大工程项目，享誉国内外，为上海大都市建设做出丰功伟绩。21世纪后，随着上海工业格局调整和环境保护的需要，上海水泥厂关闭，整体迁出市区，原厂区则进行保护和再利用。至2021年，具有百年历史的上海水泥厂，成为上海西岸工业文化长廊组成部分。

飞机制造业

近代上海有四座飞机场，其中龙华机场，位于龙华镇百步桥一带，毗邻黄浦江，为其中规模最大、运营时间较长机场，也是中国民航发源地之一。1922年，在原北洋政府淞沪护军使署的江边大操场基址上兴建，时称“龙华飞行港”，有飞机8架。1929年6月，由航空署接管改为民用机场，并设立龙华水陆航空站管理机构，同年投入民航运营。1931年，龙华机场成为中国航空公司和欧亚航空公司主要的航空站和基地。上海解放后，龙华机场归民航上海管理局管理。1966年，上海至全国各地航班均由龙

图208　上海水泥厂（徐滨2017年6月4日摄）

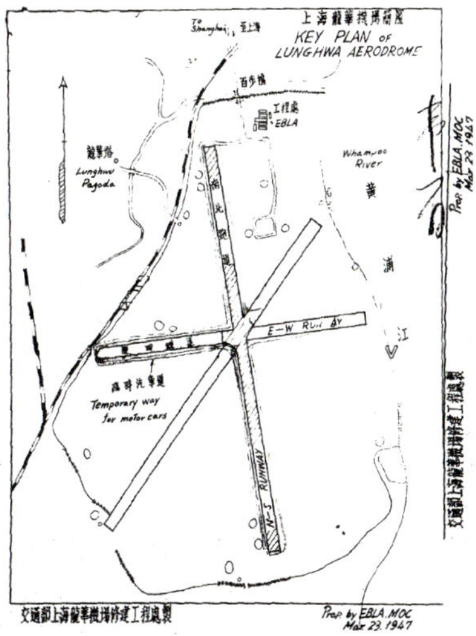

图209　20世纪30年代水上飞机（左）和1947年龙华机场简图（右）
（上海市档案馆提供）

华机场迁至虹桥机场。1978年，龙华机场改名为中国民航管理局龙华试飞站，1982年改为龙华航空站。2008年，龙耀路隧道开工建设后，龙华机场内跑道被拦腰截断，跑道也被改建成街道，即今云锦路。

造纸业

据史料记载，黄浦江两岸曾有如下造纸厂：上海机器造纸局、华章造纸厂、大中华造纸厂股份有限公司、宏文造纸厂等，在黄浦江两岸功能置换和综合开发过程中，这些工厂均被关停。

【上海机器造纸局】

1882年，候选同知广东人曹子撝集股筹建“洋纸公司”，并请郑观应代为具禀北洋通商大臣李鸿章，呈准开办。在上海杨树浦购地后便开始基建工程，1884年该厂竣工投产，是中国第一家由华商开办的机器造纸厂。由于原料昂贵、成本过高，难与进口洋纸竞争，造成连年亏损，1892年宣布停业。不久，便以87500两价格卖给华商韩之鹏等人，改名为伦章造纸局，1906年停工。1913年12月，由刘伯森租赁经营，改名为宝源纸厂，后不断发展。上海解放后收归国有，名为天章造纸厂。1981年，天章造纸厂与上海记录纸厂合并，挂牌天章记录纸厂。

木材业

据统计，至2010年黄浦江两岸木材业企业，有祥泰木行、木材公司、上海木材总公司沪南公司、市木材总公司沪西公司、中国木材华东公司、木材家公司和上海纸木公司木材厂和上海森大木业有限公司等。随着黄浦江两岸综合开发推进，这些工厂均被关停。

【祥泰木行】

祥泰木行是中国第一家生产机制板及木材加工的工厂。1884年由德商福祥洋行老板司尼夫莱奇创办，原名为山打木行公司，原址在浦东白莲泾。后为扩大规模，于1899年另购进新扩张的公共租界杨树浦土地170亩兴建新厂址（今杨树浦路1471号）。第一次世界大战时，木行由英商安利洋行接办，成为英资企业，后又被沙逊洋行接管，但它始终是上海最大木材进出口经营和加工厂。1926年，祥泰木行创设上海第一家胶合板工厂——上海夹板厂，成为上海最早出口胶合板的工厂。日军占领上海时，祥泰木行总栈和锯木厂被征用。上海解放后，祥泰木行撤出上海，其商行仍为商业大楼，于1998年拆除，杨树浦厂改为建设人造板厂。

食品业

【上海益民食品一厂】

前身为1913年美商海宁生创立的海宁洋行，最初从事蛋制品制作，是中国蛋制品出口美国的第一家公司。后购置机器生产冰棒，以美女牌为注册商标。1932年，美女牌在上海冷饮市场具有垄断地位，而海宁洋行也成为中国第一家大规模生产冷饮的工厂。1947年由国民政府联勤总部买下，改名为“第一粮秣厂第五工场”，生产军用口粮。中华人民共和国成立后，更名为上海益民食品一厂，生产冷饮，注册商标改为“光明牌”。1958年，该厂与益民食品三厂、黄心泰制罐厂、康可大糖果厂等多家厂合并，成为国内第一家具有较大生产规模的综合性食品工业企业。2004年，因整体“三废拔点”，该厂正式搬迁至奉贤区。原有虹口区厂房则改建为上海益民食品一厂历史展览馆，2015年列为上海市第五批优秀历史建筑。

玻璃制造业

【耀华玻璃厂】

位于浦东浦江镇，原名耀华玻璃公司上海工厂，于1947年开始筹建，1949年基本建成。上海解放后被批准公私合营，1951年改建，1952年投产。该厂除了生产传统建筑用的平板玻璃外，还在国内首先研制成以汽车玻璃为主体的工业技术玻璃和玻璃纤维生产线，是驰名中外的大型建材骨干企业。20世纪70年代建成具有先进水平的池窑拉丝、中空玻璃等，获得国家银质奖、部市级优质产品奖等，先后创建29个国家第一，被誉为“中国工业技术玻璃摇篮”和“石头织布世家”。因该厂毗邻世博会园区，为举办世博会，该厂被关停，土地变成浦东新区世博“浦江耀华”板块。该板块重点发展商务，蜕变为现代国际商务区，号称“新陆家嘴商务区”。

高新技术产业

自2011年以来，上海以新发展理念引领高质量发展，将创新作为产业经济发展第一驱动力，构建以企业为主体、市场为导向、产学研相结合的技术创新体系，推动20世纪90年代提出的六大支柱工业转型升级。2020年，上海集中推出26个面积在3～5平方千米特色产业园区，定位“小而美”，瞄准科技前沿和高端产业，聚焦集成电路、人工智能、生物医药、航空航天、新材料、智能制造等六大关键领域核心环节，全力打造产业发展新高地。黄浦江滨江各区抓住机遇，在滨江地区加强科创产业培育，引

图210　徐汇滨江（徐滨2012年7月28日摄）

进科技创新、在线新经济、文化创意类头部企业，推动研发中心、高端制造、智能车间、人工智能等新兴企业，打造科创集聚高地。徐汇滨江依托智慧谷项目，加快建设具有国际竞争力的人工智能产业集群；杨浦滨江围绕在线新经济生态园建设，加快互联网头部企业集聚等。

【西岸智慧谷】

位于徐汇西岸核心商务区，是上海四大人工智能载体园区之一，占地52公顷，建筑面积120万平方米，2018年在此举行首届世界人工智能大会。西岸智慧谷目标是构建以世界人工智能大会场馆群落为核心、上海西岸国际人工智能中心为旗舰的园区，形成集总部办公、国际交流、示范应用、展示体验、孵化转化为一体的人工智能发展平台、研发与应用示范基地，打造未来上海人工智能国际总部基地、上海人工智能产业集聚区和国家人工智能高地新地标。园区以AI TOWER（智能塔）为旗舰，集聚微软、阿里、华为等龙头企业和上海期智研究院、上海树图区块链研究院等高能级平台。2019年，以西岸智慧谷为核心的徐汇区人工智能产业集群被列为全国首批4个人工智能战略性新兴产业集群之一。2020年，以AI TOWER为核心西岸人工智能产业集群成为上海市唯一一个受到国务院表彰的战略性新兴产业集群。黄浦江畔AI TOWER成为上海AI产业浓度最高、产业集聚度最具亮点的地标性建筑。

【“长阳秀带”在线新经济生态园】

2021年1月4日，龚正市长为杨浦“长阳秀带”在线新经济生态园揭牌，赋予杨浦新建设使命。生态园规划面积共7.46平方千米，重点打造建筑体量近800万平方米“总部秀园”和“研发创园”。“长阳秀带”立足数字产业化、产业数字化、跨界融合化、品牌高端化，着力创造新供给、激发新需求、培育新动能，助力经济高质量发展，进一步加强制度创新、形成先发优势，打造区位最优、增速最优、环境最优的全国领先生态园。2021年以来，杨浦区通过“长阳秀带”在线新经济生态园引进、培育、发展了包括哔哩哔哩、美团、小红书、字节跳动等多家在线新经济头部企业，发展在线新经济创新型企业近600家，着力建设在线新经济创业基地和发展高地。

旅游业

黄浦江旅游历史悠久。清末民初，上海水上旅游客运即已开始。1931年，官方正式开办浦江游览，由上海市轮渡管理处经营管理，主要为夜间乘凉游览。1937年上海沦陷后，浦江游览被迫停止。上海解放后，市轮渡部门于1953年夏恢复了浦江夜游，后于1957年4月增设白天汽艇游览。1961年，因自然灾害影响，燃料供应紧张，浦江游览再次停办。

1979年5月，上海市内河航运局在北京东路外滩组建“浦江游览服务站”，投入“浦江号”游览船，恢复浦江游览业务。“浦江号”游览船为当时国内内河游览船中载客量最大、设备设施和服务功能最完备的游览船。1980年，“春江号”游览船也投入营运。是年，浦江游览客运量达22万人次。

1992年，浦江游览站由北京东路水上饭店码头搬迁至新开河码头（中山东二路219—239号），水上游览重心逐渐向南转移。1994年，黄浦江游览航线对社会开放，利辉国际有限公司“仙妮号”游艇开辟浦江夜游，浦江游览分公司独家经营黄浦江游览的格局被打破。从此，主理浦江游览的公司开始增多，浦江游览船舶的数量也迅速增加。是年，浦江游览客运量达46.10万人次。到1999年，上海浦江游览有限公司、上海明珠水上娱乐发展有限公司、上海市轮渡公司、上海长江轮船公司等共同经营浦江游览，共有游船17艘。

2002年，上海启动黄浦江两岸综合开发项目，提出“人民之江”发展目标，推动黄浦江逐渐从生产岸线向综合服务岸线转变，浦江游览随之进入快速扩张阶段，浦江

图211　1957年4月开展汽艇游览业务的市轮渡301号（上海市轮渡有限公司提供）

游览船迎来发展新契机。3月，上海国旅参股浦江游览公司，注入新资金，促进游船更新、改建和新建沿江景点的开发。这是上海本地旅行社首次以参股的形式介入旅游游览项目的经营行为。同年，上海风采航运旅游有限公司、上海巴士旅游船务有限公司、上海名信游船有限公司、上海盛融国际游船有限公司等也加盟浦江游览。各公司不断拓展服务领域，将浦江游览和婚庆、会议等仪式活动结合起来，打造具有浦江特色、大众化的休闲、商务项目。同年，浦江游览客运量首次突破100万人次，达108.70万人次。

2003年，有9家从事营利性水路客运企业经营黄浦江游览业务，营运船舶20艘，共有3850客位。至2010年，浦江游览船舶增至36艘，9000多个客位。其中较著名的有“浦江”“船长”“公主”“名信”等系列游览船，“尚德国盛号”混合动力型游览船；400客位以上的有“全球通号”“中国联通号”“工行号”“永诚保险号”“飞利浦号”“黄浦号”“东方明珠号”“中国人寿号”等；200～350客位的有“金灿灿号”“名鑫号”“五粮液号”“盛融国际号”“白玉兰号”等；200客位以下的有“中华号”“新春江号”“申江号”等。

2004年12月2日，曾经上海最重要的客运码头——十六铺客运码头被拆除，新建十六铺水上旅游公共码头，黄浦江水上旅游中心焕然一新。2005年，浦江旅游被列为上海都市旅游的新兴品牌项目之一，旅游功能设施建设进一步完善，形成“水、夜、闲、趣”四大特色。同年，浦江游览年接待规模突破200万人次，达268.90万人次，到2006年突破300万人次。

2007年，上海市政府出台《黄浦江水上旅游码头布局规划》，提出建设形成黄浦江水上旅游码头五级功能体系，其中十六铺码头为主码头，浦东世博会码头、陆家嘴码头、浦西秦皇岛路码头为辅码头，浦西南外滩码头、浦西渔人码头、浦东南栈码头、复兴岛码头、耀华码头、龙华码头、三林湿地生态公园码头、吴淞客运中心码头为停靠码头，新华码头和三岔港生态绿地码头为备用停靠点，浦东沪东造船厂码头和浦西吴泾码头为服务码头，进一步完善浦江游览的基础设施建设和布局体系。

2010年5月1日，十六铺水上旅游公共码头建成启用，码头拥有630米长黄金岸线、12个现代化游船泊位，绿化率达52%，集旅游观光、购物、休闲娱乐、节庆活动等现代旅游服务功能。2010年，浦江游览客运量突破400万大关，达440万人次。

2011年，水上旅游确立健康发展的目标，以国际邮轮、内河游轮、水上游览等水上旅游业态为重点，制定实施《黄浦江游览船星级评定实施细则》，黄浦江游览市场建设工作取得阶段成效。游览市场建设不断完善，建立宾馆饭店、景区景点、旅行

图212　上海旅游节浦江彩船大巡游亮相黄浦江上（郭长耀2012年9月28日摄）

社、游览船“四位一体”等级评定体系。

2014年，上海以浦东、黄浦、静安、徐汇、长宁、闸北等区为核心，提出建设滨江地区水岸联动旅游产品，提升浦江游览发展能级。2016年，上海市会同市规土局等单位开展浦江游览水陆联动方案编制工作；同时深入推进游轮旅游发展，加快邮轮旅游基础与配套设施建设，加强邮轮旅游行业规范建设。

2017年，在“创新、协调、绿色、开放、共享”五大发展理念指导下，上海市以黄浦江两岸45千米公共空间贯通为契机，制定黄浦江游览水岸联动方案，推进沿岸旅游功能布局和建设，推动“黄浦江游览”品牌项目升级。3月6日，上海市通过《黄浦江游览船及码头运营设施与服务质量要求》，规范游览船和码头运营设施和服务质量，为游客安全、便捷、舒适和多元的水上旅游体验提供保障。

2018年5月，黄浦江游览行业标识面世。图案颜色以蓝绿为主，整体徽标是中文“沪”字的变形；曲线波浪代表黄浦江，整体徽标的态势如乘风破浪的游轮在江面上前行。迎风飘扬的旗帜，寓意在浦江游览的行业领头地位和浦江人奋力开拓、锐意进取、不断创新，也寓意着黄浦江将承载着上海深厚的文化底蕴走向世界。

2019年，上海9家浦江游览游船企业公司整合为7家。浦江游览理事会机制、港航运营管理模式、行业安防体系进一步健全；玻璃钢材质的游览船被全面淘汰，新建6艘新型游览船舶；黄浦江核心段精准气象监测站建成，浦江游览官方网站、微信公众号等信息服务不断健全。游览路线方面，推出“浦江游览+（餐饮、文艺等）”船岸联动产品和全新“班轮航线”。“班轮航线”由金陵东路游船码头、秦皇岛路游船码头、东方明珠码头组成“黄金三角”，会聚城市景观精华和多元水岸产品；推出“浦江快线游”、水陆空景点一卡通套票等特色游船产品，以及“浦江文化寻访”、百万市民游浦江等系列活动。同年，浦江游览客流总量达506.29万人次创历史新高，全国首个中国邮轮旅游发展示范区落户上海。2020年，“黄浦江游览”文旅体验项目被列为“上海文化”品牌培养项目之一。

黄浦江水环境治理
与两岸开发

黄浦江是上海的“母亲河”，不仅为上海工农业生产和城市生活提供丰沛水资源、便捷航运交通，还承担城市排污重任。早在20世纪30年代，上海已成为全国工业中心城市。工业为上海城市发展带来繁荣的同时，也带来对生态环境的负面影响。大量未经处理的工业废水直接排入黄浦江或者苏州河、虹口港、日晖港等河流，最终汇入黄浦江，导致黄浦江水质恶化，严重影响当地环境，制约城市发展。

面对日益严重的环境问题，党和政府高度重视。一方面实施多项排污工程，如建造大型污水处理厂、铺设排污管道等；积极整治污染河流，如苏州河一期、二期和三期工程等。另一方面积极推进上海城市转型，从一个工业生产型港口城市，向优先发展现代服务业多功能中心城市转变。黄浦江码头、港区逐步转移到长江口和洋山深水港，滨江各类工厂企业向外搬迁。这些举措消除污染源，从而有效改善黄浦江水环境。

2002年1月，按照“百年大计、世纪精品”总体要求，黄浦江两岸综合开发正式启动。到“十二五”期末，黄浦江两岸地区累计动迁企业约3400家，中心段货运码头已全部搬迁，实现产业结构由生产功能为主向现代服务业转变。滨江地带加快发展金融、航运、旅游、文化、商务商贸等产业。2017年12月底，黄浦江两岸45千米全线贯通。2020年底，苏州河两岸42千米基本实现贯通。“一江一河”两岸综合开发是继浦东开发开放之后践行习近平总书记“人民城市人民建”理念的又一重要举措，对于推动企业产业能级提升，优化上海城市空间布局，实现上海建设全球卓越城市的目标均具有重要意义。

黄浦江水环境治理

依托河长制全面落实，实施河道整治、生态清洁小流域建设、雨污混接改造工程，2021年，上海市全市在基本消除V类水体基础上，持续改善水环境质量。与此同时，开展上海市水生态分区、分类方法及评估技术指标体系研究，完善水生态监测计划，持续推进饮用水水源地规范化建设，实现水源地内农村生活污水全覆盖处理，完成2021年水源地生态补偿考核，全面开展水源保护区内入河排污口排查溯源。

水污染历史

黄浦江每日两潮，无论是上游径流水，还是涨潮时来自长江的潮水，在工业污染发生之前，均为可饮用淡水。嘉庆《上海县志》记载："海水咸，江水淡，上海居民皆饮长江之水。"[1] 1843年上海开埠，城市快速发展，人口剧增，城市生活污水随之增多。除粪便外运外，其他生活污水均未经处理直接排入下水道，流入苏州河或洋泾浜后全部汇入黄浦江，黄浦江水质开始变坏。甲午战争之后，光绪二十一年（1895）西方列强通过《马关条约》获得在上海开办工厂特权。西方列强纷至沓来，相继在苏州河、黄浦江沿岸兴建工厂，将未处理的工业污水直接排入苏州河或黄浦江。20世纪30年代，上海工业蓬勃发展，成为全国工业中心城市，城市人口增至近300万人，排入苏州河或黄浦江的工业废水、生活污水量逐年上升。

中华人民共和国成立后，上海成为全国综合性工业基地。在恢复原工业生产基础上，又增设石油、焦化、医药、化肥、农药、化纤、活性染料、草浆造纸等新工业门类。这些新兴工厂因用水、排污和交通方便，大部分选址在黄浦江、苏州河以及其他支流沿岸。排污量随之增加，而且新增行业污水成分更加复杂，大部分未经处理全部排入苏州河或黄浦江。1963年黄浦江水质发生从未有过的持续黑臭现象，前后延续22天，影响6个水厂原水水质。自此之后，黄浦江水质每况愈下，污染日趋严重。

改革开放后，沿江工业迎来新发展契机，但排污问题并未彻底解决。1980年，黄浦江中下游污染更加严重。据当年调查，从川杨河口至吴淞口，全长37千米黄浦江下游段，溶解氧年均值为3.40毫克/升、氨氮年均值为1.44毫克/升、化学需氧量年均值为6.95毫克/升，均超标。黑臭天数逐年增加，1980年100天，1985年156天，1988年229天。

1990年，平均日排污水量达547.70万立方米，黄浦江水系3/4以上河段受到中等程度以上污染，干流段2/3以上为不合格水。在有机污染中，氨氮略有增加，全江氨氮年均值高达1.57毫克/升。长桥以下监测断面有机污染的各项指标，大部分超标。杨浦断面为全江段最差，其溶解氧年均值为2.40毫克/升、氨氮年均值增至2.56毫克/升、化学需

〔1〕 嘉庆《上海县志》卷二《水利》。

图213　苏州河沿岸工厂污水排放（邓文剑1988年摄）

图214　苏州河与黄浦江交汇处水色对照（邓文剑1991年2月14日摄）

氧量达8.80毫克/升，为严重污染状况。1995年，黄浦江黑臭期创历史最高纪录达329天。

黄浦江水污染治理，始于20世纪20年代。公共租界率先建造北区、西区和东区污水处理厂，主要处理生活污水。20世纪60年代，上海市政府面对上海工业发展带来的污染问题，实施一系列治污措施，但限于当时技术条件，成效不大。直到20世纪80年代，上海市陆续颁布《上海市黄浦江上游水源保护条例》及其实施细则等一系列地方性环保法规和政府规章，依法控制污染。20世纪80年代中期，市政府开始规划建设上海市合流污水治理一期工程，把苏州河沿岸地区污水收集起来，集中到长江边上经预处理后排放长江。1988年启动合流污水治理一期工程建设，1993年12月主体工程建成通水，服务范围达70.57平方千米。1997年启动污水治理二期工程，1999年12月主体工程建成通水，受益面积272平方千米，有效保护黄浦江中上游水源。2003年12月启动污水治理三期工程，2007年主体工程建成通水，受益面积121平方千米，使上海北部和东北部地区的污水全部得到收集处理。1998—2021年，苏州河启动环境综合整治一期、二期、三期、四期工程，有效改善苏州河及黄浦江水质状况。

污水处理厂

上海是亚洲最早建设污水处理厂的城市，1921年开始建设北区污水处理厂，1923年投入运行。至1949年上海解放，上海有3座污水处理厂，但处理规模仅有3.55万立

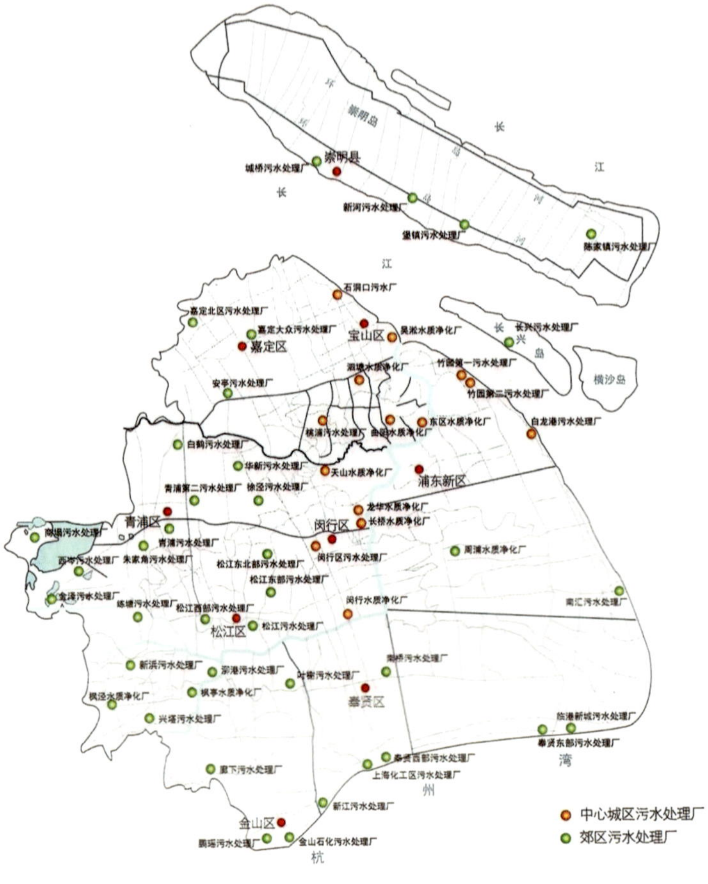

图215　2010年上海市污水处理厂分布图（上海市水务局:《2010上海市水资源公报》）

方米/日。20世纪50年代起，上海对北区、东区、西区污水处理厂进行修、改、扩建，并自行设计建造曹杨、彭浦、闵行等一批污水处理厂。1978年起，开始建设嘉定、上海、松江等郊县城镇污水处理厂。20世纪80年代，又建设曲阳、天山、龙华等一批城镇污水处理厂。20世纪90年代，在合流污水治理一期工程和污水治理二期工程中建大规模污水预处理厂。进入21世纪，建成石洞口、竹园第一、竹园第二等大型生物处理工艺污水处理厂，污水处理从预处理、一级处理向深度处理转化，污水处理厂与建设污水管网同步建设，污泥处理、处置得到加强。1996—2007年，历时11年的上海污水治理二期工程，吴泾、闵行等地区污水外排工程，污水治理三期工程建设完成，黄浦江水质明显好转。1998—2012年，苏州河环境综合整治一期、二期、三期工程建设完成，2018年底，上海全面启动苏州河环境综合整治四期工程。历经二十余年的治理，苏州河水体生态恢复，水质明显改善。1991—2021年，上海城镇污水处理厂污水处理量从1.20亿吨/年，提高到30.30亿吨/年。至2021年底，上海城镇污水处理厂达42座，处理规模857.25万立方米/日，均执行国家《城镇污水处理厂污染物排放标准（GB18918—2002）》中一级A及以上标准，处理规模830.10万立方米/日。根据上海市环境生态局《2021上海市生态环境状况公报》，2021年，地表水环境质量稳中有升，在用集中式饮用水水源水质状况保持稳定。全市主要河湖断面中，II—III类水质断面占80.60%，IV类断面占18.70%，V类断面占0.70%，无劣V类断面。上海市4个在用集中式饮用水水源水质全部达标（达到或优于III类标准）。

东区污水处理厂

东区污水处理厂位于杨浦区长阳路2668号，占地2.67公顷，设计处理能力6000立方米/日。该厂始建于1923年，是亚洲历史最悠久且目前仍在运行的污水处理厂之一，见证上海排水及污水治理百年历史。厂内处理工艺和建筑被完整保存，因此也被称为“活的污水处理博物馆”。该厂经历5次扩建改造，最大处理量达34000立方米/日，出水水质执行二级排放标准。2009年被评为“上海市科普教育基地”，2014年被批准为市级文物保护单位，2018年入选中国第一批工业遗产保护名录。

白龙港污水处理厂

白龙港污水处理厂位于浦东新区合庆镇朝阳村，占地约254.37公顷。2007年5月10日开工，2008年10月8日建成使用，是中国首次自主设计、施工建设，采用世界先进多模式AAO工艺，处理污水量达200万吨/日，标志着中国在特大型城市污水处理

图216　东区污水处理厂（虞建波2012年5月31日摄）

图217　白龙港污水处理厂（孙剑刚2021年9月18日摄）

厂建设上重大技术和管理突破，建成时为亚洲最大城市污水处理厂。该项目全部建成后，承担黄浦区、徐汇区、长宁区、闵行区和浦东新区部分地区污水处理，受益人口达970万左右。白龙港污水处理厂工程对于提升上海市整体环境质量和切实保护长江口及杭州湾的水环境发挥重要作用。白龙港污水处理厂处理规模为280立方米/日，出水执行《城镇污水处理厂污染物排放标准（GB18918—2002）》一级A排放标准。截至2021年，白龙港污水处理厂各阶段建设工程获得3次中国土木工程詹天佑奖、2次国家优质工程奖、1次全国市政金杯示范工程等国家、省部级行业工程荣誉17次。

污水干线工程

污水干线工程是上海市水污染治理的一项重要工程。1969—1972年，上海建成第一条将城市污水引向郊区、注入长江的工程，即南区污水输送干线工程。干线自日晖港起，穿越黄浦江，向东至长江口南岸的白龙港，全长30余千米，日输送能力为40万立方米。为改善苏州河水质，1970—1971年，西区污水输送干线建成。该干线收纳苏州河两岸普陀、静安、长宁、闸北和黄浦等5个区部分合流污水及桃浦、南翔和宝钢地区生活污水，于宝山石洞口长江边排放，设计输送能力77.76万立方米／日。

2008年3月，西干线改造工程开工。工程主要包括新建一条长约25千米、管径2～3米污水输送总管，新建泵站2座（其中蕰藻浜泵站处建调蓄池1座），改建泵站1座，建立SCADA数字系统等项目。工程总投资约9.5亿元人民币，2010年主体工程建成投产。

鉴于南区污水干线、东区污水干线使用日久，输送能力减弱，1985年起，又实施新合流污水治理工程。该工程利用原有合流管道系统，埋设截流管，将合流污水集中输送长江边上，经污水处理后，通过扩散管深水排放。

1988—1993年，实施合流污水治理一期工程。其目标是治理苏州河，把苏州河沿岸地区污水收集起来，集中到长江边上经处理后排放长江。1988年8月开工，1993年底建成通水。新建截流支管20.48千米，主要截取排入苏州河污水，经简易处理后，排入长江大水体中进行扩散稀释。新建截流总管33.39千米，西起丹巴路，沿云岭路、大渡河路、金沙江路、中山北路，经大柏树、五角场过黄浦江后直到浦东竹园长江边。该工程收纳普陀、长宁、静安、黄浦、闸北、虹口、杨浦、宝山、浦东新区等9个区范围内合流污水，服务面积70.57平方千米，设计截流污水量为140万立方米／日。工程竣工通水后，苏州河水质明显好转。

图218　2021年上海市污水治理工程示意图（虞建波绘制）

1997—1999年，实施污水治理二期工程，其目标是治理黄浦江中上游吴泾、闵行区、徐汇区、卢湾区以及浦东新区赵家沟以南地区部分污水。该工程主要是将徐汇区、卢湾区合流污水截流后过黄浦江，经泵站提升后与吴泾、闵行区及浦东新区的污水一并输送至长江口白龙港附近，然后与原南区干线接纳的污水合并，经预处理后深水扩散排放。该工程总服务面积为271.70平方千米，服务人口355.76万人。二期工程建成后，有效改善黄浦江中上游段河和浦东地区河道水质，保护黄浦江中上游饮用水水源。

2003—2009年，实施污水治理三期工程，其目标是解决上海市北部和东北部污水出路问题。该工程主要服务浦西苏州河以北和蕰藻浜以南、浦东赵家沟以北及污水尚无出路的城市化地区，总服务面积171.68平方千米，服务人口243.10万人。工程完成后，改善杨浦港、虹口港、苏州河、黄浦江和蕰藻浜等河流地表水水质，对于改善上海市城市水环境面貌和投资环境有重要意义。污水治理三期工程完成后，全市污水收集率由68%提高到72%，污水处理率由44%提高到56%，设施利用率由59%提高到64%。同时，该工程有效保护黄浦江中上游饮用水水源，并显著改善沿江水环境。到2010年，上海市污水处理率达到80%。

2017年底，上海污水干线收集输送能力达1084万立方米/日，基本形成以西干线输送系统为主的石洞口污水处理片区，以合流污水治理一期工程和污水治理三期工程为主的竹园污水处理片区，以污水治理二期干线为主的白龙港污水处理片区，以及奉贤和南汇的污水外排系统和星火工业开发区污水外排系统，组成上海六大片区的污水处理系统。该污水处理系统与污水处理厂形成集中与分散相互补充的基本格局。

苏州河环境综合整治工程

苏州河，自1920年水质出现黑臭，1978年上海境内全部河段遭受污染，到1990年前后黑臭加剧，严重影响两岸居民正常生产、生活。改革开放以来，中共中央和上海历届市政府十分重视苏州河治理工作，1993年上海合流污水治理一期工程投入运行，对苏州河水质改善带来积极影响。

自1998年开始苏州河环境综合整治工程，集水利、防汛、市政排水、截污、治污、环卫、绿化等为一体，成效显著：苏州河干流和主要支流基本消除黑臭，水环境面貌得到较大改观，水环境质量明显提升。苏州河环境综合整治一期工程实施截污治污、综合调水、底泥疏浚、曝气复氧、两岸整治等十项工程。苏州河环境综合整治二期工程在一期工程的基础上继续深入，由点到线、由线到面不断推进，完成包括沿岸市政泵站雨天放江量削减工程、中下游水系截污治污工程、上游黄渡地区污水收集系

图219　苏州河（长宁段）整治前后对比
（左图：虞建波20世纪90年代摄；右图：虞建波2022年11月21日摄）

统工程、河口水闸建设工程、梦清园二期工程、两岸绿化工程、环卫设施建设和改造工程、西藏路桥改造等八大工程，进一步改善苏州河干流水质，使干流主要水质指标稳定达到国家V类水标准，主要支流基本消除黑臭，并建成苏州河内环线以内滨河景观廊道。苏州河环境综合整治三期工程完成苏州河市区段底泥疏浚和防汛墙改建工程、苏州河水系截污治污工程、苏州河青浦地区污水处理厂配套管网工程、苏州河长宁区环卫码头搬迁工程等四项工程，实现苏州河干流下游水质与黄浦江水质同步改善，苏州河支流水质与苏州河干流水质同步改善，提高苏州河防汛安全标准，为苏州河生态系统进一步修复创造了条件。

苏州河环境综合整治一、二、三期工程共投资140亿元（静态工程投资），实现预定阶段目标，为苏州河水环境进一步治理奠定基础。2018年实施苏州河环境综合整治四期工程，预计投资超过250亿元（专项除外），继续全面改善整个苏州河水系的流域水环境质量，提高干流防汛能力，优化沿岸生态环境。苏州河环境综合整治工程对水质指标改善效果较好，预计当支流河道进一步治理后，干流水质将得到进一步好转。按照苏州河环境综合整治四期工程总体方案，苏州河支流水环境改善还将同步提升苏州河干流水环境质量。

黄浦江水源地工程

上海公共供水水源经历1987年前从黄浦江中下游沿江就地分散取水、黄浦江上游引水集中取水（1987年）、长江陈行水库取水（1992年）、长江青草沙水源地取水

图220　黄浦江上游引水二期工程取水口夜景
（上海市供水管理事务中心提供）

图221　太浦河金泽水库方案规划布局示意图
（上海市水务规划设计研究院提供）

图222　金泽水库现状示意图
（上海市水务规划设计研究院提供）

（2011年）、黄浦江上游水源地取水（2016年）等几个发展阶段。通过原水工程建设，取水由分散到集中，取水口由黄浦江中下游移至上游，继而开辟长江新水源取用长江水，提高原水水质，扩大供水规模，满足上海城市建设和市民生活用水需要。

1978—1980年，上海市区12座水厂中有10座从黄浦江中下游江段取水，郊县（区）水厂原水取自就近河道，部分公共供水管网未到达地区取用地下水。随着城市建设发展、人口增加和郊县（区）城市化步伐加快，黄浦江中下游原水污染日益严重，出现季节性黑臭，黑臭天数从1978年的106天扩至1988年的229天。

1982—1984年，上海自来水公司连续3年对黄浦江上游及中下游江段水质进行检测，选址松浦大桥附近为黄浦江上游引水取水地点。1984年10月，国务院批复同意《上海市城市总体规划方案》，方案中提出建设黄浦江上游引水和长江引水工程，以解决黄浦江中下游取水水质污染问题。1987年7月，建成黄浦江上游引水一期工程（临江取水），供水总规模230万立方米/日，杨树浦水厂与南市水厂先后通水。1997年12月，黄浦江上游引水二期工程建成通水，取水口上移到黄浦江上游松浦大桥以东女儿泾附近，供水规模扩大到500万立方米/日，将

图223　金泽水库（刘秀国2022年9月18日摄）

原水送往长桥、南市、杨树浦、临江、杨思、陆家嘴、居家桥等7座水厂，直接受益人口约800万人。黄浦江上游引水工程是上海水源地建设、改善供水水质第一个重大工程，上海原水供应从分散取水向集中供应转变。黄浦江上游引水一期、二期工程实施后，原水水质得到改善。

黄浦江上游水源地是上海市四大水源地之一，供水范围为上海市青浦、金山、松江、闵行和奉贤等市区。黄浦江上游水源地由金泽水库、黄浦江上游原水连通管以及各区支线工程构成“一线、二点、三站”原水系统格局，实现金泽水库与松浦取水口之间正向和反向互联、互通输水。金泽水库和黄浦江上游原水连通管于2016年底建成通水，现供水规模为351万立方米/日，规划供水规模为500万立方米/日。

黄浦江两岸开发

黄浦江两岸综合开发，按照“百年大计、世纪精品”总体要求，坚持高起点规划、高水平开发、高质量建设，坚持功能开发与基础开发并重，全力打造世界级城市滨水公共空间，是践行“人民城市人民建”重要理念、建设上海全球卓越城市重要举措。

2002年1月10日，上海市人民政府成立上海市黄浦江两岸开发工作领导小组及其办公室，全面展开对黄浦江两岸地区总体规划、结构规划、控制性详细规划和重点项目规划的编制。同日，上海市黄浦江两岸开发建设投资（集团）有限公司成立，后更名为上海市申江两岸开发建设投资有限公司，主要负责黄浦江核心区内沿江绿化建设、配套设施建设土地开发。

根据上海市人民政府下发《关于进一步加强黄浦江两岸规划和土地管理的通知》，黄浦江两岸规划控制范围北起吴淞口、南至徐浦大桥，河道长度42.50千米，面积约73.30平方千米，由核心区中心段、南延伸段、北延伸段和协调区构成。

自2003年起，黄浦江两岸地区综合开发实施“三步走”战略，确定南浦大桥地区（含世博会选址地区）、十六铺—东昌路地区、北外滩—上海船厂地区和杨浦大桥地区四个重点地区，多层次、分领域规划体系初步形成。中心段和南、北延伸段的结构性规划相继完成，18个单元通过控详规划审批，10个单元正在或基本完成控规编制，22个单元开展不同程度城市设计，完成《黄浦江水上旅游码头布局规划》《黄浦江两岸轮渡布局规划》等多份专项规划。

表13　黄浦江两岸开发四个重点地区规划发展表

核心区域	主要发展理念
杨浦大桥地区	这一地区将建成大桥公园、特色滨江居住区、科教办公园区等，并结合码头改造滨水公共空间开发，建设一个将居住和办公相结合的特色滨江综合社区
北外滩—上海船厂地区	北外滩地区将结合国际客运中心建设，形成航运贸易综合功能区。上海船厂地区将作为陆家嘴金融贸易区的延伸，结合滨水广场、滨水绿化等建设，建成现代化的商务办公区
十六铺—东昌路地区	十六铺地区将结合十六铺旅游中心建设，打造以商务、旅游、休闲为主的功能。东昌路地区将结合滨江公共环境建设，打造集商务、办公、娱乐、居住为主的功能，形成一条都市文化风景线
南浦大桥地区	这一地区按照举办世博会和园区后续利用的要求，强调滨江特色和浦东、浦西的呼应，引入文化、科技、教育设施，创建融商务、博览、生活、娱乐为一体的现代功能区

（资料来源：上海市黄浦江两岸开发工作领导小组办公室编:《黄浦江两岸开发》，上海人民出版社，2007年，第27页）

2004—2007年为基础建设期。上海港国际客运中心项目、外滩风貌延伸段整治工作启动，黄浦江两岸地区加快推动基础设施建设。土地收储和出让工作有序展开，耀华地区等部分地块开始拆迁收储，北外滩、卢湾等多个沿江开发单元有序出让。市政设施、滨江绿地项目陆续开工，外滩隧道、人民路越江隧道等交通设施以及东昌滨江绿地等项目开始大规模集中建设。东昌财富广场、外滩源、上海港国际客运中心等一大批重点功能项目集中开工建设。

2008—2010年为世博配套期，围绕上海世博会的筹办和举办，快速完成世博园区内主要场馆和服务设施的建设，“一轴四馆”主体建设相继完成。世博园区内各项参展建设任务有序开展，建设完成一批世博园区周边道路、水闸、电力等配套基础设施，完成世博周边区域、黄浦江水域及两岸纵深地带的环境整治美化。

2011—2015年，即“十二五”期间，黄浦江两岸规划范围扩展为吴淞口到闵浦二桥之间，两侧岸线长度约119千米，规划控制面积约144平方千米，包括浦东新区、宝山区、杨浦区、虹口区、黄浦区、徐汇区、闵行区、奉贤区等8个行政区的滨江区域。黄浦江两岸地区发展步入功能开发与基础开发并重新阶段，发展重心由基础设施开发建设为主向产业功能培育与基础设施开发建设并重转变，发展方式由分头推进向整体协调与联动发展转变。“十二五”期末，黄浦江两岸地区累计动迁企业约3400家，中心段货运码头已全部退出，产业结构由生产功能为主向现代服务业转变，金融、航运、旅游、文化、商务商贸等渐成规模。

2016年11月30日，上海市人民政府印发《黄浦江两岸地区发展“十三五”规划》，努力将黄浦江两岸地区建成为示范引领整个城市发展，实现生活、生产、生态空间高度统一的世界一流滨水区域。“十三五”期间，世博地区和前滩地区区域功能基本建成。南延伸段前滩（ES4地块）作为重点发展区域，北起川杨河，南至中环线华夏路段，东起济阳路，西至黄浦江，总面积约2.83平方千米，开展项目有前滩地下空间工程。杨浦大桥到徐浦大桥约22千米的滨江公共开放空间实现全面贯通，服务配套不断完善；奉贤滨江立足两区三江交界，保护上游生态水环境，建设滨江功能型生态走廊；建设浦东三林楔形绿地（南片）、闵行滨江公园及吴泾地区生态修复绿地、闵行（浦江镇）郊野公园一期、奉贤滨江生态林地等。2017年12月31日，黄浦江两岸核心段45千米滨江公共空间全面贯通开放，标志着黄浦江两岸开发进入新阶段。

2018年，苏州河沿线贯通开放提上日程，要求结合苏州河第四期环境综合整治工作加快推进。2019年7月，上海市“一江一河”工作领导小组正式成立，标志着以黄浦江、苏州河两岸为重点的城市滨水区开发工作进入新的阶段。2020年底，苏州河两岸岸线实现42千米基本贯通，为“一江一河”两岸开发取得的重要阶段性成果。

2021年7月30日，上海市人民政府印发《上海市“一江一河”发展“十四五”规划》，建设目标是：黄浦江沿岸地区基本建成体现现代化国际大都市发展能级和核心竞

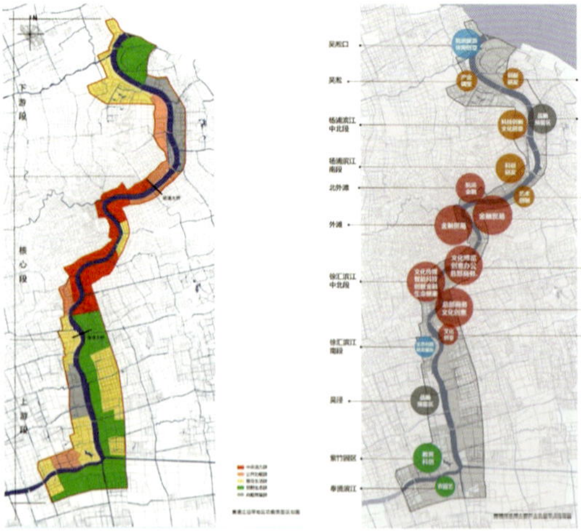

图224 “十四五”规划黄浦江沿岸地区功能类型区划和主要产业功能节点布局（上海市“一江一河”办提供）

争力的集中展示区，文化内涵丰富的城市公共客厅和具有区域辐射效应的滨水生态走廊。苏州河沿岸地区通过城市更新、人文建设和生态修复，初步建成超大城市宜居生活典型示范区，基本建成多元功能复合的活力城区、尺度宜人有温度的人文城区、生态效益最大化的绿色城区。“十四五”期间，黄浦江沿岸将实现新增滨水贯通岸线约20千米，苏州河沿岸持续推进中心城区42千米岸线全面贯通开放。黄浦江沿岸地区规划范围为闵浦二桥至吴淞口，长度约61千米，进深约2～5千米，总面积约201平方千米；统筹范围包括闵浦二桥至淀山湖、太浦河流域，长度约55千米，面积约300平方千米。

杨浦滨江

杨浦滨江位于上海中心城区东北部，北起翔殷路，南至秦皇岛路，西至杨树浦路，总面积15.60平方千米，岸线总长15.50千米，处于黄金水岸线前走廊，是上海乃至中国近代工业最重要发源地之一。杨浦滨江功能定位由“工业”功能向“生活”功能过渡，变“工业锈带”为“生活秀带”，在保护工业遗存基础上，化遗存为现代文明展示窗口，营造以人为本城市休闲空间，建设集科技创新、数字经济、研发转化、休闲居住等多功能于一体高品质复合滨水区。

2002年1月10日，黄浦江两岸综合开发启动后，杨浦区黄浦江两岸开发领导小组成立，杨浦区政府和市规划局、市浦江办联合组织渔人码头、杨浦大桥、复兴岛等重点地区规划国际方案征集工作。2008年，围绕“依托世博、服务世博”和杨浦知识创新区建设发展主线，加快推进滨江岸线32家企业单位环境整治工作，完善市政道路、绿化建设、景观及灯光等工程建设，提升杨浦滨江生机和活力。2010年，组织第四届杨浦发展国际论坛——“后世博与杨浦滨江发展国际论坛”，为“十二五”期间全面启动杨浦滨江岸线开发奠定扎实基础。2013年，启动杨浦滨江南段开发，老工业区进行

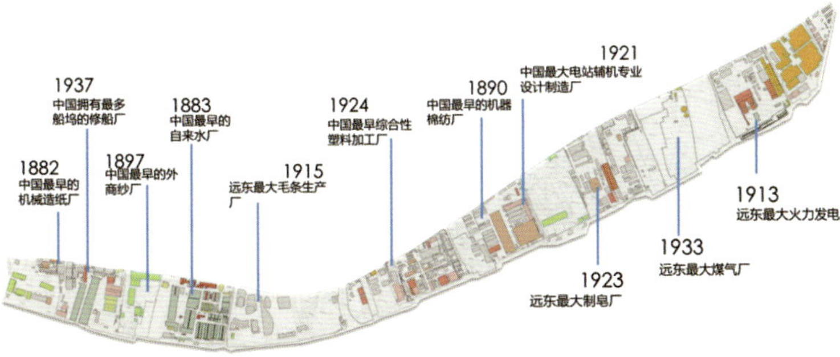

图225　近代上海沿黄浦江滨岸工厂布局（上海市水务局提供）

更新。2017年10月，杨浦滨江2.80千米杨浦大桥以西贯通段正式对外开放。

2018年9月15日，杨浦滨江公共空间示范段荣获“建筑的社会责任类金奖”——亚洲地区最高建筑设计大奖。2019年9月，杨浦滨江南段杨浦大桥以东约2.70千米公共空间开放，至此，杨浦滨江南段5.50千米已全部打通，共建成漫步道5886米，跑步道5631米，骑行道5394米。2019年11月2日，习近平总书记视察杨浦滨江时提出“人民城市人民建，人民城市为人民”重要理念，为推动杨浦科学改造滨江空间指明新方向。2020年9月，杨浦滨江被上海市文化和旅游局评为“最有温度的生活秀带”、上海文化旅游推广窗口。同期，“上海杨浦生活秀带”入围国家文物局公布的第一批国家文物保护利用示范区创建名单，全国仅有6处入选。“十三五”期间，杨浦滨江南段建成开放公共绿地21.60万平方米，建成并开放党群服务驿站7处，开放停车位3000个，开通杨浦滨江游览项目和全市首条无线智能感应导览系统，开放秦皇岛路旅游综合服务中心，建成上海国际时尚中心游船码头。2021年，杨浦滨江将深度融合上海“一江一河”战略，更快速度推进滨江创新转型发展，努力走出具有杨浦特色的工业遗产保护和活化利用之路。

【东方渔人码头项目】

东方渔人码头项目是杨浦滨江开发首个重大项目，也是2010年上海世博会重要配套项目。规划范围东起杨树浦港，南至黄浦江，西起江浦路、怀德路和水厂西侧，北至丹阳路，总占地面积约27公顷，建筑面积18万平方米。项目以“渔文化”和“海洋文化”为主题，利用上海原有综合鱼市场和旧厂房等，建成集商店、餐饮、休闲、文化娱乐、办公、游览于一体的旅游、服务业基地。渔人码头整个建筑外立面宛如一条腾空跃起的鱼，成为上海又一新地标。

【上海国际时尚中心】

上海国际时尚中心位于杨树浦路2866号，原为国棉十七厂，占地12.08万平方米，

图226　杨浦滨江渔人码头（郑宪章2016年9月24日摄）

图227　杨浦滨江（上海市杨浦区水务管理事务中心提供）

建筑面积约13万平方米。该项目由曾设计上海大剧院的法国夏邦杰建筑设计机构担任概念设计，2010年底一期竣工，2011年二期竣工，2013年整体项目计划竣工。其外墙为清水红砖，既保留20世纪20年代老上海工业文明的历史年轮，又融入当代时尚审美元素。该中心具备时尚多功能秀场、接待会所、创意办公、精品仓、公寓酒店和餐饮娱乐等六大功能。

【绿之丘】

绿之丘位于杨树浦路1500号，原为烟草公司机修仓库，始建于1995年，它的前身可追溯到1920年怡和洋行建立的怡和冷库。2016年，在杨浦滨江公共空间贯通工程中，原烟草仓库体量庞大，占据江边60米宽、250米长地带，面临着被拆除命运。后由同济大学原作设计工作室改造设计，通过土地复合并协调滨江开放空间与城市腹地关联，实现集市政交通、公园绿地、公共服务于一身包容复合城市综合体。

虹口滨江

北外滩位于虹口区南部的滨江区域，东起大连路和秦皇岛路，西至河南北路，南起黄浦江、苏州河，北邻周家嘴路，总面积达3.03平方千米，拥有3.20千米滨水岸线。北外滩历史文化底蕴丰厚，区位优势得天独厚，是黄浦江沿岸中心节点，与外滩、陆家嘴形成三足鼎立之势，共同构成上海“黄金三角”。作为上海航运业的发祥地，北外滩定位于“商务—航运—文化”三大支柱，建成一个知识产业服务、国际航运服务（核心产业：邮轮经济）、文化旅游休闲服务、国际化社区的滨江休闲区。北外滩凭借着优越的地理位置和丰厚的资源，获“世界会客厅”的美誉。

2003年1月8日，北外滩综合开发正式启动，虹口区政府按照总体要求成立北外滩地区综合开发领导小组办公室，有重点推进北外滩地区开发建设，实施国际客运中心等重点项目。2004年，北外滩滨江绿地开工建设，2006年其中高阳段建成开放。2007年，完成北外滩滨江绿地西段3万平方米公共绿地建设。2010年，上海港国际客运中心建成并投产，累计接待邮轮约420艘次，到访游客约415万人次。2012年7月16日，北外滩滨江绿地正式对外开放，为市民营造出一个“亲水、通透、美观”的沿江景观。2017年，虹口滨江2.50千米公共空间基本贯通。问鼎上海“浦西第一高楼”的白玉兰广场正式建成，成为北外滩又一新地标。2020年，北外滩开发建设办公室成立，按照“世界会客厅”要求，高水平规划、高品质开发、高标准推进北外滩开发建设。2021年10月，北外滩滨江扬子江码头段正式向公众开放，顺利衔接其国际客运中心至外白

图228　星外滩（郑宪章2017年7月5日摄）

渡桥的滨江岸线。至2021年底，虹口滨江共建成漫步道、跑步道7.40千米，骑行道4千米；新建人行景观连廊1处，滨江一线景观平台2处；新建和改建滨江绿地13.70万平方米，滨江开放总面积30万平方米。

【上海港国际客运中心】

上海港国际客运中心是黄浦江两岸综合开发重点项目，北靠东大名路，东临高阳路延伸线，西至虹口港，南沿黄浦江边，占地面积约16万平方米。2004年1月3日开工，2009年建成。国际客运码头通过改建拥有850米岸线，形成开放公共滨江绿化和景观岸线，新建国际客运综合大楼以及国际客运配套宾馆、商务、办公设施等。2020年“中国航海日”，“雪龙2号”等4艘明星舰船在这里集聚，上海港国际客运中心成为北外滩的重要地标。

【北外滩滨江绿地】

北外滩滨江绿地位于北外滩中心地带，东起高阳路，西至溧阳路，北起东大名路，南至黄浦江驳岸线，呈东西向贯通，总面积为64088平方米，西接外滩，南与陆家嘴、东方明珠电视塔隔江相望。北外滩滨江绿地是黄浦江两岸综合开发启动后第一个动工的滨江绿地项目，2004年5月12日开工，2012年7月16日对外开放，具有得天独厚的景观资源。

黄浦滨江

黄浦滨江，即黄浦区段滨江，北起苏州河，南至日晖港，全长8.30千米。根据土地功能和开发特点，黄浦滨江大致分为外滩滨水区、十六铺、南外滩、世博会和南园五个区段。2002年1月10日，黄浦江两岸综合开发启动，十六铺作为四个重点开发项目，着重于城市风貌和功能的整合。2002年，黄浦区外滩一体化综合开发领导小组办公室围绕整个外滩一体化开展“面”上调查研究工作。

外滩位于上海市黄浦区，南起延安东路，北至苏州河上的外白渡桥，东面即黄浦江，全长1.5千米；同时也位于苏州河与黄浦江交汇处，地理位置优越。20世纪30年代，曾是旧上海以及中国乃至远东地区金融中心，号称“中国的华尔街”。外滩矗立着52幢风格迥异的古典复兴大楼，素有“万国建筑博览群”之称。外滩规划旨在加强传统金融功能，延续外滩风貌及完善都市形象。1991年，展开外滩交通综合治理工程，外滩防汛墙向黄浦江延伸6～43米。1992年，实施外滩地区综合改建，外滩广场、人民英雄纪念碑、观光平台、外滩公园和滨江绿带成为上海市民和中外旅游者纪念瞻仰和浏览观光胜地，1994年被评为上海十大新景点之一。1997年起，黄浦区政府实施外滩一体化项目；至2001年，竣工项目共32项。2008年，为配合世博会召开，外滩交

图229　1993年外滩（上海市黄浦江两岸开发工作领导小组办公室提供）

图230 改造后的新外滩（上海市黄浦江两岸开发工作领导小组办公室提供）

图231 外滩源（上海市黄浦江两岸开发工作领导小组办公室提供）

通改造全面展开，启动外滩通道建设、滨水区改造、防汛截渗墙建造等工程项目，外滩历史风貌和综合功能得以恢复与提高。2009年3月，上海国际金融中心建设被中央批准后，外滩金融聚集带确立。2010年，外滩改造工程完工。2015年，外滩入选中国首批历史文化街区。2021年，外滩推进第二立面历史建筑保护利用，挖掘文旅、文创等复合功能。

【外滩源项目】

外滩源项目地处黄浦江与苏州河交汇处，北起苏州河，南至北京东路，东临中山东一路，西至四川中路，占地面积7.8公顷，是黄浦江两岸综合开发南北轴线中间结点，也是外滩风貌保护区重要组成部分。2002年，外滩源一期项目正式启动。一期工程包括外滩源33号项目、益丰·外滩源、洛克·外滩源、半岛酒店和市政及环境景观配套五大项目，2010年前完成。该项目围绕"重现风貌、重塑功能"总体要求，恢复和保留历史街区古典风貌，改造2.5公顷整片绿地，对公众开放。

【外滩风貌延伸段建筑立面整治工程】

外滩风貌延伸段建筑立面整治工程，北起延安东路，南至新开河路，全长约450米，2004年正式启动。这一区间有仟宸商务楼、金延大楼、市档案馆、东方饭店、光明大厦、新外滩商厦、新开河泵站和工业基金会大楼等建筑。为延续老外滩历史风貌，该工程对延伸段8幢建筑进行立面整治，改造或清洗建筑外墙，拆除原有广告，重新设置有关店招、标志，改善夜景灯光设计，消除外露空调和管线杂乱等现象，使其成为上海独特都市景观。

南外滩地处黄浦江核心滨水区，北起新开河路，南至董家渡路，岸线长约2.6千米，总占地面积52.6公顷。作为外滩金融集聚带重点建设区域，南外滩开发将突出滨江区域的公共性、开放性和连续性，大幅提升区域内的公共活动空间、市政交通环境和城市风貌景观，推进外滩金融功能向南延伸，打造南外滩滨水金融区。

外滩一体化改造工程启动后，南外滩江边十六铺码头、大达码头、关桥码头等陆续退出历史舞台。2003年5月28日，黄浦江两岸开发重点区域——十六铺地区8-1地块改造正式启动。2005年，十六铺码头地块改造，年底一期工程开工建设。2010年，上海市浦江办、黄浦区政府举行《南外滩滨水综合开发合作协议》签字仪式，标志着南外滩滨水区进入实质性开发阶段。南外滩是外滩金融集聚的重要空间载体，开发13/14地块、复兴地块、8-1地块以及南浦地块四大重点地块。2013年，中山南路地下通道等工程已启动，整个南外滩区域迎来开发建设及整体发展的黄金期。2018年11月，南外滩滨水岸线综合改造工程（万豫—南浦大桥）正式对外开放。

【十六铺码头改造项目】

十六铺码头位于新开河路东延长线以南，东门路轮渡码头以北，东临黄浦江，西至中山东二路，占地面积3.04万平方米。十六铺码头，曾是远东最大码头、上海水上门户，是上海最大、最繁忙的客运码头。2002年，黄浦江两岸综合开发启动后，十六铺作为四个重点开发项目之一，着重于城市风貌和功能的整合，定位于集旅游观光、休闲购物和文化娱乐为一体的现代化水上旅游中心。2006年，十六铺地区综合改造一期工程启动，2009年完工，建成1号和2号码头。2010年，新十六铺码头和十六铺旅游中心同时投入营运。2018年，伴随着上海黄浦江两岸公共空间的开放与贯通，二期工程完工，3号码头建成，成为旅游码头。2022年7月，随着1号码头完成改造，十六铺码头正式更名为“十六铺旅游码头”。

图232　20世纪90年代的十六铺（上海市黄浦江两岸开发工作领导小组办公室提供）

图233　改造后的十六铺码头（李永刚2010年8月8日摄）

浦东滨江

图234　改造后的东昌滨江绿地
（上海市黄浦江两岸开发工作领导小组办公室提供）

浦东新区段岸线长22千米，岸线最长、开发主体最多、工程量也最大。按照黄浦江两岸综合开发总体规划，浦东滨江分为中心段和南、北延伸段，其中，杨浦大桥地区、北外滩—上海船厂地区、十六铺—东昌路地区和南浦大桥地区又是重点规划区域。上海船厂地区，北依黄浦江，南至浦东大道，西起泰同栈路，东临东方路，主要作为陆家嘴金融贸易区的延伸，形成现代化的商务办公和居住区。东昌路地区，功能以商务、旅游、娱乐为主。杨浦大桥地区北靠黄浦江，南至浦东大道，东起居家桥路，西至民生路，主要功能是特色居住区和科教办公区。南浦大桥地区，北起塘桥新路，南至白莲泾，东起浦东南路，西至黄浦江。该地区通过引入大型文化、科研、体育设施，建筑融商务、生活、娱乐为一体的现代居住区。

2002年1月10日，上海市黄浦江两岸综合开发浦东新区领导小组办公室（简称“浦东新区浦江办”）成立，继续推动歇浦路、严家宅等地块旧改。2008年开始至2010年世博会，浦东进入又一建设高峰，重大工程项目达70余项，全面启动上海船厂地区、杨浦大桥与南浦大桥之间的浦东滨江绿地及公共环境工程建设。2008年陆家嘴滨江大道（北滨江）绿地亲水平台一期工程（东园路—浦东南路段）贯通，2009年二期工程完成，全长约2.5千米的南北滨江岸线贯通，一条绿色长廊完全展现于世人面前。世博会后，滨江景观得到全面提升，世博园绿地、南园滨江绿地、老白渡滨江绿地、东昌滨江绿地、上海船厂滨江绿地等在内的大片休闲绿地相继建成开放。2017年7月，以陆家嘴、前滩为主的10千米滨江重点岸线已实现贯通开放；年底，浦东23千米滨江岸线公共空间全面贯通。2020年11月12日，浦东开发开放30周年庆祝大会隆重举行，习近平总书记发表重要讲话，强调在新征程上，要把浦东新历史方位和使命放在中华民族伟大复兴战略全局、世界百年未有之大变局这两个大局中加以谋划，放在构建以国内大循环为主体、国内国际双循环相互促进的新发展格局中予以考量和谋划。2021年底，世博园北区

图235　陆家嘴20多年巨变

（上图：邓文剑1991年摄；下图：徐滨2014年6月11日摄）

图236　船厂路绿地新貌（上海市黄浦江两岸开发工作领导小组办公室提供）

世博花园、申园、音乐之林、中心湖（除温室影响区域外）、保留场馆、市政配套道路通耀路、夏涤路、世博大道将完工，实现北区局部开园。

【陆家嘴金融贸易区】

陆家嘴位于上海浦东新区西北部，东起浦东南路、泰东路，南沿陆家渡路，西部和北部紧靠黄浦江。陆家嘴金融贸易区与外滩隔江相望，是众多跨国银行的大中华区及东亚总部所在地，亦是中国最具影响力的金融中心之一。

1990年，浦东开发开放，在陆家嘴地区建立全国首个国家级金融贸易开发区，具有全国重要示范作用。经过十年开发建设，2000年，一个面向国际的现代化金融贸易区雏形已经形成。2005年8月10日，中国人民银行上海总部在陆家嘴中心区域正式挂牌成立，进一步加快上海国际金融中心的建设。

2007年，上海市第七次党代会提出加快建设“陆家嘴金融城”，完成陆家嘴项目前期启动工作；小陆家嘴地区北滨江绿地部分，建成亲水平台结构工程；陆家嘴公司地块居民动迁部分完成，市政府批复编制沿岸E20单元控祥规划。2008年，市政府编制E14单元控详规划，世纪大都会、陆家嘴中心区二层步行连廊“明珠环”、滨江大道（北段）改造工程等开工，陆家嘴96广场试运行，陆家嘴软件园正式向复合型产业园升级。2009年，全长近1千米滨江大道北段（浦东南路—东园路）改建工程竣工。2010年，陆家嘴金融核心区建设取得重要进展，重点项目建设进展顺利，陆家嘴范围内实施动迁基地共19个、居民5715户、企业29家，市政基础设施建设计划顺利完成。2015年4月，中国（上海）自由贸易试验区从28.78平方千米扩至120.78平方千米，陆家嘴金融城被纳入其中，作为上海自贸区重要片区之一。

“十三五”期间，基本完成陆家嘴金融城及其拓展空间建设，金融功能进一步提升。贯通陆家嘴地区滨江慢行道，E18、E20、E22单元滨江等新增公共绿地公园约22公顷；浦东新区E20单元船坞综合改造，陆家嘴金融城二期及都市文化体验中心区基本建成。2016年，上海中心大厦对外开放。2017年，陆家嘴南滨江1千米绿地贯通及景观提升改造工程完工。

2021年，上海市人民政府印发《上海市“一江一河”发展“十四五”规划》，持续推进陆家嘴金融城建设，引导金融功能向东部滨江延伸，加快陆家嘴金融二期（上海船厂地区）和新民洋地区（杨浦大桥至东方路滨江地区）建设；完成浦东美术馆建设和开放，推进港务大厦迁建，提升小陆家嘴区域综合商务观光休闲功能；推动全域旅游示范区建设，重点推进陆家嘴北滨江岸线改造提升。

【世博园】

上海世博园位于南浦大桥和卢浦大桥之间的黄浦江两岸，占地5.28平方千米，包括浦东3.93平方千米，浦西1.35平方千米。这里原是上海老工业基地，聚集着上钢三厂、江南造船厂等一批大型重工企业。为配合世博园建设，除保留上海优秀历史建筑或部分老工业遗产外，其他大部分工厂均被搬迁。2005年，编制《中国2010年上海世博会规划区总体规划》和《中国2010年上海世博会规划区控制性详细规划》，世博园规划占地面积约39万平方米，总建筑面积约200万平方米。园内由五大场馆群组成，分别是独立馆群、联合馆群、企业馆群、主题馆群和中国馆群。世博园工程建设于2009年，2010年初全部完工。2010年5月1日—10月31日，这里举办第41届世界博览会——中国上海世界博览会（Expo 2010 Shanghai China），这是由中国举办的首届世界博览会，主题为“城市，让生活更美好”。上海世博会的举办，对于提升上海在国际大都市中的形象、促进黄浦江滨江两岸开发，均具有极其重要意义。世博会之后，整个园区包括上海案例馆、伦敦案例馆、汉堡案例馆等重要世博场馆得到完整保留，并逐渐改造为集商务办公、文化艺术、主题零售、休闲娱乐为一体的复合功能街区，成为城市最佳实践区。

图237　从江南造船厂到世博场馆变迁

（上图：郭长耀2007年8月10日摄；下图：郭长耀2010年8月7日摄）

图238　从上钢三厂到世博场馆变迁

（上图：郭长耀2006年10月27日摄；下图：郭长耀2012年12月5日摄）

图239　世博园滨江（郭长耀2010年5月29日摄）

徐汇滨江

徐汇滨江地区是黄浦江两岸综合开发重要组成部分，北起日晖港，南至关港，西起宛平南路—龙华港—龙吴路，东临黄浦江，与世博园区、浦东前滩地区隔江相望，区域面积9.4平方千米（外环内7.4平方千米），岸线长度11.4千米（外环内8.4千米），外环内规划总建筑面积约950万平方米，其中规划新建总建筑面积约650万平方米。

这里曾是20世纪民族工业发源地之一，集聚包括龙华机场、上海铁路南浦站、上海水泥厂等众多工业设施和民族工业，承载中华百年民族工业历史。徐汇滨江遵循“规划引领、文化先导、生态优先、科技主导”的整体开发思路，把握世博、浦江贯通两大契机，启动城区形态和公共空间更新再造，实现“工业锈带”向“生活秀带”“科创绣带”的转变，打造汇集国内外顶尖文化艺术、信息传媒、创新金融、商贸生活为一体的国际级滨水新城区，成为与巴黎左岸、伦敦南岸比肩独具魅力的城市文化新地标。

2008年，以上海世博会举办为契机，启动地区城市更新，推动“棕地”（废弃、闲置的工业或商业用地）开发。2010年，作为上海世博会核心配套区域，徐汇滨江完成搬迁企业116家、居民3500多户，土地收储约280公顷，改造亲水岸线3.6千米，建成30万平方米公共开放空间以及“七路二隧”等骨干路网20千米，推动滨江岸线从生产性功能向生活性功能转型。2011年末，徐汇区第九次党代会提出打造“西岸文化走廊”品牌工程战略，“上海西岸”作为上海徐汇滨江地区的新称谓被广泛使用。2012年，启动“西岸文化走廊”品牌工程，龙美术馆（西岸馆）、余德耀美术馆、上海梦中心、上海摄影艺术中心等一批文化项目在此云集。2015年，西岸传媒港、油罐艺术公园、西岸文化艺术示范区、星美术馆等核心文化项目也相继启动建设。2017年底，黄浦江两岸45千米公共开放空间贯通，徐汇滨江8.4千米岸线同时贯通。2020年，上海市十五届人大三次会议联组审议会支持上海金融中心建设，以西岸金融城为依托打造全球数字货币中心，徐汇滨江即将成为继外滩和陆家嘴之后上海国际金融第三极。至今，西岸金融城、西岸数智谷等重点项目在陆续建设中，意在打造国际创新创意产业集群。

【西岸美术馆大道】

2011年，徐汇区第九次党代会提出打造“西岸文化走廊”品牌工程战略。2012年7月，龙美术馆（西岸馆）、余德耀美术馆落户徐汇滨江地区，标志着“西岸文化走廊”品牌工程正式启动。2016年，“美术馆大道”初具雏形，建成龙美术馆（西岸馆）、余

图240　徐汇滨江新旧对照
（左图：郑宪章2005年4月22日摄；右图：郑宪章2011年12月23日摄）

图241　徐汇滨江（徐滨2017年9月14日摄）

德耀美术馆、西岸文化艺术示范区等一批文化设施，上海梦中心、油罐艺术中心、西岸美术馆、星美术馆等一批文化设施加快建设。西岸音乐节、西岸艺术与设计博览会、西岸食尚节等品牌文化活动持续亮相，2016年首次推出“春夏”和“秋冬”文化艺术季。“十三五”期间，计划新建一批文化场馆，座位约1万个，开展蓬皮杜、佳士得、自由港等国际级合作项目，打造亚洲最大户外艺术展区。2019年3月油罐艺术中心建成开放，11月西岸美术馆正式对外开放。

【西岸传媒港】

2014年底，西岸传媒港项目启动，是徐汇滨江地区开发建设重要先导项目。用地面积约19公顷，地上建筑面积约53万平方米，地下建筑面积约46万平方米。项目以文化传媒和信息通信产业为核心，形成活力、绿色、智慧的功能复合型商务区。项目采

图242　徐汇滨江鸟瞰图
（上海市徐汇区水务管理中心提供）

用组团式整体开发理念，采用“三带”（带地下工程、带地上方案、带绿色建筑标准）土地出让方式和“四统一”（统一规划、统一设计、统一建设、统一运营）创新开发模式，提升区域建设品质。至2016年底，入驻企业包括梦中心、腾讯、湖南卫视、万达信息、华信资本、游族网络、诺布置业等重要企业。2019年，中法最高级别、最长周期的文化交流项目“蓬皮杜中心五年展陈合作”在西岸美术馆正式启动；首届上海国际艺术品交易月在西岸拉开帷幕，成为上海面向全球艺术传媒产业标杆性平台。西岸传媒港着力打造以艺术传媒为引领的文化创意产业集群，地上建筑面积110万平方米，于2021年全面建成，目前正转入企业入驻阶段。

【贯通工程】

贯通工程（徐汇段）范围北起日晖港，南至徐浦大桥，涉及岸线8.4千米，自北向南分为活力示范区、文化核心区、自然体验区和生态休闲区四大主题区段。该工程对标国际一流滨水区，遵循“望得见江、触得到绿、品得到历史、享得到文化”的设计理念，目标打造提供服务市民休闲旅游观光的高品质公共空间，促进“水、绿、城、人、文”融合发展。2017年，建成8.4千米景观大道、80公顷开放空间、5座景观桥梁、8.4千米防汛墙、10万平方米亲水平台和3万平方米配套建筑。

【“一河两岸”景观工程】

“一河两岸”景观工程位于龙腾大道至龙华西路的龙华港沿岸区域，主要建设内容包括：防汛墙改造2462米；绿化景观改造面积31735平方米；新建后马路（龙华路—云锦路）和龙恒路（龙华西路—云锦路），总长度为1170米；新建跨龙华港人行桥3座，每座长约36米，宽6.3米。本项目分两期实施，2014年7月一期工程开工，2015年底建成，2016年底二期工程竣工。

宝山滨江

宝山滨江地区滨岸线长约31.20千米，总占地面积约51.60平方千米，开发范围：南起与杨浦区交会处，北至马路河与长江交汇处，总长约14千米，其中黄浦江岸线7.30千米，蕰藻浜岸线1.34千米，长江岸线（包括部队1.76千米炮台山岸线在内）5.28千米；包括原上港九区、上港十区、上港十四区、吴淞区老镇、吴淞客运站、海军港区等，其中原上港十四区至蕰藻浜为宝山滨江重点地区。宝山滨江，将建设为北上海重要区域生态维育区、国际航运中心、世界级滨水公共活力和航运旅游休闲功能区。

2001年，宝山区规划局提交《关于黄浦江（宝山段）沿岸纳入黄浦江两岸开发总体规划的建议》，宝山滨江被纳入综合开发范围。2003年，十六铺码头搬迁至吴淞口，成为上海港吴淞客运中心，承担上海至长江一带的水上客运运输功能。2007年，宝山滨江积极推进区域内重点项目建设，主要包括吴淞口大型邮轮港、吴淞口滨江景观带、以“生态休闲”为主题的炮台湾湿地森林公园、长江河口科技馆、三检大楼等。2010年，吴淞口国际邮轮港建设取得阶段性进展。2011年开港试运营，同年，吴淞炮台湾湿地森林公园建成并对公众开放，并完成长江河口科技馆项目和吴淞豆制品厂地

图243　吴淞炮台旧址（李东鹏2022年11月6日摄）

块前期开发。2012年，全面启动原上港十四区转型发展，建设长滩瀑布公园、长滩坡地公园以及长滩滨江公园，基本完成宝山滨江大道建设并向公众开放。2015年，上海吴淞口国际邮轮港后续工程开工建设。2022年11月，上海长滩180米观光塔竣工，成为宝山滨江全新地标。

【吴淞炮台湾湿地森林公园项目】

吴淞炮台湾湿地森林公园项目分两期实施，其中二期分为南北两块：南块总面积4.1万平方米，其中绿化种植面积2.5万平方米，广场及土建小品8670平方米，河道面积6600平方米；北块面积15万平方米，其中绿化种植面积10万平方米，道路、广场、土建小品约8000平方米，河道面积24446平方米。2010年4月底，南块完成施工。2012年底，公园全部竣工。

【吴淞口国际邮轮港】

吴淞口国际邮轮港位于宝杨路1号，规划岸线总长1500米，2009年12月8日开工。一期总投资9亿元，新建2个大型邮轮泊位，可同时靠泊1艘10万吨级邮轮和1艘20万吨级邮轮，设计通关能力每年608万人次。客运大楼面积约22万平方米，面向大海，为水环抱，外形宛如贝壳，寓意“城市之眼，长江之睛，放眼世界”。2010年4月27日，首次成功接靠国际邮轮“钻石公主号”。2011年10月15日，举行开港仪式。2012年，交通运输部批准成立以吴淞口地区为核心的“中国邮轮旅游发展实验区”。2015年6月18日，上海吴淞口国际邮轮港后续工程开工建设。后续工程在原有一期基础上向上游延伸380米，向下游延伸446米，新建2个大型邮轮泊位。

图244　吴淞口国际邮轮港（上海市黄浦江两岸开发工作领导小组办公室提供）

闵行滨江

闵行滨江地处上海市黄浦江流域中段，自区界至闵浦二桥，岸线长度约28千米。浦西段自闵行、徐汇区界至闵浦二桥，岸线长度约16千米；浦东段自闵行浦东区界至闵行、奉贤区界，岸线长度约12千米。闵行滨江拥有浦东、闵行、奉贤三区交界和黄浦江、大治河、金汇港三河交汇的“浦江第一湾”，是全市唯一黄浦江两岸统筹规划开发区域。

2013年，闵行滨江地区开发建设领导小组正式成立，作为推进滨江开发建设的领导决策机构，总体谋划区域开发建设工作。2014年，闵行区政府与上海社会科学院签订协议书，标志着闵行的黄浦江两岸开发正式启动。闵行区段重点在三方面加以推进：一是吴泾工业区发展转型，结合吴泾电厂、吴泾化工厂等区域产业转型，加强滨江区域环境整治；二是持续推进滨江公共空间南拓北延，浦江、紫竹、江川滨江约5千米岸线等滨江公共空间贯通开放；三是加强科创产业培育，促进滨江沿线与腹地科研院所互动。2015年，重点推进紫竹滨江公园延伸段、闵行滨江公园、浦江郊野公园一期滨江段等项目。2016年，建成紫竹滨江公园岸线，长度约1.6千米。2017年开始，闵行区政府与徐汇区政府合作，积极推动两区交界处滨江开发建设。2018年9月3日，兰香湖正式启动建设，2020年6月竣工。2021年，文创、生态等重点项目有序推进，乔榛语言艺术馆基本完工，加快推进紫星南路至樱桃河、长宁港至朱家浜绿地建设和郊野公园滨江岸线贯通。

图245　20世纪30年代闵行滨江公园段和2022年的闵行滨江

（左图：历史影像资料；右图：孙剑刚2022年8月7日摄）

【闵行滨江绿地项目】

闵行滨江绿地项目主要包括滨江公园建设、浦江路改造、防汛墙改造、周边住宅整治、轮渡站搬迁和公交枢纽、市政配套用房新建等子项目。闵行滨江公园位于江川路街道滨江区域，东至沪闵路，南至黄浦江，西至兰坪路，北至建设路。2015年东侧防汛墙改造完成，2016年滨江公园一期建成并对外开放，2017年启动二期建设工程，2018年完工，总占地面积约3.7万平方米。滨江绿地防汛墙改造范围从兰坪路一直到横泾港，以闵浦二桥为界分东、西二期实施，总长835米，2018年西侧防汛墙于完成。2018年，闵行轮渡站搬迁至西侧，新轮渡站封顶，新建滨江公交枢纽。2019年，闵行新渡口投入使用。

苏州河滨岸开发

苏州河滨岸开发最先是与环境治理联系在一起。1988年，上海市人民政府着手治理污染严重、整日黑臭的苏州河。2002年完成苏州河环境综合整治一期工程，干流水质有所改善。2008年，苏州河环境综合整治二期和三期工程完成，两岸基本建成绿色走廊，成为适合居住、休闲的城市生活区。苏州河滨岸开发，指苏州河、黄浦江河口至外环高速段，长约21千米，面积约27平方千米。2021年，上海市人民政府印发的《上海市“一江一河”发展“十四五”规划》中明确将苏州河沿岸打造成为宜居、宜业、宜游、宜乐的现代生活示范水岸。

2016—2018年，上海市政府开展苏州河第四期综合环境整治工作，同时加快推进苏州河两岸公共岸线贯通和滨水区环境整治。2020年，苏州河南岸滨水公共空间、苏州河黄浦段西段九子公园和东段最美花园建成开放。苏州河桥梁添“新丁”，被亲切地称为“苏河之眼”的昌平路桥建成通车。苏州河静安段总商会景观节点基本完工，对外开放。同年年底，苏州河沿岸累计辟通约63处断点，两岸岸线实现42千米基本贯通；新建约15千米滨河“绿道”，串联苏州河两岸约150公顷绿地和开放空间。2021年5月，黄浦区乌镇路桥苏州河南岸公共空间景观提升改造工程建成并对外开放，另外完成静安区长寿路桥下通道贯通提升工程、中远两湾城东段区贯通工程以及嘉定区西浜段贯通工程。同年年底，实现苏州河中心城段全面贯通开放。

【苏州河南岸滨河公共空间景观提升工程】

苏州河南岸黄浦段是全市苏州河岸线重要门户，东起外白渡桥，西至成都路桥，岸线总长约3千米，分为东段（768米）、中段（1177米）、西段（949米）三个部分。

图246　苏州河（郭长耀2021年10月2日摄）

图247　苏州河河口（郑宪章2015年9月28日摄）

图248　苏州河下游段（虞建波2022年10月19日摄）

2019年12月开工，次年竣工。苏州河南岸（黄浦段）滨河公共空间主要划分为“一带二园五彩珠”:“一带”即滨河沿线景观绿带;“二园”即九子公园、最美花园;“五彩珠”则指滨河沿线五彩花园，包括绣球园、槭彩园等专类园。工程意在打造最精致水岸休闲步行带、最多元绿色生态体验带、最典雅马赛克艺术景观带、最浓缩海派人文博览带和最复合滨水健身功能带。

民情风俗与历史人文

上海自古以来即以水乡泽国著称。穿城而过的黄浦江，浩浩荡荡、奔涌不息，不仅为两岸居民提供用之不竭、取之不尽的丰富水资源和水产品，还孕育两岸居民海纳百川、有容乃大的宽广胸怀，夺风气之先的创新精神，自强不息的奋斗精神，逐步形成百家争鸣、风采各异的多元文化。对上海人来说，水是资源，也是财富，还是一种生活、一种信仰。在黄浦江两岸繁衍生息的居民，不管是当地土著，还是来自天南海北的外地移民，日常生活均离不开水，其岁时节日和民俗风情，也与水息息相关。

民间信仰

黄浦江两岸民俗、信仰历史悠久，内容丰富，古代上海就有马家浜文化、崧泽文化、良渚文化和马桥文化，这些原始文化为黄浦江民俗、信仰提供源头。先秦时期，上海信仰习俗受到吴越、江浙区域文化熏染，较为原始；秦汉至唐代为一发展期；宋元时期民间信仰达到鼎盛；明清以来，吴淞江和黄浦江便利的航运推动上海地区经济发展，在这一背景下，黄浦江作为重要的交通水道，其沿岸民间信仰又吸纳来自国内外各地的民俗信仰，内容日渐丰富。概括而言，黄浦江沿岸民间信仰，主要是天后信仰、治水名水信仰、水神信仰等，是水环境对沿岸人类生活的影响在社会文化上的反映。

天后信仰

天后也称天妃、妈祖，相传为宋初福建莆田一位林姓女子，曾在家中神游时拯救父亲逃脱海难，故被尊奉为海上保护神。该信仰最迟在南宋末年传播到上海，其最初的神庙叫“顺济庙”，是上海地区民间信仰中水神的一种。行商、船工多祭拜之，以

图249　苏州河“天后宫”新旧对照（左图：郑宪章1997年摄；右图：郑宪章2022年10月21日摄）

求海上航行平安。雍正十一年（1733），天后被纳入国家祀典。清代乾隆、嘉庆、道光时期，天后信仰达到鼎盛。上海境内纷纷兴建天后宫、庙。

清代上海县城小东门外，因毗邻黄浦江，交通方便，会馆林立，吸引来自全国各地的商人在这里经商。他们带来各地信仰及其神灵，聚集在商贸繁华的小东门一带，呈现“五方杂厝，风俗不纯”的地域特征。由于清代上海海运贸易十分发达，各大会馆中普遍存在天后崇拜。每年三月二十三日，相传为天后诞辰，各个会馆都要组织祭祀活动，不仅商贾们前去拈香祈福、看戏娱乐、共叙乡情，也吸引大批民间信众和远近居民涌进会馆观剧，常常持续十几天，笙歌喧聒，不绝于耳。黄浦江边海舟也竞相张灯结彩，“市人敬礼倍至，灯彩辉煌，笙歌喤聒，虽远乡僻处，咸结对往观”〔1〕。葛元煦《沪游杂记》云：“涛声夜月天妃庙，灯影春星海客船。”〔2〕民国以后，上海天后信仰逐渐衰落。目前，上海仅存的一所天后宫在松江区，将大殿内供奉的妈祖神像命名为“浦江妈祖”。此外，崇福道院、钦赐仰殿、上海城隍庙、白云观、下海庙等庙宇的偏殿中供奉妈祖神像。

治水名人信仰

在黄浦江形成和整治过程中，相继出现不少对黄浦江治理做出过重要贡献的人物，这些人物逐渐为人们的信仰崇拜。其中春申君与夏原吉最为民间所熟识和重视，竹枝词中对春申君和夏原吉的治水之功颇有赞许：“治水功多永利民，二千年上楚春

〔1〕（清）王韬：《瀛壖杂志》卷二。
〔2〕（清）葛元煦：《沪游杂记》卷三。

申。夏尚书在明初世，邑合罄香奉两人。”[1]

春申君，为赫赫有名的“战国四公子”之一，楚国丞相，先后受封淮北和江东吴地。其中今黄浦江上游——青浦淀泖地区，属春申君受封地。传说这里地势低洼，经常泛滥成灾。春申君便组织百姓疏浚河道，拓宽河面，变泽国为良田，使当地百姓获益良多。于是后人附会，将黄浦江开凿归功于春申君，将黄浦江称为“黄歇浦”“春申浦”，并立庙祭祀春申君。这种说法虽不可信，但也侧面反映早期上海地区先民治水除害、兴修水利的历史场景。

相比于春申君传说，夏原吉治水则是载入史册、确之凿凿的重要治水事件。夏原吉是明代五朝元老，朝廷重臣。据史料记载，永乐初年江南一带水患频仍，治理困难重重，明成祖派遣时任户部尚书的夏原吉前往治水。夏原吉采用当地人叶宗行建议，疏浚范家浜，使大黄浦江改走范家浜，至南跄浦直达入海。从此，上海水系格局从宋元时期的吴淞江一枝独秀，变为“一江一河”，且以黄浦为主、吴淞为辅的新格局。在此次黄浦江治理过程中，夏原吉殚精竭虑，风餐露宿，终于不负众望，大举成功。在他去世后，上海百姓追思其功绩，为他立庙并奉祀为神，在今浦东地区还有察司庙崇祀夏原吉。

此外，在历史上还有为治理黄浦江献出过生命、值得称颂的官员，先后为百姓所纪念并祭奉。例如清代雍正年间（1723—1736）周中鋐，乘船督工修筑拦河坝时，由于风急潮涌，缆绝舟覆，没于水。传说在其没水后，堤亦旋合；于是，当地人便在吴淞江畔立庙祭祀之。又有明代隆庆年间（1567—1572）巡抚海瑞，曾主持疏浚吴淞江，开浚并疏通白茆、刘家港、黄浦江等众多河道，减轻上海水患之害。海瑞去世后，当地人在青浦南郭外建有一所“海公祠”祭祀之，可惜没有保留下来，后被改为他用；万历四十七年（1619）青浦南城壕处又重建“海忠介公祠”。

水神信仰

江河湖海早在先秦时代即为官方崇拜、祭祀对象。黄浦江沿岸水神信仰，有由宗教崇拜转化为民间俗神的，有自然崇拜与神性相结合的，还有世俗人物神格化的。这些信仰的缘起，大都与上海江海汇聚的地理因素有关，离不开航运对文化的传播和交流。这些水神信仰既具有上海本地地方特色，又具有海纳百川、有容乃大的独特气质。

---

〔1〕 顾炳权编著：《上海历代竹枝词》，上海书店出版社，2018年，第278页。

金龙四大王信仰

自宋元以后，凡有水之处，大多有龙王信仰。黄浦江沿岸龙王信仰十分流行，清代嘉庆年间（1796—1820）上海境内有10所龙王庙。人们供奉龙王，以求风调雨顺，免于水旱之灾。江南地区极为尊崇的“金龙四大王”在黄浦江也极为兴盛。据史料记载，相传“金龙四大王”是江河之神，其一姓谢名绪，钱塘安溪里（今浙江杭州市余杭区良渚镇安溪村）人，是东晋名相谢安之后。宋末时隐居苕溪（今福建泉州市安溪县下溪湾），南宋灭亡时随幼帝赵昺投海而亡，当地人在金龙山上建庙供奉。相传明太祖朱元璋在黄河吕梁段与海牙作战时，突然神明显灵“使河水为之北注”，帮助朱元璋击退海牙。当晚朱元璋梦到一神人，称:“臣谢绪也。”朱元璋梦中惊起，遂封谢绪为黄河神。天启年间（1621—1627），朝廷又将谢绪及其三位兄长敕封为“济运金龙四大王”。[1]

四大王信仰在明永乐年间（1403—1424）已经十分兴盛，尤其在江河码头等地，纷纷建祠供奉，民间称“大王庙”。万历年间（1572—1620），当地居民徐肇台在松江府城西门外仓桥之南建金龙四大王庙。其后，金山、上海、嘉定等县也都建立大王庙。吴淞江中的船民及行商，每及发船、停船时，都要前往庙中进香祈祷。隆庆年间（1567—1672），海瑞在吴淞江口修筑水坝，即老闸，将其地原有的一座龙王庙改建成

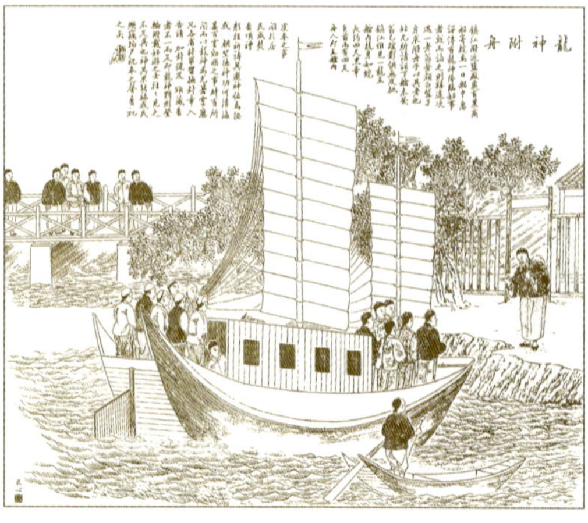

图250 “龙神附舟”故事（吴友如主编:《点石斋画报》，江苏广陵古籍刻印社，1999年）

图251 “江神显灵”故事（吴友如主编:《点石斋画报》，江苏广陵古籍刻印社，1999年）

〔1〕（清）俞樾:《茶香室丛钞》卷十五。

金龙四大王庙。清代康熙时废。雍正年间（1723—1736），在老闸西面建新闸，于闸东新修一座大王庙。嘉庆年间（1796—1820），又将庙移建至新闸西侧。该庙规模较大，有前、后两殿和戏台，并有两艘大船模型，称“神船”。

施相公信仰

施相公信仰与原始动物崇拜有关，是上海民间最为尊崇的“显神”之一。上海地处湖沼密布的太湖流域，蛇极为常见，并且逐渐成为崇拜对象之一。民间俗神施相公，具有统率、辖制众蛇的神力。在古人观念中，蛇、龙之类多与水有关。因此，施相公也相应被赋予这两种能力，这是民间信仰自然崇拜的特征。南宋以后，施相公兼有掌管雨水、潮水之类的职能，与农业相关联。元代则继承这一传统，据至元《嘉禾志》记载，上海地区祭祀施相公由乡绅带领乡民前往祠庙祈祷求雨。到明代，施相公信仰更加普及，明朝廷于是封其为“护国镇海侯”[1]。明末清初时，祭拜施相公已经成为惯例。嘉庆《松江府志》记载：“镇海侯庙，在城东紫霞宫西，即施相公庙。”[2]每年正月初七、初八、初九数日，是施相公“香期”，是祭祀崇奉施相公的固定日期。

晚明以后，施相公又具有“医治病患”的神力，祭拜施相公的民众也从与水相关的人群扩大到求医人群。清初以后，其医治病患职能日益显著，而水旱丰歉职能则随之逐渐淡薄。晚清民国以来，由于施相公医治法力，被封为娼妓业行业保护神。施相公完成由“蛇神”“水神”向“医神”的转化，折射出上海地区社会文化的变迁。据载，当时上海的虹桥、南市盐码头以及龙华寺东百步桥均是香火旺盛的施相公庙址。

晏公信仰

晏公来历众说纷纭，盛行的有两种：一说其为宋代江西抚州人，一说为元初江西临江府人。晏公信仰兴起于元代江西，是一位地方性水神。据称，晏公“有灵显于江河湖海，凡遇风波汹涛，商贾叩投即见，水途安妥，舟航稳载，绳缆坚牢，风恬浪静，所谋顺遂也”[3]。明初，朱元璋借助民间晏公信仰，封晏公为“平浪侯”。随着海上贸易繁荣，晏公信仰逐渐流行到江南地区。

上海海运发达，明前期境内已经建起多所晏公庙，以求晏公能保佑江河中行舟之人免遭风浪之险。正德年间（1506—1521），上海县内已经建有两座晏公庙，嘉定县

〔1〕 至元《嘉禾志》卷十二《寺庙》。

〔2〕 嘉庆《松江府志》卷十七《建置志》。

〔3〕《三教源流搜神大全》卷七。

黄渡镇也有一所，今皆不存。嘉靖年间（1522—1566），倭寇侵入上海时，民间兴起晏公操纵海水、溺杀倭寇的神话故事，晏公信仰再次盛行。显然，明代晏公信仰功能其实已超出保护漕运和水上航运的范围。入清后晏公信仰仍非常重要，香火也很旺盛，清人汪翼东即有一首诗作专咏上海县城西门外的晏公庙："护主功高平浪侯，海潮怒卷护城秋；猪婆重坏江南岸，正要渔翁教下钩。"[1]

尽管上海晏公信仰不如天后信仰那般兴盛，但在明清时期，上海民间对晏公的祭祀活动规模亦不小，正如僧圆机诗云："蜡炬熏天祀晏公，称觞队队拥吴侬。人归瀚海洪涛外，灵驻乾坤正气中。一片忠怀垂信史，千秋黎庶仰英风。即今乡曲犹祠庙，转觉君恩未有穷。"[2]

其他信仰

金山神主霍光信仰

霍光作为上海地区最早的保护神，累世受到供奉，延续至今，成为上海本土最重要民间信仰神主。

霍光是西汉著名政治家，大约在三国孙吴时成为沪浙沿海捍海神。上海境内最早的霍光庙在今金山区境内，因此霍光又被称为"金山神主"。霍光之所以成为上海地区信仰，与上海盐业生产息息相关。绍熙《云间志》中记载：三国孙皓时，今上海金山一带受到海侵影响，沿海大片盐田被淹没，百姓急需神明佑护。恰逢此时国主孙皓病重，梦到霍光附身于侍从，对其说："国主封界，华亭谷极东南，有金山咸塘，风激重潮，海水为害，非人力能防。金山北，古之海盐县，一旦陷没为湖，无大神力护也。臣汉之功臣霍光也，臣部党有力，可立庙于咸塘，臣当统部属以镇之。"[3]孙皓从梦中惊醒，在霍光捍海处即今金山三岛附近建"金山忠烈昭应庙"，供奉霍光。孙皓梦境中出现的霍光形象，便成为这一时期抵抗自然灾害、维护海民利益的信仰载体。

南宋时，今十六铺一带成为上海对外贸易新港区，建有金山神庙，为霍光道场，又称"霍光行祠"。明代永乐年间（1403—1424），上海知县张守约将原霍光行祠改建为上海县城隍庙，后历经多次重修，至今仍存。今上海境内有霍光庙9处，分布在金

〔1〕 雷梦水、潘超、孙忠铨等编：《中华竹枝词（2）》，北京古籍出版社，1997年，第772页。

〔2〕 光绪《重辑枫泾小志》卷二《建置志》。

〔3〕 绍熙《云间志》中卷。

山区、松江区、闵行区、黄浦区和虹口区等地。其中，金山区作为霍光信仰发源地，至少有5座霍光庙。霍光信仰始终是上海地区原生信仰，随着上海地区与周边的交流，霍光信仰也辐射至浙江、福建一带。

黄道婆信仰

黄道婆信仰是上海历史上最重要的地方信仰之一。根据元末陶宗仪和王逢的记载，当时黄道婆最先将海南一带棉种和纺织技术引进乌泥泾，繁荣地方经济。因此在她逝世后，乌泥泾当地士人立祠以志纪念。

元末以后，乌泥泾黄道婆祠屡废屡兴，未得到人们广泛信仰与保护。直到清道光六年（1826），黄道婆信仰才因人们将当年海运成功归功于其而得到重视。当地士绅联合上疏请求将黄道婆列入国家祀典，得允，以上海城内吾园之半辟为黄道婆祠，享受官方祀典，于是黄道婆信仰大盛。但当晚清民国时期手工棉纺织业衰落之时，黄道婆信仰也随之衰微，祭祀场所与信仰人群锐减。

现上海境内仅存的黄道婆祠位于上海植物园内。该祠始建于清雍正八年（1730），20世纪80年代被划入上海植物园内，1991年改建为黄道婆纪念堂。如今，仍有不少民众信奉黄道婆。

图252　黄道婆祠（李东鹏2022年10月11日摄）

民俗文化

黄浦江流域为典型江南地区，岁时民俗特点与其自然地理环境有关。《史记·货殖列传》载，“江南卑湿，丈夫早夭”[1]，反映江南潮湿多雨环境给当地人生活和健康造成影响。而更重要的因素是，黄浦江两岸岁时民俗与移民有关。中国历史上多次北人南迁，促进江南地区开发，也使江南风俗中融合不少北方因素。随着上海开埠，上海又吸引来自全国乃至世界各地移民，使得黄浦江两岸习俗呈现多元化特征。

岁时节日

黄浦江沿岸岁时习俗在每年正月最为集中。正月初一，燃放爆竹，俗称“开门炮仗”，声响越大越好；家中祭祖，邻里之间互相贺岁。初一早餐一般是糖汤、年糕、汤圆等。初二开始走亲访友，互拜新春。从初一至初三，家家户户禁止在室内进行任何扫除活动。初五，商家接财神。

正月上旬快结束时，女子在家中邀请厕姑问新年吉凶情况。正月十三日，家人守在灶边占卜流年吉凶，人们手里握着秫谷等投入烧热的釜中，使之爆裂作声，以爆出的米或谷花形状好看与否预卜流年，称为“卜流花”（俗名“爆孛娄”）。

正月十五日为元宵节，晨起拜天地祖宗，珍珠圆（汤圆或小圆子）与馄饨为元宵节食物。人们还要以此祭祀灶神，俗称“接灶”。当日张灯结彩，龙华有塔灯会，十分热闹。

正月中，黄浦江沿岸龙华地区还有一种习俗，叫作“出灯竿”，也称“挂烛灯”。由各个乡里轮流主办，选定一地，竖一根灯竿，用滑轮把烛灯徐徐升起，每天日落时升，日出时降。灯架大多为等边六角形，挂满六灯称为一塔，塔数不定，有两塔、三塔、四塔甚至更多，塔数越多，越是吉利。

二月十二日为“花朝”，俗称“百花生日”。人们纷纷给各种花树扎上红色的彩带，以祝其生长繁盛。十九日，相传为观音大士生日，民众多前往各个寺庙进香祈福。

三月初三是弥勒化身布袋和尚涅槃日，民间有“三月初三上龙华”习俗，这天龙华寺中进香者众多。当月清明节作为重要祭祀节日，家家户户拜扫祖先坟墓，用竹竿悬挂上纸钱，谓之“标墓”。人们抬上城隍神出巡，仗卫整肃，全城百姓执香花跟从，

〔1〕（汉）司马迁:《史记》卷一百二十九《货殖列传》。

图253　上海地区元宵节祭拜祖先的情景
（吴友如主编:《点石斋画报》，
江苏广陵古籍刻印社，1999年）

图254　“重阳节登高”
（吴友如主编:《点石斋画报》，
江苏广陵古籍刻印社，1999年）

游行者甚众，直至晚上再以华灯迎接城隍神回到城隍庙。举办城隍巡游这一天，人们还要折柳条插在屋檐下。

四月初八为浴佛节，据说是释迦牟尼佛生日，龙华寺等寺庙会设坛供香诵经，男女香客，络绎不绝。

五月正值盛夏，疫病容易侵害人体，所以自该月初一始，家家户户都要贴上辟邪的门符。初五是端午节，人们绑缚艾人，采摘药物，吃粽子，门上悬挂浮菖蒲，还要饮雄黄酒。小孩子也要用雄黄抹在额头，并系百索于臂，均为辟邪之用。妇人还会用彩绸制成人形，插于发髻之上，名曰“健人”。端午日，赛龙舟亦是必不可少的重大活动，从现存史料看，从清代中后期一直到新中国成立后都十分流行。五月十三日相传为关帝诞辰，这一天民众也要准备好祭品，就近前往关帝庙中致祭。

六月初六为天贶节，人们要在这一天曝晒衣物，晾晒书籍等。六月十九日，相传是观音成道日，民众也要前往各个寺庙中进香祈福。

七月初七为七夕节，人们一般都在家中陈列瓜果，作“乞巧会”。妇女则用凤仙花汁染指甲，向月下穿针，以应乞巧之意。当月十五日是中元节，俗称“鬼节”，一般人家都举行祀先仪式。各个寺庙同样陈设素斋，为人举行荐亡仪式；夜晚则在河中施放水灯，曰“盂兰盆”。僧人还要以纸造为白莲船，晚上作梵事而焚烧纸船；民众则以钱、米、絮、楮少许寄于纸船中，祈生西方。七月二十日俗为传棉花生日，忌雨喜晴。明清时期，黄浦江滨江多种植棉花，吴下谚语有云："雨打七月念，棉花弗上店。"[1]

八月第一天，人们收集清晨露水，磨墨点小女子额头上，称为"天灸"，以去病除灾。十五日是中秋节，人们合家团圆，食用月饼。入夜以后，龙华寺还要举行"祭月"仪式，庙中僧侣毕聚，排着整齐的队伍，绕寺一周，齐唱"月宫赞"。八月间江潮最盛，该月十八日被称为"潮头生日"，人们争相往黄浦江口观潮，有人曾作诗云："十八潮头最壮观，观涛第一浦江滩。银涛万叠如山涌，两岸花飞卷雪湍。"[2]

九月初九是重阳节。人们蒸菊糕，插上红纸旗，以供神佛享用。同时人们还会赏菊花，并且登高远眺，称为"登高会"。

十月初一又称"十月朝"，许多人家开炉煮饼。该日又相传为鬼之年夜，所以要祭祖、祭城隍。

十一月冬至日这一天，人们纷纷制作花糕、宰割猪羊，祭祀祖先，交相祝贺，本地人甚至有"肥冬瘦年""冬至大于年"的说法。

十二月初八，相传为佛祖释迦牟尼成道日，民间以胡桃、枣、栗、豆、菜、大米、糯米等凑成八种，熬煮成粥，祀先供佛，称为"腊八粥"。二十四日，人们在夜晚时候祀灶神，谓之"送灶"，所用供品有粉团、糖饼等。民间传说这一天灶神会去天庭言人间过失，人们用糖作为贡品，寓意是用它胶住灶神嘴巴，让它不能说出人间过失。这一天，家家户户还要扫除屋里的灰尘，叫作"除残"。二十五日，一般人家举家食用赤豆粥，据说可辟除瘟疫。三十日为除夕，家家户户举行祀先仪式，更换门神、桃符，贴上春联等，并且燃放爆竹，邻里之间还会互相赠送炒豆。最后全家聚饮，围炉守岁，达旦不寐。

节庆活动

除传统的节日之外，上海还有很多独具特色的本地节庆活动，以赛龙舟和庙会最为兴盛。随着上海现代化和国际化程度的日益提高，又出现很多融合中西的节庆活动，例如国际茶文化节、国际音乐节、国际电影节、电视节、旅游节等，是反映上海作为国际大都市的新元素。

---

〔1〕（清）葛元煦:《沪游杂记》卷一。

〔2〕 雷梦水等编:《中华竹枝词》，北京古籍出版社，1997年，第850页。

端午赛龙舟

每年端午佳节赛龙舟曾经是黄浦江上最重要民俗活动之一。这一活动确切起源时间已不详，从现存史料看，清代中后期到新中国成立后，一直十分流行。

清末杨光辅在《淞南乐府》中云："淞南好，重五闹龙舟。破浪快船夸技勇，凌风画舫斗歌喉，樯火照江楼。"作为沪江八景之一的丹凤楼曾经是观看龙舟赛会最佳地点，地处江边的丹凤楼高三层，居高临下，可以俯瞰黄浦江，乾隆《上海县志》记载当地人在丹凤楼中"观浦中龙舟竞渡"[1]。清末时上海县人秦荣光也有一首题为《凤楼》的诗，其中便提到五月端午时，"鼓角声中焕彩游，浦江午日闹龙舟。红儿绿女沿滩看，看客多登丹凤楼"，生动描绘游人如织观看黄浦江龙舟竞渡的热闹场景。

不过，近代以后，由于和丹凤楼相近的黄浦滨江被划入法租界，所以端午赛龙舟的活动一度受到制约。清咸丰三年（1853），小刀会起义期间，丹凤楼毁于兵燹，龙舟竞渡活动曾经短暂中断。

另外，在黄浦江上游闵行地区每年也有较大规模龙舟赛事，道光年间（1821—1850）陈行镇人胡式钰在《窦存》一书中说道："黄浦之阔不三里，而潮势汹涌，近海也。闵行镇每端阳前后，为龙舟水嬉，远近观者云集。"

清末同光年间，黄浦江外滩赛龙舟习俗复兴，十分盛行。光绪十六年（1890），在上海开埠近五十周年之际，甚至还出现龙舟在黄浦江上与外国赛艇竞划的场景，时观者如潮，并曾有过之后每年举办一次的规划。

黄浦江上赛龙舟还伴随着很多活动与表演。比如有杂要者乘坐快船，装载各种器械，往来穿梭于龙舟之间。而一些富人则会坐一种叫作"沙飞"的画舫，在观赏龙舟竞渡同时，画舫中还会演奏戏曲。此外，赛龙舟时还曾经盛行所谓夺标活动，也就是在终点设有投标船，当竞渡龙舟达到终点时，投标船就把标投入水中，让各个舟船争夺。标又分为鱼标、鸭标和铁标等，在清代竹枝词中也曾提到："端午日，浦滨竞渡，酒船放鸭，鸭泅，人亦泅。"这种特殊活动，为龙舟赛添色不少。

不过，由于黄浦江十分宽阔，因此浦江赛龙舟也存在一定危险性，比如张春华在《沪城岁时衢歌》自注中提及："吾邑固水乡也，而独不宜龙船，以黄浦有风波之险也。"同治《上海县志》也提到，当年赛龙舟时，"龙船曾沉其一"[2]。而闵行一带黄浦江由于近海，风浪尤大，更为危险，因此光绪以后，这一带龙舟竞渡风俗渐渐衰落。

---

〔1〕 乾隆《上海县志》卷一《风俗》。

〔2〕 同治《上海县志》卷一《疆域》。

图255　2006年上海苏州河城市龙舟邀请赛（虞建波2006年5月28日摄）

图256　苏州河赛艇比赛黄浦区四川路桥段（虞建波2022年10月29日摄）

不过，在今市中心黄浦滨江一带，一直到上海解放前后，每年端午节期间龙舟竞渡都十分盛行。例如1946年6月4日端午节时，为观看黄浦江龙舟竞赛，从园门进入黄浦公园的游人逾七万人，还有不少人则是越墙入园；1947年6月24日，《申报》刊登题为《江岸人群疯狂争看龙舟竞渡》一文，“江边各码头，水上饭店，沿江的树枝上，甚至外白渡桥的铁架上，都被看龙舟的观众占据了”，估算观众总人数达到30万人。上海解放后，端午竞渡仍然受到民众的欢迎，如1950年端午，虽然下雨，但为观看黄浦江上的赛龙舟而涌入黄浦公园的游人仍超3万人。

近年来，赛龙舟又有提倡，如上海宝山、松江等区，已数度举行各类龙舟赛事，甚至是国际赛事。传承至今，端午赛龙舟依旧是许多上海人心中最重要民俗活动之一。

龙华庙会

龙华庙会是上海市徐汇区地方传统民俗，也是华东地区著名庙会之一。其产生时间可追溯至唐代，其兴盛与弥勒佛有关。据佛典，每年三月初三是弥勒佛的涅槃日，届时龙华寺都要举行盛大的佛教仪式。商贩们会纷纷在龙华寺前摆摊，遂渐成集市。明清时期，龙华庙会由单一礼佛庙会发展成为兼容商贸、娱乐的综合性庙会。清人秦荣光曾作诗赞其盛况：“车如流水马如龙，轮舶帆船白浪冲。香汛赶齐三月半，龙华塔顶结烟浓。”[1]龙华庙会主要活动有烧头香、撞晚钟、拜太岁、吃越年面、迎财神、抓喜、吃发财面、药师法会、元宵灯会等；集市多售农副产品，如竹木藤器、香烛、龙华稀布、瓜果菜蔬和净素风味小吃等，还有民间艺人、江湖班子亦聚于庙会一显身手。

1937年上海沦陷后，庙会曾一度被取缔；抗战胜利后，庙会市面仍不景气。直至中华人民共和国成立后，这一传统集市才日趋兴旺。1953年，龙华庙会首次由政府主办，称“龙华物资交流会”，有商户900余家，会中增设各种展览。1987年，升格为“上海龙华庙会”，悬挂会徽，并搭建牌楼，特色鲜明。此次庙会共为期九天，以龙华公园为中心，入会商店200余家，设摊450余个，客流量达330万人次，创历史新高。龙华庙会保持至今，长盛不衰，目前已成为上海集都市性、商贸性和娱乐性于一体规模最大的集会活动之一。

2008年，上海龙华庙会经国务院批准列入第二批国家级非物质文化遗产名录。

---

〔1〕 潘超、丘良任、孙忠铨等主编：《中华竹枝词全编二》，北京出版社，2007年，第103页。

图257　春节期间的城隍庙张灯结彩、游人如织（郭长耀2017年1月31日摄）

城隍庙庙会和新春豫园灯会

城隍庙庙会，是上海地区重要民俗文化活动。新春豫园灯会，是上海最有影响力的迎新春民俗活动，被列入国家级非物质文化遗产名录。

上海自元代建县即设城隍庙，已有700多年历史。城隍庙规模宏大，位于老城厢东北部，面积达1万多平方米，是上海最有名的道教宫观。城隍庙周边，融庙、园、市三位一体，饮食、茶馆、书场、画铺，夹杂着各色流动摊档，可谓五色杂陈，各业荟萃，无所不有。城隍庙一年四季香火不断，大年初一、正月十五是传统敬香之日，正月初四、初五接财神，“爆竹相连不住声，财神忙煞共争迎。只求生意今年好，接送何妨到黎明”[1]。二月十九是观音生日，四月初八是浴佛节，五月初五端午节，六月二十四嫘祖生日等，城隍庙都有大型上香祭祀活动。最热闹的是农历二月二十一日城隍爷诞辰和三月二十八日城隍奶奶生日，每逢这两日，城隍庙必定是人声鼎沸、水泄不通。

〔1〕 顾炳权编著:《上海洋场竹枝词》，上海书店出版社，1996年，第402—403页。

上海桃花节

上海人一向有春赏桃花的习俗，而上海浦东多植桃树，成为人们春赏桃花的重要去处。从1991年起，每年三四月份，上海举办桃花节，大力弘扬桃文化，推动旅游事业发展。节日活动有多条精品线路，分布在浦东大团镇、惠南镇、新场镇、老港镇、周浦镇以及陆家嘴、世纪公园等地。节日期间有开幕式、文艺演出、钻蒙古包、骑马、赛车、踩水车、赶牛车、撒网捕鱼、织布推磨、闯海等活动，还举办中国桃花文化发展研讨会、商品展销会，并参观野生动物园、桃园，游览生态林带，以及品尝农家小吃、海鲜，闭幕式等活动。近年来，主办方精心策划“短视频大赛”“汉服国风秀”等年轻人喜欢的主题活动。该节日每年接待游客可达数十万人次，带动乡村旅游产品、特色农产品的推广与销售，扩大上海文化影响力。

上海国际茶文化节

上海国际茶文化节，是经国务院文化部批准的、以茶文化为主题的节庆活动，是弘扬上海都市文化，丰富大众精神生活的上海著名文化节庆活动。1994年首届茶文化节，由上海市闸北区人民政府、上海市文学艺术界联合会和上海市茶叶学会联合举办。后该节每年举办一届，前期多在四五月份举行，近年来时间并不固定。茶文化节以其独特的形式、内容和魅力，吸引国内外茶叶爱好者的积极参与，在海内外产生良好社会反响。

“上海之春”国际音乐节

“上海之春”国际音乐节，起源于1959年“上海市音乐舞蹈展演月”，1960年5月正式以“上海之春”名字登上历史舞台，现已是上海音乐舞蹈文化标志。

六十多年来，“上海之春”始终坚持新人、新作和群众性音乐舞蹈活动传统，弘扬中华民族音乐舞蹈艺术，积极吸收世界优秀音乐舞蹈文化，大力推动中外交流。一大批经典音乐舞蹈作品如《红旗颂》《梁祝》《白毛女》等从“上海之春”走向全国、走向世界，一大批优秀的作曲家、演奏家、舞蹈家如朱践耳、俞丽拿、闵惠芬、凌桂明、石钟琴等在“上海之春”舞台上崭露头角。

音乐节以“和平、友谊、交融、和谐”为宗旨，并对参赛节目进行评选，设有“金编钟奖”。每年4月28日开幕，5月18日闭幕。音乐节为期约3周，给上海市民和海内外来宾献上一场场音乐舞蹈文化的饕餮盛宴，营造浓郁的城市音乐舞蹈氛围，塑造

图258　2015上海城市草坪音乐会在上海音乐厅大草坪开演（郭长耀2015年5月31日晚摄）

图259　第十七届上海国际电影节（郑宪章2014年6月19日摄）

上海音乐舞蹈文化品牌。近年来，借助日益发达的科技手段，海内外爱好文艺的观众通过直播平台便可同步享受“上海之春”的视听盛宴。

上海国际电影节

上海国际电影节是中国第一个获国际电影制片人协会认可的国际A类电影节，也是全球15个国际A类电影节之一。1993年首次在上海举办，次年获国际电影制片人协会承认。之后每年6月上旬举行，最高奖名称为“金爵奖”，下设12个奖项，均由来自各国的国际评委评审产生。电影节鼓励多元艺术创作，自创办以来在专业架构及服务、社会影响力等方面迅速提升，被誉为“全球成长最快的国际电影节”。上海电影节集聚、呈现、扶持海内外众多优秀的电影作品，向世界完整呈现华语影坛的最新风貌，成为展示年度华语电影力量的最佳窗口，为打响“上海文化”品牌充实丰富内涵，为推动中国从电影大国向电影强国迈进做出重要贡献。

上海电视节

上海电视节是中国第一个国际性电视节，前身是上海国际友好城市电视节，1986年12月10日创办。早前每1 ～ 3年举办一届，2004年后每年举办一届。如今，上海电视节固定于每年6月举行，为期一周，由“白玉兰奖”国际电视节目评选暨优秀节目展播、电视论坛、国际影视市场和国际新媒体与广播影视设备市场组成，是全球为数不多集评奖、市场交易与创投、论坛于一体的综合性国际电视节。其坚持专业性、国际性和惠民性的办节主旨，不断创新办节机制，不断提升服务能级，不断扩大品牌影响力。如今，上海电视节已成长为亚洲地区最重要的国际电视交流平台之一，为推动中国电视文化和电视产业发展，促进中外电视文化交流，打响“上海文化”品牌，助力上海建设全球影视创制中心发挥着积极作用。

上海旅游节

上海旅游节由上海市文化和旅游局、上海市商务委员会共同主办，创办于1990年。活动从每年9月第一个周六开始，历时二十余天，涵盖观光、休闲、娱乐、文体、会展、美食、购物等几个大类约40个项目，每年吸引游客超800万人次，是国内规模最大、最具城市影响力的大型旅游节庆活动。

旅游节以“人民大众的节日”为定位，以“走进美好与欢乐”为主题，通过丰富多彩、各具特色的上海各区县节庆活动，推进“一带一路”倡议对旅游业发展要求，

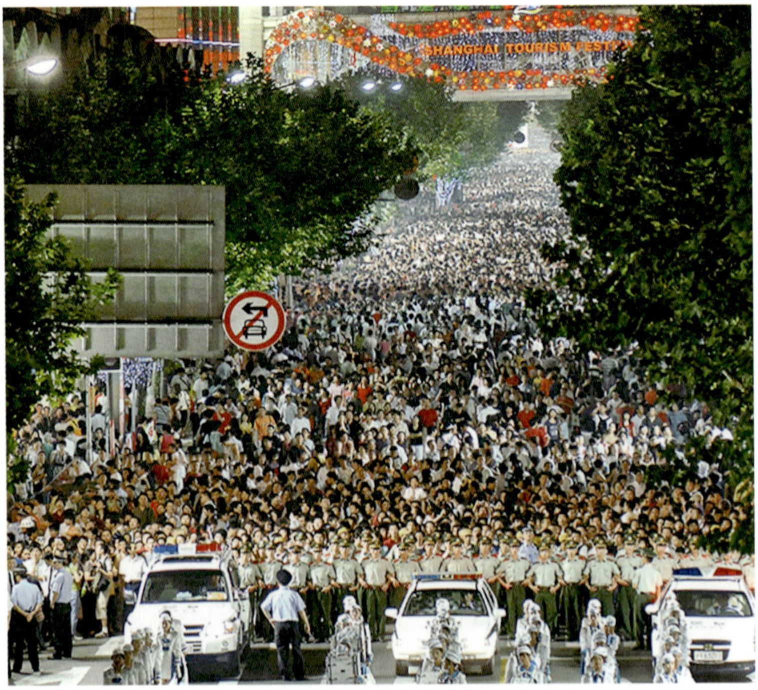

图260　上海旅游节淮海路开幕式大巡游50万市民参加
（郭长耀2007年9月15日摄）

图261　黄浦区全民健身节场景（郭长耀2012年6月2日摄）

吸引社会各界大力支持和广泛参与。2022年，旅游节获评“上海品牌”，成为全国首个通过服务认证的节庆活动，向海内外集中展现上海四季都市风光、都市文化和都市人文的无穷魅力，是文旅深度融合、高质量发展的一次卓越实践。

上海全民健身节

上海全民健身节于每年11月份举办，首届办于1996年，旨在倡导天天健身、人人健康。健身节期间在全市各地会举行多项大型活动，如广播操、拔河、秧歌比赛等社区健身大赛，乒乓球、台球、保龄球、太极拳、桥牌、武术等竞技比赛，吸引数十万人踊跃参与。其间举办的上海国际马拉松赛更是全民健身节的焦点。上海国际马拉松赛是由中国田径协会、上海市体育总会主办的国际性赛事，1996年首次举办，规模逐年扩大。比赛设有全程马拉松、10千米、健身跑等项目，每年有众多来自世界各地及中国各省市区的马拉松选手和体育爱好者前来参赛。2020年3月6日，上海国际马拉松赛获得“世界田径白金标赛事”称号。

地方特色文化

上海是一座历史文化底蕴深厚的城市，也是一座发展日新月异的城市。在上海发展的历史长河中，逐渐形成许多独具上海特色的地方文化。这些文化具有江南文化的一些元素，又因濒临黄浦江，延续传承至今，成为打造“上海文化”品牌的重要内容。至2021年，上海的国家级非物质文化遗产共有55项。这里主要介绍与黄浦江有关的地方特色文化。

叶榭舞草龙

民间祭祀性灯舞，因龙身用稻草扎成而得名“草龙”。旧时，上海松江叶榭地区经常遭受自然灾害侵袭，先民以为这都是雷公、云母、风婆、河神等天神所为，于是逢大旱之年，他们根据八仙之一韩湘子吹箫召蛟龙降雨的故事，创制草龙舞求雨仪式。这种接近古代原生态的祭龙求雨仪式，因为有整合村落集体力量的文化功能，所以已传承近千年。

草龙舞是一种民俗文化，更是一种群众性艺术活动，有时也出现在传统庙会中，动作与表演有其独特之处。舞草龙整体表演分为“涛告”“行云”“求雨”“取水”“降

图262　奉贤庄行农家舞游花龙（虞建波2000年1月7日摄）

雨”“滚灯”“返宫”七个程式，在一阵节奏明快的木鱼和祭板声中开始，先后有1名大汉手持“祭牌”跳“祭天舞”、12名村姑在“祭牌”引导下跳“求雨舞”、“韩湘子”出场，以及9名舞龙人挥龙起舞。其旁还有8名村姑边跳“丰收舞步”，边将手中盆、桶之水不断泼向观众，意谓“泼龙水”，泼到“龙水”即为吉利，故观者纷纷争着让村姑泼水，由此将仪式推向高潮。

草龙制作经过几代艺人不断改进，发展到今天已形成一项用料讲究、工序精细、编制繁复的工程，需经十多种工序，才能“诞生”一条身长约10米的草龙。从功能角度来说也不断得到强化，已然成为一项民间健身活动。但从外在形式上来说，仍保留某些民间宗教特征，较好保留原生态样式。

以竹为骨，以草为躯。从最初求雨祭祀，到盛世年节庆贺，舞草龙以民间信仰为内核，集口头传说、民间工艺、民众展演等为一体。2008年6月，经国务院批准，舞草龙列入国家级非物质文化遗产名录。

浦东舞龙

上海浦东地区民间传统舞蹈。上海地区的民间舞龙活动早在唐宋时期即已盛行，明清时期舞龙成为上海地区种类最多、流传最广且最受民众欢迎的民间舞蹈形式，在灯会、庙会、元宵节、端午节、佛灯节等习俗节庆的场合中占有极重要地位。浦东因其以农业为主的经济方式，“求雨”或“求水”需求逐渐催生舞龙表演活动兴起和盛行。明清时期，则逐渐由原来带有宗教色彩祭祀性活动渐趋向娱乐和炫技性表演演变。其时各村各庄均有舞龙队，并且舞龙队伍追求排场，参加“行街”（巡游）时，舞龙者穿戴讲究，龙具制作精良，前呼后拥一大帮人跟随龙队走街串巷。《江东志》卷一中曾记载当时浦东元宵节时的舞龙活动：“江东，因在黄浦江之东，俗称江东，亦曰浦东……十五为上元节，神庙前上塔灯，人家檐前上天灯。更有盘绕歌唱，通宵不绝者，为龙灯、马灯、米茶灯、慢市灯诸名式，鸣金击鼓，谓之‘闹元宵’。”[1]清代文人王廷铨在他的《花农诗稿》中也对当时浦东三林地区的元宵舞龙习俗有过生动描述：“正月三林绕龙灯，旌旗锣鼓闹街村。爆竹烟花沿街卖，儿童追逐嬉新春。”[2]从这些记载中不难看出，当时浦东地区元宵舞龙活动规模已十分庞大，场面也蔚为壮观。不仅在元宵节，每逢节庆庙会，当地各个乡镇也都会舞龙表演，如二月十九龙王庙

〔1〕（清）沈征佺:《江东志》卷一。

〔2〕（清）王廷铨:《花农诗稿·上元》。

“花神会”、三月十一社庄庙“三老爷庙会”、三月廿八顺济庵“玉皇大帝庙会”等。农历二月十二花朝节这天，浦东地区还会进行颇有特色的舞龙活动——“游花龙”，这种舞龙形式在其他地区则十分少见。

20世纪以后，新历史时期为浦东舞龙的发展和腾飞提供良好条件，并赋予它新的意义内涵。如今，浦东舞龙已发展成为一门综合性舞台或广场表演艺术，在形式与内容上都有很大改变和突破，形成具有独特风格特征的“海派舞龙”。浦东舞龙不仅发展出了带龙、风筝龙、手龙等不同形式的龙舞，还大胆地借鉴吸收和运用各种高科技手段，发展出灯光龙、烟花龙和烟雾龙、变色龙等众多夺人眼球的龙舞表演形式，取得崭新的视觉效果。2011年5月23日，浦东舞龙以“浦东绕龙灯”为名，被列入第三批国家级非物质文化遗产名录，并多次受邀进入上海世博园区表演。

田山歌

田山歌是流传于青浦区赵巷、练塘等地区的传统民歌，是当地农民在耘稻、耥稻时，由一人领唱、众人轮流接唱的山歌，又分为吆卖山歌、落秧歌、大头山歌。其正本山歌系叙事长诗，内容可长达上千行，演唱可长达几天几夜，而每首歌在音乐上又以多档结构著称。田山歌演唱形式独特，又具有明显地域差异，例如赵巷吆卖山歌由头歌、前卖、前嘹、发长声、赶老鸦、后卖、后嘹、歇声等部分组成，练塘落秧歌分为头歌、买歌、嘹歌，练塘南泖浜大头山歌则分头歌、前铲、吆档、后铲。作为一项地域性民间艺术，田山歌是反映青浦及周边稻作地区劳动人民风俗民情和社会生活的文化瑰宝。2006年5月20日，经国务院批准，田山歌作为吴歌的一部分，列入第一批国家级非物质文化遗产名录。

码头号子

号子，也称劳动号子、哨子，是在劳动过程中产生并应用于劳动的民歌，具有协调动作、指挥劳动的实际功用。码头号子，即为其中一种，主要见于繁忙的黄浦江各码头上。码头工人在搬运货物时，特别是在集体搬运大件货物时，需要大家齐心协力、通力合作，由此在劳动中渐渐产生各种不同劳动号子。

来自不同地域的工人，从事各种不同货物搬运工作，也使得劳动号子具有“五方杂处”特点。根据工人来源地不同，码头号子可分为上海帮（本帮）、宁波帮、苏北帮、湖北帮、山东帮等各帮派。各帮派带有各地方言的语调、节奏，也有各地民歌、唱腔，从而形成独特的带有各地特色和各派风格的码头号子，其中以“苏北号子”和“湖北号子”最为盛行，也最具代表性。

根据装卸货物、搬运路线、搬运工具、搬运方法不同，上海黄浦江上的码头号子通常可分为四大类九个品种。四大类即：肩运号子、杠运号子、起重号子与摇车号子、拖车号子。每一类、每一种号子都有各自不同的曲调，多采用“一领众和”的演唱形式。各种式样的码头号子中，以杠棒号子、肩运号子和搭肩号子最具代表性。上海解放前，码头工人的劳动强度大、生活条件差，当时码头号子大量以“叹苦”为主要内容。

中华人民共和国成立后，人民当家做主。1956年5月，码头号子被搬上舞台，受到当年文化部领导首肯。1961年7月，上海全港区举办码头号子大会演，百余名工人表演三十多种风格各异的号子。此后，上海港职工文工团将码头号子改编成民乐合奏的《码头工人讲家史》和《码头号子联唱》，在全国各地巡演。20世纪六七十年代，码头号子唱遍上海各大舞台。1986年，英国磐石电影制片公司专程来上海港区拍摄以码头号子为内容的专题片，将上海港码头号子推向世界。2007年5月，“上海港码头号子”登上上海市第二批非物质文化遗产名录。2008年，经国务院批准，“上海港码头号子”又被列为第二批国家级非物质文化遗产名录。

乌泥泾手工棉纺织技艺

乌泥泾手工棉纺织技艺是上海市地方传统手工技艺。宋末元初，黄道婆回到上海松江乌泥泾，将其在海南学到的棉纺织技术与江南原有的先进麻纺和丝织技术相结合，发展手工棉纺织的色织和提花工艺，改进生产工具，并开创一个由碾籽、弹花、纺纱到织布的较为完整、系统的工艺流程，由此促进以松江为中心的江南棉纺织业的蓬勃发展。明代时达到鼎盛，使松江获得“衣被天下”的美誉。鸦片战争以后，洋布销入中国，中国传统手工棉纺织业受到沉重打击，乌泥泾手工棉纺织技艺也一度走到消失的边缘。直至上海解放后，棉纺织业重获发展，由此进入历史性转型变革时期。如今，掌握手工棉纺织和印染技艺的传承人都已是高龄老人，记载有关技术的专门书籍、影像资料严重缺失，传统手工艺面临失传的困境。2006年5月20日，乌泥泾手工棉纺织技艺经国务院批准列入第一批国家级非物质文化遗产名录。2019年11月，乌泥泾手工棉纺织技艺入选国家级非物质文化遗产代表性项目保护单位名单。

石库门里弄建筑营造技艺

石库门是一种融汇西方文化和中国传统民居特点的新型建筑，起源于清同治年间（1862—1874），19世纪70年代在里弄木板房基础上改建而成，距今已有一百余年历史。时值太平天国运动和其他各地战乱，迫使江浙一带富商、地主、官绅进入租界寻求庇护，于是一批石库门住宅应运而生。石库门建筑的平面和空间更接近于江南传统二层楼的三合院或四合院形式，保持着正当规整的客堂，有楼上安静的内室，还有习惯中常见的两厢。门框总有一圈石头，门扇为乌漆实心厚木，上有铜环一副，关起门来自成一统，可与门外闹市隔绝开来。20世纪10年代后，老式石库门逐渐被建筑风格更加西方化的新式石库门取代，其在内部结构和外观上都有新的变化。20世纪30年代中期，随着新式里弄和花园里弄兴起，石库门风光不再，开始逐步沦为城市下层居民的栖身之所。

石库门作为近代上海的重要住宅建筑，不只是中西建筑文化交流的见证，也是宝贵的城市人文遗产。石库门孕育近现代上海乃至中国的政治、经济、文学、艺术及生活方式，形成特有的石库门文化。而这种文化积淀，亦当成为如今开发新时代文化的元素和重要参考。2011年5月23日，石库门里弄建筑营造技艺经国务院批准列入第三批国家级非物质文化遗产名录。

名人与水

古往今来，无数能人志士为上海的崛起、发展、辉煌贡献自己智慧和力量。黄浦江作为上海兴起的重要见证，蜿蜒地流经这座城市，亦是许多名士耗费心力的成果。本部分将重点介绍与黄浦江发展相关且对黄浦江及上海城市发展做出重大贡献的人物，以治水人物为主。他们的功绩促使黄浦江这一“名水”的诞生与延续，更为上海的城市发展奠定优异的基础条件。

• 黄歇（公元前314—公元前238）

战国时期楚国人，曾任楚相。黄歇游学博闻、善辩，与魏国信陵君魏无忌、赵国平原君赵胜、齐国孟尝君田文并称为“战国四公子”。楚考烈王元年（公元前262），封黄歇为相，并赐淮河以北十二县，黄歇遂得号“春申君”。

今上海青浦等西部地区，属于黄歇封地范围，因地势低洼，经常发生水灾。相传黄歇率领百姓，疏浚河流，修筑堤坝，灌溉农田，使当地的民众受益良多。后来，人们为纪念他，纷纷以他的姓名或封号为当地的山、水、地方命名。今黄浦江，因上游水系发端于黄歇封地内，故后人传说，黄浦江为黄歇开凿，故又称“春申浦”“黄歇浦”，上海也简称为“申”。今太湖周边包括上海青浦区、松江区和苏州市（黄棣镇）、无锡市、江阴市、湖州市、常州市等多个地区，存在和春申君相关的包括祠庙、坟墓、山川、塑像、古迹、地名等诸多史迹，反映后世对黄歇开发江南这一历史功绩的肯定。

• 钱镠（852—932）

字具美（一作巨美），杭州临安（今浙江省杭州市临安区）人，吴越国开国国君。钱镠先后被中原王朝（唐朝、后梁、后唐）封为越王、吴王、吴越王、吴越国王。在位共41年，庙号太祖，谥号武肃王，葬于钱王陵。

钱镠对黄浦江水系的形成与安流以及流域内的经济社会发展做出巨大贡献。钱镠重视农桑，兴修水利，疏浚河流，筑捍海石塘；同时又鼓励通商，开拓海运，发展贸易，为两浙十三州地区发展奠定了良好基础。钱镠设置都水营田使，“募卒为都，号曰‘撩浅’，亦谓之‘撩清’”，负责水利建设。据嘉靖《上海县志》记载：“据吴任臣《十国春秋》，是年梁贞明元年镠自号天宝八年也。卒四部凡七八千人，常为田事，治河筑堤，一路径下吴松江。又唐天成二年、钱氏宝正二年浚新泾塘，由小官浦入海。”[1]最值得称赞的是，钱镠将以前的大圩进行统一规划和改造，“或五里、七里而为一纵浦，又七里或十里而为一横塘。因塘浦之土以为堤岸，使塘浦阔深，而堤岸高厚”，形成如棋盘般的“横塘纵浦”圩田系统，使这一地区土地膏腴，岁熟丰稔，有“近泽知田美”之誉。

钱镠在位期间，采取保境安民政策，曾征用民工，修建钱塘江海塘，又在太湖流域建立水网圩区的维修制度，促进当地经济繁荣，渔盐桑蚕之利甲于天下。而且钱王招贤纳士，朝廷内外文士荟萃，人才济济，文艺也著称于世。两浙百姓尊称其为“海龙王”。

钱镠崇尚儒、释、道，建寺起塔，礼遇高僧，教化民众。上海目前所存的龙华寺塔、兴圣教寺塔，嘉定南翔云翔寺前的双塔等，均建于吴越国时期；七宝镇至今留有钱王赐吴妃书写的《莲花经》。钱镠遗有诗文10余篇，分别收录于《全唐诗》和《全唐文》。后人感其对水利的贡献，在金山卫城内立“钱武肃王庙”来纪念他。遗憾的是，该庙后来毁于清军与太平军之役中。

•任仁发（1254—1327）

字子明，号月山，元代松江府青龙镇（今上海市青浦区）人，水利专家。十八岁时便考取举人，历任中宪大夫、浙东宣慰副使等朝廷要职，任仁发一生致力于水利事业。针对太湖流域唯一的下泄河道——吴淞江下游淤浅，导致苏松六府水患愈加严重的问题，大德八年（1304）任仁发上疏朝廷，提出疏导淤塞之策——“浚河港必深阔、筑圩岸必高厚、置闸窦必多广”，得到朝廷的认可。于是，任仁发被任命为平江都水庸田使司都水少监，主持疏浚吴淞江。同年十一月，任仁发率领役工在西起上海县界、东抵嘉定县石桥浜的吴淞江段上，挖深1丈5尺，开阔25丈，并设置许多闸窦，

〔1〕 嘉靖《上海县志》卷三《水利》。

至翌年二月竣工。这次工程被称誉为“物无疵厉，民无夭阏，而事竟成”。大德十年（1306），任仁发又按既定计划，开挑吴淞江东西两处河道，包括华亭、上海县境的赵屯、大盈二浦，白鹤、盘龙二江，长计37里有奇；并于庙泾以西，盘龙以东，开挑出水口五处，于新泾置闸二座。经过这二次疏浚，吴淞江的水患大为减轻。

泰定元年（1324），任仁发下令疏浚淀山湖，次年再次开浚吴淞旧江、大盈浦、乌泥泾等河流。泰定三年（1326），在赵浦、潘家浜、乌泥泾三处各置石闸两座，依时开闭，以畅清止浊，减少河道淤塞。被评为2006年度“十大考古新发现”之一的上海志丹苑元代水闸遗址，就是任仁发的水闸杰作。

任仁发著有《浙西水利议答录》十卷，系统总结前人治水经验，探讨吴淞江疏浚的关键所在，提出一整套治理方案。元末明初邑人顾彧曾歌颂任仁发的功绩说，“不是青龙任水监，陆成沟壑水成田”，表达了上海地区人们对他的感激之情。同时他还工书善画，他的画在当时相当知名，传世佳作有《二马图》《秋水凫鹥图》《神骏图》《三骏图》等，曾奉旨画《熙春》《天马》等，史称其“书学李北海，画学李公麟”，功力足与赵孟頫相敌。

• 夏原吉（1366—1430）

字维喆，明代江西德兴人，水利专家。洪武二十三年（1390），考中举人，以乡荐入太学。建文元年（1399）升任户部右侍郎，翌年充任采访使。明成祖朱棣即位后，受到其赏识，转任左侍郎。永乐元年（1403），苏松地区发生严重水患，夏原吉奉命前去治水。夏原吉经实地调研，最终采纳当地人叶宗行的建议，采取“掣淞入浏”的方略：放弃吴淞江下游不治，由夏驾浦引吴淞江上游水自刘家港入长江；疏浚吴淞江南北大浦，引水入刘家港出长江；开浚白茆等河导昆承、阳城诸湖以及东北地区的水出长江。同时挖深拓宽范家浜，使其上接大黄浦，下达南跄浦。由此，淀山湖、淀泖以及浙北来水，由大黄浦入范家浜东流，在今复兴岛附近同吴淞江汇合，然后向北折至吴淞口入长江。夏原吉征用10万民工，开浚长12000余丈、宽30余丈的范家浜河道。范家浜开浚后，“水势遂不复东注松江，而尽纵浦水以入浦，浦势自是数倍于松江矣”。至此，黄浦江替代吴淞江成为太湖泄洪主要通道。弘治年间（1488—1505），苏州河改走宋家浜河段，形成吴淞江下游新河道。他的治水方略在当时无疑是一项创举，不仅解决太湖排水大难题，减轻水患，而且使黄浦江最终成为太湖的主要排洪通道，促进上海港的发展。

•叶宗行（生卒年月不详）

名宗人，字宗行，明代松江府华亭县（今松江区）人，水利专家。叶宗行熟悉当地河流水性，并长期实地踏勘、潜心研究。永乐元年（1403），苏松六府发生大水，叶宗人向朝廷提出非常有价值且切实可行的治水方略，并被朝廷采纳，最终治水大获成功，不仅解除当时的水患，而且奠定今上海“一江一河”的空间格局。之后，夏原吉举荐叶宗行任钱塘知县。其在任时，“清白自将”，又“均徭役，简词讼”，百姓乐业，社会安定。百姓赞其廉洁，遂有“钱塘一叶清”之称。叶宗行死后，浙江按察使周新为他写的祭文中说，“惟钱塘之山水与公万古同清”[1]。

•海瑞（1514—1587）

字汝贤，明代琼山（今海南省）人。嘉靖四十五年（1566）任户部主事时，因直谏世宗迷信道教、不理朝政而入狱，为官刚正而名传天下。直到穆宗即位时得以获释，迁左通政。隆庆三年（1569）晋佥都御史，巡抚应天（今南京）诸郡，行部苏松。

海瑞对上海水利贡献颇巨。他认为，疏浚吴淞江是治理太湖水患的关键，在《开吴淞江疏》中说：“浙江杭、嘉、湖三府与苏、松、常三府共此太湖之水，吴淞江开则六府均蒙其利，塞则六府同受其害。”[2]海瑞主持疏浚工程，自嘉定县黄渡艾祁至上海县宋家桥八十余里，即今苏州河的中下游段。该工程取得令人满意的效果，“虽未尽复故道，而廿年灌莽之区渐成沃壤，厥功溥矣”[3]。之后，海瑞又组织开浚白茆、刘家港、黄浦江诸海口以及浦、泾、塘、娄等众多河道，减缓水灾之害。后人为纪念海瑞治理吴淞江的功绩，曾在吴淞江畔建立“海公祠”。

•林则徐（1785—1850）

字少穆，清代侯官（今福建省闽侯）人。嘉庆十六年（1811）进士，选庶吉士，授翰林院编修，迁御史。不久后，出任杭嘉湖道，修海塘、兴水利。道光二年（1822）授淮海道，署浙江盐运使；迁江苏按察使，署布政使。

林则徐十分重视水利，他指出“赋出于田，田资于水，故水利为农业之本”。道光四年（1824）太湖流域发生水灾，林则徐多次乘船考察下游水道，发现河道淤积严

〔1〕万历《上海县志》卷九《人物志》。
〔2〕万历《上海县志》卷二《河渠志》。
〔3〕万历《上海县志》卷二《河渠志》。

重。于是他提出疏浚黄浦江、吴淞江、刘家港、白茆等干河道及其支流的建议，并由两江总督孙玉庭上奏朝廷获准。为统筹兼顾整个太湖流域，朝廷命林则徐为江苏按察使，督办江浙七府水利，并于当年完成黄浦江疏浚工程。

道光十四年（1834），林则徐下令疏浚刘家港、白茆，将河道“裁弯取直”，在近海处建水闸，与黄浦江、吴淞江交汇通流。道光十六年（1836）工程竣工时，他亲历查验。林则徐善于总结治水经验，形成一套独特的治水理论，谓之“夫水之行地也，焕然而成文，故水利之兴废，农田系焉，人文亦系焉”。他提出“防重于治”的指导思想，“与其补救于事后，莫若筹备于未然”，至今仍有参考价值。

• 奈格（J. D. Rijke，1842—1913）

生于荷兰，其祖父作为海防和河流工程师曾为荷兰政府工作达50年之久，而其父亲亦操同业，可谓显赫的治水世家。奈格，子承父业，在阿姆斯特丹北海运河工作过7年，那时便已以治水闻名于荷兰。1873年受雇于日本，在日本工作30年，撰写57编以上的报告书，声名显赫，被政府授予二等瑞宝勋章，在日本的享有“防沙之父”的美誉。1875—1876年，受上海外国领事团的邀请，奈格与另一位荷兰工程师艾雪，赴上海考察黄浦江航道。经过测量、考察，二人拟定《关于吴淞内沙报告》。在该报告中，奈格和艾雪各自提出不同的方案。奈格提出的方案是确定导治线，构成宽畅的漏斗形河口，利用潮力冲刷淤积，堵塞北支老航道，开挖帆船新航道。艾雪则主张利用原有的轮船深航道，进行挖深和拓宽。1897年，奈格再次来沪考察，重申他之前提出的方案。

光绪三十二年（1906）奈格任上海浚浦局总工程师后，决定实施之前提出的方案。在他的主持下，黄浦江治理工程自1907年起全面展开：在吴淞内河堵塞高桥沙北支老航道，开辟高桥沙南支新航道；在吴淞黄浦江口左岸构筑吴淞导堤，理顺水流，拒长江上流来水，清除外沙障碍，使航道增深；在高桥港口构筑导流丁坝。

奈格在这4年中所主持的工程，使黄浦江航道水深大为增加，对其后黄浦江航道以及两岸发展都产生积极的影响；促进上海港的兴盛，为20世纪30年代上海的繁荣打下了基础。

• 海德生（H. V. Heidenstam，生卒年月不详）

瑞典人，上海浚浦局总工程师。宣统二年（1910），经外交团批准，由从事道路、河流和运河工程的瑞典皇家工兵部队中尉海德生接替奈格任浚浦局总工程师一职。在此之前，海德生一直协助奈格从事黄浦江的疏浚工作，并曾受奈格派遣到南通勘查江岸。

1912年，上海浚浦局重新组织成立。随着进出上海港船舶吨位的增长，要求黄浦江有更深、更宽的航道。海德生主张在奈格工程计划的基础上侧重于挖泥，继续挖深黄浦河道，并主持制订从1912—1921年和1922—1931年两个《黄浦江继续治理计划》，主张对黄浦江进行全线治理。历经20余年的持续整治与疏浚，吴淞外沙水深达到9米以上，高桥沙新航道、陈家嘴和汇山航道水深也得到很大改善，黄浦江全线航道水深达到8米以上，为上海港的发展繁荣提供了重要的航运条件。

除以上整治工程外，海德生另一重要贡献在于建立黄浦江乃至整个太湖流域的水文监测系统。1913年，浚浦局下设水文勘测机构，并购买精密仪器，配置测量船，建立测量队，陆续沿黄浦江设立吴淞口、黄浦公园、松江等5个潮位站。之后又在长江口的江阴、南汇嘴灯塔附近、苏州河强家角桥等设置自动验潮站，还根据需要设置一些临时性验潮站。由此建立黄浦江及附近河道的潮位数据。

海德生在任期间，撰写大量施工和测量报告，包括《黄浦江水文报告书》（1917年、1926年）、《扬子江下游报告书》（1917年）、《上海港将来发展报告书》（1918年）、《修浚苏州河之初步计划》（1919年）等多种极具价值的报告文献。在他主持下，以浚浦局名义编撰并出版《给总工程师的各种特别调查报告》（1921年，5册）、《上海港调查咨询工程师委员会报告》（1921年）、《上海港口大全》（1920—1943年，共10种）等等。海德生担任浚浦局总工程师后，对上海港做出重要贡献，曾先后获得四等、三等嘉禾勋章。1928年，海德生离任回国，其继任者仍然按照他的计划继续开展黄浦江治理。

• 薛卓斌（1896—1991）

安徽寿县人，工程师。1917年，毕业于交通部唐山工业专门学校，获学士学位；1919年，于美国麻省理工学院获硕士学位。1921年后，分别在吴淞商埠局、青岛港工局工作。1929年，来到上海浚浦局任高级助理工程师，于1937年担任上海浚浦局的第四任总工程师，也是浚浦局成立以来中首任中国籍总工程师。

抗日战争全面爆发后，日军强占浚浦局挖泥船。1938年10月，薛卓斌作为总工程师会同浚浦局英籍、美籍负责人，多次与日方交涉，要求归还日方所扣留的疏浚船舶。后经多国驻沪领事与日方协商，直到1939年底日方才被迫归还部分船舶。薛卓斌利用这些船舶设备，实施黄浦江的部分疏浚项目。抗日战争胜利后，他协助浚浦局局长丁贵堂整理浚浦局资产、人员、机船设备及工作场地，逐步恢复因战争而停止的黄浦江航道码头的疏浚工程，改善当时航道的通航条件。1949年5月上海解放后，继续担任浚浦局的总工程师。中华人民共和国成立后，曾奉上级命令，带领浚浦局船队赶赴南京浦口等地抗洪抢险。1950年底，奉调同济大学任教，发挥其专业技术特长，为中华人民共和国培养港航专业人才。1963年他参与《辞海》工程分册编撰，给后人留下宝贵的知识财富。

薛卓斌学识渊博，技术工作严谨务实，在黄浦江治理和航道疏浚维护中做出十分重要的贡献，其中最主要体现在现代挖泥机的设计与使用，曾主要负责巨型挖泥船“复兴号”设计工作。“复兴号”挖泥船由德国但泽造船厂承造，该轮虽造价高，但挖泥效率高，是当时世界上最大挖泥船。

• 丁贵堂（1890—1962）

辽宁海城人。1916年，自北平税务专门学校毕业后，便被派到安东海关任见习，开始他整整46年的海关工作生涯。

1927年春，丁贵堂调到上海的江海关任汉文秘书。同年4月，升为江海关代理副税务司，仍做汉文秘书工作。1929年初，在总税务司署任汉文科代理税务司，次年年初实任汉文科税务司。1934年4月，升任总税务司署总务科税务司，为首位担任此职务的华人。这项职务历来由英、美人充任。1935年春，被任命为考察欧美关政特派员。同年秋回国后，任总税务司署汉文科税务司。

1937年11月，上海失陷，租界成为孤岛。他曾筹划将总税务司署内迁重庆，但为日本侵略者所阻。1943年，任国民政府海关副总税务司。1945年抗日战争胜利后，他被派为上海财经接收委员，并兼江海关税务司及上海浚浦局局长，负责接收总税务司署、江海关和浚浦局。他主持浚浦局恢复因战争而停顿的黄浦江治理、航道疏浚工程，改善黄浦江的通航条件。

1949年5月25日上海解放，领导总税务司署和江海关（还包括浚浦局、港务科、检疫所等）起义，不仅完整地保留有着悠久历史的海关机密档案和一笔可观的库存，还保留许多富有经验的海关干部职工，功莫大焉。

中华人民共和国成立后，协助上海市军管会接管总税务司署、江海关和浚浦局，先后担任海关总署副署长、海关管理局局长，主持人民海关的建设，不遗余力。他还曾出席第一届全国政治协商会议，当选为第一、第二届全国人大代表。1962年11月21日，病逝于北京。

• 黄炎（1893—1968）

浙江嵊县人。1914年毕业于交通部上海工业专门学校，翌年进入上海浚浦局工作。1929年任建筑科科长，1947年任主任工程师兼建筑科科长。上海解放后仍从事技术工作，担任总工程师。1949年7月24日，参与上海十级强台风挟海潮及暴雨的防汛抢险工作，受到上海市市长陈毅亲切接见。黄炎长期从事港航技术工作，潜心开展学术研究，他所著《长江口野谈》《黄浦江中、上游勘察》等书稿，为港航水利界留下关于黄浦江和长江口地理及水文、潮汐等方面的丰富历史资料，以资借鉴。

• 施孔怀（1897—1969）

江苏海门人。1921年毕业于交通部上海工业专门学校，1931年毕业于美国康乃尔大学，获硕士学位。1932年9月始，就任上海市公用局工程师、码头仓库管理处处长等职。1945年抗日战争胜利后，施孔怀任上海浚浦局副局长。其时大上海都市计划正在酝酿之中，在设计组内，陆谦受、鲍立克等专家坚持在吴淞做集中的挖入式港口，然而黄浦江含沙量高，加上潮汐作用，建设挖入式港口容易形成淤塞，因此身为浚浦局副局长的施孔怀坚决反对。他收集数据证明，当时沿黄浦江的岸线仍足够50年内上海港口发展的需要，应当利用好浦江两岸的岸线，节省投资，必要时才设挖入式港口。但后来鉴于外籍专家的坚持，仍在大上海都市计划的二稿总图中保留大面积的吴淞挖入式港口区域。

上海解放后，于1949年7月接手丁贵堂局长工作，任浚浦局代理局长。1950年8月根据交通部决定，浚浦局划归上海区港务局领导，改称上海区港务局工程处，施孔怀担任工程处长。至1951年底，他主持黄浦江治理、疏浚和管理工作，为黄浦江水上交通畅通做出贡献。施孔怀曾任中国水利学会理事、上海市水利学会副理事长、上海市土木工程学会理事，积极为港航水利事业献计献策，1964年当选为第三届全国人大代表。施孔怀具有丰厚的专业知识，外语水平高，为中国港航水利界翻译大量的国外专业技术资料。

• 黄维敬（1913—1987）

广东梅县人。1936年，毕业于清华大学；后就读于美国密歇根大学，获硕士学位。1938年黄维敬回国后，历任云南省澄江中山大学、桂林广西大学、澳门华侨临时大学、广州中山大学和上海交通大学副教授、教授。1949年中华人民共和国成立后，他先后在交通部、上海市公用局、上海港务局任职。1957年，黄维敬撰写并发表《黄浦江过去的治理和今后的改善》，为当时及以后的黄浦江整治与研究提供重要的参考内容和数据。

1958年在上海航道局工作，历任主任工程师、副总工程师、代理总工程师等职。主持黄浦江航道治理研究、黄浦江第一排泥系统（输泥接力泵站）方案制定与工程建设、长江口南槽入海航道设计研究等，参与长江口航道治理科研项目的组织领导工作。黄维敬是港航水利界知名专家学者，曾任上海市政建设委员会委员、九三学社上海市委科技工委委员、第二届上海市水利学会副理事长、第四届中国水利学会港口航道专业委员会副主任委员、中国海洋湖沼学会海岸河口专业委员会副理事长、长江口深水航道治理工程领导小组科技组成员等职务，为航道事业发展做出重要贡献。

• 叶荫（1909—1998）

福建浦城人。1932年11月在沪加入中国共产党，任沪中区委宣传干事。1937年9月赴延安，先后在中央党校和延安马列学院学习，结业后历任马列学院总务处宣传干事、中共中央管理局秘书处长、中央管理局南泥湾办事处党支部书记。中华人民共和国成立后，先后在广州、华南、上海海运局及交通部北方区海运管理局担任领导职务。1978—1983年，叶荫受命担任交通部上海航道局党委书记、局长。他向上级提出，建议上海航道局这个事业性质的单位改用企业管理的模式来管理，自负盈亏，得到交通部批准。叶荫还成立航道局科研所，又从上海以外引进专家学者到科研所工作。

在黄浦江航道建设方面，他一上任就主持制订《1979—1984年航道现代化规划》，加快黄浦江航道建设。叶荫在领导航道局治理长江口、黄浦江航道工作中，发挥重要作用。1979—1984年，长江口航道水深保证率每年均达到或超过80%，黄浦江航道水深保证率每年均达到100%，圆满完成交通部下达的目标任务，给上海港进出口贸易提供有力保障，为上海及长三角地区的经济社会发展做出重要贡献。

• 王谷谦（1934—2010）

上海市人，著名航道工程专家。1956年毕业于华东水利学院，同年加入中国共产党。在从事航道整治与疏浚工作几十年中，先后任交通部水科院、南京水科所技术员，天津水科所生产科副科长等职。20世纪80年代起，历任交通部上海航道局科研所副所长、局科技处负责人、局总师室副主任兼副总工程师、局总工程师等职，退休后仍担任局技术顾问。一生致力于航道工程技术和水利研究，负责的“川江折桅子浅滩模型”实验成果荣获1978年全国科学大会奖；长期负责上海航道局技术工作，组织技术团队开展长江口深水航道治理方案研究，对于长江口深水航道治理项目立项和实施起到关键作用；悉心指导长江口和黄浦江的航道疏浚工程，为确保航道水深保证率做出重要贡献。国家“八五”科技攻关课题“长江口拦门沙航道演变规律与整治技术研究”，就是由王谷谦及其一众同事共同完成的。王谷谦对长江口河床演变研究有着很深的造诣，撰写10多篇学术研究论文，为长江口深水航道治理工程项目实施的可行性论证奠定坚实基础，对中国港口和航道事业发展起着举足轻重的作用。

附　录

一、黄浦江档案文献辑录

1. 光绪三十一年（1905）改订修治黄浦河道条款

辛丑和约所议设黄浦河道局及该局应办事务并应收款项各节，中国国家现欲另定办法，自承其工，并认全费，经各国应允，商定办法条例如左：

一、所有改善及保全黄浦河道并吴淞内外沙滩各工统由江海关道暨税务司管理。其黄浦江面之巡捕及卫生、检疫、灯塔、浮标、引水等事，仍照旧事办理。

二、此项议定章程书押后三个月内，中国自行选择熟悉河工之工程师，经辛丑公约书押之各国使臣大半以为合式，中国即可派委其承办工程。倘开工后工程师或因事故须另换人，如其故经各该国使臣大半以为然者，则其选择委派各节，仍照前法办事。

三、凡立合同全揽或分揽河工、购买材料、机器等事均须招商公同投标，以最宜者得售。

四、每三个月须将所办工程及所用各款详细开进驻沪各国领事官备查。

五、凡新筑泊岸马头并安设活马头及河面停泊趸船各事，须由江海关道暨税务司允准，方能举办。

六、凡已设泊船处所器具，江海关道暨税务司均有取舍之权，并有权设立公共泊船之处。

七、治河各工须由江海关道暨税务司核准，方能开办。

八、凡改善、保全黄浦河道各工所应用外国租界以外之地，江海关道暨税务司有收买使用之权。凡有因改善河道之工须买地段，如系洋商之产，其价应由该地主之领事官及江海关道与税务司并领衔领事官二处各选择一人，合同议定。如领衔领事官即系地主之领事官，则第三人应由亚于领衔之领事选择。该三人如何公断，该地方之领事官应即保其遵行。如系华人产业，即由海关比照酌定遵行。河岸地段前如因改善河道之工增加淤滩，应先尽该河岸之华、洋地主买受承租，其价仍照前法，分别会议酌定，或按情形由海关酌定。

九、河工全费，中国国家一律承出，并不向沿江各地产及来往船货征收税捐。

十、中国现指定四川省及江苏徐州府人士药税，统数以担保河工之全费，仍照辛丑和约，每年支用关平银四十六万两，以二十年为限。如开办后无论何年须购置材料、机器等物，用款较巨，中国可筹借若干款项，备具保票，即以上所指定人士药税为抵押。每年付还借款本息及举办工程、养已竣之工一切诸费，总以至少四十六万两关平银筹备，由该省该管各官将此数按月均匀分开，交江海关道暨税务司手收。如以上所提之税不敷，则由中国政府应用它项进款，以补足所定之数。

十一、如此项工程办得有不见勤慎、俭固之处，各国领事官大半可告知关道暨税务司，转语工程师设法改良；或仍办理不善，各国领事官亦可请关道暨税务司将该工程师撤退，另行选择委派，仍照第二款所言办理。如江海关道暨税务司不允照办，各国领事官即可申详以上所指之各国驻京大臣核夺。

十二、此条议定书押后，即将辛丑和约第十一款之第二段及附件第十七暂行停住。惟中国如不照此新章每年筹拨足用之款，以致有误工程要需，或有遗漏不照本章他项要端，则辛丑和约条款及附件十七后施行。

光绪三十一年八月二十九日（1905年9月27日），在北京定立。

（资料来源:《上海港志》编纂委员会编:《上海港志》，上海社会科学院出版社，2001年）

2. 上海市黄浦江两岸开发建设管理办法（2003年4月30日上海市人民政府令第4号发布）

第一条（目的依据）

为加强黄浦江两岸开发建设的管理，保障开发活动的顺利进行，根据《上海市城市规划条例》、《上海市实施〈中华人民共和国土地管理法〉办法》以及有关法律、法规，结合本市实际情况，制订本办法。

第二条（适用范围）

本办法适用于黄浦江两岸开发区域范围内的规划、建设及其相关的开发管理活动。

第三条（管理部门）

上海市黄浦江两岸开发工作领导小组负责黄浦江两岸综合开发领导工作。上海市黄浦江两岸开发工作领导小组办公室（以下简称市浦江办），对黄浦江两岸综合开发工作进行组织、协调、督促和检查。

相关区的黄浦江沿岸开发管理机构（以下简称区开发管理机构）负责本辖区范围内开发建设的组织、协调、督促、检查的具体工作，业务上接受市浦江办的指导。

本市有关行政管理部门按照各自职责，协同实施本办法。

第四条（开发区域的确定）

黄浦江两岸开发区域，包括核心区和协调区，具体范围由市规划局会同市浦江办提出方案，报市政府批准后予以公布。

因城市发展需要调整黄浦江两岸开发区域范围的，由市规划局会同市浦江办提出调整方案，报市政府批准后予以公布。

第五条（开发管理原则）

黄浦江两岸的开发应当根据黄浦江两岸功能转换、产业结构调整的需要，实行统一规划、综合平衡、分步实施、协调发展的原则。

第六条（规划编制）

黄浦江两岸的核心区规划和协调区规划，应当服从于黄浦江两岸总体规划。其中，协调区规划应当与核心区规划衔接、协调。

黄浦江两岸核心区的控制性详细规划，由市规划局会同市浦江办组织编制；黄浦江两岸协调区的控制性详细规划，由所在区政府负责组织编制。

黄浦江两岸核心区、协调区控制性详细规划，应当以方案征集或方案招标的方式，委托具有相应的城市规划设计资质的单位编制。编制的控制性详细规划应当包括城市设计。

在规划编制过程中，组织编制规划的单位应当广泛征求意见，在规划设计方案初步形成后，应当组织专家对初步规划设计方案进行评议。

第七条（规划审批和公布）

黄浦江两岸核心区的控制性详细规划，由市政府审批；黄浦江两岸协调区的控制性详细规划，由市规划局审批。市规划局在审批时，应当征求市浦江办的意见。

经批准的黄浦江两岸核心区、协调区的控制性详细规划，应当予以公布。

第八条（规划调整）

黄浦江两岸规划一经批准，任何单位和个人不得任意调整和修改。确需改变规划的，由原组织编制单位会同市浦江办提出修改方案，报原审批机关批准后予以公布。

第九条（规划控制）

黄浦江两岸已经实行规划控制的区域范围内，其土地、房屋的使用性质不得改变。

黄浦江两岸开发建设项目应当符合规划。不符合规划的建设项目，不得批准。

在黄浦江两岸核心区的中心段、协调区范围内，其控制性详细规划、修建性详细规划未被批准的，有关管理部门不得批准新建、改建、扩建项目，建设单位不得擅自进行建设。

在黄浦江两岸核心区的南、北延伸段范围内，其控制性详细规划、修建性详细规划未被批准的，有关管理部门不得批准新建、扩建以及超过原建筑规模的改建项目，建设单位不得擅自进行建设。

第十条（土地调查及评级）

市房地资源局应当会同相关区房地管理部门对黄浦江两岸的土地利用现状进行调查，并根据黄浦江两岸土地开发的实施进度，按兼顾现状和未来发展，以及规划的公共基础设施条件和土地功能，及时制订或调整开发范围内土地的等级和基准地价。

第十一条（土地前期开发）

黄浦江两岸开发范围内的土地前期开发，由市、区政府委托的土地开发机构组织实施。土地前期开发包括收回土地使用权地块上的房屋拆迁和公共基础设施建设。

相关区开发管理机构应当会同区房地管理部门根据已经批准的黄浦江两岸总体规划，编制土地前期开发计划，报市浦江办审核，并经市房地资源局和市计委综合平衡后，纳入本市土地利用年度计划。

第十二条（房屋拆迁安置）

黄浦江两岸开发范围内的土地使用单位和个人应当服从黄浦江两岸规划，配合黄浦江两岸规划的实施。

黄浦江两岸开发收回土地使用权需要拆除房屋，其房屋使用性质为居住房屋的，按照《上海市城市房屋拆迁管理实施细则》给予补偿安置；其房屋使用性质为非居住房屋的，其房屋拆迁补偿安置标准由市房地资源局会同市浦江办提出方案，报市政府批准后执行。

第十三条（公共基础设施和公共环境建设）

黄浦江两岸开发范围内的公共基础设施建设，按照市、区分工组织建设。

公共基础设施建设单位应当按照国家和本市规定的有关建设标准进行建设，建成后按市、区分工或属地管理原则，由有关单位或者所在区负责管理。

有关单位在组织黄浦江两岸开发区域范围内公共基础设施建设竣工验收时，应当通知市浦江办参加。

第十四条（公共环境建设标准）

黄浦江两岸开发区域范围内公共基础设施和经营性项目建设，应当符合黄浦江两岸公共环境建设标准。黄浦江两岸公共环境建设标准由市浦江办会同本市有关部门另行制定。

第十五条（土地使用权出让条件）

黄浦江两岸开发，应当合理划分开发单元，在公共基础设施建设方案确定后，方可出让土地使用权。

开发单元的具体划定，由所在区政府根据批准的控制性详细规划，以及项目开发性质、规模、经营性开发项目与非经营性开发项目收益基本平衡等原则组织编制，经市浦江办会同市计委、市规划局、市房地资源局等有关部门综合平衡，报市政府批准后实施。

第十六条（土地使用权出让方式）

黄浦江两岸开发区域范围内经营性项目的土地使用权出让，应当采取招标或者拍卖的方式，具体按照本市土地使用权出让招标拍卖管理的有关规定执行。

第十七条（建设项目管理）

黄浦江两岸开发区域范围内，建设单位应当按照有关法律、法规和规章的规定，办理工程建设的有关手续。

黄浦江两岸开发区域范围内，以投标或者竞买方式取得土地使用权的，建设单位可以向计划、规划管理部门领取计划建设项目批准文件和建设用地规划许可证，并申请建设工程规划许可证，按照建设工程规划许可证的内容进行建设。

除前款规定外的方式取得土地使用权的，在建设项目获得批准后，按规定程序申请建设项目选址意见书、建设用地规划许可证和建设工程规划许可证。市或者区规划管理部门应当对项目的性质、内容以及与周围环境、景观的协调情况进行审核。对符合黄浦江两岸规划的，可以向申请单位发放建设项目选址意见书、建设用地规划许可证和建设工程规划许可证；不符合规划要求的，应当在规定的时限内，书面通知申请单位。

市或者区规划管理部门在项目选址、批准建设用地规划许可前，应当征求市浦江办的意见。

第十八条（原建设项目的处理）

黄浦江两岸规划批准前，已经规划、土地管理部门批准的在建、未建项目，符合黄浦江两岸规划的，可以续建；不符合黄浦江两岸规划的，可按规定的程序调整规划设计后续建；无法调整规划设计的，应当立即停建，并通过市浦江办协同有关部门收回土地或置换土地，造成损失的，应当予以补偿。

未经规划批准的违章建筑，按《上海市城市规划条例》的有关规定处理。

第十九条（监督检查）

市浦江办应当对黄浦江两岸开发区域范围内的开发建设活动进行监督检查，发现违法行为的，应当通知有关部门依法进行处理。

第二十条（法律责任）

对建设单位违反有关规划、土地、建设等管理规定的行为，由市或者区的规划、土地、建设等行政管理部门依据有关规定处理。

第二十一条（管理人员违法行为的追究）

有关管理人员有玩忽职守、滥用职权、徇私舞弊等违法行为的，由其所在单位或者上级主管部门给予行政处分；构成犯罪的依法追究刑事责任。

第二十二条（有关用语的含义）

本办法所称黄浦江两岸规划，包括黄浦江两岸总体规划，核心区、协调区的控制性详细规划、修建性详细规划。

本办法所称核心区中心段，是指规划确定的沿黄浦江两岸由卢浦大桥到五洲大道之间一定范围的区域。

第二十三条（施行日期）

本办法自2003年6月1日起施行。

（资料来源：上海市黄浦江两岸开发工作领导小组办公室提供）

二、诗歌、竹枝词

上海舟中即事

（元）释惟则

乌溪出闸催双橹，急趁回潮下黄浦。午前期到上洋城，生怕潮来近亭午。

夜潮已落岸痕高，风卷浪花翻雪卤。渡头趁渡人如鸡，水行泥行亦良苦。

西岸冲波远入村，东岸涌沙作林圃。岸上居民无定踪，颇怪潮行无定所。

吾年五十游上洋，今岁重来五十五。岂无玉雪美少年，向来一揖成千古。
亦有鸥张万石家，势去一朝无寸土。噫吁嘻，人生幻化若浮云，陵谷变迁何足数。

浦东女儿行

（元）王逢

浦东巨室多豪奢，浦东织女长咨嗟。丁男殉俗各出赘，红女不暇亲桑麻。
鹁鸠呼雨楝花紫，大麦饭香胜小米。一方青布齐裹头，赤脚踏车争卷水。
水低岸高力易歇，汲水上田愁满缺。谷种看如瓜子金，野鸦不衔田鼠窃。
黄草衣薄风披披，日色照面苍烟姿。南邻北伴更贫苦，糠籺糜粉随朝虀。
阿婆送茶相向语，巨室新为州府主。妻拜夫人婢亦荣，绣幰朱轮照乡土。
牛羊下来鸡欲栖，汪汪泪眼数行啼。女自身长苦非一，归路白杨斑竹西。

黄浦水

（元）沈梦麟

黄浦水，潮来载木绵，潮去催官米。自从丧乱苦征徭，海上人家今有几。
黄浦之水不育蚕，什什伍伍种木绵。木绵花开海天白，晴云擘絮秋风颠。
男丁采花如采茧，女媪织花如织绢。由来风土赖此物，祈寒庶免妻孥怨。
府帖昨夜下县官，急科木绵四万匹。富家大户借新租，贫者沿村赊未得。
嗟嗟黄浦水，流恨何时枯。谁知木绵织成后，儿啼女泣寒无襦。

次圭法师过金秀才隐居

（明）袁凯

墟里人家烟雾深，背冈茅屋自阴阴。不愁逸竹妨嘉谷，自爱繁枝集众禽。
田父耰锄时得借，渔人舟楫莫相寻。旧闻鸡犬桃源里，仿佛溪边花树林。
幽人读书黄浦上，萧条茅屋倚溪傍。霜沾木叶深深赤，潮杂溪流混混黄。
旁舍杯盘多芋栗，秋园门巷亦馨香。为语当时仲长统，输君清旷自徜徉。

大雨书寓所壁二首

（明）袁凯

五月六月雨绵绵，东望黄浦水连天。小溪漫漫不可渡，高岸兀兀何由全？
家童种荷已穿壁，野老捕鱼还满船。南邻少妇亦可恶，浊酒盈缸须见钱。

湿云密密覆高轩，浊水滔滔注满园。一双白鸟当窗下，无数黄蜂入户喧。
亲朋何由致音问，道路已绝无攀援。野瓜新菜最称意，引蔓开花满败垣。

黄浦晚度

（明）卜舜年

残照收黄浦，孤舟何处依。沙昏秋雁落，潮满夜渔归。
薄海山川旷，前涂庐舍稀。帆轻天路近，直与鹤俱飞。

夜眺黄浦

（明）曹泰

月照黄龙浦水黄，南飞乌鹊夜茫茫。晚潮天接海门远，秋草城埋沪渎荒。

无　题

（明）张之象

黄浦遗名在昔朝，百川东去海门遥。兼天白浪高于屋，何似钱塘八月潮。

浦上观兵诗

（明）朱察卿

河上翱翔一羽轻，蔼蔼衰草阵云生。楼船十里秋江蔽，甲帐千重午夜明。
水部却为防御使，孤军偏筑受降城。汉家麟阁深如许，好待将军早策名。

海上竹枝词

（明）顾彧

太湖东来沧海西，四十二湾江渐低。源头受得浙间水，不放浑潮淤作泥。
江流两岸尽平川，荞麦如云树若烟。不是青龙任水监，陆成沟壑水成田。
沙田疲瘠快秋登，家计浑如水上冰。今日新佥河泊户，阿侬准备学攀罾。
平川多种木棉花，织布人家罢缉麻。昨日官租科正急，街头多卖木棉纱。
黄浦西边黄渡东，张泾正与泗泾通。航船昨夜春潮涨，百里华亭半日风。
大浦横塘九里湾，蚤潮船上晚潮还。侬心恰似东流水，直到海门无日闲。
沪渎祠荒古垒平，东西芦浦荻芽生。袁崧向时防海处，何物孙恩敢弄兵。

江东竹枝词四首

（明）陆深

黄浦湾湾东转头，吴淞江下碧如油。不用并州剪刀快，水晶帘下上西楼。
二月春风满地铺，茅针芦笋一齐粗。海门东来春潮上，春水连潮漫白涂。
滨口航船一字帮，棹歌和起自成腔。潮来上南潮落北，南到湖南北到江。
明月垂杨独树桥，桥西熟酒好良宵。红香细剥莺哥嘴，嫩白鲜羹玉面条。

曲水村棹歌

（清）张弼

潮来滚滚港水浊，潮退悠悠港水清。田家不问潮清浊，灌我青苗总有情。
百曲流泉万顷田，黄云割尽绿云连。村村社鼓家家酒，都祝皇明亿万年。

黄浦午日作

（清）毛奇龄

海榴花发日正长，我游沪渎逢端阳。朱丝乍绾艾符小，画舫欲开蒲叶香。
南风吹水水波动，箫鼓中流远相送。入浦疑投碧玉壶，满盘堆出黄金粽。
连桡并缆宛结筏，骤见戈船绕堤发。横矛舞槊戏橹间，紫旆红旌映天末。
须臾甲士振臂呼，盘旋五色蛟龙趋。拔帜似将驱海若，哀歌直欲惊天吴。
主人徐干发清兴，况复风流对仙令。碧酾频倾细盏回，红船几处新妆靓。
当筵丝竹次第陈，沐兰剪艾申江春。十年未续羁栖命，欲系新缯愁煞人。

黄浦曲二首

（清）吴锡麒

朝发吴淞口，暮宿黄浦江。不恋鲈鱼美，只羡鲤鱼双。
郎如阿那帆，侬似铁鹿子。留郎明日行，怕有风波起。

浦西寓舍杂咏

（清）叶廷琯

黄浦航船有定程，去乘潮落返潮生。风帆转过龙华渚，一塔依依管送迎。
一条黄浦划西东，百里人烟指顾中。略以岷江分两戒，波涛直接海天空。

除夕行吴淞海塘即事呈陈莲峰化成军门

（清）谢元淮

黄浦江头好泊船，吴淞塘上望悠然。寒潮淰淰生新浪，腊鼓冬冬入旧年。

灯火灿成星宿海，穹庐笼盖雪霜天。军中彻夜严刁斗，气慑鱼龙伏九渊。

清明后一日泊舟青浦作青溪田家词

（清）陈锦

黄浦江边潮水清，吴淞江上潮头平。来日是花朝，去日是清明，菜花黄过稻秧青。

桑叶大如掌，早蚕今不生，桑间美女踏歌行。童童蚕室换茅衡，绵胎不暖旧丝绷。

有田无人田不熟，有人无牛耕不足。积得买牛钱一簏，输作田捐值斗粟，明年依旧完牛谷。

赁牛偿谷曰牛谷，嫩日初晴溪柳绿。棠梨花下双凫浴，柴门三五开红旭。莫向凤皇山下行，凤皇山下行不复，外国将军张大纛。

松江衢歌

（清）陈金浩

潮音阁下涌晴澜，秋泛篷窗载月还。移棹向东申浦口，惊涛喷雪正如山。

申江竹枝词

（清）李行南

春

三月十五春光好，游踪多集古禅关。浪堆载得钟声去，船过龙华十八湾。

秋

三江入海接潮还，申浦秋涛涌若山。若使天公助灵秀，飞来四五个烟鬟。

沪城风事衢歌

（清）张春华

烟树晴薰夏五天，自宜水国泛龙船。如何歇浦涛千顷，箫鼓声稀听渺然。

春申浦岸此凝眸，江水从来截海流。舶客昼来眠不稳，料量十八避潮头。

申江竹枝词

（清）李林松

蚕豆花开蚕事忙，侬家不祭马头娘。生涯自有丁娘子，犹恐风高未刷浆。

豢得神龙数十双，由来竞渡说申江。绿头鸭子黄封酒，几许豪情未肯降。

一村红树起烦烟，冬至朝朝霜满天。要向城中卖花去，夜来趁上夜航船。

沪渎竹枝词

（清）李林松

春申江上水滔滔，西接吴淞泊万艘。东海一重门户在，莫矜《七发》赋秋涛。

满城箫鼓一时喧，海舶频来天后尊。白昼摊钱知浪静，醉歌归已过黄昏。

申江十景

（清）李媞

东阁观潮

欲看波涛容俗尘，登临无暇拜春申。怒声一派推山倒，可有乘风破浪人?

南浦归帆

一叫蜚来趁好风，回头已出白云中。舟人知道家乡近，渐渐收低数尺篷。

申江棹歌

（清）丁宜福

黄龙势入海门骄，珠履繁华逐水飘。高浪如山舟似叶，迎风齐唱《白云谣》。

海师百万达天津，巧制西洋有火轮。舶棹不须风万里，江南闲煞孟婆神。

春潮漂悍比秋潮，嘴转邹家势更骄。记取菜花黄一色，泊舟休系闸溪桥。

浜过洋泾富管弦，阿侬游冶愧无钱。请郎只吃申江水，茶馆新开一洞天。

上海县竹枝词

（清）秦荣光

浦水原从闸港东，筑墩捍海口遭封。北东流入吴淞口，江浦初凭一线通。

县东北口有南跄，卅六程遥地近洋。江浦流通唐以后，宋元故道可稽详。

面宽廿里古江雄，浦在元初箭力同。浦特小枝江大干，枝流附干海趋东。
口出南跄浦入江，志修嘉庆说非庞。顾诗夏疏都堪证，谁谓难寻岸口桩。
陆家嘴北范家浜，明夏尚书浚阔长。今日试寻浜旧迹，中央一片浦汪洋。
江浦通流自范浜，浦潮湍急力弥强。陈家参政坟何在，两岸田坍莫计方。
鼓角声中焕彩旒，浦江午日闹龙舟。红儿绿女沿滩看，看客多登丹凤楼。
十八潮头最壮观，观潮第一浦江滩。银涛万叠如山涌，两岸花飞卷雪湍。
惯驾沙船走北洋，船头四望白茫茫。得归幸庆团圞会，天后城隍遍爇香。
出北城趋新北门，洋场景别一乾坤。洋泾浜至头摆渡，商务兴隆铺户繁。
十六铺桥中外分，小东门外闹纷纷。东洋车聚浑无数，马路旁招客坐殷。
尚书奉命大治河，役起工多怨亦多。自浚范浜通浦后，千秋功著怨消磨。
浦传凿自楚春申，借姓名黄事有因。入海与东江两道，可知浦异古江身。
逆风顺水也扬舲，帆折波心之字形。更织百梭交两岸，船从波阔浦中经。
龙华浦面阔无涯，清水西来刷底沙。城外两滩填狭半，舟行倍险众惊哗。
十三起汛巳时潮，十八初三大汛骄。初八廿三真小汛，潮来卯酉两滩嚣。
涨潮月正气相招，朔望经年子午潮。二十潮来同廿一，到天亮候白劳摇。
江潮来早浦来迟，东北风吹迅若驰。大热大寒潮缩小，天逢旱候势尤衰。
旺胖潮当八月秋，年年十八接潮头。湾经邹嘴龙华底，势作盘涡易坏舟。
一港龙华十八湾，湾湾对塔港如还。倍加帆转随湘数，望两环衡九面山。
治水功多永利民，二千年上楚春申。夏尚书在明初世，邑合馨香奉两人。
浦涛海日满江烟，桥月光寒岸雪连。渡口楼头等塔顶，沪城八景费诗笺。
商税兴从元宋时，久经市舶设专司。外洋货物恒拦入，千百年前兆预基。

周浦塘棹歌

（清）秦锡田

八月西风黄胖潮，潮头山涌逐狂飙。笑侬习惯迎潮技，不到钱塘夺锦标。
潮从东北挟沙来，一日淤泥积两回。积得拦门沙一片，累依柔橹向南推。
塘口修船厂四开，船多春末夏初来。绿杨阴里人声沸，疑是长空送远雷。
邮差日日递邮筒，雁去鸿来西复东。邮钱划归周浦界，申江消息不灵通。
为有轮船松沪行，集资八百埠头成。船徐到埠人徐上，波浪如山总不惊。
航船来往惯乘潮，汽艇开行客广招。帆力那如机力健，年来航业日萧条。

洋泾竹枝词

（清）吴仰贤

帆影交梭海上寒，转输百货走长安。昨宵电报来申浦，十船奇珍过咈兰。

海上竹枝词

（清）李宝淦

浪彻居然不夜城，华灯更比电晶莹。烛龙火树浑多事，只恨无方禁目明。

聒耳江声夜不休，如椽蜡炬烂江头。飙轮刻日知千里，无赖狂风笑石龙。

申江竹枝词

（清）顾乃懋

风清月白水窗幽，有客秋江载酒游。行过龙华十八湾，钟声飞出树梢头。

海上竹枝词

（清）袁祖志

奇货蜂屯尊鬼物，珍馐狼籍杂羶腥。可怜珠履三千集，黄浦当年说地灵。

钟吼鲸声逢礼佛，旗飘龙尾识招商。蜃楼海市争腾沸，真算人间热闹场。

马头遥认泊轮船，金利源真利济川。榷算经营诸伙伴，人人也羡说腰缠。

番舶云屯黄浦前，帆樯分别号旗悬。望台忽报轮船到，遥见青天十里烟。

海市蜃楼幻不常，欧洲诸国尽通商。春申浦胜扬州地，奚止金钗十二行。

月夜泊舟黄浦滩作歌

（清）柳树芳

久闻黄浦名，未识黄浦面。黄浦之面无百里，何为谈此多色变？

维浦与海遥相通，北极尾闾当空同。狂飙一发天地黑，力驱全海搏桑东。

黄浦滩

（清）葛元煦

涛声夜月天妃庙，灯影春星海客船。无限繁华无限感，何如归种浦东棉。

过淀山湖

陈毅（1964年6月）

又到水天空阔处，西望无涯通太湖。主人船上出佳馔，鱼虾蔬菜鲜而腴。
湖水用来酿绍酒，果然水清绿不殊。解放从前此逃薮，抗日曾是游击区。
往来帆船千百艘，而今公社业农渔。人人参加大生产，到处安居丰乐图。
此湖最近大上海，繁荣可从更速乎？我愿秋凉再来此，满筐大蟹醉糊涂。
以庆人民之青浦，以祝人民淀山湖。

三、歌曲《黄浦江之恋》

黄浦江之恋

踏歌词
王立全曲

1＝D $\frac{6}{8}$
热情 欢快地 中速

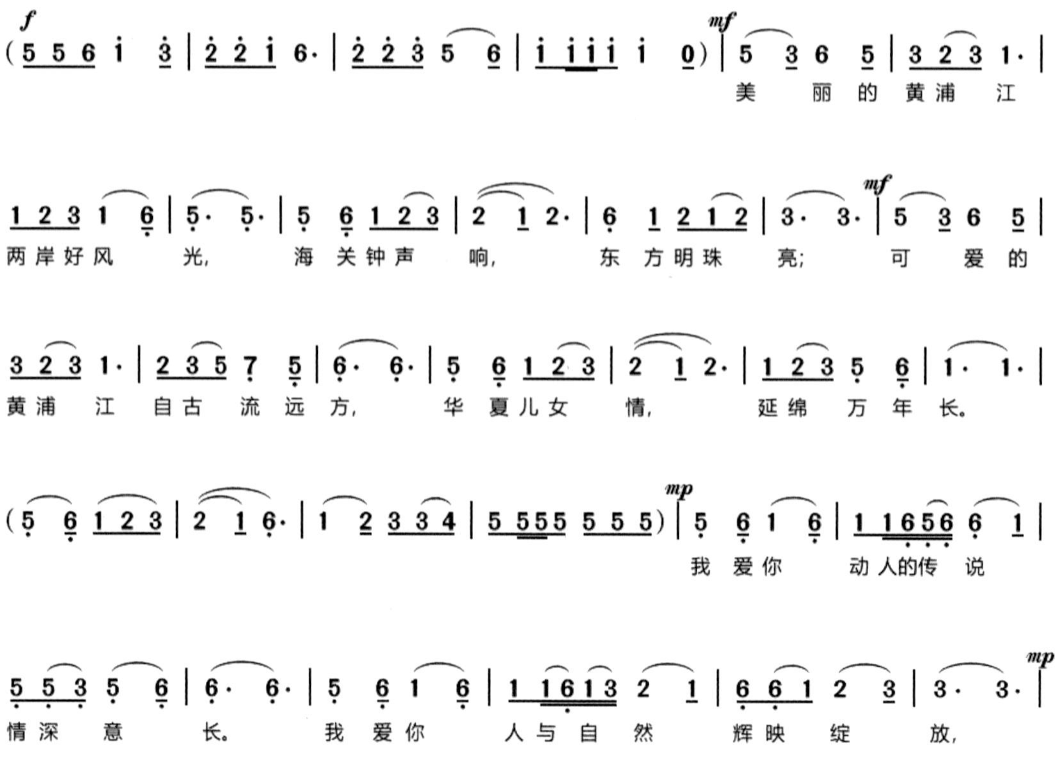

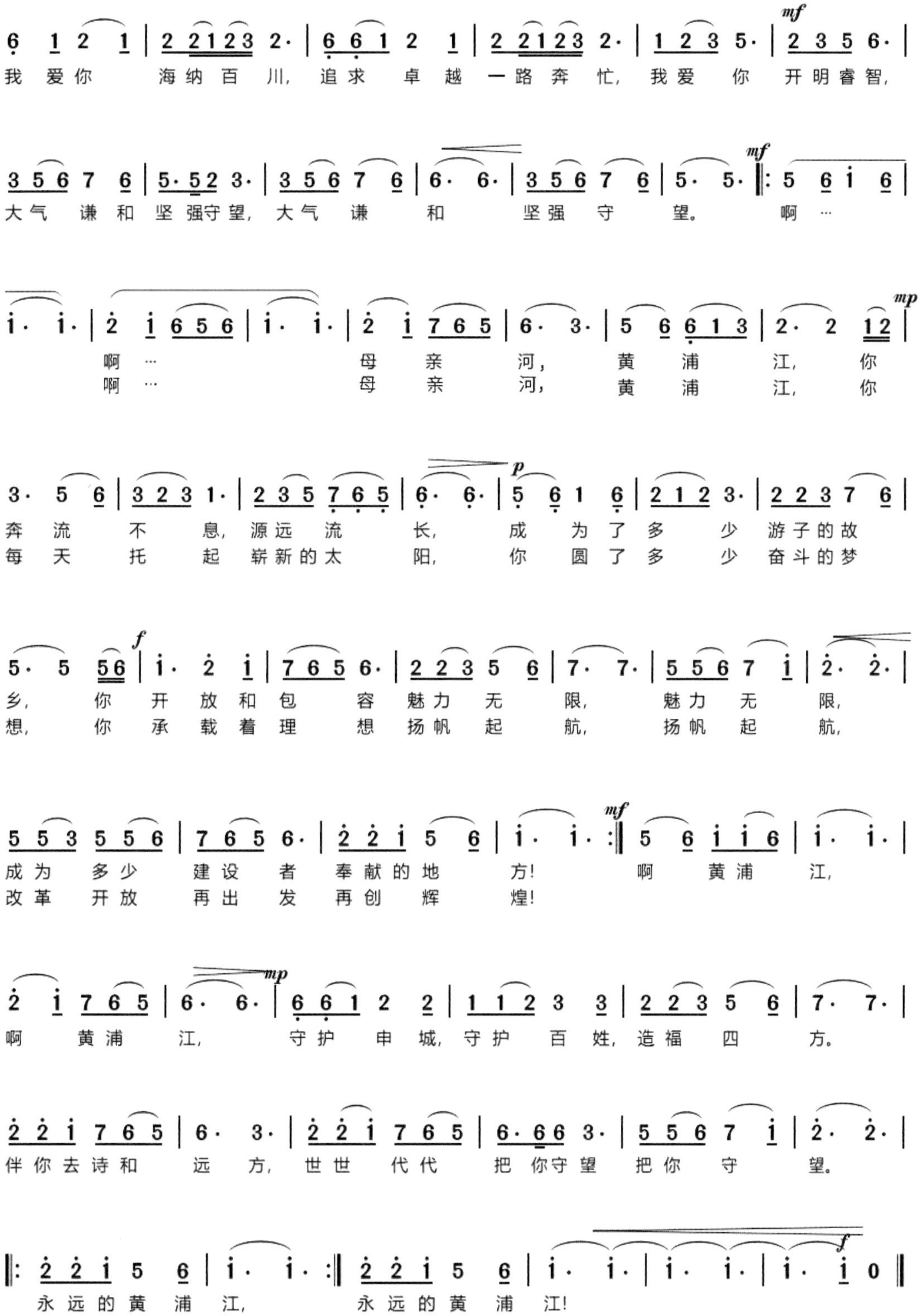
mf
我爱你 海纳百川，追求 卓越 一路奔忙，我爱 你 开明睿智，
大气 谦和 坚强守望，大气 谦 和 坚强 守 望。 啊…
啊… 母 亲 河，黄 浦 江，你
啊… 母 亲 河，黄 浦 江，你
mp
奔 流 不 息，源远 流 长， 成 为 了 多 少 游子的故
每 天 托 起 崭新的太 阳，你 圆 了 多 少 奋斗的梦
p
乡，你 开 放 和 包 容 魅力 无 限，魅力 无 限，
想，你 承 载 着 理 想 扬帆 起 航，扬帆 起 航，
f
成为 多少 建设 者 奉献的地 方！ 啊 黄浦 江，
改革 开放 再出 发 再创 辉 煌！
啊 黄浦 江， 守护 申 城，守护 百 姓，造福 四 方。
伴你去诗和 远 方，世世 代代 把 你守望 把你 守 望。
永远的黄 浦 江， 永远的黄 浦 江！

四、《大美黄浦江》影像志脚本

浮天渊以安流，濯下泉而潜浸。这条蜿蜒流淌的黄浦江，是上海的母亲河，在源远流长的历史长河中，孕育了海纳百川、追求卓越、开明睿智、大气谦和的城市精神，见证了上海的崛起、发展，必将继续推动上海向具有世界影响力的社会主义现代化国际大都市迈进。

（一）源远流长：城市因水而兴

黄浦江，发源于上海市青浦区淀山湖、太湖和杭嘉湖平原水网区，也有专家考证浙江省安吉县龙王山西苕溪是流入太湖水量之最的河流，被称为黄浦江之正源。黄浦江接纳太湖诸水及杭嘉湖来水，流经上海市松江、闵行、奉贤、徐汇、黄浦、浦东、虹口、杨浦和宝山等9个区后，从吴淞口汇入长江，其中干流段自三角渡至吴淞口，长89.91千米，宽214～1091米，流域面积2.4万平方千米，干流段河道面积40.98平方千米，兼具行洪、供水、排灌、航运和游览等综合功能。

唐代以前，太湖流域水系呈"三江入海"的格局。"黄浦"之名，较早见于北宋时期的《宋会要辑稿·食货八》，时称"黄浦塘"，仅指今黄浦江闸港至龙华一段，是一条名不见经传的河塘。吴淞江当时是太湖流域最大的河流。北宋政和三年（1113），华亭县设市舶务，位于吴淞江畔的青龙镇，江上帆樯林立，商贾云集，为"海商辐辏之所"。由于吴淞江下游淤积，造成来往海船无法驶入青龙镇，吴淞江南岸的支流上海浦逐渐成为黄金水道，十六铺开始热闹起来。南宋末年设立"上海镇"。元至元二十九年（1292），上海立县。

"黄歇江头晓问津，东风初转浪花新。数声寒雁余霜后，半日荒城到海滨。"黄歇江是黄浦江的别称，这是明御史冯允中描写黄浦江下游一带的自然景观。明永乐元年（1403），苏松水患严重，户部尚书夏原吉奉命赴江南治水，采用松江府生员叶宗行"掣淞入浏、分水入浦"的建议，开掘范家浜，上接大黄浦，下达南跄浦，黄浦总汇杭嘉之水，浩浩荡荡，迳达东海，水患遂解。此役征用民工10多万人，开大黄浦、范家浜约40千米。弘治年间（1488—1505），吴淞江主道改道宋家港直入黄浦江。到嘉靖时期，"黄浦夺淞"已为现实，黄浦江水系全面形成。大黄浦历经明清两代数次大规模疏浚，河面不断开阔，后名之"黄浦江"。

黄浦江哺育两岸民众，元朝时黄道婆在这一地区大力推广棉纺织技术，促进松江府一带成为全国的棉织业中心。明朝时科学家、农学家、对外交流的先驱徐光启，出生在黄浦江下游的上海县。社会经济的发展推动文化的繁荣，“龙华晚钟”“黄浦秋涛”，都是有名的“沪上八景”。唐代诗人皮日休《龙华夜泊》诗云“今寺犹存古刹名，草桥霜滑有人行。尚嫌残月清光少，不见波心塔影横”，描绘龙华寺的风景。现今“外滩晨钟”“豫园雅韵”“淀湖环秀”“浦江烟渚”等又成为新景代表，一批黄浦江水文化公园、展馆应运而生。

（二）通江达海：开埠融入世界

黄浦江老城厢段，有上海现存最早、规模最大的会馆建筑——商船会馆，由沪上沙船业各帮船商集资建造，始建于清康熙五十四年（1715），距今300多年。

河流与城市相得益彰，上海港可以通江达海，加之江海、南北洋航运交汇处的地理优势，上海沙船业迅猛发展。到乾隆年间（1736—1796），上海已成为全国贸易大港和漕粮运输中心，沙船、鸟船、福船运载着南北货物，川流不息。道光年间（1821—1850），聚集在黄浦江面的沙船多达3500多艘。上海在开埠前夕，已被称为“江海之通津”“东南之都会”。黄浦江边的天后信仰颇为盛行，清代上海航运兴盛，从业者众多。船民出海前，先到天后宫、下海庙或城隍庙祈愿，希冀出海安顺。

1843年上海开埠，列强用坚船利炮打开了中国的国门，英国人在黄浦江边建起上海第一栋洋楼，揭开外滩开发的序幕。此后，一幢幢风格迥异的大楼建筑在外滩矗立，银行、商行、总会、报社在这里云集。20世纪30年代，上海成为全国乃至远东的金融中心。

得益于近代上海的世界地位，一大批国人从上海走向世界，上海也吸引了许多国际友人前来。1919年3月15日，毛泽东来到上海，参加欢送第一批赴法国勤工俭学青年活动。3月17日上午，包括43名湖南青年在内的第一批赴法国人员89人，登上日本的“因幡丸号”轮船，从黄浦江畔起航，赴法国勤工俭学，寻找真理。1924年4月12日印度诗人泰戈尔于虹口的汇山码头进入上海，1936年卓别林访问上海，均受到热烈欢迎。

“溪涧岂能留得住，终归大海作波涛。”黄浦江两岸的号子声，已成远去的回响，它是码头工人在劳动实践中形成的特有文化现象，象征着吃苦耐劳的精神，是极为珍贵的历史文化遗产。这段拍摄于1927年的纪录影像，真实记录当时上海码头工人的工作场景，他们用肩膀擎起上海港的发展，用勤劳的双手把上海港推到世界第五大港的位置。

在近代，受长江口潮汐影响，黄浦江下游河道出现多处淤浅，限制了大吨位货轮进港，既增加航运成本，也制约上海港发展。1882年，清廷在英国购买一艘“安定号”自航链斗式挖泥船，并于第二年在吴淞内外沙航道挖泥，这是中国首次采用挖泥船疏浚航道。1905年，上海成立浚浦工程总局。自1906年7月起，先后聘请多位外籍专家负责实施黄浦江治理工程，直到抗日战争爆发才被迫停止疏浚。经过近30年接续整治与疏浚，黄浦江通航状况明显改善，从吴淞口到江南制造局30多千米航道，在低潮位下航道水深仍达8米，千吨级及以上轮船24小时进出港无阻，万吨级轮船可以乘潮进出港。

20世纪30年代以后，尤其是1949年以后持续的水利建设，构成了自上海徐汇区龙华镇以上至上游淀山湖骨干枢纽工程体系。

（三）滨水兴市：创造工业文明

曾经遍布黄浦江两岸的烟囱、塔吊，是上海这座城市工业文明的象征。近水发展是工业时代的特征。在黄浦江边，诞生了中国第一座发电厂——杨树浦发电厂、中国第一座自来水厂——杨树浦水厂，以及中国最大的造船厂——江南造船厂。杨树浦，也是近代中国最大的工业基地，也是上海现代市政的源头，杨树浦出发的管道源源不断地向十里洋场输送着自来水、电力、煤气。

自十六铺溯江而上，不远便是江南造船厂，最初称江南机器制造总局，由李鸿章于1865年创建。150多年来，江南造船厂饱经沧桑，经久不衰，创造了无数个中国第一，不仅有中国第一炉钢、第一门钢炮、第一艘铁甲兵轮、第一台万吨水压机，还有中国第一艘潜艇、第二艘航母，更有为中国航天事业做出突出贡献的“远望”系列航天测控船。

过了龙华港，就是实业大王刘鸿生于1920年创办的上海水泥厂，它曾是中国民族工业的标志。

黄浦江畔的龙华机场，这是近代中国规模最大、设施最完备的民用机场，也是当时的远东民用航空总站。1933年，龙华机场建成水陆两用机场。这段影像，拍摄的是黄浦江龙华段江面上的水上飞机场。龙华机场在20世纪50年代是上海唯一的航空港，大名鼎鼎的上海飞机制造厂就在这里成立。这段新闻影像记录了新中国自行研制的第一架水上飞机——“飞龙一号”成功飞行的新闻。1980年9月26日，“运十”飞机首飞成功，成为我国首架自行研制的大型喷气客机。

黄浦江两岸工业遗产众多，据调查，截至目前，仅宝山、杨浦、虹口、黄浦、徐汇、浦东等市区段就有129处。这些历史遗存，与黄浦江一起见证上海璀璨、发达的工业文明。

（四）风雨沧桑：抵抗侵略前沿

一段岁月，波澜壮阔，刻骨铭心。近代中国屡遭侵略，在湍急回旋的历史波涛中，一代代不甘于亡国灭种的中国人民英勇杀敌、保家卫国，一批批仁人志士古道热肠、救世济民。

1842年，吴淞口，英国侵略者以大小船只百余艘、陆军万余人，全力进攻吴淞要塞。67岁的清军老将陈化成，在这里奋勇抗敌，为国捐躯。

1932年1月28日，日本侵略者趁夜色向驻守上海的中国军队发起进攻，十九路军奋起反击，"一·二八"淞沪抗战爆发。中国军队与武装着飞机、军舰、坦克的日军血战33天，日军四度易帅，始终无法攻占上海。

这段拍摄于1932年4月的影像，可以看到被日寇用炮火摧残后的黄浦江两岸，断壁残垣，一片萧瑟景象。

"历尽天华成此景，人间万事出艰辛。"苦难磨砺着上海这座伟大的城市。1935年，在全民族反抗日本侵略的浪潮中，《义勇军进行曲》在黄浦江畔的金城大剧院唱响。

1937年8月13日，日本帝国主义军舰再次沿着黄浦江溯流而上，炮轰上海。"淞沪抗战"是整个抗日战争中值得铭记的战役。中国军队用顽强的抵抗、英勇的牺牲，粉碎日寇"三个月灭亡中国"的狂妄企图。

1945年抗日战争胜利后，上海光复，黄浦江水黄浊依旧，只是美国军舰替换了日本船只。

直至1949年5月27日，上海解放。黄浦江，这条见证中国近现代百年屈辱历史的河流，完全回到了人民怀抱，开始为建设新中国服务。

（五）涅槃新生：焕发蓬勃青春

在上海解放一周年之际，时任市长陈毅题字——"上海人民按自己的意志建设人民的新上海"。

作为全国最大的工商业城市，上海港航运建设、沿江经济发展和水环境治理，受到党和政府的高度重视。黄浦江边，新中国第一座卫星城——闵行诞生了。上海汽轮机厂、上海电机厂、上海锅炉厂、上海重型机器厂"四大金刚"云集于此，中国自主制造的第一台1.2万吨水压机在这里诞生。被称为新中国新四大发明之二的"人工胰岛素"与"复方蒿甲醚"，在黄浦江边诞生并走向世界。自吴淞口到吴泾滨岸，建起产业比较齐全的企业集群，上海成为全国重要工业基地之一，产业规模及品种居全国前列，黄浦江畔的工业品牌驰名中外。

“看似寻常最奇崛，成如容易却艰辛。”由于历史原因和产业分布的局限，黄浦江两岸发展极不平衡。浦西与浦东的城乡差别非常明显，制约着上海现代发展进程。同时，黄浦江水环境污染日趋严重。1983年，黄浦江黑臭天数达到116天。虽然各级政府采取了治污措施，但未从根本上、源头上制止污染。在黄浦江两岸，大量的工业仓储与老旧住宅犬牙交错，生态环境差。到20世纪末，黄浦江城市中心段仍然有40%的江岸被码头、仓库、工厂占据。除了1600多米的外滩，黄浦江沿岸几乎没有市民活动场所。

1990年4月，国务院总理李鹏在上海代表党中央、国务院宣布开发开放浦东的重大决定。随着浦东的开发开放，黄浦江从原先城市“边缘”的河流，演变为上海城市空间的核心。

1991年，市区首座跨越黄浦江的大桥——南浦大桥建成，此后杨浦、奉浦、徐浦、卢浦、闵浦等13座大桥陆续建成（载至2022年底）。从黄浦江下游到上游，先后建成外环越江、延安东路、人民路、复兴东路等19条隧道（载至2022年底）。这些极大地方便了黄浦江两岸的交通，过江时间从早年乘轮渡要两三个小时，缩短到六七分钟。这些大桥和隧道改变了上海市民的生活和心态。

为加强黄浦江沿江防汛安全工作，保障上海城市安全，1956年、1962年、1974年分别进行三轮防汛墙建设，墙顶高程升至5.8米，使上海经济建设和人民生活有了安全保障。20世纪80年代以来，上海相继发布了《上海市黄浦江上游水源保护条例》《上海市黄浦江防汛墙保护办法》等多部地方性法规规章，助力“母亲河”发展和保护。1982年8月21—28日，上海市人民政府、水利电力部、交通部联合召开了上海水利座谈会，讨论黄浦江综合治理等重大问题，市水利局提出在黄浦江河口建闸确保上海市防汛安全的设想。为承泄上游太湖洪水，1991年六七月间，开启太浦闸，炸开红旗塘坝、钱盛荡坝，疏通分洪引洪的出路。同年，国务院颁发《关于进一步治理淮河和太湖的决定》，先后实施太浦河工程、黄浦江市区208千米防汛墙工程、黄浦江上游干流段工程，构建起沿江千里江堤，与黄浦江沿线250座支流河口水闸、1628座穿堤闸门、1190多座潮闸门等黄浦江堤防安全工程。

“活水源流随处满，东风花柳逐时新。”从2000年开始，黄浦江两岸由生产性岸线向公共开放空间转型。2002年1月10日，黄浦江两岸综合开发正式启动。至2010年，黄浦江两岸从徐浦大桥到杨浦大桥滨岸，开发建设初现成效。当年举办的上海世博会，就是黄浦江两岸空间转型的重要实践和展示，布满工厂、仓库、码头的工业地带转化为公共开放空间，外滩、陆家嘴等滨江护岸建设摆脱单纯注重防汛安全的传统思维，打造成优质公共空间。2017年，黄浦江两岸45千米全线贯通。漫步道、跑步道和骑行道满足休闲、健身等不同需求，面向水域的广场、伸向水中的平台让市民与江景亲密接触。庭院、绿地等休闲空间形成天然的亲子场所和艺术创意集市，显现出一个城市可持续发展的无限活力。一种精神，穿越历史，辉映未来。

2005年8月15日，时任浙江省委书记习近平在黄浦江水源地龙王山所在的浙江安吉考察时提出“绿水青山就是金山银山”的科学论断。规划先行，是既要金山银山，又要绿水青山的前提，也是让绿水青山变成金山银山的顶层设计。2016年，市政府批准《黄浦江两岸地区发展“十三五”规划》。到2018年，黄浦江两岸地区作为上海重要的生态廊道，为体育、文化、旅游等功能的积聚创造了条件，“可漫步、可阅读、有温度”的魅力水岸空间逐步形成，黄浦江两岸逐步成为世界级的滨水区域。2019年11月2日，习近平总书记考察黄浦江滨岸时提出“人民城市人民建，人民城市为人民”重要理念。因水而生、依水而兴的上海，把最好的资源留给人民，黄浦江核心段45千米岸线、苏州河中心城区42千米岸线贯通，“一江一河”变身“生活秀带”“发展绣带”，成为宜业、宜居、宜乐、宜游的公共空间，更成为“人民城市”重要理念的实践地，让生活在这里的人们有满满的幸福感。

“美丽的黄浦江，两岸好风光……”，这是编纂者自创的一首歌曲，深情诉说着上海依水而生、以港兴城、以贸兴市，江、港、城相伴而行、相互促进的故事。如今，古老的“母亲河”依然微澜不惊，破浪无言，正焕发蓬勃青春，为人民带来更多的获得感和幸福感，必将为上海建成具有世界影响力的社会主义现代化国际大都市书写更加壮美瑰丽的新篇章。

五、主要参考文献

1.（宋）单锷撰:《吴中水利书》，中华书局，1985年。

2.（明）张国维编，蔡一平点校:《吴中水利全书》，浙江古籍出版社，2014年。

3.（元）任仁发撰:《水利集》，《四库全书存目丛书·史部》第221册，齐鲁书社，1996年。

4.（清）徐松辑:《宋会要辑稿》，中华书局，1957年。

5.（宋）杨潜修，朱端常、林至等纂：绍熙《云间志》，方志出版社，2008年。

6.（宋）范成大撰：绍定《吴郡志》，《中国方志丛书·华中地方》，（台北）成文出版社有限公司，1970年。
7.（明）郭经修，唐锦纂：弘治《上海志》，《上海府县旧志丛书·上海县卷》，上海古籍出版社，2015年。
8.（明）郑洛书修，高企纂：嘉靖《上海县志》，《上海府县旧志丛书·上海县卷》，上海古籍出版社，2015年。
9.（明）杨旦修，浦南金纂：嘉靖《嘉定县志》，《上海府县旧志丛书·嘉定县卷》，上海古籍出版社，2012年。
10.（明）颜洪范修，张之象纂：万历《上海县志》，《上海府县旧志丛书·上海县卷》，上海古籍出版社，2015年。
11.（明）韩浚修，张应武等纂：万历《嘉定县志》，《中国地方志集成·善本方志辑》第1编，凤凰出版社，2014年。
12.（清）赵昕修，苏渊等纂：康熙《嘉定县志》，《中国地方志集成·上海府县志辑》第7编，上海书店出版社，1991年。
13.（清）李文耀、谈起行、叶承修纂：乾隆《上海县志》，《中国地方志集成·善本方志辑》第1编，凤凰出版社，2014年。
14.（清）赵酉等修，章钥等纂：乾隆《宝山县志》，《上海府县旧志丛书·上海县卷》，上海古籍出版社，2012年。
15.（清）王大同等主修，李林松主纂：嘉庆《上海县志》，上海书画出版社，2018年。
16.（清）应宝时等修，俞樾等纂，同治《上海县志》，《中国方志丛书·华中地方》，（台北）成文出版社有限公司，1970年。
17.（清）梁蒲贵修，朱延射纂：光绪《宝山县志》，上海书店出版社，1991年。
18. 吴馨、江家嵋修，姚文枏纂：民国《上海县志》，《中国地方志集成·上海府县志辑》第4编，上海书店出版社，2010年。
19. 张允高修，钱淦等纂：民国《宝山续县志》，《中国地方志集成·上海府县志辑》第9编，上海书店出版社，2010年。
20. 吴葭修，王锺珂纂：民国《宝山县再续志》，《中国地方志集成·上海府县志辑》第9编，上海书店出版社，2010年。
21. G. A. Escher and Johs de Byke, *Report upon the Woosung Bar*, Northchina Hearald, 1876.
22. Sydney B. J. Skertchly, “The Future of the Port of Shanghai”, 1894.
23. The Inspector General of Customs, “Woosung Inner Bar”, 1894.
24. H. Von Heidenstam, “Project for the Further Regulation of The Whangpoo”, 1911.

25. H. Von Heidenstam, "Report on the Hydrography of the Whangpoo", 1916.

26. H. Von Heidenstam, *Report on the Yangtze Estuary, with Folder*, Northchina Hearald, 1917.

27. H. Von Heidenstam, "Report on the Hydrography of the Whangpoo", 1918.

28. H. Von Heidenstam, "Report on the Future Development of the Shanghai Harbour", 1918.

29. Whangpoo Conservancy Board, *Geology of the Yangtse Estuary below Wuhu*, the Shanghai Mercury, Ltd., 1919.

30. H. Von Heidenstam, "Preliminary Project for the Regulation of the Soochow Creek", 1919.

31. H. Von Heidenstam, "L'Amelioration de la Riviere Huang Pu", 1919.

32. H. Von Heidenstam, "Work Programme for the Maintenance and Improvement of Whangpoo River", 1921.

33. Whangpoo Conservancy Board, *Various Report to the Engineer-in-Chief on Special Investigations,* The Oriental Press, Ltd., 1921.

34. Whangpoo Conservancy Board, *Report by the Committee of Consulting Engineers, Shanghai Harbour Investigation, 1921,* the Shanghai Mercury , Ltd., 1921.

35. Whangpoo Conservancy Board, *The Port of Shanghai*, 1920, 1921, 1924, 1926, 1928, 1930, 1932, 1934, 1936, 1943.

36. Whangpoo Conservancy Board, "The Hydrography of the Whangpoo",1926.

37. Hydrographic Department of Chinese Navy, *Shanghai Port Facilities*, Commercial Press, Ltd., 1926.

38. Whangpoo Conservancy Board, "The Hydrography of the Whangpoo,1831−1932", 1933.

39. 上海航道局编:《黄浦江概述》，内部资料，1979年。

40. 薛顺生:《回眸黄浦江畔建筑》，同济大学出版社，2006年。

41. 李汉云:《保护上海母亲河：黄浦江水环境科学考察》，华东师范大学出版社，2006年。

42. 上海市北外滩开发建设办公室:《开发建设中北外滩》，上海市北外滩开发建设办公室，2006年。

43. 上海市黄浦江两岸开发工作领导小组办公室编:《黄浦江两岸开发》，上海人民出版社，2007年。

44.《太湖水利史稿》编写组编:《太湖水利史稿》，河海大学出版社，1993年。

45. [日] 森田明:《清代水利社会史研究》,（台北）编译馆，1996年。

46. 上海航道局局史编写组:《上海航道局局史》，文汇出版社，2010年。
47. 承载主编:《百年轮渡》，上海社会科学院出版社，2010年。
48. 毕晓燕:《巨变：黄浦江大桥》，上海文艺出版社，2011年。
49. 熊月之主编:《上海通史》，上海人民出版社，1999年。
50. 上海市黄浦江两岸开发工作领导小组办公室编:《浦江十年：黄浦江两岸地区城市设计集锦（2002—2012）》，上海教育出版社，2012年。
51. 许如庆等:《十年奔涌光和影》，上海人民美术出版社，2012年。
52. 上海市黄浦江两岸开发工作领导小组办公室编:《重塑浦江：世界级滨水区开发规划实践》，中国建筑工业出版社，2012年。
53. 方志权编:《黄浦江畔的“三农”调查》，上海财经大学出版社，2014年。
54. 沈健:《黄浦江源头》，团结出版社，2015年。
55. 张玉鑫:《东岸漫步（黄浦江东岸公共空间贯通开放建设规划）》，同济大学出版社，2017年。
56. 黄汉江:《黄浦江诗潮》，上海财经大学出版社，2017年。
57. 上海市旅游局编:《黄浦江水岸旅游导览》，北京时代华文书局，2018年。
58. 傅林祥:《浪奔浪涌黄浦江》，学林出版社，2019年。
59. 马学强等主编:《上海西岸：徐汇滨江图志》，中华书局，2021年。
60. 上海市地方志编纂委员会编:《上海市志・黄浦江分志》，上海古籍出版社，2022年。
61.《上海港志》编纂委员会编:《上海港志》，上海社会科学院出版社，2001年。
62. 上海市地方志编纂委员会编:《上海市志・交通运输分志・江河运输卷（1978—2010）》，上海交通大学出版社，2018年。
63. 上海市地方志编纂委员会编:《上海市志・交通运输分志・港口卷（1978—2010）》，上海交通大学出版社，2017年。
64. 上海市地方志编纂委员会编:《上海市志・工业分志・工业综合卷（1978—2010）》，上海辞书出版社，2018年。
65.《上海农业志》编纂委员会编:《上海农业志》，上海社会科学院出版社，1996年。
66. 上海市地方志编纂委员会编:《上海市志・农业分志（1978—2010）》，上海辞书出版社，2022年。
67.《上海水利志》编纂委员会编:《上海水利志》，上海社会科学院出版社，1997年。
68. 上海市地方志编纂委员会编:《上海市志・上海水务分志（1978—2010）》，上海辞书出版社，2020年。

六、图片目录索引

后 记

盛世修志，志载盛世。2020年9月3日，水利部办公厅、中指办联合印发《关于组织实施“中国名水志文化工程”的通知》，要求各厅局牵头组织编纂完成一部当地名水的志书和一部名水影像志。嗣后，上海迅速启动，政府搭台，专家领衔，共同推进。

2022年9月上旬，《黄浦江志》初稿完成，共计9篇、28章、84节、30万字，图照148幅。同年11月底根据专家意见，由章节方式改为类目方式，并着重加大精选图片比重，修改提炼完成审定稿。全书定稿计24万字，332幅图照。既有文述其事、照显其真，又有照辅文突出特色、深化内容之喜。我们期望它能反映出黄浦江深厚的人文积淀和日新月异的现代化建设进程，并能成为一部继往开来、揭示规律、服务当代、有益后世的社会主义新方志。上海市水务局高度重视，多措并举推进这项重大文化工作落地、落实、落细。

领导重视，及时启动。编纂名水志是新中国首次，是中国水文化的一件盛事，也是全国修志工作的一项大事，更是一项政治任务，意义重大、使命光荣。局党组高度重视，听取汇报后，明确将黄浦江作为上海名水志修编的主要对象。局分管领导亲自推动，具体工作由局办公室全力协调推进。在合作伙伴上海市社科院历史研究所鼎力支持下，前期团队利用国庆节加班加点，2020年10月中下旬，上海市抢先完成申报材料提交。此后，又根据水利部要求，进行上报材料修改和补充。11月10日，召开全系统动员大会，标志着该项工作正式启动。2021年11月5日，召开名水志第一篇、第三篇审稿会；2022年8月《黄浦江影像志》完成脚本撰写和修改，9月28日召开名水志志稿评议会，11月14日召开名水志上志图片评审会，12月8日召开名水志志稿审定会；2023年4月25日召开验收会，6月对验收专家意见完成修改并定稿。

注重调研，精准修志。为开门修志，精准发力，市水务局对黄浦江开展上游、中游、下游全流域编纂发动工作。2020年11月20日，在浦江之首召开上游单位参编推进会；12月1日，召开堤防、防汛墙、供排水和水文等相关内容入名水志的推进会；12月17日，在元代水闸遗址博物馆召开中游单位参编推进会。2021年2月8日，在水务局召开上海涉水场馆参与的名水志推进会；6月11日，市水务局举办“学好四史葆初心，咬文嚼字学文风”文化沙龙，市水务海洋系统58家参编单位参会；7月28日，在上海长江河口科技馆召开下游参编单位推进会。2022年8月25—27日，编纂摄制组还远赴浙江安吉龙王山黄浦江水源地拍摄、收集、查证资料。编纂在推进会中不仅有各区水务局主动担纲，还邀请各区档案局（馆）、史志办和市历史博物馆等专家参与支持，对需要实地踏勘调研的文化场所给予联系落实，对需要提供的老照片、影像、老地图、碑文、传记、民俗、民间故事、古桥、建筑遗址等进行多方查找帮助。

开门修志，狠抓质量。志书是官修的地情书、国情书，是“一方之全史”“地方百科全书”。史志工作是一项浩繁复杂的社会系统工程，需要各级各部门密切配合，通力协作。在整个修志过程中，我们邀请《咬文嚼字》方面的编辑参与，邀请十多位各行各业专家把关。在审定会校改阶段，局办公室于2023年2月举办三次面对面的读稿、校稿会，实行你读我改，专家把关一起改。3月14日，局办公室又邀请上志图片的摄影专家到会面对面审图、认账，确保图片无差错。3月，局办公室还组织主要编辑亲赴同济大学吴志强院士处，汇报名水志开展情况。吴院士利用周末通读审稿，提出验收意见，并欣然作序，这对全体编辑不仅是鼓励，更是鞭策。4月11日在电视台制片现场又召开名水志《黄浦江影像志》验收预审会，专家和制作编辑们一起看片，及时提出修改意见。综上努力，确保整个“一志一片”成果质量。

以苦为乐，无私奉献。众所周知，编写志书是一项既复杂又严谨的工作，是十分繁重的工作，它要求系统、全面、准确、真实地反映历史和现状，所有编写人员必须具备一丝不苟的科学态度、吃苦耐劳的工作作风和无私奉献的精神状态。总承编单位社科院团队克服疫情不利影响，利用休息日加班加点抢回失去的时间，多次到图书馆、档案馆查找第一手资料，确保资料准确完整；同时，抓紧协调电视台和广告公司推进。音像资料馆团队接到任务后，抓紧梳理、抓紧启动，有时周末天气好，就加班拍摄“母亲河”最美画面。两位主编利用中秋、国庆长假，反复进行校稿、改稿。大家以苦为乐，团结一心，使出最大力气，以最大的努力把上海首部、中国首批名水志任务完成好。作为牵头单位，市水务局各级领导各部门都很重视。局办公室积极协调，召开20多次推进会，沟通各方，邀请专家把脉。沿江水务局都大力支持，使这项卷帙浩繁的巨大工程得以圆满完成。

广纳良策，务求精品。名水志系全国首次编纂，无前车之鉴，市水务局学习全国先进经验，跳出水务行业，邀请社会强者参战，合作共赢，齐心编出精品成果。择优配强合作伙伴，发挥政校、政事合作的新机制优势，举全系统之力，编修一部高质量的名水志光泽后世、传承后人。上海社科院历史研究所积累黄浦江资料丰富，曾承担多部志书修编，具有修志人才和资料的双重优势；上海电视台音像资料馆视频资料丰富，制片精良，具有承编影像志的独特优势。市水务局携手两家单位不负所托，满怀情怀与责任，主动担纲、积极参与、乘势而为，抓紧撰写和摄影，主动协调、下沉各地收集资料。在这里要向水利部江河水利志工作指导委员会、水利部长江水利委员会、水利部太湖流域管理局、中国水利水电科学研究院、上海市地方志办公室、复旦大学、上海交通大学等单位相关专家建言献策表示感谢；向上海市生态环境局、上海市住房和城乡建设管理委员会、上海市交通委员会、上海市农业农村委员会、上海市绿化和市容管理局、上海市交通运输和港口管理局、上海市黄浦江两岸开发工作领导小组办公室、上海城建城市运营（集团）有限公司，涉江各区水务局、史志办（方志办）、档案局，湖州市水利局及安吉县水利局等提供资料、对拍摄工作给予支持表示感谢；还向上海市作家协会、上海市地方史志学会、上海市摄影家协会、上海诗词学会、《咬文嚼字》编辑部等提供帮助表示衷心感谢。

作史之难，无出于志。编纂《黄浦江志》是一项繁重的文化工程，我们深感修志工作者必须不断克服自身的文史素养和专业知识与修志这一文化工程间的差距。由于历史上文字、图片、音像资料保存不多，而且散见于各种藏馆、展馆、史志、书刊、档案之中，收集很困难。有些资料的查证考核工作难度较大，加之部分同志是第一次修志，受到知识水平限制，难免存在疏漏差错，不足之处敬请读者批评指正。行文至尾，把编辑人员所写的一首诗——《七律·贺名水志编纂出版》添于文尾，以励后来人。

缅怀先辈自当强，修志讴歌著大章。
你录江河添锦绣，我编历史盼安康。
铁肩道义众人担，美丽中华国事扬。
每日能够充实过，注疏资政万年长。

《黄浦江志》编纂委员会

2023年10月

扫描上方二维码，

即可获取《黄浦江志》电子文件